JN300210

地中海帝国の片影
フランス領アルジェリアの19世紀

工藤晶人［著］

東京大学出版会

Le mirage d'un empire méditerranéen:
l'Algérie et la France au XIXe siècle
Akihito KUDO
University of Tokyo Press, 2013
ISBN 978-4-13-026144-9

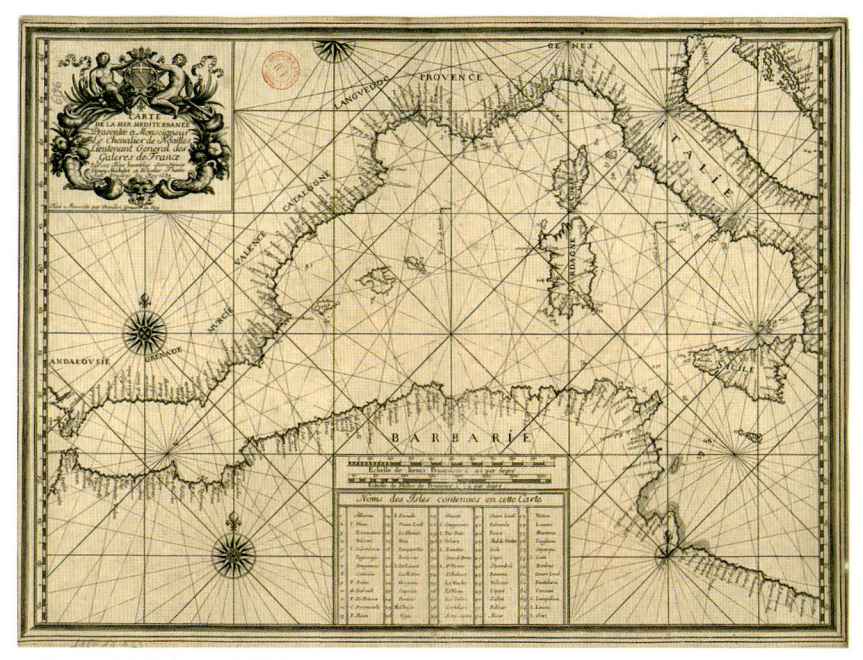

口絵1　17世紀後半の西地中海海図　出典：BNF Collection d'Anville, 09619　（本文23頁参照）

口絵2　リンとビシュエルによるスーフィー教団勢力図
出典：*Carte de l'Algérie indiquant la situation, l'importance numérique et la marche des ordres religieux musulmans, dressée sous la direction du Commandant L. Rinn par le Capitaine H. Bissuel.* (coll. Bibliothèque de l'Université d'Alger)　（本文114頁参照）

口絵3　オラン千年紀祭ポスター　　出典：*Algérie en affiches*　（本文276頁参照）

地中海帝国の片影／目次

凡　例　viii

略号一覧　ix

序　章　北からのまなざし　南からのまなざし……1

　地中海の一九世紀　1
　向こう岸からのフランス史　3
　境域としてのマグリブ　5
　ポストコロニアルと歴史研究　7
　本書の構成　8
　先行研究・史料・用語　10

第Ⅰ部　一九世紀のアルジェリア人とは何か

　問題の所在　15

第一章　近世アルジェリアと地中海……19

　私掠と港市政治体　20
　戦争と外交　24
　辺境の地域秩序　27
　媒介者としてのクルオール　31
　部族社会とイスラーム　34

第二章 征服とネーション ……… 45

- 外部とのつながり 37
- 変化と連続性 41
- 自由主義とナショナリテの概念 47
- ハムダーンの『鏡』と「アルジェリア人」の出現 53
- コロニストとアンチコロニスト 58
- トクヴィルとデジョベール 60
- 「アラブのナショナリテ」 65

第三章 市民と「臣民」 ……… 69

- フランス人とは何か 70
- 属人法規と一八六五年元老院議決 75
- 原住民すなわち臣民 79
- アラブとベルベル 81
- 先住ユダヤ人の社会的変容 86
- ヨーロッパ系入植者の道程 90
- 「アルジェリア人」の輻輳 94

第Ⅱ部　東洋学者の懐疑——アルジェリア・ムスリム法と土地問題

問題の所在　103

第四章　学知の集積地としてのアルジェリア ……………… 107

　エジプトからセネガルへの結節点　108
　イスラーム政策の萌芽　111

第五章　東洋学の主流と傍流 ……………………………… 117

　ハリールの『提要』と翻訳者ペロン　118
　執行吏カドズの学識　122
　実務家の知と植民地主義　128

第六章　法域と法学 ………………………………………… 135

　属人主義の原則　136
　アンディジェナという刑罰制度　138
　教育機関と法学①——公認マドラサ　140
　教育機関と法学②——アルジェ法科学校　143

第七章　土地制度の立法 …………………………………… 147

　所有権について　148

第八章　土地権と法解釈 ………………………… 165

植民地化以前の土地制度　151
一八五〇年代まで——土地国有説優位の時代　153
一八六三年元老院議決とユルバン　157
一八七三年法と土地制度の「フランス化」　160
メルシエとその作品　166
ワクフという難問　167
アルシュ地をめぐる異説　171
閉ざされる言語空間　175

第Ⅲ部　支配の地域史——一九世紀後半オラン地方の都市と農村

問題の所在　181

第九章　同化主義と地方行政 ………………………… 185

「同化主義」と「間接統治」　186
県という外形　189
二重化された自治体(コミューン)　192
混合自治体制度　196
行政官と原住民助役　200

第一〇章　都市空間のヨーロッパ性 ………… 213

街区構成の類型 214
二重の植民都市オラン 225
マイノリティの空間——ユダヤ人街と「黒人村」 232
分節化された都市 237

第一一章　空白の土地台帳 ………… 241

二組の図表 242
土地制度改変の概観 248
アイン・テムシェントのアーミル族 253
区画限定（カントヌマン） 255
一八六三年元老院議決 257
一八七三年法 260
剥奪と再分配 263

第一二章　折り重なる領域 ………… 267

流離のなかのナショナリズム 268
郷土の地図化（マッピング） 271
入植者の小宇宙 276
人口の問題 280

終章 アルジェリアの「短い一九世紀」……………… 289

歴史の行く先 283

あとがき 301

註 57

史料と文献 9

索引 1

凡　例

一、本文中で引用する文献については、既に日本語訳がある場合にはそれを参照し、訳語の統一などのために改訳した際には注記した。書誌表記はフランス語式と英語式を折衷して用いた。

二、地名の表記は原則としてフランス語にしたがい、アラビア語による名称を初出時に併記した。マグリブの人名、官職名の表記は、一八三〇年以前に関する記述においてはトルコ語にしたがい、一八三〇年以降に関してはアラビア語に準拠した。ローマ字転写と片仮名表記は『岩波イスラーム辞典』の方式を参照した。ベルベル語による発音、表記は省略した。

三、法令の底本として Estoublon et Lefèbure, *Code de l'Algérie annoté* (1896–1915) を主として用い、補遺として Pinson de Ménerville, *Dictionnaire de la législation algérienne* (1867–1872)、Hugues et Lapra, *Le code algérien* (1878)、Hugues, *Législation de l'Algérie et de la Tunisie* (1883–1886) を参照した。上記以外を底本とする際には出典を併記した。

略号一覧

ANOM : Archives nationales d'Outre-mer, France
A.P. : *Archives parlementaires*
BNF : Bibliothèque nationale de France
DGAN : Direction général des Archives nationales, Algérie
EI2 : *Encyclopaedia of Islam, new edition*
GGA : Fonds Gouvernement général de l'Algérie (Archives nationales d'Outre-mer)
ODNB : *Oxford Dictionary of National Biography, online edition*
OED : *Oxford English Dictionary, second edition*
RAJ : *Revue algérienne et tunisienne de législation et de jurisprudence*
SHD : Service historique de la Défense, France
SGA : *Statistique générale de l'Algérie*
TEFA : Tableau de la siatuation des établissements français dans l'Algérie
TLFi : *Trésor de la langue française informatisé*
WO : Direction des archives de wilaya d'Oran, Algérie

なぜかは分からないが、わたしたちは、地中海のモザイクをくり返しくり返し組み立てようとせずにはいられない…①

プレドラグ・マトヴェイェヴィチ

序章　北からのまなざし、南からのまなざし

地中海の一九世紀

「私は地中海をこよなく愛した。たぶん他の多くの人と同じように、また多くの先達に続いて北の出身であるためだろう」(2)。この言葉を主著の冒頭に記して、歴史家フェルナン・ブローデルは、地理的空間としての地中海という概念を提唱した。あまり知られていないことだが、この著名な歴史家が海を発見したのは、アルジェリアにおいてであった。フランス北東部に生まれたブローデルは、二一歳のときに教師としてアルジェリアに赴任し、およそ一〇年間をすごした。それは、北アフリカがフランスの植民地であった時代。ブローデルにとって、歴史観の形成と帝国の経験は、無関係ではありえなかった(3)。地中海の歴史を考えることと、植民地の過去とは分かちがたく結びついている。

一九世紀という時代は、地中海史の分水嶺となった。なかでも地中海の西部において、南岸と北岸のあいだには、世界の他の地域におそらく例の少ない独特な関係が形づくられた。その絡みあいは、「ヨーロッパ」と「イスラーム世界」の歴史を別個のものとして書く通念ではとらえがたい。フランス領アルジェリアという、周縁とみなされがちな一地域の社会にわけいることで、どのような時代の特質が読みとれるだろうか。

世界史のなかの一九世紀は、一般に、ヨーロッパの拡大の時代といわれる。そのときに記述の柱となるのは、西欧諸国による植民地帝国の建設であり、またその前提とされるのは、つぎのような共通了解である。第一に、植民地期を一体のものととらえる時代区分。すなわち、ヨーロッパと未知なる外部との遭遇から植民地化がはじまり、被支配者のナショナリズムの覚醒によって支配の矛盾が露呈し、やがては解体に至るという、直線的な歴史のとらえ方である。第二に、ヨーロッパ人の他者認識についての、やはり単線的な年代把握。一八世紀以前のヨーロッパ人は一定の柔軟さをもって外部の世界を認識していたのに対し、一九世紀の思潮は、ヨーロッパ文明の卓越という観念に覆いつくされていたという説明である。第三に、領域支配の類型。この点については、「公式」の帝国と「非公式」の帝国、直接的な統治と間接的な統治という分類がよく知られている。

これらの補助線にしたがって帝国支配のスペクトルを描くとすれば、「アフリカ分割」の前触れとなり、「文明化の使命」と「同化主義」が掲げられた仏領アルジェリアの統治は、ひとつの明確な色調をもったモデルとして位置づけられることになる。事実、アルジェリア植民地化についてのそうした位置づけは、古今の「帝国」に関する議論のなかで、くりかえし参照されてきた。

本書の目的のひとつは、以上のような解釈を問い直すことにある。歴史の変動は、単一の時系列によって説明しつくされることはない。植民地の一九世紀もまた、複数の時系列が撚りあわされた模索の時代であった。後にくわしく述べるように、地中海の長い交流のなかに埋めこまれたフランスとアルジェリアにとって、征服はたんなる未知との遭遇ではなかった。一九世紀ヨーロッパ人の他者認識は、一般に考えられているよりも錯綜しており、「同化主義」の統治と現実の空間のあいだには、古典的な政治史では見落とされてきたあいまいな関係があった。

帝国をめぐる議論が拡散する状況に対して、歴史研究がなすべき貢献は、事例の積み重ねをつうじた問題提起にある。そのためには、歴史の書き方自体に目をむけねばならない。伝統的な帝国史の研究は、固有の理論的関心を発展させる一方でローカルな研究史との対話がすくなく、「中心」と「周縁」という図式にとらわれがちであった。一方で、

序章　北からのまなざし、南からのまなざし

植民地化された側の地域の歴史もまた、近代ヨーロッパを定点のようにとらえ、両者の境界を不動のものとして描く傾向があった。地中海の近代史は、そうした対立を解きほぐすことからはじまる。いいかえれば本書は、西洋史と東洋史を架橋してひとつの地域のなかに複数性を読みとっていく、一種の比較史のこころみである。

向こう岸からのフランス史

はじめにフランスの側からみてみよう。アルジェリアはかつて「フランスの延長」と称された。この表現は一九世紀末から二〇世紀半ばにかけて広くもちいられたのだが、今日の感覚からすれば奇妙に響く。一八三〇年から一九六二年までの植民地期をつうじて、アルジェリアが、国制のうえで本国と同等に位置づけられることはなかった。入植者と先住者が、あまねく平等な市民となることもなかった。海をへだてたアフリカの大地が本土の延長と称されたこととは、たんなる詭弁とみるのが、現代の常識的な態度であろう。

「自由、平等、友愛」をかかげた近代フランスは、広大な海外領において異民族を支配した。この矛盾に満ちた関係を説明するものとして、一般に考えられてきたのが、「文明化の使命」の観念である。「野蛮」な人々が西洋の支配を受け入れ、教導されることによって、いつかは「文明」に同化されるというイデオロギー。それはたしかに、フランス植民地主義の特徴のひとつであった。「文明化の使命」とそれに隣接する「帝国意識」、あるいは学問と植民地支配の共犯関係といったテーマについては、これまでに多くの研究が発表されてきた。

そうした蓄積をふまえたうえで、本書はさらに先へと考察を進める。あらかじめ結論の一部を先取りすれば、「文明」と「野蛮」の対比に代表される二項図式がもっとも明確であったとされる一九世紀に、じつはそれを相対化する契機が内在していたというのが、本書の主張である。そのことは、「ヨーロッパ」と「非ヨーロッパ」の媒介者となった人々の思想と行動をたどり、植民地の日常を規定した制度や媒体を考察することで明らかになる。

なぜ、アルジェリアを主題とするのか。手短に背景を確認しておこう。フランスの植民地勢力圏は一八世紀後半以降縮小をつづけたが、一八三〇年のアルジェリア征服を転機としてふたたび拡大に転じた。フランス植民地圏の中核に位置づけられたアルジェリアは、それ以降に征服された植民地における統治のモデルとなった。ただし、アルジェリアには他と異なる特徴があった。本国に近いという地理的な条件ゆえに、大規模な入植がおこなわれ、フランスにとってほぼ唯一の定住型植民地となったことである。複数の大陸と海洋にまたがる海外領のなかで、アルジェリアだけが内務省の管轄下におかれた。一九世紀から二〇世紀にかけてフランス語の公的文書には、「アルジェリアと諸植民地」という表現がしばしば登場する。海外領をひとまとめにせず、アルジェリアだけを別記するという習慣はいつ、いかにして形成されたのだろうか。またそこには、どのような矛盾が内包されていたのだろうか。

フランスの近現代史は、伝統的に、国民国家形成のモデルとして書かれてきた。その一方で、植民地の問題はかたわらに追いやられてきた。しかし、フランスという国家の支配がおよんだ領域は、いわゆる六角形の本土に限られていたわけではない。海外領と植民地の過去は、フランス史の内部にある課題として位置づけられるべきであったが、実際には「記憶の不在の場」というべき空白域におかれてきた。フランスの国内外を問わず、植民地史が多数の研究者の関心を集めるようになったのは、おおよそ一九九〇年代以降のことである。

フランス植民地史研究の碩学アジュロンは、一九九一年に出版された概説書の序文のなかで「植民地のフランス」France coloniale を問うことの意味を論じて、感情的対立をおさえた「科学的」な植民地史の幕開けを宣言した。アジュロンの予測は、ある程度まで的中し、ある意味では裏切られたといえるだろう。フランス語圏だけでなく英語圏においても、近年、植民地史の研究はますます活発である。しかしながら、過去の記憶をめぐる議論の重みも増大し、歴史家たちはそれと対峙することを迫られている。

そのためもあって、最近のフランス＝アルジェリア関係史の関心は、以前にも増して二〇世紀以降にむけられ、と

くに両大戦間期から独立戦争期（一九五四—一九六二年）に集中している。一方で、その前提となる一九世紀になにが生起し、のちの社会を規定したのかという点については、多くの解明すべき問題が残されている。植民地の支配は、一日にしてひとつの体制となったわけではない。征服がひとつの体制へと変化するまでには、長い模索があった。そのプロセスは、終着点にむけた方向の定まった変化としてではなく、むしろ、不連続な変動として問い直されるべきである。本書はこうした問題意識を出発点として、植民地化の前半期（一八三〇—一九一四年）に多様な人々が交錯する空間が形作られていった過程を考察する。

境域としてのマグリブ

　アルジェリアの側からみたときに、植民地期の歴史はどのように記述されてきたのだろうか。今日、古典と位置づけられる研究は、脱植民地化をみずから経験した歴史家たちによって書かれたものである。著名なアルジェリア人歴史家を幾人かあげるとすれば、改革派ウラマーの研究によって歴史の書き直しの先駆けとなったムラード、社会経済史的観点から植民地体制を分析したアルアシュラフ、二〇世紀前半の民族運動史、思想史を総合したカッダーシュ、サアダッラーといった名が想起される。かれらにとって共通の課題は、それまでの歴史記述のなかで無視されてきたアルジェリア人という存在を、歴史の主体としてつかみだすことであった。その当然の帰結として、民族意識の起源、発展、解放といった主題が、記述の中心となってきた。それは、民族の覚醒という一種ロマン主義的な歴史観に、階級闘争論を接合したものといいかえてもよい。

　こうした研究は、最近にいたるまで、アルジェリア人によるアルジェリア史研究の基軸となってきた。両大戦間期に高揚するナショナリズムの政治運動と独立戦争こそが歴史の焦点とされ、それに先立つ一九世紀は、植民地主義の圧迫に対するアルジェリア人の不断の抵抗の時

それは、植民地期を意味して常用される表現「フランスのアルジェリア」L'Algérie française に対置して、アルジェリア民衆を主体とした歴史を提示しようとする意思表明にほかならない。

しかし、ナショナリズムを柱とした歴史記述に対しては、慎重な態度をとる歴史家もいる。かれらの問いかけは、つぎのようなものだ。抵抗から解放へ、という歴史の記述は一種の進化史観につながる。その意味において、脱植民地化後の歴史研究は、かつての植民地建設史——支配者側の視点からなされる「発展的」歴史記述——と、鏡像のような関係に陥ってきたのではないか。このような批判に応えるためには、ふたつの方針が想定できる。ひとつは、アルジェリアのネーションとは何かという本質主義的な問いにかえて、ネーションという問題がいかなる機能を担ってきたのか、という問いを立て直すこと。もうひとつは、単線的で均質さを強調しがちな一国史にかえて、複数性と多様性を重視し、外部とのつながりに重点をおくことである。

以上のように考えたときに、アフリカ、アラブ、地中海という複数の枠組みが重なりあうマグリブの地理が、重要な意味をもってくる。マグリブという語は、「日没の地」「西」を意味するアラビア語で、一般にチュニジア、アルジェリア、モロッコをさす。この地域の特質について、現代モロッコの作家ハティービーの視点を参照してみよう。ハティービーによれば、マグリブの固有性は「他なるもの」の集積にある。その意味で、「西洋は、破壊的な外部とか、永遠の支配力としてではなく、ひとつの差異として、その由来が何であれ、差異をめぐるあらゆる思考において措定される差異の集合体として、われわれの内面に住まっている」。いいかえれば、植民地期をマグリブの歴史から切り離すことのできる異物として、片付けることはできない。そのことをふまえたうえで、マグリブの歴史に、他の地域の余白ではない、固有の位置づけを見出すことがもとめられている。

とはいえ、時代を貫通するマグリブあるいはアルジェリアそのものに沈潜していくという課題は、優れた先行研究

と、将来なされるであろう研究とに委ねることにしたい。本書の関心は、植民地化によってマグリブで生じた変化におかれる。複数の文化と記憶とが積層するマグリブは、それ自体がひとつの「境域」、すなわち、異質な秩序が接触し、相互に陥入し、一定の幅をもって重なりあう場である。境域はしばしば交渉をうながし、逆に障壁ともなる。本書は、境域としてのマグリブにあらたな一層が積み重ねられていくプロセスを、地中海の港市国家から植民地社会への変化、複数の法体系が共存する空間、先住民と入植者が対峙する領域の形成という三つの視点からたどっていく。

ポストコロニアルと歴史研究

フランスとアルジェリアの重なりあう歴史という問題設定を確認したうえで、もうひとつの研究潮流についてもふれておこう。近年、フランス語圏においても出版が活発な、ポストコロニアル研究とのかかわりである。ポストコロニアル研究の立脚点は、簡潔にいえば、西欧による植民地化のはじまりから現代にいたるまで、一貫したひとつの構造をみることにある。その基軸となるのは、言説と制度によって支配者と被支配者との差異を構築し、被支配者を劣位において統御しようとする意図である。理論家ンベンベの表現を借りれば、そうした非対称性を押し広げようとする点において、植民地主義は一個の「普遍化の企て」にほかならない。

こうした立場は、歴史研究に対して示唆をあたえるが、大きく分けてふたつの問題があるように思われる。第一に、アフリカ史家クーパーが指摘するように、理論家の想定に合致する現象を植民地のなかに発見することと、それを植民地主義の本質とみなすことのあいだには飛躍がある。第二に、西欧の植民地拡大を単一の構造としてみるポストコロニアル理論は、一方では数世紀にわたる変化を一枚岩にとらえて脱歴史化し、他方では簡略化された政治史の時系列に依拠するという矛盾をはらんでいる。一例をあげよう。フランス植民地研究の文脈では、しばしば、共和政の理念と植民地の現実との矛盾が問われる。これ自体はたしかに重要な問いではある。問題は一部の研究者が、フランスの

近代史を共和主義という一面のみに還元して、フランス革命期の理念と一九世紀以降の社会とを短絡的にむすびつけて説明しがちなことである。周知のように、フランスの近代史は政治体制をめぐる模索の時代であった。共和国と植民地の矛盾を説明する有力な潮流ではあったが、一九世紀をつうじて常に唯一の選択肢であったとはいえない。共和主義という問題は、それがどのような前史をもって生じたのかという観点をふまえて検討する必要がある。

さらにつけくわえれば、植民地の政治史があるように、植民地の思想や地理も、それぞれ固有の時間尺度をもつ。本書がたどるのは、そうした複数の時系列からみた社会の変化である。ポストコロニアル理論の原点として参照されるフランツ・ファノンは、後半生をアルジェリアですごした。彼が観察したのは両大戦間期以降のフランス領となったアルジェリアであった。理論を時代の文脈から切りはなして用いることには慎重であるべきだろう。その思想は特定の時代に埋めこまれていた。植民地の状況がひとつの体制と呼ぶことのできる段階へと変化していった過程こそが、あらためて問われている。

本書の構成

本書は以上のような問題意識にもとづいて、植民地史の通例とやや異なった構成をとる。一般的な植民地史は、異文化の遭遇から支配の確立までを直線的に描き、先住民の抵抗から民族運動の高揚へといたる過程を考察する。これに対して本書は、記述の範囲を植民地化以前に大きく拡大し、反植民地主義的なナショナリズムの出現以前で記述を終えている。これは、近世からつづいた長い交流と、一九世紀の流動的状況にこそフランス=アルジェリア関係史の特徴があるという考えによるものである。第Ⅰ部から第Ⅲ部までの論述は、それぞれに異なる視角にもとづいているが、ゆるやかに連関している。

第Ⅰ部「一九世紀のアルジェリア人とは何か」で考察されるのは、「アルジェリア」という地域の枠組みの形成過程

と、「アルジェリア人」というカテゴリーが植民地状況のなかでもった意味である。すでに述べたように、アルジェリア植民地史の文脈では、ナショナル・ヒストリーの枠組みが強い影響力をもってきた。「アルジェリア人」という枠組みそのものが占奪と回収の歴史をもっていることをふまえて、第Ⅰ部では、植民地における持続、ネーションという近代の思想と植民地のかかわりを検討する。近世アルジェリアの社会、占領初期の政策論争、一九世紀後半の身分制度の展開という三つの問題をあつかう各章は、古典的な歴史記述において別々の問題としてあつかわれてきた国民国家と帝国支配の両面をつなぐ思想史としても、意味をもつはずである。

第Ⅱ部「東洋学者の懐疑」は、植民地の学知に焦点をあわせ、イスラーム認識と植民地法の連関を考察する。近代ヨーロッパがつくりだした他者認識と植民地支配のかかわりについては、エドワード・サイードの問題提起以来、多数の業績が発表されてきた。「オリエンタリズム」の古典的開花期と位置づけられる一九世紀後半に、フランス植民地アルジェリアで形成された東洋学をいかに位置づけるべきか。それを支配の戦略という構造に還元することだけでは十分とはいえない。サイード自身が指摘するように、重要なのは細部の読み解きである。本書は、これまでとりあげられてこなかった有名無名の実務家たちの著述を主な素材として、植民地主義の内部にある錯綜をたどる。植民地の法は、支配と搾取を正当化する一方で、それ自体として適法であるという外観を備えねばならなかった。そのために力を注いだ東洋学者たちは、何を論じていたのか。法に内包された矛盾と、矛盾についての自覚という両面から考察する。

第Ⅲ部「支配の地域史」は空間を主題とする。植民地の権力関係が空間のうえに展開されたときに、ひとつの「地域」はいかにして生成されたのか。そして、人と空間のかかわりはどのように再編されたのか。一般に歴史学は空間よりも時間の説明を好むといわれるが、たしかにアルジェリア史についても空間から説明をこころみた研究は少ない。地理は重要なテーマとして言及される一方で、しばしばメタファーにとどまってきた。しかし近年、植民地文化の研究においても、地理学をはじめとする知的生産と空間統御のかかわりを問う研究があらわれつつある。本書はそうした

動向に示唆を受けつつ、統治がつくりだす空間構造と、そのうえに展開された表象を考察する。アルジェリアが「フランスの延長」と称されるようになるまでの過程で、いかなる領域性が形づくられたのか。アルジェリア西部オラン地方を事例として検討する。

先行研究・史料・用語

個別の論点に関連する先行研究については各章でとりあげるが、ここではアジュロンの業績についてふれておく。学位論文『ムスリム・アルジェリア人とフランス』をはじめとするアジュロンの研究は、第二帝政期から第一次世界大戦前後の植民地政策とアルジェリア人社会の変化を総合的に考察し、現在でも研究の里程標でありつづけている。主として一九六〇年代から一九八〇年代にかけて発表された彼の研究は、当然ながら時代の制約を受けており、近年ではポストコロニアルの立場から批判されることもある。だが、実証の面においても解釈の面においても、アジュロンの研究に学ぶべき点は現在も少なくない。本書は、その成果を再考しつつ、学知と地理という新しい視点を導入することによって、研究を掘り下げていくことをめざしている。

史料の利用という側面からみると、本書が対象とする一九世紀中葉から二〇世紀初頭にかけての時期は、現地語(アラビア語、ベルベル語、トルコ語)史料がきわめて少ない一種の空白期として知られてきた。フランスによる征服がはじまった一八三〇年以降、トルコ語(オスマン語)史料が激減し、アラビア語による政治的な言論活動がはじまる二〇世紀初頭まで、現存するアラビア語史料はきわめて限られている。そのため歴史家たちは、主としてフランス語の手稿史料と刊行史料、文献に依拠して研究をすすめてきた。この点では本書も、先行研究と同様の限定をかかえている。アルジェリアに現存する文書類について先駆けて調査をおこなった点にある。アルジェリア植民地期の公文書は、一九六〇年前後に大量にフランスへと移送され、現在のフランス国立公文書館海外部門(エクス・アン・

プロヴァンス）に所蔵されている。アルジェリア独立後になされた研究は、利用できる史料はほぼすべて同文書館にあるという前提に立ってきたといってもよい。一方で、アルジェリアに残された史料は、同国の政治状況ともかかわって、開示が遅れてきた。本書の研究は、フランス所蔵の史料を基本としつつ、アルジェリア所蔵の史料に関する調査の成果を反映させている。この点は、今後のアルジェリア近現代史研究に対する貢献になるはずである。

　最後に、頻出する用語について整理しておく。

　帝国と植民地──本書では「帝国」と「植民地」という言葉をつぎのような意味で用いる。帝国とは、ひとつの国家、社会が地理的、文化的に距離のある国家、地域、社会を強制的に統制のもとに組みこんだ政治形態である。帝国のなかで外部からの統治・統御下におかれた側の国、地域、社会が植民地であり、そこで展開される入植、統治、法や文化の移植といった行為を植民地化、背景にある思想、慣行等を植民地主義ととらえる。こうした意味において、近世から近代のフランスには帝国としての側面があり、その植民地のひとつがアルジェリアであった。

　ただし、この用語法は一九世紀のフランス語とはやや開きがある。一九世紀の「帝国」Empire は、一般的に国内の政治体制（ナポレオン体制）をさす言葉であり、植民地帝国を意味して用いられる場面は少なかった。「植民地帝国」Empire colonial という表現が一般化するのは、一九世紀末もしくは二〇世紀以降のことである。また同時代には、「県」となったアルジェリアに対して「植民地」colonie という言葉をあてはめるべきではないとする立場もあった。

　オリエンタリズムと東洋学──orientalisme という言葉は、サイードによって拡張された意味をあたえられ、研究上の語彙として定着している。本書のなかでは、「西洋」による「東洋」理解に内在する一種のイデオロギーや価値体系としての「オリエンタリズム」と、当時の学問分野としての「東洋学」（東洋語学を基礎として対象地域の歴史、文化、

宗教などを研究する学問）を呼び分けることにする。

ネーション、ナシオン——分析上の概念としての「ネーション」nation と、フランス近代史史料にあらわれる「ナシオン」nation の使い分けについて、一貫した方針を立てることはむずかしい。フランス近代史上の「ナシオン」が、今日の人文社会科学における「ネーション」概念の主要な淵源のひとつとなっているためである。本書においては、煩雑さをさけるために、つぎの方針にしたがって表記する。近世（一九世紀初頭以前）に関する記述（第一章）においては、ナシオンに統一する。第二章以降については、史料の引用のみナシオンと表記し、本文においては、引用を受けて論じる場合も原則としてネーションと表記する。

ムスリムとユダヤ教徒（人）——原則として以下のように訳語をあてる。musulman は「ムスリム」、mahométan は「マホメット教徒」、juif については、「フランス人」などと対置される場合には「ユダヤ教徒」と「ムスリム」や「キリスト教徒」と対置される場合にはユダヤ教徒と訳す。一九世紀フランスに特徴的な表現として、juif という言葉に付随する負のニュアンスを中立化するために用いられた israélite という呼称もある。史料にこの言葉があらわれる場合には、ユダヤ教徒とルビをふる。

「原住民」——フランス語のアンディジェヌ indigène の訳語としての「原住民」という言葉を用いる。indigène という言葉は、二〇世紀中頃を境に侮蔑的な表現とみなされるようになった。しかし歴史研究のなかでは、まさにそうした差別される存在としての様態をとらえるために、研究上の用語として現在まで用いられてきている。本書においては、資料の引用と、引用に準拠したニュアンスを本文中で表現する際に「原住民」と表記する。中立的な表現として最善な言葉は見つけにくい。本書では、対置される語に応じて「先住民」「先住者」「現地人」と記すことにする。

第Ⅰ部　一九世紀のアルジェリア人とは何か

問題の所在

ナショナル・ヒストリーの再検討が歴史学の課題となって久しい。ひとつの国民・民族をあらかじめ一個の実体として名指すのではなく、構築されたものとして慎重にとらえる立場は、研究上の共通了解となってきた。とくにヨーロッパ史に関しては、それぞれのネーションが構築された過程について、膨大な議論が積みかさねられてきた。(1)ところが、フランスとマグリブの植民地関係史においては事情が異なってくる。フランス人という集団とアルジェリア人という集団をそれぞれひとかたまりにとらえ、既成のネーションとして、または必然的にその途上にある集団として記述することへの反省は、近年にいたるまでむしろ希薄であった。

植民地期の歴史学は、アルジェリアという地域の枠組みがフランスによって生みだされたと論じた。その背景にあるのは、フランスの征服がこの地に歴史の動因をもたらしたという見方である。植民地期を代表する地理学者・歴史家ゴーティエは、一九二七年に刊行された著書『北アフリカのイスラーム化』で以下のように述べている。

我々がヨーロッパ諸国民の歴史にいだく主な関心は一貫している。すなわち、いかなる段階をへて国家、国民(ナシオン)が形成されたかということである。マグリブについては、対照的に、個々の破綻のいかなる連鎖によって全体の破綻がもたらされたかということに主な関心が置かれる。(2)

ここには植民地期の歴史学のヨーロッパ中心主義がありありと表現されている。ゴーティエの見方にしたがえば、フランスのように国家・国民を形成することが歴史的な進歩の証であり、マグリブは内発的な発展の可能性を欠いている。そのような認識に立つ彼は、北アフリカを「名を持たない国」un pays qui n'a pas de nom と呼んだ。(3)

二〇世紀半ばに脱植民地化の現実に直面した歴史家たちは、当然ながら、正反対の立場をとった。かれらの課題は、アルジェリア人を歴史の主体として位置づけることにあった。たとえばアブーアシュラフは、近世以前からアルジェリアにはネーションに相当する共同体が存在したと強調し、プルナンは、イスラームという共通の文化基盤をもちつつ分裂した社会、すなわち未完成のネーションとして、植民地期以前のアルジェリアを描いた。かれらに共通するのは、アルジェリアの近代史を、植民地化への絶えざる抵抗をつうじたネーションの建設として描く視点であった。

同様のとらえ方は、近年のイスラーム地域研究にも形をかえて受け継がれている。一般的にいえば、ネーションという西欧由来の枠組みを、地中海東南岸の社会にそのままあてはめることは難しい。たとえば小杉泰は、歴史上のアラブ地域ではさまざまな地域統合の理念がせめぎあっており、ネーションの土台となる「祖国」（ワタンwatan）の境界はしばしば流動的であったと述べる。ところが、こうした議論においてもアルジェリアは例外としてあつかわれ、植民地支配の経験がワタンに明確な境界を生じさせた独特の事例として位置づけられてきた。近代のアルジェリアが植民地化への抵抗のみをワタンの支えとして生まれたかのように論じるならば、この地に歴史をもたらしたのはフランスであるというゴーティエの史観と大差ない結論が導かれかねない。内発的動機と外在的要因のはざまで、アルジェリアという領域の形成をどうとらえるかということが、あらためて問われている。

以上のような研究状況をふまえて、第Ⅰ部では、近世から二〇世紀初頭にかけてのアルジェリアの歴史を再考する。両大戦間期にアルジェリア人ナショナリズムが高揚したことはよく知られているが、それに先立って、ネーションという図式はいつ、いかなるかたちで浮上していたのか。そもそも、本書でとりあつかう西暦一九世紀前後のアルジェリアの歴史を、何人（なんびと）の歴史とみるのか。こうした問いに見取り図をあたえることが課題となる。

そのためには、人のカテゴリーの再検討からはじめねばならない。今日の常識的な用語法にしたがえば、かつて「原住民」indigènesと呼ばれたアラブ・ベルベル系ムスリムを「アルジェリア人」と呼び、入植者については「フランス人」または「ヨーロッパ人」と呼ぶことが一般的である。ただしこの点については、若干の留保がもとめられる。

17　問題の所在

いくつかの問いを想定してみよう。そもそも、独立後に法制化されたアルジェリア国籍の定義、つまり、父系の先祖がアルジェリアに生まれ、植民地期にムスリムの身分を保持していた者という定義を過去にさかのぼって用いることは、アナクロニズムになりはしないか。たとえば、脱植民地化とともにほとんどがアルジェリアを離れることになった先住ユダヤ人は、どの範疇に位置づけられるべきだろうか。答えは、フランス語の公文書や文献に依拠し、入植者社会の形成を考察する本書においては、いささか複雑である。フランス語の「アルジェリア人」という言葉は、一九世紀後半以降、入植者の自称として用いられるようになった。さまざまな背景を無視して、一部の史料にあらわれる言葉のみに忠実であろうとすれば、入植者の歴史を「アルジェリア人」の歴史という視点で描くということすら想定できなくはない。アラブ・ベルベル系ムスリムを「アルジェリア人」と、入植者を「ヨーロッパ人」と呼ぶことすら自体が、ひとつの立場の選択なのである。

こうした問題を整理するために、本書の第I部は、アルジェリアという地域の枠組みと、そこにむすびついた人のカテゴリーの検討にあてられる。ひとまず、アルジェリア（人）という範疇そのものが占奪と回収の歴史を背負っていることを出発点としよう。

第一章「近世アルジェリアと地中海」では、アルジェリアという政治体（ポリティ）が地中海の地域秩序のなかで形成された過程を検討し、植民地期以前の地域の枠組みが、どのような人々によって媒介され、どのような求心力と遠心力のバランスのうえに成立したのかを概観する。従来は一国史の枠組みでとらえられがちであったアルジェリアの前近代史を、広域的な視点からとらえなおすことが目的である。

第二章「征服とネーション」では、一八三〇―一八四〇年代のフランス中央政界における政策論争を題材として、アルジェリア侵略にかかわる言論の展開をたどる。植民地化開始直後のフランスでは、アルジェリアを一個の「ナショナリテ」として位置づけるという、一見すると現代的ともいえる問題提起がなされていた。この問題に対する賛同、否定の議論が、どのような布置をとっていたのかを検討する。

第三章「市民と「臣民」」では、一八六〇—一九〇〇年代を中心として、植民地の身分法制をとりあげる。異なる言語、文化、宗教をもつ複数の集団が混在するアルジェリア社会は、しだいに二極化された身分制度にもとづく社会へと変化していった。その過程で、国家への帰属と市民としての権利が一致するという近代国家の原則はどのように変形されたのか。入植者と先住者がそれぞれに「アルジェリア人」を自称する状況はいかにして出現したのか。法と社会のかかわりを軸として考察する。

第一章　近世アルジェリアと地中海

> アルジェリアは東西二千キロメートルにわたって海へと大きく開かれた国である。まさにこの海から、いずれ劣らぬ征服者たちが、不屈のヌミディアの太陽に刃を燦めかせて代わる代わる到来した。それぞれに威を振るい勇名を轟かせた侵略者たちであったが、この土地の真の住人としての──それはもっとも──自覚をもった人々の敵意に対しては、なす術がなかった。ベルベル人の歴史は抵抗の連続であった。だが彼らは、まつろわぬ海への警戒を怠らず、それゆえ山岳の頂きに居を定め、執拗に侵略をねらう敵の様子をよくうかがえるように備えたのだった。
>
> （ラシード・ブージェドラ『アルジェリア現代の日常』一九七一年）[1]

一九世紀初頭のマグリブ沿岸には、東から西へ、四つの大きな政治体が存在した。現在のリビアからアルジェリアにまたがる三つのオスマン朝属州（vilâyet または eyâlet）と、アラウィー朝モロッコ王国である。一八三〇年にフランスが占領を開始したのは、そのほぼ中央に位置するアルジェリア属州（オスマン語でジェザーイリ・ガルブ Cezâ'ir-i Garb）であった。[2] 属州の名の由来となったのは、沿岸に接する小島にちなんだとされる首府の名アルジェ（アラビア語でアル・ジャザーイル al-Jazā'ir）である。[3]

一六—一七世紀にかけて成立した海岸部の政治的境界は、若干の移動はあるものの、植民地期をへて現在にいたる国境にほぼ重なる。もちろんその内部には、統治の濃淡と空白域があった。とくに南方への伸張については不明瞭であるが、両アトラス山脈以北については、ある程度までアルジェの影響がおよんでいたと考えられる。④

この政治体の領域が、歴史的なアルジェリアという空間(サハラ・アトラス山脈以北地域)の枠組みとなった。⑤ それは後述するように、オスマン朝の時代に形成されたものである。ところが研究史のうえでは、マグリブにおけるオスマン朝の支配を名目的・形式的なものとみて、この時代のアルジェリア史をオスマン史の文脈から切りはなしてとらえる見方が支配的であった。⑥ アルジェリアの前近代史を一国の枠組みから記述する傾向は、植民地期と脱植民地化後の研究に共通する。これを再検討するためには、歴史家マントランやタミーミーが早くから提唱していたような広い視野がもとめられる。⑦ そこで本章では、オスマン史における近世・初期近代という時代区分を参照しつつ、⑧ 一六世紀から一九世紀初頭までのアルジェリアをとりまく状況を概観する。前半部では政治体の枠組みに焦点をあて、後半では地域秩序の形成に内外からかかわった人々を軸として考察していく。

私掠と港市政治体

近世ヨーロッパの文献にあらわれるマグリブ認識は、「バルバリア海賊」の巣窟というイメージに彩られている。ここでいうバルバリア Barbarie とは、トリポリ、チュニス、アルジェを首府とするオスマン朝属州とモロッコをふくめた地域に対するヨーロッパ側からの通称である。一七世紀から一八世紀末にかけて、ヨーロッパ人の著述にあらわれるバルバリアの位置づけは、ローマ帝国の残影としてヨーロッパとの近さを強調するものから、アフリカという未知の大陸の距離感を強調するものへと、しだいに重心を移していった。⑨ バルバリアの私掠港市が登場する有名な文学作品としては、セルバンテス作『ドン・キホーテ』(一六〇五—一六一五

年刊、登場する港市はアルジェ)、デフォー作『ロビンソン・クルーソー』(一七一九年刊、同サレ)、ヴォルテール作『カンディード』(一七五九ー一七六一年刊、同アルジェ、サレ)などが思い浮かぶ。これらの文学作品に登場する「海賊」、より適切には私掠者と呼ばれる人々の活動は、海に限られていたわけではない。⑩拠点となる港市の後背地へと結びつけたのも、てみれば、陸の領域的政治体としてのアルジェリアの基礎を築き、それをオスマン帝国の勢力圏へと結びつけたのも、私掠者の勢力であった。⑪

その背景には、キリスト教共同体とイスラーム共同体を代表する帝国の角逐があった。一六世紀初頭、スペインはいわゆるレコンキスタの余勢を駆って地中海南岸に進出し、メリーリャ(マリーヤ)(一四九七年占領)、オラン(ワフラーン)(同、一五〇九年)、トリポリ(タラーブルス)(同、一五一〇年)など北アフリカ沿岸の都市を次々と支配下においた。⑫こうした政治的緊張に呼応して東地中海から到来した私掠船団の長が、フズル(後のハイレッディン)である。当初ジェルバを拠点としたフズルは、キリスト教徒勢力と戦っただけでなく、ハフス朝チュニス、ザイヤーン朝トレムセン(ティリムサーン)等のムスリム地方王権とも対立した。フズルはしだいに現在のアルジェリア方面へと勢力を伸ばし、一五一九ー一五二〇年にオスマン朝のセリム一世に対して臣従の意志を示し、その見返りとしてマグリブ支配の承認と手勢となるイェニチェリをあたえられた。アルジェに支配を確立したのは一五二九年のことである。これ以降、一六世紀末にかけて、沿岸のスペイン拠点と内陸の地方王権は、ハイレッディンとそれに連なる勢力によって徐々に征服されていく。聖ヨハネ騎士団の支配下におかれていたトリポリは一五五一年にトゥルグド・レイスによって、チュニスとその近隣海港グレタ(ハルク・アル・ワーディー)は一五七四年にスィナン・パシャとウルチ・アリによって、⑮それぞれオスマン朝の勢力圏に入った。内陸部では、トレムセンなどを拠点とする地方王権もオスマン朝支配の外縁に組み込まれていった。⑰

私掠を基盤とする港市政治体が築かれた一六世紀から一七世紀前半にかけての時期は、オスマン朝期アルジェリアの「ベイレルベイの時代」と呼ばれる。ハイレッディンの子孫と近臣たちは、私掠者集団(ターイフェ)の有力者とし⑱

て、ベイレルベイの役職とパシャの称号を得て、現在のリビアからアルジェリアにかけての沿岸地域の実権を握った。ハイレッディンがアルジェリアを離れた後には、彼と現地人女性とのあいだに生まれた子ハサン・パシャが三度ベイレルベイに任命された（一五四四―一五五一、一五五七―一五六一、一五六二―一五六七年）。それと前後してアルジェで実権を握った人物のなかには、ハイレッディンの代理として指揮にあたったハサン・アー（サルデーニャ出身、幼少時に改宗）、カーイド・サッファ（アナトリア出身）、サラーフ・レイス（アレクサンドリア出身）、カーイド・ハサン・コルソ（コルシカ出身）等、多数の外地出身者がいた。

一五七一年のレパントの海戦がオスマン朝の勢威にあたえた影響については議論が分かれるが、ともかく一五八〇年代以降、大規模な海戦は地中海の舞台からいったん退場する。国際的緊張の緩和を背景として、一五八七年にマグリブのベイレルベイ管轄域は分割され、アルジェ、チュニス、トリポリを首府とする三つの州がおかれた。一六世紀末にはあいまいであった各属州の領域は、一七世紀をつうじて確定していったと考えられる。三州の設置以降の体制変化については後述することとし、以下では、まず、政治体の基礎を築いた私掠者の世界がどのようなものであったかを概観しよう。

よく知られているように、所属不明の無法者としての海賊と、固有の法、規則、慣習にもとづき、一定の公序を前提としておこなわれる私掠とは、すくなくとも原則として区別される存在だった。「海賊」の都アルジェというイメージは、私掠をとりまく近世的な秩序が崩れていく時代になってから強まったものである。

一六世紀末以降の地中海における私掠は、ブローデルの表現を借りれば、大規模な艦隊戦の間隙をぬっておこなわれる「小さな戦争」だった。戦争の一環としての海上略奪は古くから地中海に存在した。一六世紀末以降、その重心は沿岸部の襲撃から海上の襲撃へと移り、国際関係にひとつの柱として組み込まれ、基本構造を維持しながら一九世紀初頭まで存続していた。

海上私掠活動の基本的なサイクルは、私掠者が特許状や航海証明といった文書や国際協約を裏づけとして敵国の商

船を襲い、その積荷と乗員を接収し、転売もしくは買いもどさせるというものである。つまり私掠は、戦闘行為であると同時に、積荷や人質をとりあつかう商人、交渉人、都市のネットワークと結びついた一種の経済活動でもあった。これを「人類の敵」として跳梁跋扈する海賊という一般的なイメージと同一視すると、地中海経済のサイクルに組み込まれた私掠の特質を見落としてしまうことになる。たとえば、フランスとのあいだで協約が結ばれていた時期には、アルジェの私掠船がマルセイユに寄港することも珍しくなかった。地中海の南岸と北岸の情報が均等に描きこまれた近世の海図は、ひとつの海域を共有する南ヨーロッパとマグリブの相補的な関係をよく表現している（口絵1）。

私掠と海賊の区別については興味深い指摘がある。フィッシャーによれば、一六世紀のスペインでは、地中海のバルバリア船団は私掠船 corsario、大西洋の英、仏、オランダの船団は海賊 pirata と呼び分けられていた。アルジェ船が「海賊」と称されるようになるのは、マナリングが率いた港市マルモラの勢力がアルジェに合流する一七世紀以降のことであるという。一見、似通った海上の略奪行為であっても、キリスト教徒による活動が卑劣な海賊行為として非難され、異教徒による（一種の正当性をみとめられた）私掠とのあいだに一線が引かれていたことは強調に値する。かくして宗教と私掠は、しばしば深い結びつきをもった。ムスリム側は、私掠従事者を異教徒との戦（ジハード）の遂行者とみなし、私掠者たちのあいだに一種の守護聖者のような信仰が発達した。キリスト教徒の側では、マルタに拠った聖ヨハネ騎士団が、活発な私掠活動をくりひろげた。

ただし、私掠の「適法性」や異教徒間の抗争という構図だけにとらわれては、実態を見誤ることになる。それは国家の通商戦略にもとづく場合もあれば、異教徒との戦争という名目が、合法と非合法の境目にある襲撃の隠れ蓑になる場合もあった。キリスト教徒、ムスリムが同宗の人々を襲うこともしばしばであり、「背教者」といえる船乗りや冒険者たちもいた。虜囚、奴隷として幼少期に改宗させられた者だけではない。たとえば、一七世紀アルジェの私掠船には、「背教者」乗組員としてバレアレス諸島出身の成人改宗キリスト教徒が多数参加していた。つぎにあげるブローデルの一節は、そうした私掠者の世界の特徴をよく言い表している。

それに多くの場合、冒険には祖国も宗教もなく、生きる手段である。アルジェが飢える。それゆえ私掠は、人も、国籍も、信仰信条も気にかけはしない。私掠船が不猟であれば、改宗者や移住者といった外来要素にひらかれた、混沌とした小宇宙ということができる。

一七世紀前半は、マグリブの私掠がもっとも活発化した時期であった。その背景としてあげられるのが、宗教戦争の沈静化後にヨーロッパ側で余剰となった私掠船の人員と装備(とくに帆船技術)が地中海南岸に流入したという説である。北方とのつながりを利用して、マグリブの私掠船は、それまでの地中海域だけでなく、一六二〇年代にはジブラルタル海峡をはるかに越えてブリテン諸島沿岸まで襲撃対象を広げた。私掠の勢力が大きくなったもうひとつの背景として、イベリア半島からの移住者の影響が指摘される。一六世紀にはすでに一定数のモリスコ(改宗ムスリム)がイベリア半島を離れる動きが存在したが、一六〇九—一六一四年の追放令にともなって土地を離れたモリスコの数は三〇万人におよんだとされ、その一部は私掠勢力に加わった。以上のようなさまざまな情報から私掠港市を形容すれば、改宗者や移住者といった外来要素にひらかれた、混沌とした小宇宙ということができる。

戦争と外交

一七世紀にかけて地中海の海運の主軸を担うようになった西欧諸国は、一六世紀から一七世紀にかけてオスマン朝との居留特許条約(いわゆるキャピチュレーション capitulations)を結んだ。その道理にしたがえば、フランス、オランダ、イギリスなどの条約締結国は、オスマン朝の軍事力、ひいてはマグリブの私掠船に対しても自国商船の安全の保障を得たはずであった。しかし実際には、英仏蘭の船舶は、オスマン朝と戦争状態にあったスペインやイタリア諸都市の船舶と同様にマグリブ私掠船の襲撃を受けつづけた。マグリブ属州が帝国中央の規制を無視して私掠を継続したことに対して、ヨーロッパ側は三つの対策を講じた。第

一に、イスタンブルの介入を要請すること、第二に軍事的な圧力をかけること、第三に直接交渉によって条約を締結することである。他国に先駆けてマグリブとの外交関係をとり結んだのは、フランスだった。オスマン朝中央に圧力を要請しても私掠船の活動がやまないことを受けて、フランスはそれぞれの属州と二者間交渉をおこない、一六〇五年にチュニジアと、一六二八年にアルジェリアと和約を結んだ。この条約は、中断期をはさみつつ、ほぼ同じ内容のまま数年おきに一九世紀までフランス・アルジェリア関係を規定する基本文書となった。(36)

オランダとイギリスも一六二二年に類似の条約を締結した。それらに共通する内容は、オスマン朝とのあいだで結ばれた居留特許条約の遵守、停戦と相互の船舶の安全と寄港、人質、奴隷の交換、捕獲積荷の回復、領事駐在などの条件である。ただし、船舶の安全はかならずしも遵守されず、マグリブ船の私掠はさまざまな理由をつけて再開された。一七世紀のアルジェの財政は、私掠に相当に依存していたと考えられ、また、ヨーロッパ側の勢力が自陣営のガレー船に用いていたムスリム虜囚を返還しなかったことも、マグリブ側が私掠をつづける論拠となった。そして緊張が高まるたびに、一時的な平穏のために条約が更新されるという状況がつづいた。(37)

西欧諸国とマグリブ諸州の海軍力は一七世紀初頭には拮抗していたが、同世紀の末には前者の優位に大きく傾く。ヨーロッパ諸国は必要に応じて、艦隊砲撃で私掠港市に圧力をかけ、譲歩をひきだすようになっていった。同じ時期にマグリブでは、ガレー船の衰退によって私掠の動機のひとつがなくなったこと、略奪によらない貿易の重要性が増したことなどから、私掠活動の規模は縮小していった。一八世紀前半にはオーストリア、スウェーデンが、七年戦争後にはヴェネツィア(一七六四―一七六五年)、そしてスペイン(一七八四―一七九一年)がマグリブ属州と欧米のほぼすべての国と条約を結んだ。(38)(39)そしてアメリカ合衆国がこの列に加わったことで(一七九五―一七九七年)、マグリブ属州と欧米諸州のあいだに二者間条約が成立することとなった。

こうしてマグリブ諸州は、およそ二世紀にわたってヨーロッパからの砲艦外交の圧力を受けつつ存続し、私掠の中断とひきかえに欧米諸国から金銭や贈り物(条約締結時、または毎年の定期的な納付)を受けとるという慣習を成立させ

た。さらに、一八世紀半ば以降になると、マグリブの私掠船は英仏領事に航行証明を発行させるようになり、私掠活動について国際法上の承認を獲得するまでにいたったのである。

マグリブ属州は、帝国中央の統制を離れ、独自に協約締結の主体となった。オスマン朝への帰属が名目的なものにすぎず、実質的には独立状態にあったことの論拠とされてきた。だがそもそも、近世地中海の国際秩序は、従属か独立かといった単調な図式におさまるものではない。

たとえば、一六二八年のフランスとアルジェの条約は、導入部でイスタンブルからの勅書を引用し、「ムスリムの至高の皇帝」le très haut Empereur des Musulmans すなわちスルタンの僕として、その命令にしたがってフランスと和平を結ぶという構成をとっている。アルジェの在地権力が中央と異なる選択をする権利を留保したことは、たとえば、臨検対象となる船舶の帰属によって「偉大なる主君（スルタン）の敵」と「アルジェの敵」を区別する一節などから読みとることができる。ただし、条約全体としては、アルジェリアに対するイスタンブルの宗主権が強調されている。対照的なのが、一七八〇年代におこなわれたスペインとアルジェの和平交渉である。スペイン側の外交文書によると、条約交渉の過程でアルジェの在地権力は、和平を命じるイスタンブルからの勅書の有効性を容易に認めようとせず、調印された和平文書においても、スペイン側の要請にもかかわらず、勅書やイスタンブルによる和平の保障が言及されることはなかったとされる。㊷

ふたつの事例は、時代がくだるにつれてアルジェが外交上の自立性を高めていったことを示唆する。とはいえ、マグリブ諸州と西欧のあいだで二者間条約の実例がつみかさねられていたにもかかわらず、スペインがアルジェリアをとりまく地域秩序のイスタンブルの重層性を反介しての交渉をめざしたという事実は無視できない。この二面性は、アルジェリアをとりまく地域秩序の重層性を反映している。

辺境の地域秩序

 近世のマグリブ属州はいかなる広域秩序に属していたのか。はじめにヨーロッパ史の視点に立ってみよう。古典的な説明は、主権国家体制を背景としたヨーロッパが自らの国際体系の外部もしくは周縁として非ヨーロッパとの関係を規定した、というものであろう。しかし、ヨーロッパとその外部という整理はやや単純すぎる。西欧諸国とマグリブのあいだに外交関係が形成された一七世紀は、いわゆる主権国家体制の形成途上であって、完成の時期ではない。マグリブ属州がヨーロッパの戦争法の領域に含まれるという立場を示唆している。その一方で、同時代のヨーロッパ人のなかには、海賊行為をおこなうバルバリアは国際法共同体の外にあるとする立場も根強く存在した。このように相反する見方があった理由について、法学者メスナーは、ふたつの法域の共存という視点から説明している。メスナーによれば、ヨーロッパ諸国間の国際法は、せまい意味での国際法すなわち「世界体系内の法」intra-ordinal law と並行して、「世界体系間の法」inter-ordinal law というもうひとつの空間を措定していた。このうち後者に属する。いいかえれば、ヨーロッパから見たマグリブは、国際法の埒外にある存在ではなく、キリスト教世界とイスラーム世界というふたつの世界秩序の中間地帯に属する主体として位置づけられていた。「ヨーロッパの周辺の海に、複数の法的空間が共存していた」という歴史家モラの指摘は、この点で示唆的である。翻ってオスマン朝の側からみると、アルジェリアは、いわゆる「イスラームの家」Dār al-Islām の一部として、帝国の

第Ⅰ部 一九世紀のアルジェリア人とは何か　28

ゆるやかな秩序の辺境に位置していた。すでに言及したように、これまでの研究は、アルジェリアが実質的に独立国としての性格をもっていたという視点を強調してきた。諸外国との条約・協定締結の主体となった事実とならんで例証として用いられてきたのが、一七世紀から一八世紀にかけてのアルジェとイスタンブル関係を彩るさまざまな軋轢である。そこで、事情が比較的よく知られている一七世紀中葉の政治的動揺を例として検討してみよう。

一六世紀末にマグリブが三州に分割されて以降、それまでのベイレルベイにかわって、中央から派遣される三年任期のパシャが各州の統治にあたることとなった。しかし、外来者であるパシャの実権は、在地の軍事勢力であるターイフェ（私掠者集団）とオジャク（イェニチェリ）の実力によって制限された。パシャの地位が不安定であった背景としては、家臣団を扶持するための収入基盤に乏しいという問題もさることながら、疫病による人口減など、他の地域とも共通する現象の影響を示唆する研究もある。

一七世紀前半に有力であったのは、財政を掌握したターイフェであったと考えられている。ターイフェの活動は、個々人が艤装主として私掠をおこなう事業者としての側面と、中央の要請に応じて海軍として出仕し、私掠の収益によってアルジェ属州の財政をあわせもっていた。私掠の収益は変動が大きく、定常的で安定した財源ではなかったが、かれらの財力が属州の財政をささえた例は枚挙に暇がない。イタリア半島出身の改宗者で、アルジェでターイフェの長となったビチンは、カビリー地方のベルベル系王権ククと結びながら、パシャとのあいだで権謀術数をめぐらせた。一七世紀中葉に外国使節とアルジェのあいだで結ばれた協定に、パシャではなく、アリ・ビチンが「アルジェ陸海軍の長にして総督」Gouverneur et Capitaine général de la Mer et Terre d'Alger という肩書をもって調印者となったことは、彼の権勢をよく示している。

ただし、ビチンの野心は、帝国の秩序を離脱することではなく、むしろ帝国内での昇進をめざす方向にむけられていたと考えられている。ビチンの死（一六四四─一六四五年頃）と相前後して、権力の重心はターイフェからオジャクへ

と移動した。その経緯はあきらかではないが、背景として、一六世紀末にはすでに私掠活動にはオジャクも参加するようになっており、実質的に両者の融合が進んだと想定することが可能である。並行して、私掠者集団のなかで改宗者が占める割合もしだいに減少したとみられる。

一六五九年には、オジャクの勢力伸長を背景として、「アーの革命」と呼ばれる事件が起きた。これは、オジャクへの給与支払いの遅滞を理由として、任期中のパシャがオジャクによって投獄され、後任のパシャの赴任が妨げられた事件である。ここでも、中央への反抗は形式的なものであった。その証拠に、イスタンブルがパシャの派遣を中止するという旨の通告をすると、アルジェ側はただちに服従の意志を表した。ところが、アルジェ側の使者が受け入れられ、パシャの派遣が再開されたのは一六六一年のことであった。

このエピソードは、つぎのように説明できる。イスタンブル側からみると、軍事的懲罰をあたえるのではなく関係の途絶を宣告したこと、パシャの派遣が遅らされたことは、中央にとって辺境属州アルジェリアの重要性が徐々に低下し、関係の弛緩が許容されていたことを意味する。それに対してアルジェ側は、一見反抗的な態度とは裏腹に、実はオスマン朝の一部として中央から付与される権威を必要としていた。在地の有力者層が中央から派遣されるパシャを拒絶する、あるいは転覆させた事例は、ほぼ同時期のアナトリアやシリアでも観察される。反抗は、彼らの離脱をめざすものではなく、秩序のなかの権力配置をめぐる、むしろ一般的な交渉のかたちであった。

このように、アリ・ビチンの権勢とアーの背信を、アルジェリアが実質的に独立した政治体となっていく過程として一概にとらえることはできない。それでは近世のマグリブ史を、どのように帝国の広域的な秩序再編の文脈に位置づけるべきだろうか。

この点で参考となるのは、「オスマン的在地エリート」が一八世紀に帝国の各地で形成されたという議論である。トレダノの研究によれば、一七―一八世紀にかけて、中央から派遣された官人の在地化と、統治プロセスへの参加をつうじた在地有力者層のオスマン化という二重のプロセスが各地で深化したとされる。その回路となったのが、スル

タンの宮廷と相似形をなすように発展した官人たちの「家」kapı（親族関係を中核としつつ家臣、傭人などを構成員として形成される人間集団）であった。(60)アルジェリアの権力構造は、こうした文脈を他の地域と共有しつつ、興味深い相違をしめしている。

一例としてチュニジアと比較してみよう。チュニジアでは、中央と在地軍事勢力の緊張関係から、やがて後者が有力となり、一七世紀にはかれらの代表者が実権を握るようになった。一八世紀初頭には、フサイン・イブン・アリー(61)から世襲がはじまり、チュニジアは、オスマン朝の属州としての位置づけを受けつつ、実質的にひとつの王朝となった。(62)並行して、他のアラブ属州と同様、オジャクへの現地人登用がしだいに広がり、支配層の土着化がすすんだと考えられている。(63)こうした変化は、広い意味で、オスマン的在地エリート形成の一例ととらえることができる。

アルジェリアにおいても、一七世紀後半にオジャクの長（アー）が実質的な支配をおこない、実権のないパシャの派遣を中央から受け入れるという一種の二重権力状態をへて、一八世紀初頭に、在地の最高権力者がパシャの称号を兼ね備える体制へと移行した。ここまではチュニジアと軌を一にする。

しかし、一七世紀後半からデイ(64)という称号を名乗るようになった最高権力者の地位が、明確に世襲化することはなかった。デイは、オジャクの有力者から選出されたが、その地位はしばしば当代のデイの甥、婿などの親族、姻族、部下へと継承された。いってみれば、ゆるやかな「家」のネットワークに依拠した支配であったことをうかがわせる。(65)他のアルジャクの特殊性は、デイや政府幹部の出身母体となったオジャクの人的構成をみることで、明確になる。他の地域と異なり、アルジェのオジャクの成員は、一九世紀にいたるまで、外来者にほぼ限られていた。(66)その多くは、多大な費用を要してアナトリアを中心とする帝国中央から募集されてきた人々だった。(67)いったんアルジェに駐在するようになると、オジャク成員と現地人女性との通婚は間接的に規制された。(68)一八世紀初頭には、な特権が保証されることによって、オジャク成員と現地人女性との混血層であるクルオール（後述）が少数含まれていたが、その比率アルジェのオジャクのあいだには、現地人女性

は一八世紀後半には低下していったと考えられている。このように、支配層の閉鎖性が出身地域と血統にもとづいて維持されたことは、オスマン朝アラブ属州の都市社会のなかで例外的な現象といえるだろう。

マグリブ属州の都市社会に共通する傾向として、政治的自律性の高まりにもかかわらず、社会組織と文化の両面でオスマン朝がモデルでありつづけたことが知られている。具体的には、オスマン朝中央を範型とする生活様式、言語、法規範（法学派の選択）などによって、現地人社会と支配層の境界線が維持された。さらにアルジェリアでは、血統・出身地域の外来性が強固で、時代をくだるにつれてむしろ強化された。いいかえれば、中央からの統制がゆるむにしたがって、逆説的に、支配層と帝国の中枢地域とのつながりが重視され、非・土着性が維持されたことになる。そこには、最西端の辺境にあってなお帝国の秩序のなかにとどまろうとした政治体の、独自の戦略を読みとることができる。

媒介者としてのクルオール

ここまで述べてきた、直轄的な統治から自律的な従属地方政権への移行という変化は、帝国内の他地域でも観察される現象である。アルジェリアの特徴は、外来者を核とする支配層の重心が、混淆的な海民から、閉鎖的な「トルコ系」軍事行政エリートへと移動した点にあった。オスマン史の文脈においては、多様な出身をもつエリート層の共存が説かれることが多いが、アルジェリア史におけるオスマン性については、むしろ、支配層と現地社会との分節化が強調される。このことは、一見、アルジェリア史におけるオスマン性を外来要素としてとらえ、内発的な国家形成の失敗を強調した植民地期の歴史観に立ち戻ったかのような印象をあたえるかもしれない。しかし、現代の研究者が提示する解釈の力点はそれと異なっている。歴史家ヴァランシが指摘するように、「弱い集権化、小さな行政、少数の兵力に依拠したトルコ系政府が持続的に社会の平穏を確立した」ことをいかに説明するかが検討課題となる。

大規模な国家機構をもたずに政治体が存続した背景には、どのような人々の布置があったのか。たとえば、前節で検討したターイフェとオジャクは、政治体の権力構造の最上層に位置した支配層であるが、同時に、アルジェリアをオスマン帝国という広域秩序に結びつけた媒介点としてみることができる。以下、この視点をひろげて、政治体の内外でコミュニケーションを担った媒介者たちを概観しよう。

本章の前半で、アルジェリアを港市政治体と形容した。このことは、統治機構の大部分が都市のなかにとどまり、内陸への伸張が希薄であったことを反映している。そのため、都市国家 city-state という用語を用いる歴史家もいる。しかし、政治空間としてのアルジェリアが領域的性格を欠いていたとはいえない。外部に対しては、先に述べたとおり、モロッコ、チュニジアとの境界は、一定の幅をもった緩衝地帯として、一八世紀までにほぼ確定していた（図1-1）。

内陸についても統治の枠組みは存在していた。首府アルジェ近隣の後背地（ミティジャ平野）は直轄地とされ、遠隔地は東部、西部、南部の三つの行政区（ベイリク）に区分された。東部の首府はコンスタンティーヌ（クサンティーナ）に、西部の首府は時期によってトレムセンまたはオランに、南部の首府はメデア（ミディーヤ）におかれた。それぞれの中心都市に任命された地方行政区の長ベイは、アルジェへの徴税送金を担い、アルジェに定期的に参勤した。ベイを通じた統治は、非都市部にもある程度到達していたと考えられる。モロッコやチュニジアでみられたように、ベイは、マハッラ（移動駐屯地）を形成し、数ヵ月かけて領内を巡回し、徴税、不服従部族への報復、ときには対外戦争に従事した。アルジェへの参勤とマハッラによる領内巡回というベイの移動は、首府から地方中心都市、内陸へと統治の空間をつなげていく回路であったといえる。

こうした地方統治を理解するうえで重要なのが、「トルコ系」男性と現地人女性のあいだに生まれた人々、クルオール kuloglu の集団である。クルオール（原義は「僕の子」）が、いつ頃からひとつの社会集団として析出したのかは定かではない。ハイレッディンの後継者が現地人女性とのあいだの子であったことに象徴されるように、血統の交わりは

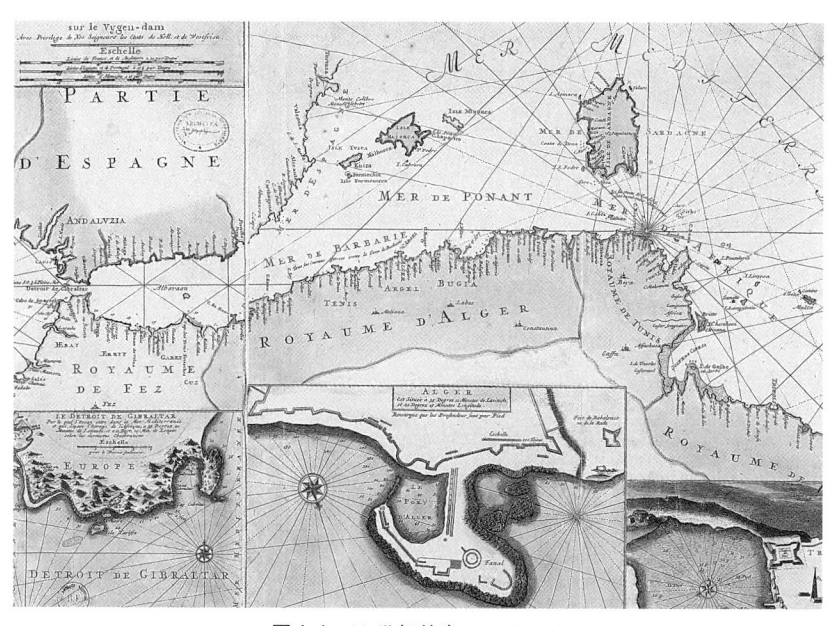

図 1-1　18 世紀前半のマグリブ
出典）BNF Collection d'Anville, 07968 B.

　古くからあった。史料上では、一六世紀末から一七世紀初頭にかけてヨーロッパ人たちがクルオールと呼ばれる集団について書き記すようになることから、この時期をひとつの目安としてよいだろう。
　クルオールは、しばしば、アラブ・ベルベル系の有力者を母方にもち、外来系支配層との中間層を形成した。政治社会史上のクルオールの位置づけについては相反する諸説がある。古典的な説によれば、一七世紀前半にクルオールの影響力が増大し「トルコ系」支配層を脅かしたために、クルオールの身分にはさまざまな規制が加えられたとされる。一七世紀後半には、クルオールの増大をふせぐために、その身分は一代限りとされ、軍事、民政の高位の職につくことも制限された。「トルコ系」支配層のクルオールに対する圧迫を強調する証言は、ヨーロッパ人によるものに限られない。第二章でとりあげるアルジェの有力商人ハムダーン・フージャ（ハムダン・ホジャ）は、高官を父にもつクルオールであった。彼もまた、フランスによる征服直前のアルジェにおけるクルオールと「トルコ人」の関係を、猜疑に満

ちた緊張として描いている。[83]

しかしクルオールは単純な蔑視の対象であったわけではない。シュヴァルの研究によれば、アルジェのクルオールは平均して「トルコ系」住民よりも裕福であり、禁止されているはずの高位の職についていた例も少数ながら確認される。[84] 地方に目をうつすと、一八世紀にはしばしばクルオールがベイの位につき、とくに世紀後半には、コンスタンティーヌとオランで地域の有力部族とむすんで門閥化する例もみられた。[85] クルオールが都市人口の大半をしめた一八世紀のトレムセンでは、独自の寄合や民兵を組織して実質的に自治をおこなった例もある。[86] このようにアルジェリアの「トルコ人」たちと現地社会のあいだにさまざまな障壁が維持された一方で、クルオールという血縁的中間層は、中央だけでなく地方にも根づき、アルジェを中心とする地域秩序を支えていたのである。

部族社会とイスラーム

ここまではアルジェを中心とした都市の求心力に注目してきた。つづいて、遠心的なベクトルに視点をうつしてみよう。上述したクルオールの地方割拠は、それ自体、政治体の分裂をまねく要素ではあったが、それ以上に大きな意味をもつのが、人口の圧倒的多数を占めるアラブ・ベルベル系の非都市民のあり方である。植民地化直前のアルジェリアの人口はおおよそ四〇〇万人前後であったと考えられている。[87] そのうち都市部の人口は、最大の都市アルジェでも三―一〇万人程度であったとされ、合計しても総人口の五％以下にとどまっていた。[88] 地方ごとの偏りを捨象すれば、アルジェリア（サハラ・アトラス山脈以北）[89]の人口密度は一平方キロ当たりおよそ一〇人となり、オスマン朝の領域のなかでも人口の希薄な地域であった。[90]

マグリブ農村部の伝統的な社会構造は、父系の始祖の共有による系譜集団（部族）を基礎としていた。[91] 定住生活者の多いカビリー地方などをのぞくと、アラブ・ベルベル系の人々の大部分は、移牧と農業を組み合わせ、ある程度の移

動性をもって暮らしていた。部族と政治体とのかかわりは、免税などの特権をあたえられて服属している場合、関係が希薄である場合、対立関係にある場合と、地域によってさまざまであった。事例による検討は第Ⅲ部に譲ることとし、本節では一般的な枠組みを確認する。

マグリブのムスリム部族社会の構成原理を説明する枠組みとして、大きな影響力をもってきたのが、ゲルナーの分節社会の理論である。㉒ゲルナーは、二〇世紀中葉のモロッコ領アトラス山地をフィールドとして、以下のようなモデルを構築した。伝統的な部族社会は、共通の祖先から枝分かれした部族集団、それぞれの集団からさらに分節化された部族集団、という入れ子構造をくり返し、樹形の系譜理念を共有している。系譜の階層は、もっとも上層の大集団から、中位の集団、小集落、集落、拡大家族という人の集合に対応する。分節社会においては、それぞれの階層内で各分節集団（セグメント）が平等の関係にあり、集団間の紛争は、無秩序に階層をまたいでおこなわれることはない。紛争はつねに同じ階層の別の集団とのあいだで展開され、調停され、こうした集団間の横のバランスと、聖者の仲介によって社会秩序が保たれるとされる。

ゲルナーは、イブン・ハルドゥーンの歴史観を基盤としつつ、デュルケムの社会学概念を援用してモデルを構築した。すなわち、部族社会には、成員の多様性と社会的分業にもとづく「有機的」な都市社会の特徴が欠如しており、むしろ、成員の同質性にもとづく「機械的連帯」が社会的紐帯を生みだしている、という主張である。㉓ゲルナーの出発点は、国家なき社会がいかにして秩序を保つのか、という問題意識にあった。このため彼の理論には、部族という現象が、実際には国家とのかかわり方によってさまざまに変化しているという評価もある。㉕分節社会の理論は古典として参照されつづけてきた一方で、実証、理論の両面ですでに批判されつくしたという印象がある。㉖なかでも、早くから説得的な対立軸を提示していたのがベルクであった。ベルクは、ゲルナーとは逆に、部族社会こそがデュルケムのいう有機的な社会であるという立場をとる。㉗すなわち、個々の部族集団は均質な集団ではなく、むしろ異質なものの集合であるゆえに、社会のなかでたがいに補いあう関係にある。ベルクの論を機能主義的にい

かえれば、部族社会の系譜構造は社会の分節化の表現ではなく、むしろ、個々の集団を広い空間のなかに横断的に配置し、連帯させるはたらきをもつのである。⑱

人々の横断的つながりという点では、イスラームの役割にもふれねばならない。マグリブの特徴として研究者が一致して指摘するのが、聖者崇拝の活発さである。⑲ マグリブでは一五世紀以降、聖者の周囲に教団（タリーカ）の組織化がすすむ。ベルクによれば、マグリブの聖者信仰には、庵を結んだ一人の師を中心としてローカルに沈潜していく指向と、超域的な教団ネットワークを広げていく指向の両極があり、両者は、ある時には対立し、またある時にはたがいの役割をひきつぎながら歴史的に併存してきた。⑩

教団ネットワークの空間的広がりを大摑みにまとめると、一二世紀バグダードに起源をもちマグリブでも大きな勢力をもったカーディリー教団に代表される外来教団、一八世紀にサハラ地域北辺に生まれたアフマド・アル・ティジャーニーを祖とし西アフリカへと広がったティジャーニー教団のように外へと横断していった例、そして、カビリー地方に生まれたムハンマド・イブン・アブドゥッラフマーン・グシュトゥリー・ジュルジュリーを祖とするラフマーニー教団のように、アルジェリアの域内に勢力圏をとどめた例など、さまざまなかたちがみられた。⑩ 都市のウラマーたちが政治権力との密接な関係のなかで妥協や適応をせまられたのに対して、地方に拠った聖者・教団は、むしろ政治権力との距離を保ち、ときには国家に抵抗する力の源泉ともなった。⑩ 代表的な例としては、アルジェに対する武装抵抗の中心となったダルカーウィー教団があげられる。一八〇〇年代から一八一〇年代にかけて、植民地期の民族的英雄とみなされるアブドゥルカーディル・ジャザーイリー（後述）はカビリー地方からはじまった大規模蜂起の指導者ムクラーニーはラフマーニー教団と同盟を結んでいた。一八七一年にカビリー地方を背景とし、一八八一年から一九〇八年までアルジェリア南部で抵抗をつづけたブーアマーマは、特定教団に属さない聖者の例である。

近世のアルジェリアにおいては、諸部族とスーフィー教団によるデイ、ベイに対する反乱が頻発したが、これをもって国家の弱体化や衰退という結論をただちに導くことはできない。アルジェリアは、オスマン帝国の周縁にあって国家の相補的に創り出すひとつの秩序をしめしただけでなく、その域内においても、服従と不服従の選択をつうじて社会と国家が相補的に創り出すひとつの秩序をしめしていた。植民地化以前のアルジェリアは、都市を基点として人々が媒介する政治体のまとまりと、それを分節化し、あるいは横断・越境する部族とイスラームのネットワークのバランスのうえに成立した、ひとつの領域として存在していたのである。

外部とのつながり

最後に、アルジェリアとその外部を媒介する人々、具体的には商人と外交関係者へ視線をうつし、一八世紀後半から一九世紀初頭にかけての対外関係を考察しよう。

はじめに、ユダヤ教徒をとりあげる。セファルディムの到来以前のマグリブにおけるユダヤ教徒についての情報は断片的ではあるものの、先住ベルベル系からの改宗者もふくめて、沿岸、内陸の各地に居住地が古くから存在したことが知られている。セファルディムの移住が集中した時期は、一三九一年の虐殺をきっかけとする第一波、一四九二年の追放令につづく第二波に分けられるが、前者は主にアルジェリア以東の地域へ、後者はむしろモロッコへむかった。イベリア半島からの移住者と、それ以前からの定着者の関係について、一様な説明をあたえることはむずかしいが、マグリブの東西地域がそれぞれに対照的なモデルを提供する。モロッコでは両者の混淆がしだいに進行した一方で、チュニジアでは、一六―一七世紀に地中海南岸の都市に定着したリヴォルノ系セファルディムと在地ユダヤ人がそれぞれに別個のコミュニティを形成した。チュニジアでは領域内のふたつのコミュニティがそれぞれに集権的な組織をもったのに対し、モロッコでは地方コミュニティが分立していた点に特徴があった。アルジェリアの状況は、両者

の中間的なものであったと考えられている⑱。

マグリブのユダヤ人たちのあり方は、ズィンミーとしての規制と「庇護」とのもとでイスラーム社会に共生した人々という典型的なイメージにおさまるものだけではない。たとえばスペイン王の臣下として重用され、商人、通訳としてだけでなく、一六世紀初頭から一七世紀半ばまで、セファルディムがスペイン王の臣下として重用され、商人、通訳としてだけでなく、さまざまな分野で活動した⑲。マグリブのユダヤ人社会は、その由来、国家とのかかわり、富の程度や職業集団にあらわれる社会構成などあらゆる面で、きわめて多様であった⑳。

以上をふまえたうえで、アルジェの商人、財務取扱人としての活動に注目しよう。同時代のヨーロッパ人観察者たちは、海上商業におけるリヴォルノ系ユダヤ人商人の役割の大きさを指摘している。リヴォルノを拠点に一七世紀から一八世紀にかけてレヴァント・北西ヨーロッパ間の貿易を掌握したユダヤ商人は、一八世紀後半にはマグリブへと活動の重心をうつしていった⑫。このことを背景として、リヴォルノからやや遅れて形成がはじまったアルジェリア、チュニジアのセファルディム・コミュニティは、イタリアとの往還と新陳代謝をくりかえしながら成長した。かれらは一般に、リヴォルノ出身者としてヨーロッパ諸国(多くの場合はフランス領事)の保護下にある居留民の地位を保持していた⑬。

私掠が活発な時代にはキリスト教徒奴隷の転売仲介人として、一八世紀にはデイの財務取扱人として関税の徴税請負に関与し、その事業規模も活動分野もさまざまであった。なかでも有力な商人はデイの財務取扱人として関税の徴税請負をとりあつかい、蜜蠟、油といった重要商品の独占販売権を手にして、富を蓄積した。

こうした有力ユダヤ商人のなかでもよく知られているのが、バクリ家とブスナッチ家である。両家は一七二〇年代にアルジェに定着し、姻戚関係を結んで活動分野を広げた。とくに繁栄したのは一八世紀末前後で、ネフタリ・ブスナッチは当時デイであったムスタファ(在位一七九八—一八〇五)の腹心としてムカッダム(在地ユダヤ教徒の代表)の地位に登りつめ、アルジェと欧米諸国との通商・外交の仲介者として多彩な活動をおこなった。

アルジェリアの対外貿易についての古典的研究は、船舶を掌握したヨーロッパ側、とくにフランス商人の優越を強

調してきたが、近年では、ヨーロッパ側の優位をみとめつつも、マグリブ側の主体性に注目するようになっている。たとえば一七九〇年代から一八〇〇年代にかけて、フランス商船の活動が英仏戦争の影響で制限された時期に、その空白の一部をうめたのがマグリブの商船だった。パンザックの研究は、世紀転換期のヨーロッパの商港にマグリブ船籍の船舶の入港が急増することを指摘して、私掠船を転用して貿易に乗り出したムスリムとユダヤ教徒商人の積極的役割を強調する[17]。

このように、国際政治・経済体系の動揺に対してマグリブが柔軟な適応力を発揮したとき、商人層はその媒介者となった。さらにつけくわえれば、地域間交流の仲介役としての商業の世界は、外交と不可分の関係にあった。この点で、在マグリブのヨーロッパ外交関係者について言及する必要がある。

ヨーロッパ諸国の対バルバリア外交は、オスマン朝とのあいだで結ばれた居留特許条約にもとづく領事制度を基本としつつ、独自のかたちをとった[18]。バルバリア港市がみずから条約締結の主体となったことに対応して、駐在するヨーロッパ諸国の領事は、居留民保護という本来の任務だけでなく代理公使として外交拠点の役割も担ったのである[19]。一七世紀末以降一八世紀をつうじて、フランス中央政府が外交拠点の統制を強化しようとした領事制度改革が知られるが、それらは必ずしも中央集権化の貫徹を意味するものではなかった[20]。領事は外交使節の末端に組み込まれた存在であると同時に、多様な利害関係をもつ商人社会の一員でもあった。

在マグリブ外交関係者の多面性をとらえるためには、通訳の役割も重要である。レヴァントとマグリブのヨーロッパ人領事たちは、しばしば現地語を解さなかった。このため、実務のさまざまな場面でオスマン朝臣民のキリスト教徒を中心とする現地人の通訳官（ドラゴマン dragoman またはドログマン drogman）が用いられたが[21]、一七世紀後半以降には、フランスに直属する通訳官の養成がすすみ、かれらが大きな役割をはたすようになる。フランスの政策は、領事と同様、通訳官についても専門性の向上と中央による統制をめざすものだった[22]。具体的には、通訳養成機関である東洋語学校が開かれ（一六六九年）、一八世紀初頭にはその入学条件としてフランス国籍が必要になり、卒業生が地中海

諸都市で通訳官、書記官となるキャリア経路が整備されていった[23]。ただし、職業の専門化は、メリトクラシーにもとづく官僚化につながったわけではなく、むしろ、通訳官を輩出する有力家系の門閥化と表裏一体の関係にあった。具体例としては、イスタンブル（ガラタ地区）に居留したヨーロッパ商人から分岐した家系（ジェノヴァ系のフォルネッティ家、テスタ家）、ジャコバイト系（アダンソン家とウィット家）、そしてフランス各地からレヴァントに移住した家系（ロボリ家、ドゥヴァル家）などがあげられる[24]。本章において著述を引用したヴァンチュール・ドゥ・パラディも、家族的な背景をもつ通訳官の一人であった[25]。これらの家系は、長い場合には三世代にわたって通訳官を輩出し、外交実務の支柱となった。生涯の大部分を地中海諸都市で送る通訳官たちの集団が、その出自から示唆されるように、商業界の利害と深く結びついていたことはいうまでもない[26]。

外交と商業の重なりあいは、一七─一八世紀のヨーロッパ諸国による海上支配権掌握のこころみが、特権商事会社と民営海運業・商業の双方に依存していたことに対応する。こうした二重性は、マグリブとヨーロッパにおいても、外交関係樹立の時期にさかのぼって観察される。一七世紀初頭にフランスがアルジェと結んだ最初の和約（一六二八年）についてはすでに述べた。その交渉を担ったのは、ルイ一三世の命を受けた元アレッポ領事サンソン・ナポロンだった[27]。同じ年にナポロンは、珊瑚漁の拠点となるラ・カール（アルカーラ）近郊の商館の再建にかんする条約を締結している。通商条約は、アルジェのパシャとフランス王という政府間の条約であると同時に、貿易と租界経営の特権をサンソン・ナポロン個人に対して付与するという、二重の性格をもっていた[28]。ナポロンの条約（契約）にみられたように、政治体間の外交関係が、実態において当事者たちの個人的、家族的事業体の運命と重なりあう二重性は、しだいに前者の比重が増していったとはいえ、一九世紀にいたるまで完全に失われることはなかったと考えられる。

変化と連続性

 本章の目的は、植民地化にいたる前史あるいは必然的な衰退としてではなく、西地中海に固有の地域秩序のなかでひとつの政治体の枠組みが形成されたプロセスとして、アルジェリアの近世史をたどることであった。とりあげた主な論点は、私掠者によって作られた港市政治体の特徴、オスマン帝国の広域秩序とのつながり、統治の領域性と内陸社会の流動性、そして、商業・外交の空間を介したヨーロッパとの交流である。
 地中海史の時代区分について、深沢克己は、一八世紀中葉を分水嶺とするヨーロッパ史の通念はかならずしもあてはまらず、むしろ、数世紀にわたる伝統的構造が「黄昏の光」に照らされながらも世紀末まで健在であったと強調している。この指摘は、アルジェリアの政治社会についても、世紀をまたいで該当するといってよいだろう。本章で検討した、ターイフェからオジャクへとひきつがれたオスマン帝国とのつながり、政治体の求心性と遠心性のバランス、商業と外交による外部とのつながりという三つの構造は、一九世紀初頭まで、性格を根本的に変えることなく存続していた。
 断絶は、ヨーロッパ側からもたらされた。ナポレオン戦争の終結後、国際秩序が再編され、商業と海運におけるヨーロッパ側の圧倒的優勢が明らかになると、バルバリア属州はふたたび私掠を再開した。ところが、この時期のヨーロッパ諸国政府のなかでは、私掠を「海賊」と同一視し、その存在を原則から否定する立場が優勢になっていた。一八一六年にエクスマス卿麾下の英蘭連合艦隊がアルジェを砲撃した事件と、アーヘン会議（一八一八年）の合意を受けて一八一九年にフランス艦隊がアルジェ、チュニス、トリポリに私掠の禁止を通告したことは、国際関係の構造変化を明確にしめすものであった。アルジェとチュニスは伝統にしたがって反論した。すなわち、船舶の臨検、敵船の鹵獲、虜囚の獲得と転売という一連の行為は、慣習と条約によって認められた正当な

権利とする立場である。しかし、一八世紀には受容されていた主張はもはや受け入れられることはなかった。軍事的な圧力のもとで、マグリブ船の私掠活動は実質的に収束していった。

近代地中海における植民地関係の序章となったのは、ふたつの異なる国際秩序の出会いではなく、むしろ、共有された秩序に対するヨーロッパ側からの一方的な離脱宣言であった。マグリブ側の社会にただちに断絶をもたらしはしなかった。私掠の重要性は一八世紀以来低下しつづけており、その実質的な停止が内陸社会の均衡を突き崩す要因であったとは考えにくい。また、地中海の政治的勢力図の変化は、マグリブ側の社会にただちに断絶をもたらしはしなかった。私掠の重要性は一八世紀以来低下しつづけており、その実質的な停止が内陸社会の均衡を突き崩す要因であったとは考えにくい。また、政治体のあいだの関係が、政府の利害にかならずしも追従しない商人と領事たちによって媒介される構造についても、本質的な変化はなかった。

その傍証となる人の連続性は、アルジェリア侵略にいたる経緯からも見てとることができる。一八三〇年にフランスはアルジェに遠征軍を送ったが、その直接の口実となったのは、一七九〇年代にアルジェリアから南フランスにむけておこなわれた小麦輸出にはじまる複雑な債務問題だった。発端となったのは、一八二七年に起こったデイとフランス領事の衝突である。経緯を簡単に要約すると以下のとおりである。

先に紹介した繁栄期のバクリ商会である。バクリは本来、フランス政府に対する債権をデイと分け合うべきであったが、たびたびフランス側の要人タレランとの懇意を利用して、返済額を独占した。そのため、歴代のデイはフランス政府に対してフランス側の弁済の要求をもとめた。しかし、バクリと癒着したフランス領事ピエール・ドゥヴァルは、政府間の相違をただすという本来の任務をはたさず、歴代のデイの交渉が頓挫するように誘導しつづけたため、ついには最後のデイ、フサインの激昂をまねいた。その結果が、謁見のために訪れたドゥヴァルをフサインが羽根扇で打ちつけたとされる「扇の一打事件」である。[13]

この経緯についての歴史家による評価は、「アルジェの強力なユダヤ商人がパリの腐敗政治家と共謀した胡散臭い事件、いかがわしい外交官がひきおこした揉め事」というジュリアンの表現に要約されている。[12]ユダヤ商人とは、前述したバクリ商会の経営者ジャコブ・バクリ、腐敗政治家とはタレラン、そして、いかがわしい外交官と名指された

第一章　近世アルジェリアと地中海

のはドゥヴァルである。（ドゥヴァルはさきに紹介した通訳官家系の出身であった。）植民地化という帰結を予期したうえでの前史としてとらえれば、こうした評価があたえられてきたことも理解できる。しかしながら、港市社会では人々の行動がかならずしも国家の意思に従属せず、多様な利害にもとづいて交錯するのが常である。そうした背景を考えれば、商人、領事たちの行動は明白な逸脱とまではいえないだろう。

アルジェリア侵略は、結果として、近代フランスの植民地拡大の画期となった。しかし、その導火線となった事件から浮かびあがるのは、一九世紀に明確なかたちをとった国際政治上のパワーバランスと、近世からつづく社会集団のミクロな利害関係の、合成の誤謬ともいうべき状況である。いわゆる社団的国家編成から「近代的」国家への跳躍は、地中海南岸の商港の社会構造に直接的な影響をおよぼしてはいない。一九世紀初頭のアルジェは、いまだ、それぞれが固有の利害をもつ宗教、血縁、利害で結ばれた集団——小文字で書かれた複数形のナシオン＝居留民団[14]——によって構成される社会であった。

ところがフランスをはじめとする地中海北側の国々では、一八世紀末から一九世紀初頭にかけて、ナシオンという言葉が変質をとげ、新しい思想は社会のさまざまな部門に組みこまれつつあった。人々の帰属の多重性が小文字で複数のナシオンとして保証された時代から、近代的な意味での大文字で単数のネーションの時代へ、すなわち、「フランスはもはや小さなナシオンの集合ではありえない」時代への転換である[15]。こうした思潮のなかで、アルジェリア侵略はどのような反響を呼びおこしたのか。次章では、征服初期のフランス中央政界の言論を考察する。

第二章　征服とネーション

　私の知るところでは、自由な人民はみな、ポーランド人とかれらのナショナリテの回復に関心をいだいている。また私の知るところでは、英国政府は黒人を解放して不動の栄光をつつまれ、そのために英国議会は五億を費やしたという。ところがアルジェ国に視線をもどしてみれば、私が目にするのは、住民たちが専断と殺戮とあらゆる戦争の災厄の軛に苛まれ、それらすべての惨禍が自由なフランスの名のもとにもたらされているという事実である。

（ハムダーン・フージャ『鏡』一八三三年）(1)

　一八三〇年五月、フランス軍は約三万人の兵力をもってアルジェ西方に上陸し、七月にはデイと和約を結んで首府を占領した。条約にしたがってアルジェの「トルコ人」支配層はほぼ全員が追放され、あるいは退去し、三世紀以上にわたってアルジェリアを支えてきた政治体の中心に空白が生じた。地中海の商業・外交という近世的な回路によって結ばれてきたフランスとアルジェリアは、陸軍による占領というかたちで密接に接触することになった。それまで地中海両岸の交流を媒介してきた人々は表舞台を去り、新たな「遭遇」の局面が始まった。(2)

第 I 部　一九世紀のアルジェリア人とは何か　46

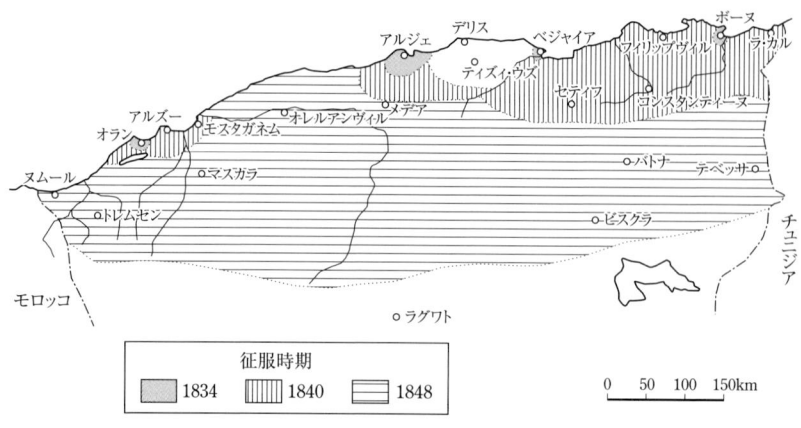

図 2-1　征服地の拡大（1830-1840 年代）

凡例　征服時期：1834／1840／1848

出典）Henri Blet, *Histoire de la colonisation française, les étapes d'une renaissance coloniale 1789–1870*, (Grenoble : Arthaud, 1946), pp. 136–137.

　アルジェ陥落後も戦乱はつづき、一八三〇―一八四〇年代は武力紛争の時代となった（図2-1）。東方では、アフマド・ベイがコンスタンティーヌを拠点として一八三六年まで抵抗をつづけた。西方では、アミール・アブドゥルカーディル・ジャザーイリー（以下、アブドゥルカーディルとする）が、諸部族を連合して空間的一体性をもった勢力圏を建設しようとこころみた。④フランスではアルジェ遠征の直後に王政復古政府（一八一四―一八三〇年）が倒れ七月王政（一八三〇―一八四八年）が成立したが、前政府のいわば負の遺産となったアルジェリア占領について、歴代の内閣は戦略を定めることができずにいた。一八三四年には占領地の併合が決定されたものの、内政の不安定な状況のもとで、海外占領地の将来は不透明であった。

　こうした時局のなかで、占領当初から一貫して植民地化推進論の地盤となったのがフランス南部、なかでもマルセイユの商業界であった。⑤一方、パリの中央政界では懐疑論も根強く、甲論乙駁の議論がたたかわされていた。それにともなって、前章で紹介した一八世紀以前の出版物の再版、現地情報にもとづくさまざまな報告、従軍記から根拠の薄弱な政論書まで、おびただしい数の出版物が発行された。

　本章では、言論の歴史からみたアルジェリア問題の意義を、一

第二章 征服とネーション　47

九世紀前半のフランス政界における論争から再考する。これまでの研究においては、フランスの植民地思想の展開は一九世紀後半以降のこととする見解が一般的であった。そのことは、ジラルデの古典的研究が第二帝政期から説きおこされていることに端的にあらわれている。これに対して本章では、一八三〇〜一八四〇年代にみられた議論の広がりと深まりに着目する。

本章の第一節では、予備的な考察として、一九世紀前半の自由主義の時代のフランスにあらわれた新語であった「ナショナリテ」nationalité という言葉について整理をおこない、つづく第二節以降では、アルジェリア植民地化を支持したことで知られるトクヴィル、反対の論陣をはったハムダーン・フージャとデジョベールの著述を軸として検討し、それらの比較から浮かびあがる一九世紀前半に特有の議論の布置をあきらかにする。

自由主義とナショナリテの概念

鍵となったのは、アルジェリアをネーション（ナシオン nation）という枠組みに照らしてどう位置づけるか、という問いかけである。

この問いは、一見、アナクロニズムの印象をあたえるかもしれない。研究上の一般的了解にしたがえば、西欧のネーションに対応する思想がアラブ地域にあらわれるのは、一九世紀前半エジプトのこととされる。その中心に位置づけられる人物は、リファーア・アル・タフターウィーである。ムハンマド・アリー期に派遣学生団の一員としてフランスに滞在（一八二六〜一八三一年）したタフターウィーは、エジプトに帰国後に著した旅行記とそれにつづく著作のなかで、「ワタン」watan（郷土、語根は「住みつく、定住する」watana）というアラビア語に、フランス語のパトリ patrie に相当する、ひとつの政治体の領域と重なり合う「祖国」としての意味をあたえた。そして、派生語「ワタニーヤ」watani-yya（愛郷心）は祖国愛というべきものとして再定義された。外来概念のアラビア語化を積極的にすすめたタフターウ

ィーの思想は、地中海東部に広く流布し、一九世紀後半にあらわれる世俗的なアラブ・ナショナリズムと、イスラーム改革思想の双方の源流となったと考えられてきた。(10)ところがこうした議論の文脈において、同時代のマグリブの動向が言及されることはほとんどない。(11)

他方、ヨーロッパの尺度にもとづく古典的理解にしたがえば、中東の「国際関係」(インターナショナル)史は、オスマン帝国の解体から説きおこされることが多い。非ヨーロッパ地域の民族自決権という課題が表面化するのは、第一次世界大戦後のこととらえるのが常識的である。それ以前の時期について、たとえば一九世紀ヨーロッパ史の焦点ともいえる一八四八年の諸革命と民族主義運動と、その背景にある国際的な言論空間の成立が論じられることはあっても、視点が同じ時期のヨーロッパ域外へと拡張されることはない。

こうした研究上の通念からすると、一八三〇―一八四〇年代にアルジェリアのネーションとしての位置づけを語ることは、いささか奇異に感じられるだろう。しかし、実際に、七月王政期のフランスでは、「アルジェリア人」の名においてアルジェリアという「ナシオン」nation あるいは「ナショナリテ」nationalité が語られ、付随してさまざまな議論が生じていたのである。

ナシオンという言葉とその派生語の発展には長い歴史がある。はじめに、一九世紀初頭におけるナシオンの多義性について、先行研究にもとづいて簡単に確認しておこう。

王政復古期のフランスにおいて、ナシオンをどう定義するかということは、いまだ解決をみない問題であった。そ
れは、革命期によってもたらされた「個人主義」(12)の弊害を律して人々の統合をいかにして回復するか、という人間社会そのものについての基本理念の選択と、深く結びついていたためである。さまざまな議論があったなかで、後世に共有される言説を生み出す母体となったのが、王政復古期の少数勢力ドクトリネールから七月王政期の多数派オルレアニストへといたる自由主義者の思潮であった。

自由主義者たちによって広められた言葉のなかでもとくに大きな意味をもったのが、ナショナリテという語である。フランス語の語彙のなかで、一三世紀から存在する名詞「ナシオン」、一六世紀に出現した形容詞「ナショナル」が長い歴史をもつのに対して、「ナショナリテ」という言葉は、一九世紀に登場した新語であった。[13]

歴史家ノワリエルの整理にしたがえば、この言葉は、数十年をかけて三つの意味を獲得していった。第一に、領土、言語、歴史等によって結ばれた民族性、集団としての一体感という感情的な側面。第二に、それらの民族は国を立てて独立すべきであるとする国際政治上の原則。第三に、国家への帰属という法的な側面である。第三の意味が明確化するのはやや後の時代のことであるので、本章では、第一と第二の意味をとりあげる。[14]

最初に広まったのは、第一の用法であった。「ナショナリテ」という言葉をはじめて採録したとされるフランス語辞書（ボワスト著、一八二三年刊）は、つぎのような定義をあたえている。

ナショナリテ─ナショナルな特質（スタール夫人）。ナショナルな精神、愛、統一、友誼。全員に共通のパトリオティスム。「フランス人にはナショナリテがない（ボナパルト）」。「えせ哲学者の専横はナショナリテをすべて破壊する」。[15]

ここでいうナショナリテは、歴史をつうじて変化しつつ存続しつづける精神的紐帯、個人を集団へと結びつけるが個人の自由を侵すことはない絆、という含意をもつ。その背景には、ドイツ・ロマン主義の影響があった。[16]ナシオンという言葉は、一九世紀初頭には依然として、宗教的帰属や、社会層や血縁的集団など、社会のなかの小集団、国家のなかの中間集団についても用いられる多義的な言葉であった。[17]そのなかからしだいに国民性・民族性という意味が拡大し、一八三〇年頃を境として、さまざまな著作で用いられるようになった。もっとも有名な例として、ギゾの『ヨーロッパ文明史』（一八二八年）につぎのような一節がある。

例えば、一七世紀および一八世紀におけるフランスにおいては、諸階級の社会的および精神的乖離はまだいたって深刻でありました。しかしながら、その時以来融合が大いに進められたこと、某階級の排他的占有ではなく、一切の階級を包含し、しかも全ての階級が一種の共通の感情に鼓舞され、共通の社会的存在を有し、要するに国民性(ナショナリテ)と統一の確乎たる刻印を有する一切の階級を含む真のフランス国民がその時からあったことはまったく疑いありません。

かくして、複雑、確執、戦争のうちから近代ヨーロッパに国民的統一(ユニテ・ナショナル)が生じたのでありまして、それは今日ではじつに目覚ましいものになり、さらにいっそう華々しく日ごとに発展し、純化する傾向にあります。

『ヨーロッパ文明史』一八二八年[18]

ギゾの講義において、近代的な発展の証としてのナショナリテ、分裂した社会から統合へという前進、その先端にあるヨーロッパとフランス、という視座が明確化する。ギゾの立場をさらに押しすすめ、ティエリによる「人種」race の対立を軸とした歴史観との統合をこころみたのが、ミシュレであった。つぎにあげるのは、一八三一年に出版された『世界史入門』の一節である。

フランスはいささかもドイツのような人種(ラス)ではない。それはひとつの国民(ナシオン)である。その起源は混血であり、行動こそがその生命である。現在に、そして現実にすっかり気を奪われているから、その性格は俗っぽく、散文的である。個人は、全体に対して自発的に関与することを誇るようになる。彼もまた、「名はレギオン」と言いうるのだ。

『世界史入門』一八三一年[19]

ティエリが征服民の支配を被征服民が覆すことに歴史の動因をみたのに対して、ミシュレはそれらの融合を主張する。ミシュレの歴史観は、複数の「人種」すなわち「地方のナショナリテ」nationalités des provinces が併存する中世から、地域性と中央集権化の弁証法的関係をつうじてフランスというひとつのナショナリテが結晶化する近代へ、という流れを提示してみせた。

このように、近代フランスの自己定義の核となるナショナリテという言説は、まさに一八三〇年前後に生み出され、左派の知識階層を中心に広がりつつあった。いいかえれば、国内社会の構成理念としてのナショナリテ概念の成立である。

他方、国際問題としてのナショナリテという第二の用法も、しだいにかたちをとっていった。先にみたような、国内の複数の小さなナショナリテの相克から国民が形成されるという発想を国際関係に敷衍すれば、広域的な――帝国的な――政治体に属する下位集団が、独自の国を立てようとする運動が俎上にのる。自由主義者たちの関心は、ギリシャの独立戦争や、迫害されたポーランド人の運命といった問題へとむけられた。たとえば、一八三一年に発行された匿名作者によるパンフレット、フランスの七月革命とギリシャの独立はどちらも「専制への抵抗」(20) であり「自然のナショナリテの回復」の運動であったとし、次なる課題にポーランド独立への希求をかかげた。こうした論法は、この時期のひとつの紋切り型であった。そこには、国内社会のアナロジーによって国際関係をとらえるレトリックが典型的にあらわれている。

国外のナショナリテの解放という主題は、自由主義思潮の柱となった。語法のうえでは、ナシオンという言葉をすでに国民国家を形成している集団について用い、それと区別して、将来の政治的独立をもとめる民族的集団にナショナリテという言葉をあてる用法が、しだいに明確化していった。この用法は、一八四〇―一八五〇年代にかけて「ナショナリテの原則」principe de nationalités という成句とともに、さらに広まっていくことになる。(21)

さて、こうした国際問題を議論するときに問題となるのは、ある特定の集団が「ナショナリテ」として認められる

基準はなにか、ということであろう。この点については、歴史家ホブズボームが明快な説明をあたえている。ホブズボームによれば、一九世紀の自由主義思想は、ひとつの集団がネーションとみなされるための三つの「閾値」を設けていた。第一に、現在あるいは過去の国家建設との結びつき（イギリス、フランス、ポーランド、スペイン等）、第二に、共通言語をもつ文化的エリートの存在（イタリア、ドイツ）、そして第三の基準は、他国を征服する能力であった。

ここでネーションの閾値という問題をとらえなおすために、近世へとさかのぼってみよう。人の自由という原則を重んじる近代の思想は、その原則から排除されるべき他者の境界をいかに設定するかという問題と、つねに向きあってきた。近年の思想史研究が指摘するように、一七世紀以降に発達した自然法の思想は、普遍的原理によって世界を説明するものであるようにみえて、じつは、ヨーロッパ内外における差異と軋轢—宗派間対立と植民地の支配—への対処をさぐるという課題を内包していた。

一例として、イギリスの思想家ロックとアメリカ征服のかかわりをあげよう。政府機関の一員として植民地政策の立案に深くかかわったロックは、『統治論』のなかでアメリカ先住民社会について論じている。彼は、ヨーロッパの政治社会の対極にあるものとして、先住民社会を「自然状態」と位置づけた。自然状態にある先住民社会においては、征服または植民地化が正当化される。このようなロックの理論は、成瀬治の表現を借りるならば、「文明史的ないし経済発展段階論的」であった。ここで注意すべきことは、ロックがアメリカ先住民の状態を、発展をもたらす動因として、所有権が明確でないために経済発展の契機を欠く点にとらえていた点である。その差異は、相対的なものではなく、本質的なものである。政治社会の有無は、政治社会の欠如としてとらえかえるならば、ナショナリテの有無といいかえることができる。彼我の優劣がむしろ柔軟にとらえられていたはずの近世に、自由主義者ロックは、ヨーロッパと非ヨーロッパのあいだに越えがたい境界をみた。とすれば、その思想的系譜をひいた一九世紀のヨーロッパ人たちが、より明白な優越意識をもって植民地支配を肯定することには、さして困難がなかったようにも思われる。

そうした文脈においてしばしば言及されるのが、フランス自由主義の代表とされるトクヴィルである。彼は、アルジェリア侵略を熱心に支持した。しかし、トクヴィルの言論の一部のみをとりだして、ゆるぎない植民地主義の代表として提示するならば、この時代の言論の広がりを見失うことになる。七月王政の成立とともに国政の中心を担うようになった自由主義者とは、ひとつの党派というより、むしろ、思潮を共有する知的・政治的エリートたちのゆるやかなネットワークであった。かれらの言論については次節以降であらためて検討するが、その前提として、アルジェリア側から生まれた活動について考察することからはじめよう。

ハムダーンの『鏡』と「アルジェリア人」の出現

フランスの侵略に対するアルジェリア側からの反応は、武器による抵抗だけに限られてはいなかった。なかでも興味深いのが、一八三三年にパリで出版された『アルジェ属州の歴史と現状、アラビア語原題「鏡」、アルジェ属州国務官の子ハムダーン・ベン・ウスマーン・フージャ著、東洋人H・Dによるアラビア語からの翻訳』と題された一冊の書物である(29)(以下、『鏡』)。

著者を名乗るハムダーン・ベン・ウスマーン・フージャ（以下、ハムダーン）は、アルジェ市民の有力者代表の一人として、フランス軍とのさまざまな折衝に携わった人物であった。『鏡』に記された伝記的情報によれば、ハムダーンは、一七七〇年代頃に生まれたクルオール、デイ政権の要職にあったトルコ系の父と現地人の母をもつクルオールであった(30)。一七八四年に伯父（叔父）(31)とともにイスタンブルへの使節団に同行し、一八二〇年にはパリに滞在するなど、豊富な国外経験をもっていた。父の後を継いだ法学者であり、アルジェ有数の商人でもあった彼は、近郊には大規模な農地と家畜を所有していたという(32)。フランス側と通訳を介さずに交渉する語学力をもち(33)、「もっとも鋭敏にしておそらくもっとも危険な人物」(34)と同時代のフランス人に評されたハムダーンは、アルジェの都市社会において傑出した知

的、経済的エリートであったと考えられる。

ハムダーンは、アルジェ属州最後のデイであるフサインから信頼され、一八二七年から一八三〇年の外交危機の時期にもフランスとの交渉にかかわっていたといわれる。占領がはじまると、ハムダーンはモロッコとオスマン朝の宮廷に活発に書簡を送って介入を請う一方で、アルジェリア東西で抵抗の中心となっていたアフマド・ベイとアブドゥルカーディルとも通じて、フランス軍撤退の条件を探った。さらに彼は、老境の体をおして一八三三年から一八三四年にかけてフランスに渡り、フランス政府に直接はたらきかけようとこころみた。

『鏡』は、同時代の政治冊子類の反応や、アルジェリアの占領政策を策定した議会特別委員会にハムダーン本人が喚問されたことからうかがい知ることができる。

上梓された『鏡』という書物が、どの程度までハムダーン自身によって構想され、執筆されたものなのか。研究者の見解は分かれている。おおまかにいって、フランスの歴史家はフランス人代筆者の存在を強調し、マグリブの歴史家は、ハムダーンがみずからの思想にもとづいて執筆したとする立場をとる。後者を代表するタミーミーは、ハムダーンが書簡のなかで自著に言及していることを根拠に、原文をハムダーンがアラビア語で執筆し、書籍題名にイニシャルが記されたH・Dすなわちトリポリ出身でマルセイユ在住の商人ハッスーナ・ダギース、もしくは匿名のフランス人が翻訳に協力したという解釈を示している。

書物の構成をみてみると、前半部はアルジェリアの地誌と政体の解説にあてられている。非都市部の住民ベドゥインとその起源から語り始め、都市部の住民との対比を強調する前半部の構成は、同時代のヨーロッパ人による著作には類例がなく、見方によっては、イブン・ハルドゥーンの『歴史序説』をも想起させる。後半部では、フランス軍による占領直前から数年間の事件史が語られ、その詳細についても独自の情報がふくまれていることが推定される。全体として、書物の骨格となる構想は現地のムスリムによるものであることが推定される。

一方で、フランスの思潮に通じた協力者、加筆者の存在を想定させる要素もある。扉頁には「エゴイスムによって暴政を倒しても、暴君による略奪物を分けあうことにしかならぬ」というバンジャマン・コンスタンの箴言が引用され、後述するように、序文を中心として随所に当時のフランス自由主義の語彙そのものというべき表現が用いられていた。

フランス語で出版された『鏡』の草稿は現在まで発見されていない。ハムダーンの書簡類や、彼自身の口述が記録された数少ない機会である一八三四年の議会特別委員会の議事録のなかにも、出版の経緯について明確な説明はみられない。したがって、成立過程について明確な結論をくだすことはできない。とはいえこの書物を、ハムダーンがアラビア語で全文を執筆し第三者が仏訳したという、タミーミーが主張するような直線的な過程によって成立したものとみることはむずかしい。むしろ、ハムダーン自身の記述もしくは口述を基礎としつつ、さまざまな段階で補筆が加えられた複合的な作品ととらえるのが適切であろう。

書物の内容を検討する手がかりとして、『鏡』に頻出するアルジェリア Algérie とアルジェリア人 Algériens という語に注目してみよう。

フランス語において「アルジェリア」という地域名が一般化するのは、一八三〇年代後半になってからのことである。それ以前の時期には、第一章でもみたように、アルジェ政府がアルジェリアを呼ぶために用いた「アルジェ国」pays d'Alger、régence d'Alger、「アルジェ王国」royaume d'Alger、たんに「アフリカ」Afrique と呼ばれることも少なくなかった。たとえばフランス政府が一八三四年に占領統治の継続を決定した際にアルジェリアという地名は用いられず、アルジェ属州という呼称は「アフリカ北部フランス領」les possessions françaises dans le nord de l'Afrique というもので、アルジェリアという地名は用いられていなかった。

アルジェリア人 Algériens という言葉についてみると、植民地化以前のフランス語の文献で、アルジェ属州の住民が

そのように総称された例は少なく、多くの場合、住民の総称ではなくモール Maures、アラブ Arabes、カバイル Cabaïles といった、現代的な意味におきかえればエスニック集団と社会集団の区別のあいまいなカテゴリーを列記するのが慣例であった。

しかし、『鏡』の本文中では、アルジェリア人という言葉が、都市アルジェの住民と、アルジェリアという地域の全住民の両方の意味で用いられている。その理由のひとつは、アル・ジャザーイルというアラビア語が都市と地域の双方を意味したこと、また、フランス語のなかで「アルジェリアの人」Algérien と「アルジェの人」Algérois の使い分けがまだ生まれていなかったことである。同時に注目すべきは、『鏡』には、征服者に対してアルジェリアという地域の一体性を強調しようとする視点と、自らを都市社会の一員として非都市部の住民を対象化し、ときには蔑視する視点が共存していることであろう。

『鏡』は、フランスによる征服前後の地誌、風俗誌として読むことも可能な作品である。だがそれ以上に、この書物の核心は、フランス軍の圧政を批判し、占領軍撤退という世論をフランス側に喚起しようとする点にあった。

本章の冒頭に引用した一節は、その趣旨を明確に表現している。序文の後半部に登場するこの一節では、フランスの占領に苦しむ人々の境遇を説明するために、ロシアの圧政下のポーランド人というアナロジーが用いられた。その直後には、「アルジェ問題がなぜかくも重要であるかといえば、それが一千万人からなるひとつのナシオン全体の生死がかかっているためである」ともある。引用箇所を実際に記した者が誰であるにせよ、「アルジェリア人」は、ポーランドやベルギー、ギリシャなどと同様、国家としての独立を希求するナショナリテとして位置づけられたのだった。アラブ、ベルベル、カバイル、サラセン、トルコ、クルオールといったさまざまな集団を包摂する上位のカテゴリーとしてアルジェリア人が存在しているという立場を明確にするために、『鏡』はさらにつづける。

この書物の読者たちは、アルジェ属州を構成する各地方、サハラとテル、山岳地帯と都市部の、風習の多彩さに

驚いてはいけない。スイス、イタリア、ハンガリー、ドイツを渡り歩いた者は、それぞれの場所で、同じく目をみはるような多様性を、各地の法に関しても体験するはずである。

それぞれの民族は、自分たちの風習と法こそが最良のものだと思いこんではいないだろうか。だがこうした思いあがりほど滑稽なものはない。[…]

残念ながら、ナシオン同士の軽蔑はしばしばこうした風俗慣習のちがいにもとづいている。[…] 東洋人が考える文明とは、普遍的な倫理を追求し、強きものにも弱きものにも正しく接し、ひとつの大きな家族である人類の幸福に貢献するということである。㊹

一連の文章では、アルジェリアという地域の内包する多様性が、ヨーロッパ諸国のそれに対応させられる。地域の多様性と歴史的一体性を説く文章は、ミシュレの歴史観すら想起させる。ただし『鏡』という言葉は「オリエント」の側からフランスの蛮行を批判する鍵として用いられた。『鏡』という作品は、西欧の文明がオリエントを教導するという周知の論法を逆転してみせる。そのうえで、占領地アルジェリアの将来がヨーロッパの「ナショナリテの解放」にかさね合わせて論じたのだった。

このように、『鏡』という作品には、当時のフランス自由主義の思潮に一致する（あるいはそれを転用した）表現がたびたび登場する。とはいえ、これらを一概にフランス人の代筆によるものと断定することには慎重であるべきだろう。一八二〇—一八三〇年代のパリには、西欧の語学のみならず政治思想も吸収した少壮のオスマン人の集団が滞在していた。㊺ オスマン朝属州の高官の子であったハムダーンが、こうした人々の助力を得られた可能性は否定できないからである。パリ渡航によって望ましい成果をえられなかったハムダーンは、一八三六年頃にイスタンブルに移住し、同地で数年後に没した。㊻ 現実の政治において実を結ぶことがなかったとはいえ、ハムダーンの出版活動は、植民地拡大へとフランスが転じる時期の自由主義とマグリブの開明的精神のあいだに、かすかな接点が存在したことを証言する。

このことをふまえたうえで、次節からはあらためてフランス側の言論をみていく。

コロニストとアンチコロニスト

一八三〇年代の政界では、植民地化推進に積極的なコロニスト colonistes と、それに批判的なアンチコロニスト anti-colonistes と呼ばれる陣営がうまれた。一九世紀のフランスにおいて、植民地拡大に積極的な陣営の重心は、左派の側にあった。そのため、七月王政期の議論には、劣った人種の文明化という名目によって支配を正当化する論法が頻出する。ただし、この当時の文明という標語は、あらゆる政策にあてはめることが可能なひとつの常套句であり[47]、具体的な政策目標と結びつかずに用いられた場合には、議場においてかならずしも大きな反響を呼ぶことはなかった[48]。

コロニストとアンチコロニストは、従来、前者が先住民に対する抑圧的態度をとる集団であり、後者が温情的態度をとる集団であるととらえられてきた[49]。しかしそうした整理はやや正確さを欠く。たとえば、先住民の「野蛮さ」と[50]いう論点は、抑圧を正当化しようとするコロニストと、それを支配が不可能であることの論拠とするアンチコロニストに共通して用いられた。他方、先住民の「文明化」をめざそうとする主張は、保護領政策など狭義の植民地主義者――その意味でかれらも植民地拡大以外を推奨する大部分のアンチコロニスト――と、直接的な支配を推進するコロニストに共通して用いられた。このように当時の議論には、植民地化に積極的か消極的かという二項対立におさまらない広がりがあった[51]。

以上のような対立のなかでも、とくに特徴のある論議を展開したのが、下院議員アメデ・デジョベールであった。アンチコロニストの急先鋒であったデジョベールは、アルジェリアからの完全撤退を主張し、コロニストとはげしく衝突した[52]。なかでも、彼の提案によって一八三六年の予算委員会報告に挿入された「ふたつのナショナリテの対峙を回避せねばならない」という表現をめぐって、その年の議論は紛糾した。反論の口火を切ったラボルドはつぎのよう

に述べる。

　そもそも、アラブのナショナリテなるものが存在するだろうか。彼らは、悠久の昔から放牧地をめぐって内輪もめをくり返し、単一の信条と利害、一人の指導者のもとに統合されたことすらない部族の類にすぎない。二〇〇年にわたるインド支配をつうじて、イギリスの議会でインドのナショナリテなるものが問題になったことがあっただろうか(33)。

　ラボルドによれば、アルジェリアの部族社会は、人類社会の発展段階としてのナショナリテの段階に達していない。彼の立場には多くの議員が同調したが、一定数の者たちは「アラブのナショナリテ」という表現に同調した。ドクトリネールの論客デュヴェルジェ・ドゥ・オランヌは、植民地化に消極的な立場から、対立点をつぎのように整理する。

　アラブのナショナリテの破壊。何の権利で、何のために、どのようにして？〔…〕我々は何を望むのだろうか。アラブ人を服従させることだろうか、それとも文明化することだろうか。この土地を征服するのか、たんに通商関係をとりむすぶのだろうか。我々が求めているのは、アルジェ政庁領をフランスの県にすることだろうか、それとも、沿岸部の占領のみにとどめ、残りの地域に独立とナショナリテをみとめて、ナシオンとして遇することだろうか(34)。

　このように議場では、自由主義者の考えるナショナリテの問題とのかかわりにおいて、アルジェリアが論じられていた。こうした議論の浸透の程度をとらえるために、以下では、デジョベールの言論をトクヴィルの著述と比較して

みよう。

トクヴィルとデジョベール

トクヴィルは、アルジェリア植民地化の支持者であった。たとえば、先住民に対する略奪や暴行を、「遺憾ながら必要なことで、アラブ人との戦争においては避けて通れない道だ。戦争の権利として明白にみとめられ、ヨーロッパでのあらゆる戦争にもつきもののそのほかの行為とおなじく、憤慨するにはあたらない」と正当化した一節は、この問題についてのトクヴィルの態度を象徴する文章として、しばしば引用される。[37]

これまで、トクヴィルとアルジェリアのかかわりは、おおよそふたつの角度から説明されてきた。第一に、人間の普遍的平等や自由を理論化したことと他民族の抑圧を支持した矛盾に着目するものであり、その背景にあるイスラーム蔑視を明るみに出そうとするものである。[38] これらは、トクヴィルの思想を異文化への無理解と差別の容認という側面からとらえなおし、いうなれば、コロニアルな読解を提示するものだった。たしかに、近代ヨーロッパの自由主義思想と植民地主義は、必然的な共犯関係とまではいえないものの、しばしば表裏一体の関係にあり、トクヴィルはその一例といってもよい。しかし、トクヴィル一人が一九世紀のフランス自由主義の全体を代表するわけではなく、まして、社会観察者としてのトクヴィルの慧眼が植民地問題に関してまったく曇っていたと断じることもできない。[39]

トクヴィルのアルジェリアに関する著述は、植民地化を推進する立場で一貫しているが、ところどころに挿入された警句や悲観的見通しに独自の視点を読み取ることができる。たとえば、一八三七年に発表された「アルジェリアについての書簡（以下、書簡）」をみてみよう。これは『アメリカの民主主義』第一巻刊行の翌々年、トクヴィルが下院議員選挙出馬の準備中に選挙区の地方紙に発表した記事で、無署名の記事ではあったが、著者が誰であるかは読者にと

って自明のことだったと考えられている。

「書簡」の前半でアルジェリアの地誌と現況を紹介したあと、政策論を述べる後半の冒頭に、トクヴィルはひとつのたとえ話を挿入した。ある日、中国の皇帝が大軍を率いてフランスを占領し、行政機構を破壊し、役人と議員たちをまとめて追放したとする。すると、宗教、言語、風習、法慣習に通じていない中国の皇帝は国を統治することができない。フランスの人民は、自らを統治する術を失い、無秩序に身を任せるしかなくなるだろう。トクヴィルは、フランス軍がアルジェリアでおこなったのは、これと同じことだと述べる。

フランス軍によってつくりだされた「無政府状態」のなかにある先住民は、「強力な政府を重んじ、ひとつの大きなナシオンを形成する性向をもっている」とトクヴィルは記す。その原動力としてトクヴィルが注目するのが、「書簡」発表の直前、一八三七年五月にフランス軍とタフナ和約を結び、アルジェリア西部から中部にかけての支配領域をみとめさせることに成功したアブドゥルカーディルであった。

これまでの研究が指摘してきたように、トクヴィルはイスラームに対する偏見を隠さない。一方で、「世界のどの地域においても、宗教心はしだいに活力を失い、現世の利害に対抗する宗教として扱うこともない。むしろ、「イスラームは他宗教とおなじであるというのが、彼の診断であった。ところがトクヴィルは、イスラームを論じる際には宗教と政治の分かちがたい結びつきを強調する。トクヴィルによれば、アブドゥルカーディルは、分裂していく部族社会を連帯させるための紐帯として意識的に宗教を活用する「まことの熱情とみせかけの熱情の結合、一種のムスリムのクロムウェル」ともいうべき人物である。

事実、アブドゥルカーディルは、多面的な宗教性と特異なプラグマティズムをあわせもつ指導者だった。彼は、カーディリー教団の指導者としての地位を祖父からうけつぎつつ、預言者、正当「カリフ時代の初期イスラーム共同体を範型としたあらたな政治秩序の建設をこころみた。その一方で、マフディーの称号や奇跡の力を自称する同時代のムスリム運動家たちとは明確な一線をひき、ヨーロッパ人たちを側近において海外の情報や兵器を手にいれることにも

第Ⅰ部　一九世紀のアルジェリア人とは何か　62

積極的であった。トクヴィルの悟性は、一九世紀のヨーロッパ人として偏見や知識の限界にしばられつつも、アブドゥルカーディルの新しさを感知していたようにも思われる。

ヨーロッパ史とのアナロジーは別の箇所でも登場する。トクヴィルは、アルジェリアの部族民を「半開の人々」hommes à moitié civilisés または「半野蛮人」demi sauvages と形容し、目前の社会変化を自国の歴史にたとえて説明する。すなわち、アブドゥルカーディルは、フランスの歴史について無知であるはずだが、「君主としての本能」にしたがって、「我々の王たち、とくにシャルル七世の封建制に対する行動」と同様の集権化を進めているというのである。そこでフランスがとるべき方策は、部族の内部分裂を誘い、通商の禁止と徹底的な略奪によって勢力を減じることだとトクヴィルは論じる。この節の冒頭に紹介した、暴力を正当化するような一文は、この文脈のなかに登場する。

フランス革命を、歴史の転換としてではなく、国家の中央集権化という長期的趨勢の加速として描いたトクヴィルが、フランス史のたとえを用いたことの意味は小さくない。トクヴィルは、「半開」という言葉を選ぶことによって、固定された「自然状態」として地中海南岸の社会をとらえるのではなく、むしろ、かれらと「文明」の相対的位置が揺り動かされる可能性を示唆する。その証拠として彼は、アルジェリアにひとつの「ナシオン」が形成されることを危惧した。この点についてさらに急進的な立場をとり、アルジェリア側のナショナリテがすでに現出していると主張したのが、デジョベールであった。

アメデ・デジョベールは一七九六年にセーヌ・エ・ワーズ県で生まれ、大土地所有者として知られ、一八三三年にセーヌ・アンフェリウール県から下院議員として初当選し、農業改良を推進する青年時代をすごした。農学と自然科学に傾倒する青年時代をすごした。デジョベールが政治生活のなかで最大の課題にしたのが、アルジェリア占領と植民地化への反対運動であった。前述した図式にしたがえば、デジョベールはもっとも強硬なアンチコロニストとして知られた。その背景には、スミスやセーの流れをくむ自由主義経済思想と、

植民地事業のための増税を嫌い、アルジェリアにおける商品作物生産が国内農業を圧迫することを危惧する地方議員としての実利的判断がはたらいていたといわれる。彼の最初のアルジェリア政策論『アルジェ問題――政治・植民・商業』は、トクヴィルにわずかに先んじて、一八三七年に出版された。

『アルジェ問題』の本論は、コロニストとアンチコロニストの対立を要約する。その主な論点は三つである。第一に、アルジェリアを占領、植民地化することで得られる商業的、軍事的、政治的な利益はコストに見合うものではない。第二に、現地人首長による間接的な支配は遠からず行き詰まる。第三に、ヨーロッパ人の入植は困難である。なぜなら、入植のために「原住民」を辺境に追いやることは不可能であり、殲滅戦は道義的に許されないからだ。トクヴィルは「獲得したものをやすやすと手放し、おとなしく古くからの国境にひきさがる民族は、その歴史の良き時代は去ったと宣言することになる。民族の衰退期に入ったことを露呈してしまう」として、どれほどの費用がかかろうとも植民地化をすすめるべきだと記し、そのためには手段をえらばず諸部族を服属させねばならぬと論じた。デジョベールはこの命題の対偶をとって、アラブ人に対する支配は至難であるから植民地化を放棄すべきだと主張したことになる。

そのうえでデジョベールは、「アラブ体制」Système arabe と題された結論を提示する。その要点は、政府がヨーロッパ人の入植を推進しないことを宣言し、アラブ人の「ナショナリテ」を承認することである。その鍵としてとりあげられるのが、やはり、「ナショナリテの代表者」アブドゥルカーディルであった。デジョベールのアブドゥルカーディル像は、「狂信者、保守主義者と戦うナショナリテと戦う革新的で革命的な人物」という世俗的なものである。さらに彼は、「アラブとカバイルはおおよそ同じ性質、風習、偏見を共有している」という二つの大集団が「ひとつのナショナリテを形成している」と主張する。アラビア語話者とベルベル語話者というふたつの大集団が「ひとつのナショナリテを形成している」と主張する。

「ナショナリテの承認」につづくデジョベールの主張は、一見、アルジェリア問題をポーランド問題と並列し、アルジェリアの独

立を訴えたハムダーンの『鏡』に合流するかにみえる。しかし、この点でデジョベールの意見はあいまいである。一八三七年の『アルジェリア問題』で提示されるアルジェリアの将来像は、フランスの教導のもとにあるエジプトやトルコの列にアブドゥルカーディルのアルジェリアが仮託して語られる。「ヨーロッパ文明の誇る学芸技術に学ぼうとするエジプトやトルコ」の列にアブドゥルカーディルのアルジェリアを加えよ、という議論は、続編『一八三八年のアルジェリア』にも登場する。ここで彼の結論は、フランスの影響下でアルジェリアを近代化することを主張する一部のコロニストたちの議論にむしろ接近する。

ところが、一八三七—一八三八年のデジョベールの議論は、アブドゥルカーディルの敗色が濃くなるにつれて論拠を失っていった。やがて彼の議論は、アブドゥルカーディルという個人よりもアルジェリアの民という集団に重点をおくようになり、ハムダーンの『鏡』にさらに近づいていく。『一八四四年のアルジェリア』と『一八四六年のアルジェリア』から、それぞれ一節を引用しよう。

ひとつの民族 peuple が別の民族を支配することは、かならずしも征服民の勢力を増すとは限らない。ポーランド領有はロシアの足かせとなってはいないだろうか。[…] イギリスがカブールに介入したことは賢明だったといえるだろうか。あるいは、アイルランドの例は成功だったといえるだろうか。

（デジョベール『一八四四年のアルジェリア』一八四四年）

我々の側には、一〇万人の物質的な兵力がある。それは、同種の力をもっては対抗しがたいものだ。だが、アラブ人の側には、ナショナリテが、宗教が、財産が、守るべき家族がある。それらすべては彼らの頭と心に理念として、感情として、熱情として凝縮される。[…] アルジェリアびいきの人々は、アブドゥルカーディルの出現以来一二年間、浅慮を露わにして日々同様の発言

をくり返してきた。アブドゥルカーディルを倒そう、そうすれば万事解決だ、と。しかし、たとえアブドゥルカーディルが死んだとしても我々とアラブ人の関係はなにも変わりはしないだろう。我々は彼らの宗教とナショナリテに敵対し、風俗と家族を紊乱し、財産を脅かしつづけるのだ。[…]アブドゥルカーディルの後には、別の人物があらわれ、同じ利害、理念、感情、熱情を代表するだろう。その人物は、時間はかかるかもしれないが、いつかかならずあらわれるはずだ。それぞれの時代は、人々の感情を代表する人物を生み出すものである。

（デジョベール『一八四六年のアルジェリア』一八四六年）[82]

この文につづけてデジョベールは、ロシアに征服されたコーカサスに次々と抵抗運動の指導者があらわれたことを指摘する。そうした指導者の連鎖は「民族の権利に根ざしているがゆえに神聖なもの」とし、コーカサスと同様の未来を、アルジェリアについても予見してみせる。こうしたデジョベールの文章と同時期に、トクヴィルもまた、「アルジェリアはおそかれはやかれ、ふたつの民族が相手を倒すまで容赦なく戦う闘技場となってしまうかもしれない」という警句を記した。アルジェリア植民地化の是非について真っ向から対立する二人は、悲観的な未来図の描き方において一致していたのである。[84][83]

「アラブのナショナリテ」

以上の検討の意図は、トクヴィルの自由主義の限界を指摘することや、デジョベールを反植民地主義の先駆者と位置づけることではない。[85]

デジョベールのように植民地拡大を批判する意見は、少数ではあったが他にも存在した。たとえば一八三〇年代には、多作な小冊子作家ラ・ジェルヴェセが、やはりポーランドを比喩に用いてアルジェリア征服を批判している。イ[86]

ギリス人法律家バニスタは、パリで出版した小冊子において、フランスは北アフリカの人々に対する横暴は、「北アフリカの人々に「真の意味での独立」をあたえるべきであり、そのためには、現地の人々が「彼ら自身がもっとも適切な政体を選び取る」機会を設けるべきであると述べた。翻ってバニスタは、「北アフリカの人々に対する横暴は、南アフリカの人々にイギリスがおこなったことのくり返しにすぎないことを忘れてはならない」と、自国の言論界にも批判を加えている。同様の例証は、有名無名の作者による政論書や小冊子類を丹念にたどることによってさらに発見されるはずである。

さらに重要なことは、「アラブのナショナリテ」という問題提起の意味づけである。一八三〇年代という時期は、ナシオンとナショナリテという、フランスとヨーロッパの自己定義の核となる対概念が生みだされ、広まった時期だった。まさにその時期に、占領と植民地化の正当性が、アルジェリアをひとつのナショナリテとして認め得るか否かという表現を用いて議論された。そこには、たんに征服の残虐さを批判する以上の含意がある。たとえば、デジョベールとは反対にアラブ地域の「ナショナリテ」を否定した人物として、ヴィクトル・シェルシェルを引用しよう。シェルシェルは、奴隷制反対運動家として有名である一方で、アルジェリア植民地化を支持し、文明の宣布という命題を植民地の拡大と結びつけた代表的な論者であった。

エジプトのナショナリテなるものは、自由なヨーロッパが信じ込まされた影法師であり、うわべだけの幻であり、農民たちの誰一人として、「アラブのナショナリテ」という言葉を聞いたこともなく、祖国とはなにかを知りもしないことは確実である。

ここで引用したのは、シェルシェルが一八四四年のエジプト視察旅行後に記した書物のなかで、ムハンマド・アリー治下のエジプトにおける「道徳的停滞」を嘆きつつ記した文章である。シェルシェルが、「アラブのナショナリテ」はヨーロッパ人が一方的に作り出した幻想にすぎないとあえて述べていること自体が興味深い。ナショナリテの概念

第二章 征服とネーション

は、ヨーロッパを文明の中心とみなす発展的な歴史像と結びついていた。そうした常識を共有したうえで、アラブ地域の人々のナショナリテを認める一群の人々が存在し、対立する陣営の人々は言葉を尽くしてそれを否定せねばならなかった。「文明」の優越が征服と植民地化を正当化するという論法の矛盾は、二〇世紀になってはじめて指摘されたわけではなく、一九世紀前半の同時代人によってすでに明言されていたのである。

しかもそうした議論は、ヨーロッパ人のあいだでのみ交わされていたわけではなかった。ハムダーン・フージャの活動は、その内実に不明な点が多いとはいえ、これまでの通史のなかで軽視されてきたマグリブとヨーロッパの接点を証言する。本章をとじるにあたって、ふたたび彼の活動にふれよう。一八三三年にフランス議会調査委員会に提出されたハムダーンの名による意見書は、つぎのように締めくくられていた。

私はフランス語を読むことはできませんが、シャリーフ・ハッスーナ・ダギース氏による忠実なアラビア語訳を通じてヴァッテルの万民法概説を知っております。ここで参照可能と思われるのは第二篇第五章第六三節と、第三篇第一六章第二六三節の条項でありますが、引用は控えましょう。そこで述べられている原則を否定することができるでしょうか。かの名高い将軍の道義は自由と相容れるものでしょうか。否。凡俗な人物であればそのような理屈も通るかもしれません。しかし、フランス国民を代表する司令官がこのような言辞を弄することはゆるされません。

意見書が非難するのは、当時のフランス軍司令官クロゼルの乱行、とくに、クロゼルが先住民の風俗保護をうたった降伏文書を無視し、強圧的な作戦行動を広言した事実であった。だがそうした直接的な指摘以上に興味深いのは、ヴァッテルの万民法への言及である。書物『鏡』と同じく、この文書もフランス語訳のみが現存する。原文がもし

ハムダーン自身の手によって記され、内容が真実であったとすれば、この文書は、一九世紀初頭のマグリブ人がヨーロッパ国際法の古典をアラビア語に翻訳し、アルジェリアの独立を訴えたという刮目すべき事実を証言する。あるいはそれがハムダーンの行動を支援した匿名のヨーロッパ人協力者によって演出されたものであったとしても、それは「アフリカ人」を国際法の主体として扱おうとする開かれた思考をしめす、ひとつの指標である。いずれにせよ占領初期のフランスとアルジェリアのあいだには、近世以来のコミュニケーションを土台にした人と人の接点が、小さなものとはいえ、存在した。その接点があればこそ、植民地化初期のフランスでは、支配はいずれネーションとネーションの相克として問題化するということが、明白に論じられていた。

「アラブのナショナリテ」という議論は、アブドゥルカーディルの運動が終息する一八四〇年代を境にフランスの言論界の表層から消えていった。自由主義の時代のアルジェリア論は、一時期の高揚におわった。しかし、その意義は小さくない。ここでかりに、この時期のアルジェリアの住民たちに、端々まで「アルジェリア人」という自意識が浸透していたかを問うならば、否定的な答えがみちびかれるだろう。しかしそれはフランスについても同様である。いわゆる六角形のフランス領に住む人々がひとつの国民として統合されていくプロセスは、一九世紀末あるいは二〇世紀前半までの長い時間をかけて一巡することになる。一九世紀初頭のネーションとは、ひとつの言説であった。ただし、その射程はヨーロッパにとどまっていたわけではない。言語と宗教、文化、政治体形成の前史をよりどころとする人間集団が国家としての独立を求めるという思想は、地中海の南岸にも片々と届いていたのである。

第三章　市民と「臣民」

> アルジェリア人が自分はアラブ人だというと、法律家たちは答えたものだ。「いや、おまえはフランス人だ」と。そこで彼がフランス人としての権利を要求すると、同じ法律家は答えるのだった。「いや、おまえはアラブ人だ！」。
> （ファラハート・アッバース『植民地の夜』一九六二年）[1]

ムスリムたちの武装抵抗は一九世紀半ば以降しだいに影を潜め、カビリー地方の蜂起（一八七一年）は一九世紀最後の大規模な衝突となった。それ以後の数十年間は、一種の抑制された摩擦の時代である。[2]

アルジェリアには、占領当初からさまざまな集団が往来し、フランスだけでなくスペイン、イタリア、マルタなど周辺地域からの移住者と、先住者であるムスリム、ユダヤ教徒が併存するようになった。異なる言語、文化、宗教をもつ複数の集団が混成の状態になり、集団間の接触はもっぱら経済活動に限られていた。こうしたいわゆる複合社会の状況は一九世紀をつうじて変化しつづけ、やがて二〇世紀初頭には、約四〇〇万人の「ムスリム原住民」と約六〇万人の「フランス人」が対置される構造が出現する。[3][4] それぞれの集団名に括弧をつけて、その意味を留保しておくのは、それらが身分として構築されていった過程をたどることこそが、本章の課題だからである。アルジェリアで一

九世紀後半に形づくられた身分制度の要諦は、統治下の住民のあいだに、市民と「臣民」という階層をつくりだした点にあった。この仕組みはフランス植民地帝国に共通するモデルとなり、第二次世界大戦後まで存続することになる。

アルジェリアは、フランス植民地帝国の政策実験の場となった。簡単に政策史の流れを確認しておこう。フランス本国では第二共和政（一八四八—一八五二年）から第二帝政（一八五二—一八七〇年）、第三共和政（一八七〇—一九四〇年）と体制が転換し、その影響は植民地にもおよんだ。なかでも歴史家たちが重視してきたのが、第二帝政期のアルジェリアへの変化である。第二帝政期のアルジェリアは陸軍省の管轄下におかれ、武力による制圧がおしすすめられる一方で、とくに体制後期には「アラブ王国」という標語のもとにさまざまな政策が試行された。サン・シモン主義者の影響が強まったこの時期の政策を一言で要約するならば、ムスリムの境遇改善を標榜するパターナリズムということができる。第三共和政の時代になると、陸軍省管轄地の大部分が内務省へと移管され、アルジェリアはフランスの「県」となった。アルジェリアは本国の国会に議員を送り出すようになり、入植者の政治的発言力が強化された。その結果として、入植者にとって有利な限りにおいて本国との「同化」が謳われ、第二帝政期への反動として「原住民」を犠牲にした入植地の拡大が加速していく。

こうした流れをふまえつつ、本章では、ムスリム、ユダヤ人、ヨーロッパ人のそれぞれについて、身分制度を軸とした変化をたどる。そのうえで結論部では、一九世紀末の植民地において「アルジェリア人」という言葉にあたえられた意味について考えてみたい。

フランス人とは何か

世界史のなかの一九世紀は、一方では国民国家の建設の時代として、他方では植民地帝国の拡大の時代として描かれてきた。近年では、これらふたつのプロセスをひとつの視野におさめて論じるこころみが活発である。たとえば東

アジア史を専門とする山室信一は、国民国家と帝国というふたつの現象の同時性に着目し、それらが法的空間の使い分けによって接合されていたことを論じる。法域の接合という「国民帝国」論の問題提起は、本書の議論にとっても示唆的である。ただし、国家を主語にして異民族の包摂と排除を論じることには、多少の慎重さも必要であろう。そうした議論の基点にある国籍や民族の枠組みが、一九世紀にはいまだ流動的であったためである。「国民帝国」論と共鳴する問いかけは、近年のフランス史研究のなかでも提出されてきている。なかでも有力な潮流として、ヴェイユ、サアダらの研究がある。かれらは、国民であることと市民であることという問題を、植民地とのかかわりから考察し、ノワリエルが先鞭をつけたナショナル・ヒストリー再考の流れは、植民地史を包括する段階へと進んだ。本章の前半では、こうした近年の研究を参照しつつ、議論の要点を整理する。

ひとつの国の構成員はすべからく平等な資格で政治に参与すべしという共和政の理念は、一般に、フランス革命期に由来するものとされる。しかし、そうした理念が、革命後のフランスにおいてただちに社会編成の原理として定着したわけではない。そもそもの出発点となる国民（ナショナリテシトワイエンヌテ）であることと市民であることの概念自体が、一九世紀をつうじてゆれ動きつづけていた。

はじめに、前章にひきつづいてナショナリテという言葉の歴史をふりかえってみよう。すでにみたように、一八三〇─一八四〇年代にかけてあらわれたのは、第一に、領土、言語、歴史等によって結ばれた民族性、精神性というロマン主義的な用法であった。第二に、そうした紐帯をもつ集団は一国を立てて独立すべきであるとする、国際政治上の原則であった。アルジェリアの植民地化は、こうした新語の出現とほぼ同時期にはじまった。ナショナリテというフランス語に託された思想とアルジェリア問題のかかわりは、前章でみたとおりである。

さらに時代がくだると、国籍（国家への所属）という第三の意味があらわれる。ただし、この法的な用法が近代的な国籍概念として明確になるのは、第三共和政期になってからのことである。実際、革命期から第二帝政期までの法令

では、ナショナリテという語が国籍を意味して使用されることはなかった。「フランス国籍」nationalité française という表現がはじめて法文に用いられたのは一八八〇年（タヒチ併合に関する一八八〇年一二月三〇日法）であり、それが法令の語彙として定着するには、一八八九年六月二六日の国籍法を待たねばならない。出生地主義を柱とした一八八九年法は、フランスにおける国籍定義の歴史的転換点として知られる。意外に思われるかもしれないが、このあまりにも有名な法律以前には、国籍を意味する言葉すら一定していなかったのである。

用語の不在は、概念が不鮮明であったことをあらわす。ナショナリテという言葉は、一八四〇-一八五〇年代頃から行政文書や法学書のなかで用いられるようになった。しかしこの時期の用例は、国家への所属と、その成員としての権利という二面を明確に区別しておらず、選挙権と公職につく資格、つまり公民権を意味する場合も多かった。ノワリエルの研究によれば、国家への所属という用法が析出するのは、おおよそ一八七〇-一八八〇年代のことであった。その先駆的な例とされるコゴルダンの『万民法』（一八七九年刊）は、つぎのように述べる。

　　個人を国家、すなわち最上位の独立した社会集団に結びつける絆、それが、ナショナリテと呼ばれるものである。

（傍点は筆者による）

コゴルダンによれば、近代のナショナリテとはかつてのように「君主個人に対する忠義と服従」を意味するものではなく、民族 peuple と人種 race にもとづく「国民的連帯の表現」である。さらに著者は、国民 nationaux と市民 citoyens の区別についても記している。

すべての市民は国民であるが、すべての国民は、実際には、市民ではない。フランスにおいては、たとえば、未成年者、既婚女性、禁治産者は、市民ではない。しかし彼らはフランス国籍である。彼らは政治的権利 droits poli-

第三章　市民と「臣民」

tiques をもたず、民事上の権利 droits civils を享受するのみである。
彼らは私的事項についてイスラーム法にしたがう。しかし彼らは、一八六五年元老院議決によってフランス人であると正式に宣言されており、判例はその資格をさらに前から度々確認してきた。

あらためて整理すれば、フランス国民とは、第一に成人男性、第二に未成年者、既婚女性、禁治産者、第三に植民地の先住民を含む三層からなる集合である。これらの階層は、政治的権利、民事上の権利の有無によって線引きがなされている。ナショナリテ＝国籍という語義があらわれた初期の法学文献に、「アルジェリアの先住ムスリムの位置づけが言及され、かれらが「フランス人」であると明記されていたことは興味深い。コゴルダンの議論のなかで、国民であることと市民であることの峻別を映しだすのは、植民地住民の存在であった。

ところで、そもそもフランス人とはどのように定義される集団であったのだろうか。近代史におけるネーション形成を理解するための補助線として、公民的ネーションとエスニックなネーションという区別がしばしば用いられる。大づかみにいえば、前者は政治的価値観の受容と国民の参加意思を重視する「開放的な」ネーションを意味し、後者は独自の文化と共通の出自、血縁で結ばれた集団としての「閉鎖的な」ネーションをさす。出生地主義の国籍法をもつフランスを前者の典型とみなし、血統主義をとるドイツを後者の典型とする類型論は、周知のものであろう。

しかし、こうした図式は便宜的なものにすぎない。近代フランスのネーション理念を象徴する標語として「ナシオンとは日々の国民投票である」という一文が有名だが、ルナンがこの言葉を発した一八八二年の演説のなかで、「投票」とおなじく重要な条件として記憶と祖先の共有をあげていたことも想起しておこう。

さらに、国籍法のあり方とネーションの類型とを単純に結びつける考え方も、事実の検証にたえるものではない。近代フランスの国籍定義の歴史は、民法典（一八〇四年）による血統主義の導入からはじまり、その時々の政治社会情勢を背景とした妥結の連鎖のなかで、出生地主義を大幅に拡張した一八八九年法

へと転換していくことになった。

つまり一九世紀のほとんどの時期をつうじて、「フランス人」の定義は血統主義に重心がおかれていた。その変化の過程を、ヴェイユはつぎのように説き明かしている。一八〇四年の民法典は、フランス人の親から生まれながらにしてフランス人であり、また、外国に居住する者もフランス人としての資格を子へ継承できると定めた。それは、領地に居住することが君主への臣従を意味した旧体制からの断絶であり、その意味において、民法典の血統主義はむしろ近代への一歩を意味していた（ちなみにフランス民法はプロイセンで一八四二年に制定された国籍法に影響をあたえ、プロイセンの法はドイツ帝国へと受け継がれた）。

一九世紀後半に移民受け入れ国となったフランスは、一八五一年法で限定的な出生地主義を導入し、一八八九年には出生地主義の本格的導入へと舵を切った。それとて、確固たるネーション理念の具現化として説明できるものではない。出生地主義を再発見した一八八九年法は、人口減少への危惧、国境部で多数の外国籍住民が徴兵を逃れていることに対する治安上の懸念、そこから生じる住民間の不平等への配慮、そして、アルジェリアで増えつづけるヨーロッパ系外国人への対処など、さまざまな少数意見をつなぎあわせることによって、左派から右派の一部にいたる合意が形成された結果、成立したものだった。

つまり一九世紀は、「フランス人」の定義をめぐる模索の時代であった。一八八九年法は、それまでの断片的な法改正を置きかえて系統的な国籍定義をまとめあげ、国民と外国人の境界を明確にした。その柱とされたのは、「社会化」の程度である。いいかえれば、フランス社会のなかで生まれ育った人々は国民として教化されているはずという期待が、出生地主義導入の論拠とされた。ただし、出自による制限もあった。一八八九年法はアルジェリアにも適用されたが、その対象は「ヨーロッパ人」に限られ、「原住民」は除外されていた。共通の法のもとで政治に参加する市民の集合として国民をとらえるという共和政の理念は、たしかにフランス革命期の憲法や民法典にさかのぼる。しかし、

第三章 市民と「臣民」

革命期の語彙にはあいまいさがつきまとい、ふたつの概念の整理がある程度まで明確化するのは、ようやく一九世紀後半から世紀末にかけてのことであった。(28) そして次節でみるように、アルジェリアにおける先住民の地位規定も、一九世紀の後半に大枠が定められることになった。つまり、植民地住民の身分は、すでにある国民＝市民という枠組みの外部に付加されたものではなく、同時並行的に構築されたものであった。

属人法規と一八六五年元老院議決

植民地化以前からアルジェリアに居住してきた人々は、フランス側から「原住民」indigène と呼ばれた。(30) この言葉は元来、ある地方や国に長く住みつづけている者という意味で用いられてきた語で、ある土地に原産の動物という博物学の用法（ビュフォン）や、入植地の先住者（レナル）という用法があらわれたのは一八世紀後半のことであった。

「原住民」がフランスの支配のもとでいかなる身分をもつのかという基本問題は、数十年のあいだ宙吊りのままにおかれ、ようやく一九世紀後半に、属人法規 statut personnel と「臣民」sujet という概念に依拠した理論化がすすんだ。これらの概念は、アルジェリアという地域の枠を超えて、フランス植民地法学に共通の語彙となり、やがて、「臣民」は「フランス市民と外国人の中間状態」(32) であるといった形容を受けることになる。(33) こうした法的概念が案出された背景にはどのような議論があったのだろうか。本節と次節では、アルジェリアにおける身分制度の基礎となった一八六五年元老院議決を中心として、その前提、同法の特徴、立法後の議論の展開について順に検討する。

フランス領アルジェリアにおける法制度の出発点と位置づけられたのは、占領初期のふたつの文書である。第一に、一八三〇年のアルジェ占領時に結ばれた和平条約。これによってフランス軍はアルジェ住民の宗教、財産と経済活動を尊重することが定められた。(34) 第二に、一八三四年七月二二日の王令（オルドナンス）。これによって、フランス領となったアルジ

ェリアでは本国法の適用が制限されるという原則が定められた。
しかしその後約三〇年間、植民地住民の身分についての法律的判断は、あいまいな状態におかれ、それが確立したのは一八六〇年代以降であった。重要な画期となったのは、一八六二年にアルジェ控訴院裁判所で下されたつぎのような判断である。当時の国際慣習にしたがって、被征服国の住民は、原則として、フランス本土の人々と同じ資格をもつ国民となるはずであった。しかし、アルジェリアの「原住民」はその例外とされた。それはなぜか。判例はこの疑問に対して、「ふたつの住民集団が宗教、風俗、結婚制度、家族組織において本質的に異なる」ときには上記の原則は絶対的なものではない、という説明を提示する。一八三〇年の条約にしたがって、ムスリムとユダヤ教徒はそれぞれの属人法規——主として家族関係についてイスラーム法とユダヤ法——の適用を受けていた。判例はこの事実を指摘し、原住民に市民としての資格をあたえることは公序と法の下での平等の原則に反する、と述べる。
この説明は、つぎのような論理にもとづいていた。民法はフランスの社会体制に深く根ざしており、民法にしたがうことは市民としての権利を行使するための必要条件である。だとすれば、「原住民」が固有の属人法規を保持するかぎり、諸権利を制限されるのは当然である、ということになる。
一八三〇年の条約を出発点として、民法と属人法規の非両立性ゆえに住民の地位が差異化される、という議論の組み立ては、一八六〇年代以降の法律論の基調となっていった。ちなみに、ここで多用されている属人法規という言葉は、国際私法の語彙を借用したものであった。「フランス人」であるはずの先住民の地位を、国際的な法律関係の用語によって説明すること。そこには、対外的には国内の民として、国内的にはあたかも異国の民のように統治される「原住民」の位置づけが、よくあらわれている。
一八六五年七月一四日の元老院議決は、以上のような解釈をふまえて身分と準拠法のかかわりを法制化した。以下はその第一条である。

ムスリム原住民はフランス人である。ただし、引き続きイスラーム法の適用を受ける。ムスリム原住民は陸海軍の軍務に就くことができる。アルジェリアの非軍事的役務を命じられることができる。請求によってフランス市民の諸権利の享受を認められるが、その場合には、フランスの民事的、政治的諸法の適用を受ける。㊶

 つづく第二条は、「ユダヤ教徒原住民」についても同様のとりあつかいを定めた。こうして、アルジェリアの先住ムスリムとユダヤ教徒は、フランス人でありながら市民としての権利は制限されるという原則が確立した。同法の審議過程においても、一夫多妻や離婚を認めるイスラーム法はフランスの「公序良俗、道徳、家族秩序」に反しているという。一八六二年の控訴院判決を踏襲した論点がとりあげられていた。㊷
 一八六五年元老院議決の特徴は、属人法規と民法を相互に排他的にとらえ、法の下での平等ゆえに先住民の権利を制限するという論理にあった。㊸それでは、市民権なき国民というカテゴリーをつくりだした同法は、支配者の優位を確立するために差別を制度化したと解釈できるだろうか。この点は若干の検討を要する。
 アルジェリアでは、占領以来、「原住民」だけを対象とするさまざまな差別的な制度が設けられた。税制と刑罰制度はその代表である。その一方で、市参事会などの地方代表機関については、議席数や選挙人資格等の厳しい制限はあったものの、政治参加の権利が認められていた。㊹さらに一八六五年元老院議決は、「原住民」が公職につくことができると明記した。つまり「原住民」が公権力の行使にかかわることは、一定の制約のもとで認められていた。さらに同法は、「原住民」が市民権を取得するための手続き（「帰化」naturalisation）に門戸を開いた。形式上のこととはいえ、ヨーロッパ人と非ヨーロッパ人に加えて、アルジェリア在住のヨーロッパ系外国人であった。アルジェリア市民として同列にあつかわれていたことは注目に値する。立法者たちは、実際に、相当数のムスリムが非＝フランス市民とともに市民としての権利を取得し、フランス人との接近がすすむことを期待していた。㊺そうした意向は、パリだけではなく、アルジェリアの側にも存在した。たとえば、アルジェ、オ

ラン、コンスタンティーヌ各県の県議会では、一八六五年元老院議決に先立って、ムスリムとユダヤ教徒への市民権付与を拡張するようにもとめる決議が毎年のように採択されていた[46]。

立法を後押ししたナポレオン三世の言葉として、アルジェリア総督ペリシエにあてた書簡の一節がよく知られている。

アルジェリアは厳密に言えば植民地ではなく、アラブの王国である。原住民は、入植者(コロン)と同様に、我が庇護に対して平等な権利を有する。私はフランス人の皇帝であると同時にアラブ人の皇帝である[47]。

フランス人とアラブ人というふたつの民を対置するレトリックは、両者の平等なとりあつかいを意図したものではなかった。アルジェリア視察に際して「フランスは一つの民(アラブ人)のナショナリテを破壊しに来たわけではない」と述べた皇帝は、アルジェリアを一種の保護領とする構想を抱いていたといわれる。その背景には、地中海はいずれ「フランスの湖」になるであろうと述べたナポレオン三世の誇大ともいえるヴィジョンが存在した[48]。

別の角度からみれば、一八六五年元老院議決は、近世社会に特徴的な身分編成、すなわち宗派ごとの身分把握と治外法権設定とよく似た論理をもっていた。第一章で述べたように、一九世紀初頭の地中海は、多元的な宗教的帰属を基礎として人間集団が共存する世界であった。そうした宗派共同体の自治を維持することを意図していた。一八六五年元老院議決は、それと同じ発想の延長上に位置づけられる。そもそもナポレオン三世は、国内においても一種の階層性をもった社会秩序を構想していた[49]。「王国」の身分制を定めた一八六五年元老院議決は、隔離を創出するというよりは、むしろ、すでにある複数社会の境界を追認し、不平等のなかでの併存を制度化するこころみであったといえるかもしれない。

原住民すなわち臣民

しかし、第二帝政の制度が共和政のフランスへとひきつがれると、矛盾はしだいに明白になっていった。主要な変化としては、第一に、先住ユダヤ教徒に対して一八七〇年に市民権が自動的に付与されたことがあげられる。第二に、ヨーロッパ系外国人については一八八九年に本国で成立した国籍法がアルジェリアにも適用され、その社会的包摂を加速することになった。(52)これらの問題については次節以降であらためて論じることにして、本節ではまずムスリムについて検討する。

「ムスリム原住民」身分をめぐって第三共和政期に発展した法律論については、ふたつの背理が指摘できる。第一に、宗教と身分のかかわりである。一八三〇年の和約の原則から「ムスリム原住民」の身分が導き出されるとすれば、その基準は宗教的帰属のみにおかれているはずである。しかし、司法の判断は異なっていた。有名な一九〇三年の判決のなかで、アルジェ控訴院は以下のような解釈をしめした。

「ムスリム」という用語は〔…〕明らかに、単に信仰のみを意味するのではない。この言葉はむしろ、市民としての権利を認められたことがなく、必然的にムスリム属人法規を保持しているムスリム出自の個人すべてを意味するものであり、かれらがイスラーム教に属しているか否かを区別するものではない。(33)(傍点は筆者による)

つまりムスリムとして生まれた者は、たとえ改宗しても市民権取得の手続きを完了しないかぎり、「必然的に」ムスリム属人法規の支配を受けるということである。こうした解釈にもとづき判決は、改宗カトリックの控訴人は「原住民」として裁かれるべきであると結論した。(34)それによれば、法の規定する「ムスリム」とは、現に信仰する宗教より

も出自によって規定される存在であるということになる。そもそも、宗教を基準として別個のとりあつかいをすること自体が共和政の理念に対する逸脱なのだが、それに加えて、宗教的帰属を意味する「ムスリム」という言葉が、出自の問題として拡大解釈されたのだった⑯。

第二の背理は、属人法規と市民権のかかわりである。一八六五年元老院議決は、属人法規を適用されていることと市民としての権利付与は両立しないという論理にもとづいていた。これは、主として習俗（民法が予定する家族制度をもたないこと）を理由とする差異化である。しかし、こうした理屈にあてはまらない先例も複数存在した。たとえばセネガルとインドのフランス植民地では、先住民の属人法規適用とかかわりなく政治参加の権利があたえられていた。ユダヤ教徒については自動的にフランス市民としての権利があたえられていた例があり⑰、アルジェリアにおいても、ユダヤ教徒については自動的にフランス市民としての権利があたえられていた。それと同様に、ムスリムに対しても集団的に市民権を付与すべきという意見は、一八八〇年代頃から本国でたびたび提起されるようになった⑱。しかし、こうした提案はアルジェリア側の行政当局や入植者の意見を代表する政治家の反対によって、却下されつづけた。属人法規と民法の非両立性という論理は、首尾一貫した法的原則の問題というよりは、人口の圧倒的多数を占めるムスリムに選挙権をあたえることはできないという時局判断にもとづいて固定化されていくことになった。

本来的には宗教的帰属であるはずの「ムスリム原住民」というカテゴリーは、出自と社会環境を含む一種のエスニックなものへとすりかえられていった。それと並行して、第二帝政期にはある程度の現実性をもって語られていた先住民の同化という目標は、事実上不可能なものと明言されるようになる⑲。ムスリムの政治参加の範囲はしだいに制限され、一八六五年元老院議決で予定された「帰化」にも厳しい制限が課せられるようになった。

このような変化と相前後して、法律家たちが「人種」raceという言葉を使うことも増えていった。ここでいう人種とは、かならずしも生物学的な意味とは限らない。むしろ歴史と文明に根ざした共同体としての「人種」であり、ミシュレのいうそれに近い⑳。ともあれ「原住民」という存在が「人種」に根ざしたものだとすれば、かれらは個人的な選

第三章　市民と「臣民」

択によってそこから離脱することはできない。かくして身分からの出口は実質的に閉ざされることになる。

「臣民」sujetという言葉が広く用いられるようになるのも、おなじく一九世紀末から二〇世紀初頭のことであった。従属、服従というニュアンスをもつ「臣民」は、国に所属しているが主権の行使にかかわらない民を意味するアンシアン・レジームの語彙である。それがアルジェリアでは、漠然と被支配者をさす言葉として一八六〇年代の軍人、法律家によって使われはじめ、一九〇〇年代までに法学や政策論のなかに浸透していった。

後代の法学者の述べるところによれば、「臣民」とは結局のところ、「原住民」のあいまいな代替語であり、否定によって定義される範疇、すなわち、市民ではないことによって定義されるカテゴリーにほかならない。それでも「臣民」という語が好まれた理由のひとつは、すくなくともそれが法的地位を意味する点において明確であり、法制史家アンリの解釈ともしたがって、このような「フランス人・原住民」「市民・臣民」という対語のなかには、フランス人と対立するナショナリテとしての「アルジェリア人」が浮上することを抑止する言説の戦略が潜んでいた。

本節の冒頭で、「臣民」をフランス市民と外国人の中間状態にたとえる説明を引用したが、実際にはアルジェリアの先住民は、（ヨーロッパ系の）外国人よりもさらに下位におかれることになった。「臣民」の身分は、共和政のもとでナショナリテの概念がいかに変形し、歪曲されたかを象徴する。そこに被支配者からの異議申し立てが加わったとき、不平等のなかでの併存は、明白な差別へと転化することになるのだが、この点については本章の最終節で立ち戻ることにする。

アラブとベルベル

ここで議論の本筋からやや外れて、先住ムスリムの民族分類と人種論的観念の歴史について整理しておく。

先行研究の多くは、いわゆる分断統治をフランス植民地主義の特徴として述べる。マグリブ史の文脈においてもっとも有名な例としては、両大戦間期モロッコの「ベルベル」政策があり、その前史としてアルジェリアが位置づけられることも少なくない。(69) ところが前節でみたように、一九世紀のアルジェリアでは、「ムスリム原住民」という斉一的な身分が制度化された。この点をどう理解すべきだろうか。

はじめに、呼称について確認しておこう。一般に、マグリブのムスリムは「アラブ人」と「ベルベル人」のふたつの集団からなるといわれるが、近年では「アラブ・ベルベル系」という総称が用いられることも多い。その背景を手短に説明するとつぎのようになる。

古代のマグリブには、同系統の言語をもつベルベル人と呼ばれた人々が居住していた。(70) かれらは、七世紀に始まるイスラームの大征服以後数世紀の時間をかけて、ほぼ全員がアラビア語を受容し、それにやや遅れて多くの人々がアラビア語を受け入れていったと考えられている。(71) したがって、今日のアラビア語話者のなかには、東方から到来したアラブ部族の子孫と、アラビア語化した古代のベルベル人の子孫が含まれる。一方でベルベル系言語を保持した人々は、いくつかの飛び地に分かれて独自の社会を築いていった。それらの居住地は、中部沿岸のカビリー山地とやや東方のオレス山地の農牧社会、内陸のオアシス都市、サハラの遊牧民など、周囲とは異なる文化圏を形成してきた（図3-1）。(72)

アラビア語話者とベルベル系諸言語話者は、それぞれに一枚岩の社会を形成していたわけではない。たとえば、イブン・ハルドゥーンが定式化した都市定住民（ハダル）と荒地の民（バドゥ）の対立という図式がよく知られている。(73) とくにベルベル系言語話者のそれは、歴史が新しい。かれらには地域を横断して通用する共通のベルベル語というべき言語がなく、「ベルベル（もしくはイマズィゲン）」というひとつのアイデンティティが主張されるようになったのは、二〇世紀以降のことである。(74) つまり、一九世紀以前の社会について、特定の地方や地域の特徴をいうことはできても、アラブ

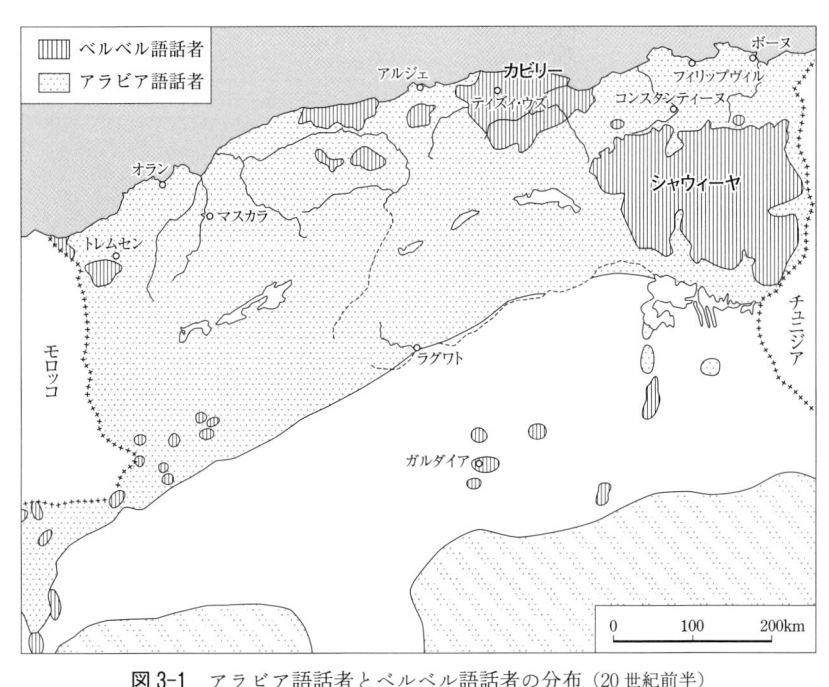

図 3-1 アラビア語話者とベルベル語話者の分布（20 世紀前半）

出典）Eugène Guernier (dir.), *Algérie et Sahara* (Paris : Encyclopédie de l'Empire Français, 1946), tome 1, p. 103.

　とベルベルというエスニシティの二分法は明白ではない。さらに近年では、マグリブの住民は、使用言語にかかわらず古層としてのベルベル文化を共有しているという見方も強調される。このような背景をもつアラブ・ベルベル系という総称を、本書も踏襲することにする。

　アラブ対ベルベルという二項対立に慎重な態度をとることには、もうひとつの理由がある。それは、こうした図式――退廃的な遊牧民アラブと進歩的な定住生活者ベルベル――が植民地期に強調する見方「人種的」な対立を強調する見方――が植民地期に生み出される舞台となったのは、ベルベル語地域のひとつカビリー地方であった。カビリー地方の人々（以下、カビール人とする）は、一八三〇年以降、アブドゥルカーディルと同盟せずフランスと積極的に交易する一方で、フランス軍の侵攻に対しては長期間抵抗をつづけた。こ

うした独自性に早くから多くの人々が注目した。たとえばトクヴィルは、「カビリー地方は我々に閉ざされていたとしても、カビール人の魂は我々に開かれている」という言葉をのこしている。そのなかでも、カビール人に関するステレオタイプの形成に決定的役割をはたした人物として知られるのが、陸軍軍人ドマであった。ドマは、著書『大カビリー地方』（一八四七年）のなかで、アラブとカビールのあいだには「人種の非両立性」があると断定したうえでつぎのように述べる。

　一部は土着、一部はゲルマン起源であり、かつてはキリスト教徒そのものであったカビール民族は、新しい宗教によって完全に変容したわけではなかった。彼らは三日月刀をつきつけられてコーランに従ったが、それを懐に受けいれはしなかった。教理と頭巾を纏いはしたが、その内側に古い社会の形を保持したのである。〔…〕

　ドマによれば、カビール人の先祖は古代のキリスト教徒であり、イスラーム化は表面的現象にすぎない。その証拠にイスラーム法と異なる独自の慣習法（カーヌーン）をもっている。かれらの一部はゲルマン人の末裔であり、カビール人はヨーロッパの文明へと開かれている。ドマの議論には、後世に広まる紋切型の要素がほぼすべて盛りこまれていた。彼の著述は後代のアルジェリア論に引用され、同時期に発展した人種論と結びついて流布していった。このような通俗的言説を、歴史家は「カビール神話」と呼ぶ。一八八〇年代にとくに流行した「神話」には数多くの人々が同調した。一例として、フランス植民地主義の代表的イデオローグ、ルロワ・ボリューを挙げよう。ルロワ・ボリューは、一八八七年に出版された『アルジェリアとチュニジア』でつぎのように論じた。多数の「原住民」を追放することも、その風習と伝統すなわち「アラブのナショナリテと称されたもの」（傍点は筆者による）を完全に尊重することも、どちらも現実的ではない。したがってフランスは、「原住民」とヨーロッパ人の経済、政治、社会の諸制度がひとつに「融合」することをめざすべきである。その鍵となるのがカビール人にほかならない。なぜならかれ

らは、一夫一妻制と私有財産制をもち、民主政の伝統をもち、イスラーム法ではなく世俗の法をもち、勤勉であり、すなわち、「宗教以外にヨーロッパ人と異なる点がない」と。

カビール人のみを切り分けて「同化」させようとする主張は、第三共和政初期に流行し、フランスの植民地言説の通奏低音となった。しかし、政策への反映という面では、その影響は限定されていた。カビリー地方を舞台としたエピソードとして、ラヴィジュリ大司教の主唱した集団改宗や、一八八〇年代前半のカビリア地方の行政官サバティエによる独自の自治制度導入などが知られている。しかし、そうしたこころみはいずれも短期間に終わった。聖職者ラヴィジュリと世俗的なサバティエの激しい対立にみられるように、そこに連携して練り上げられた分断統治の戦略をみてとることは困難である。

フランス植民地主義が分断統治の伝統をもつことを強調する先行研究は、先住民を「部族」や「人種」によって分類し、つぎつぎと細分化していく行為が、統治の支柱となっていたと指摘する。同様の現象はアルジェリアにおいてもみられたのだろうか。例証として、統計に用いられた人口分類のカテゴリーを確認してみよう。

植民地化以前のヨーロッパ人たちは、マグリブの住民の多様性を表現するためにさまざまな言葉を用いていた。ところがそうした細分化の伝統は、一八三〇年代にむしろ失われていった。アルジェリア総督府による公式の統計集をみると、一八三八年版では、「人種」や「国籍」による人口の分類はなく、カトリック、プロテスタント、イスラームといった宗派ごとの集計だけが掲載されている。一八四六―一八四九年版以降になると、ムスリム―黒人―ユダヤ教徒という分類がおこなわれるようになった。この時期の統計で、カビールとアラブという集団が対置されることはない。カビールという名称が登場するのの人口が別項にまとめられ、「原住民」についてはムスリム―黒人〈ネーグル〉―ユダヤ教徒〈イスラエリット〉が対置されることはない。ムザブやビスクラなど他地方の出身者が並列して記載される場合に限られていた。さらに時代をくだって一八七〇年代以降になると、「黒人」が別記されることは少なくなり、「ヨーロッパ人」「ユダヤ教徒〈イスラエリット〉」「ムスリム原住民」という三分法が定着する。この集計は、前述の身分

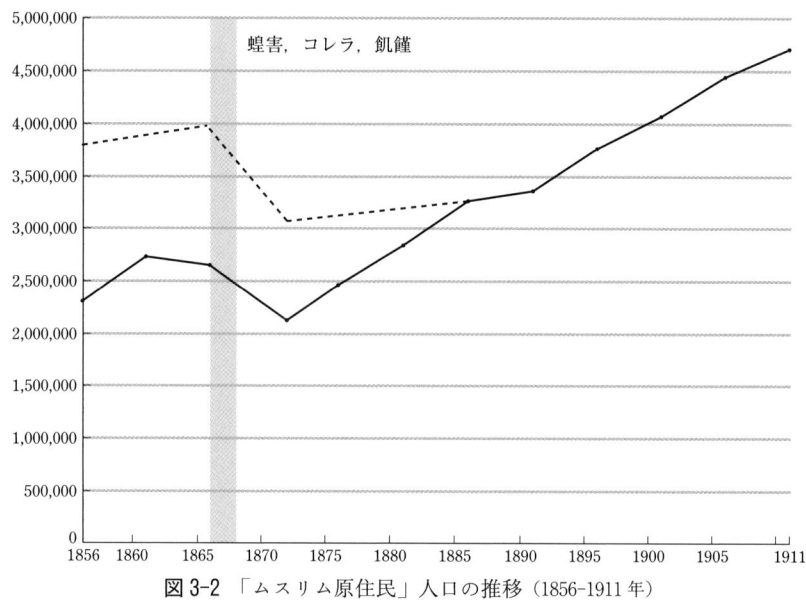

図 3-2　「ムスリム原住民」人口の推移（1856-1911 年）
（実線は公式統計にもとづく数値。点線は歴史人口学者カテブによる推計）
出典）Kamel Kateb, *Européens, "indigènes" et juifs en Algérie (1830–1962)* (Paris : INED, 2001), p. 121.

法制の整備とも対応していた。ちなみに一八八〇年代から徐々にはじまったムスリム先住民の身分登録の際にも、アラブかカビール（ベルベル）か、という帰属が問われることはなかった。人口学者と行政当局の一部にさらに詳細な統計をもとめる声はあったが、そうした要望が実地において徹底されることはなかった。ベルベル語話者とアラビア語話者を別々に集計した人口統計が作成されたのは、一九世紀から二〇世紀半ばのあいだに、一九一一年の一回のみであった(90)（図3-2）。

以上のように、「ムスリム原住民」をふたつの「人種」に分割する考え方は、論争の主題として一定の支持者を獲得しつづけたが、一九世紀に政策の基軸となることはなかった。アラブとカビールという二項図式の影響力が強まるのは、むしろ第一次世界大戦後の現象である。

先住ユダヤ人の社会的変容

つづいて、アルジェリアのユダヤ人がたどった

独特の行路について概観しよう。

ムスリムの身分を規定した一八六五年元老院議決は、その第二条においてユダヤ教徒の処遇に言及した。その内容は、「イスラエル教徒原住民はフランス人である。しかしながらその属人法規によって支配される〔…〕(以下、第一条と同文)」というもので、この時点では、ユダヤ教徒はムスリムとおなじく「臣民」身分におかれていた。しかしまもなく大きな転換が到来する。それが、アルジェリアの先住ユダヤ教徒に一括してフランス市民権を付与した、一八七〇年一〇月二四日の政令（通称クレミュ政令）であった。

アルジェリア各県の原住民イスラエル教徒はフランス市民と宣言される。したがって彼らの属地法規と属人法規は、この法律の公布以降、フランス法により規定され、それ以前に得られた権利は保護される。これに反するすべての元老院議決、政令、規則、命令は廃止される。

これが政令の全文である。筆頭署名者アドルフ・クレミュは、パリ中央長老会長や、世界イスラエル同盟（中東・北アフリカにおけるユダヤ人の教育振興を目的とする国際組織）議長などの要職をつとめたフランスの有力ユダヤ人であり、政令が制定された一八七〇年一〇月には、成立間もない臨時政府の閣僚の地位にあった。

一八七〇年のクレミュ政令によって、三万人以上のアルジェリアの先住ユダヤ人がそれまでの属人法規から切りはなされ、フランス市民としての政治的、社会的権利を享受することになった。先住ユダヤ人の身分の基礎となったフランス市民としての政令の原則は、ヴィシー政権下で廃止されるまで、先住ユダヤ人出身でありながら市民としての権利をもつという同政令の原則は、ヨーロッパ人入植者の社会にしだいに包摂されてゆき、やがて一九六二年のアルジェリア独立に際しては、ほとんどがヨーロッパ系入植者と同時に故郷を離れる道を選ぶことになる。

このようにクレミュ政令は、アルジェリアの先住ユダヤ人が経験した一九―二〇世紀の社会変動を象徴する立法と

して位置づけられてきた。この決定は、第二帝政崩壊直後の混乱のなかで成立したものであったが、けっして偶然の産物ではない。その前提となるさまざまな改革は、占領の初期から積み重ねられていた。そのプロセスを一言で要約すれば、フランスにおけるユダヤ人「解放」をモデルとして異郷の同胞に働きかけようとした本国側の運動に、アルジェリアのユダヤ人が同調した結果ということができる。[24]

近代におけるユダヤ人「解放」の先駆となったフランスは、占領初期からアルジェリアのユダヤ人コミュニティに積極的に介入した。フランスのユダヤ人に対する態度を象徴するものとして「ナシオンとしてのユダヤ人に対してはすべてを拒絶し、個人としてのユダヤ人に対してはすべてをあたえなければならない」[25]という言葉が知られている。これをなぞるように、アルジェリアのユダヤ人コミュニティは、占領初期から早くも権限を削減されていった。[26]

一八四五年には本国をモデルとした長老会制度がアルジェリアに導入され、長老会以外の機関はすべて廃止された。[27] アルジェリアのユダヤ人への市民権付与をもとめる運動は、フランスとアルジェリア両岸の長老会だけではなく、自由主義者や共和派を巻き込んで一八五〇年から一八六〇年代にかけて活発化する。[29] こうした流れを受けてナポレオン三世のもとで一八七〇年春に準備された立法草案が、普仏戦争敗北と第二帝政崩壊の混乱のなかで、クレミュによって政令として制定されたのだった。[30]

市民権の付与は、ユダヤ人のヨーロッパ人社会への包摂を後押ししたと考えられるが、社会の変化がひとつの立法のみによって引きおこされたわけではない。アルジェリアの先住ユダヤ人たちは、一九世紀半ばからすでにヨーロッパ人社会の各方面へと進出していた。先行研究が明らかにするように、商人、職人、事務職といった雇用形態の構成比は、クレミュ政令の前後で急速に変化することはなく、むしろ一九世紀半ばから二〇世紀初頭にかけて一定のペースで変化しつづけていた（表3‐a）。[101] 注目すべきことは、自由業や教育職などの非伝統的な専門職についた例が、クレミュ政令以前からみられたことで

第三章　市民と「臣民」

表 3-a　先住ユダヤ系徴兵適齢者の職業構造
（1865-1907年） (%)

	1867-1869	1885-1887	1905-1907
農業従事者	1	1	3
非熟練労働者	11.5	10	8
職　　人	27	33.5	42
商　　業	41	21	13
被雇用者	12	26	23
自由業・専門職	3	4	3
そ の 他	3.5	4.5	8

典拠）Doris Bensimon-Donath et Lazare Landau, *Socio-démographie des Juifs de France et d'Algérie. 1867–1907* (Paris : Publications orientalistes de France, 1976), p. 280.

あろう。この点では、前述の一八六二年アルジェ控訴院における判断が興味深い。すでに述べたように、民法と属人法規が両立しないという論理をしめし、原住民はフランス人であっても市民としての権利をもたないという原則を定着させた、判例史上重要な意味をもつ出来事である。

彼は、パリ大学で学位を取得し、訴訟を提起したのは、アルジェで先住ユダヤ教徒として生まれたエリー・レオン・エノスという人物である。そして、アルジェ控訴院においても同様の資格を申請した。しかし、アルジェの弁護士会は、エノスが「原住民」であることを理由として、彼の入会申請を拒絶した。そこでエノスは裁判所の判断を申し立て、第一審で敗れたものの、第二審に勝訴したのだった。みずからの法的地位すら定かではない時代に、フランスの法曹界に進路を選び、職業上の地位をかけて前例のない問いを投げかけたユダヤ人がいた。この事件は、クレミュ政令という立法が社会を上から変えたという側面だけではなく、変化する社会を法が追いかけたという、もうひとつの解釈の可能性を示唆する。

しかし、ヨーロッパ人社会への浸透や社会的上昇だけをいうことはできない。職業選択の幅はたしかに広がったが、後述するヨーロッパ人たちとの壁が高かったことは、居住空間をみれば明らかである。先住ユダヤ人たちの圧倒的多数は、二〇世紀初頭になっても都市部の特定のユダヤ人街のなかにとどまっていた[104]（こうした都市空間の問題については第一〇章であらためて考察する）。たとえば、先住系ユダヤ人のコミュニティ内部にはあらたな亀裂も生じた。なかにも出身地ごとの派閥の対立があり、さらにはそのなかでフランス語話

者となった人々と、伝統的なアラビア語使用を保持した人々のあいだの溝が生まれた。さらに、てきたユダヤ教徒との軋轢も顕著となった。変化は外部との軋轢も生む。一八九〇年代から一九〇〇年代にかけて、アルジェリアの各地でユダヤ人排斥運動が高揚し、いくつかの都市ではユダヤ人を標的とする暴動が起きた。[106] 一連の騒擾の背景には、当時のヨーロッパ人社会のおかれた状況があった。次節では、この点について概観する。

ヨーロッパ系入植者の道程

はじめに呼称について整理しよう。アルジェリアのヨーロッパ系入植者の総称（自称）として、ピエ・ノワール Pied-noir という言葉が知られているが、この言葉が広く使用されるようになったのは二〇世紀半ば以降のことである。ピエ・ノワールという言葉は、第二次世界大戦前後の動乱とフランス本国への移住経験をつうじて結晶化したものと考えられる。[107] したがって、この呼称を一九世紀にさかのぼってあてはめることは適切ではない。

日本の研究者のあいだにはコロン colon という言葉を入植者の総称ととらえる習慣も残っているが、これも、ふたつの理由から避けるべきであろう。第一に、コロンという言葉は、もっぱらフランス本国側から入植者を名指すために用いられ、とくに二〇世紀半ば以降には、植民地主義を糾弾するための用語という性格が強くなった。[108] 第二に、当時の用法からみたときの問題があげられる。一九世紀のフランス語のなかで、コロンという言葉は、農業開拓民をさす一般名詞であった。[109] 本書があつかう時期のアルジェリアにおいても、入植者の全体を意味する場合と農業従事者を意味する場合の、ふたつの用法があった。[110] 後者の用法の例をひとつあげると、アルジェリアの地方議会に相当する財政評議会（一八九八年設置）の選挙人は、「コロン」、「非・コロン」non-colon、「原住民」の三つに分類されていた。[111] 選挙人分類としてのコロンは、農地所有者もしくは小作農に該当する。当時の人口比をみても、入植者の多くは都市に居住

図 3-3 ヨーロッパ系入植者の人口と国籍別内訳（1833-1901 年）

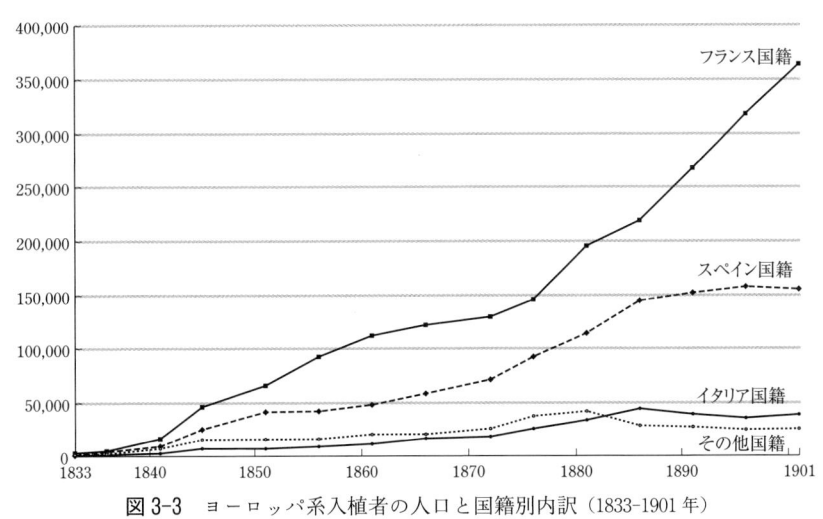

出典）Victor Demontès, *Le peuple algérien. essai de démographie algérienne*, (Alger : Imp. Algérienne, 1906), pp. 52–53.

しており、農村部の人口は、もっとも比率の高くなった二〇世紀初頭にも全体の半数を超えることはなかった。さらに以下でのべるように、アルジェリアの入植者社会は地理的な由来も非常に多様な集団であり、開拓農民であることは、かれらの集団的アイデンティティを考えるうえで重要ではあるが部分的な要素にとどまっていた。こうした事情を考慮して、本書では、ヨーロッパ系入植者というやや説明的な表現を用いることにする。

アルジェリアのヨーロッパ系入植者の構成について、国別の由来を概観すると、植民地化の開始から一八七〇年代まではフランスと南欧諸国（スペイン、イタリア、マルタなど）の出身者がほぼ拮抗しており（図3-3）、とくに西部のオラン地方では後者の人口が前者を上回る時期もあった。

フランスからの移住については、いくつかの象徴的エピソードが知られている。たとえば、一八四八年の臨時政府によって強制的に送り出されたパリの失業労働者や、普仏戦争敗北後にドイツ領となったアルザス・ロレーヌから脱出した「愛国的」アルジェリア移住者といったものだ。しかし、これらはいずれもやや神話化されたイメージであることが、研究

によって明らかにされている。たとえば一八四八年の移住者は、多くが農村部の出身で、自主的な応募者が多数を占めていた[113]。また、アルザス・ロレーヌからの移住は一八七〇年以前から一定のペースでつづいており、移住者の総数は三万人程度とみられ、一九世紀末には約六〇万人を数えたヨーロッパ人社会の構成に、決定的な影響をあたえたとはいえない[114]。同地方からの移住者の社会層は一八七〇年前後で大きな変化はみられない。

移住のリズムは、一八六〇年代にやや鈍化した以外には一九世紀をつうじてほぼ一貫しており、入植者の出身地は、ラングドック、プロヴァンス、ピレネー、アルプ地方の出身者がやや多いものの、その他の地方にも広く分布していた[115]。一九世紀のフランスではそれぞれの地方が人口学的、社会学的に独特の特徴をもっていたことを考えれば、アルジェリアは、フランス本土の出身者にとって、一種の「フランス人のるつぼ」として機能していたといってもよい。

たとえば、一九世紀末のオラン市に住むフランス出身者の割合を県別にしめすと図3-4のようになる[116]。出身地域について一九世紀後半のおおまかな傾向をしめすと、イベリア半島方面については南部に大きく偏っており、アリカンテ、アルメリア、ムルシアの出身者が大半を占め、バレンシア、バレアレスなどの出身者がそれにつづいた。イタリア半島方面については、ピエモンテ、カラーブリア、カンパーニア、エミーリア、さらにはシチリア、サルデーニャなど、西側地域の出身者が中心であった[118]。

ヨーロッパ系外国人についても、一九世紀をつうじてほぼ一定に人口増加がつづいた。

これらの移住については、政治的理由による例もあったが、割合としては経済的な理由による移住者が多かったと考えられる。たとえばイベリア半島からカルリスタ戦争（一八三三―一八七六年）の難を逃れた人々のように[119]、一九世紀半ばの史料では、スペイン人は農夫、土木労働者あるいは女中、家内奉公人、船乗り、マルタ人は商人や牧畜業者といった工合に、出身ごとに特徴のある職業を選んでコミュニティが形成されていったことを語る[120]。二〇世紀初頭になると商店主や工場主といった経営者層についての描写が増え、ヨーロッパ系外国人の社会的上昇が確認できる[121]。

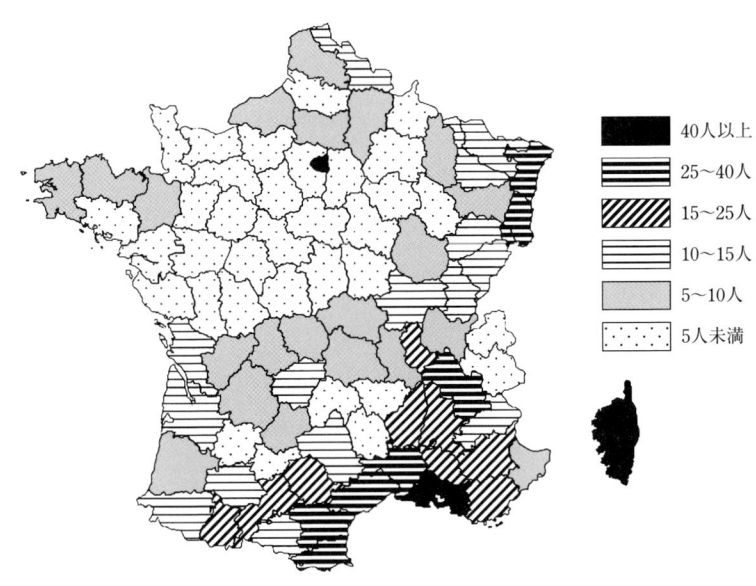

図 3-4　フランス出身オラン市住民の出身地（選挙人1000人あたり，1886年）
資料）ANOM Oran/E60.

　こうした外国人の存在は、入植地の建設に不可欠の要素とみなされた[12]。しかし一方で、ヨーロッパ系外国人とフランス出身者の人口が拮抗する状況を危惧する意見もあった。一八六五年元老院議決を利用して帰化したヨーロッパ系外国人の数は数千人にとどまっていた。長期的にはフランス出身者が少数派に転落してしまうことを危惧した総督府は、アルジェリアに出生地主義の国籍法を導入すべきとの提案を中央に提出した（一八八四年）[12]。この主張に折しも国会に上程された一八八九年の国籍法の成立を後押しすることになった。
　フランス本国において国籍法の出生地主義への転換を可能にした条件のひとつが、植民地側の事情であったということもできる。つけ加えれば、一八六五年元老院議決において導入されたヨーロッパ系外国人の帰化制度は、一八六七年に本国で施行される同様の法を先取りした内容となっていた[13]。つまりアルジェリアは、「フランス人」の枠組みをめぐる模索がつづく一九世紀に、むしろ本国に先んじて、国籍の境界という問題を浮上させる場となっていたのである。

一八八九年法がアルジェリアにも適用されたことで、第二世代のヨーロッパ系外国人は成年に達すると自動的にフランス国籍を付与されることになった。このことは、外国人人口の減少として統計にあらわれる。もちろん国籍の付与が自動的に社会的統合を意味したとはいえないが、選挙権の行使と兵役の経験は、かれらの自意識に無視できない影響をおよぼしただろう。

法的な問題もさることながら、フランス系と非フランス系の境界が婚姻をつうじて流動化していったという側面も重要である。アルジェリアのヨーロッパ系住民の男女比は、国籍にかかわらず、一九世紀の後半にしだいに均衡するようになっていた。そして、おなじ国の出身者の間だけでなく、国籍の異なるヨーロッパ系男女の婚姻は植民地化の初期から活発であり、その比率は時代をくだるにつれて増加していった。[27]

これまでの研究では、現地生まれのヨーロッパ人人口がフランス本土やヨーロッパ諸外国生まれの人口を上回ったことが確認された一八九六年という年が、入植史の転換点と考えられてきた。ただし青壮年層についていえば、すでにその一〇年以上前から、都市部を中心に現地生まれの人口が半数以上に達していた。[28] 農業植民がひとつの柱となった第一世代の移民に対し、第二世代はもっぱら都市部に居住し、人口動態からみても早婚化、早期出産傾向をもつなど、独自の特徴をもつ集団として析出する。[29] 出生地主義の導入という法律上の転換は、アルジェリアでは現地で生まれ育った第二世代が社会の相貌を変えていく人口動態とあいまって、入植者社会の変容を告げていたのである。

「アルジェリア人」の輪郭

本章の検討をまとめよう。アルジェリアの身分制度は、「フランス人」の枠組みをめぐる模索がつづく一九世紀にかたちづくられた。本国で国民と市民という対概念が析出するのと相前後して、アルジェリアの「ムスリム原住民」は、「臣民」というもうひとつの身分に属するという理論が作られていった。国家に所属することと、政治的権利をも

第三章　市民と「臣民」

つ市民であることが一致するという第三共和政の理念。その空白域に位置づけられたのが、国民ではあっても市民ではない「臣民」という地位であった。

長い時間をかけて成立した身分制度は、確固とした隔離の設計図にもとづいて創りだされたとはいえない。むしろそれは、現地における実務的な対処と利害当事者たちの交渉のなかから徐々に形成されたものだった。それが共和政へとうけつがれ、第二帝政の実験は、明白に不平等な、しかし一定の柔軟性をもった異民族の併存を志向していた。それが共和政の中頃にはまだしも開かれていた「ムスリム原住民」の同化という回路は、しだいに閉じられていった。

他方、ユダヤ教徒の例外的処遇は、近代フランスにおける「解放」の歴史をなぞるものであった。かれらは、一八七〇年のクレミュ政令によって自動的に——見方によっては強制的に——フランス市民となった。アルジェリアのユダヤ教徒は、アイデンティティの複数性を保ちつつ、また差別の標的となりつつ、しだいに活動の場を移していった。最後にフランス本国出身者とヨーロッパ人の接近については、一八八九年法の適用（フランス国籍保有者＝市民という身分への包摂）と、婚姻による接近のふたつの側面から説明できる。アルジェリア生まれの第二世代の出現という現象は、ヨーロッパ系入植者たちの定着があらたな段階にはいったことを意味していた。

以上のような法的、社会的な変化をへて、「フランス人」（市民）と、「ムスリム原住民」（臣民）という身分の対立が形成されていった。そのうえに展開されたのが、アルジェリアという領域に住む人々がいかに自称するかという問題、いいかえれば、「アルジェリア人」という記号をめぐる競合であった。たとえば一八九八年に、アルジェ選出の下院議員でヨーロッパ人の側では「人種の融合」という議論が登場した。反ユダヤ主義の急先鋒として知られたドリュモンがつぎのような演説をおこなっている。

事実、ここには根底としてフランス的であるが、フランスとはやや組成の異なる人種が形成された。この人種を構成するのは、片手に犁の柄を、もう片方の手に鉄砲を携えて大地を耕した兵士の子達、入植農民の子達であり、専制を憎む一二月二日の流刑者である。またそのなかには、帰化したイタリア人、スペイン人の子達もいる。彼らはすでにそこにあった祖国を開拓しに来たのではない。いうなれば、新しい祖国を創り出したのだ。これらの人々は心底からの愛国者である。[…] 彼らは、いうなれば、新しいフランスの新しいフランス人である。

ドリュモンは、かれらこそが「アルジェリア魂」をもつ「アルジェリア人」であると力説する。この演説には、第三共和政期のヨーロッパ系入植者の集団的アイデンティティを定義する主要な要素が列挙されていた。すなわち、征服と農業開拓の歴史、第二帝政への反感(一二月二日とは、後のナポレオン三世が権力を掌握した一八五一年一二月二日のクーデターをさす)、そしてラテン系ヨーロッパ人の混淆である。財政評議会議員デソリエも同様に、「ヨーロッパ人種の融合」によって「起源においてほぼ純粋にラテン的な」「フランス=アルジェリア民族」un peuple franco-algérien が生まれたと唱えた。[13]

他方で、フランス出身者を中心としたコミュニティの「危機」を訴える論調も根強く存在した。入植者社会は「ユダヤ禍」「外国人禍」「アラブ禍」という三つの脅威にさらされていると論じる。たとえば小冊子作家カステランは、入植者社会は「ユダヤ禍」「外国人禍」「アラブ禍」という標語で著者が指弾するのは、アラブ人に政治的権利をあたえようと提案する本国の左派政治家たちである。しかしそれ以上にカステランが危惧を表明するのは、すでにフランス市民としての権利をもつユダヤ人と外国人(スペイン人とイタリア人)が、選挙権の行使をつうじてフランス人の優位を脅かすことであった。[13]

融合を讃えるにせよ、危機を訴えるにせよ、これらの言論に共通するのは、「アルジェリア人」という個性の主張であった。「アルジェリア人」と自称した例は一八六〇年代以降の史料に散見されるが、ヨーロッパ系入植者がみずからの集団的呼称として一九世紀末にはとくにそうした表現がさかんに用いられるようになった。こうしたアイデンティ

第三章 市民と「臣民」

ィティの主張は、現実から遊離した抽象的な構築ではなく、すでに述べた入植者社会の世代交代という人口学的事実があればこそ、生まれたのである。

ヨーロッパ系の「アルジェリア人」は、一方では本国の「フランス人」と対置され、他方では植民地の「原住民＝アラブ人」と対置される。そして「ユダヤ人」は市民でありながら差別の対象となる。ただしこの時期のヨーロッパ人社会が、ドリュモンたちの主張するように一枚岩に結合していたわけではない。フランス市民というひとつの身分の枠組みに回収されつつあったとはいえ、外国籍のヨーロッパ人も依然多数を占めていた。広い意味でのヨーロッパ人社会のなかで、フランス本国生まれの第一世代とその子孫が中核に位置し、それに隣接して非フランス系ヨーロッパ人が地縁、血縁にもとづくコミュニティを形成し、さらにその周縁に先住ユダヤ人がマイノリティとして存在するという格差の構造は、後々まで解消されることはなかった。アルジェリアのヨーロッパ人社会は、ひとつのコミュニティに統合されたわけではなく、むしろ、エスニックな差異に世代の差異が交錯することによって、社会が複雑化、重層化していく転換期にさしかかっていた。だからこそ、「アルジェリア人」というひとつの共通名称が必要とされたのであろう。[137]

このように入植者社会が変容しつつある世紀転換期に、アラブ・ベルベル系ムスリムのあいだでは新たな政治運動が生まれつつあった。

「青年アルジェリア人」Jeune Algérien と呼ばれる運動は、一八九〇年代に断続的な出版言論活動としてはじまり、やがて一九〇〇年代にひとつのうねりとなって表面化する。[138] それは、アルジェリアの先住ムスリムを主体とする一定の組織性をもったはじめての政治運動であった。中心となるメンバーは数十人、定期刊行物の購読者やサークルで交流する人々をふくめて数百人という小さな運動体ではあったが、そこには将来のアルジェリア人ナショナリズムにつながるさまざまな要素が胚胎していた。[139] そのなかで主流となったのは、フランス語教育を受けた人々による、フランス

の統治の枠内での権利拡大を訴える活動であった。かれらの言論のなかでイスラームが参照されることはむしろ少なく、世俗化された論理が優越する。⑩

ここでは、「青年アルジェリア」の言論を導いた人物の一人イブン・アリー・ファハールをとりあげよう。⑪リヨン大学法学部で博士号を取得し、リヨン高等商業学校でアラビア語教師となった彼の思想を知る手がかりとなるのが、『イスラーム世界雑誌』誌上にフランス語で発表された「アルジェリア人ムスリムの代表制について」（一九〇九年）という一本の論文である。⑫

論文の主旨は明快で、アルジェリアの各種代議制機関にムスリムの代表をより広く参加させよという一点に集約される。一八三〇年から一八七〇年までの代議制度、一八七〇年以降の諸制度、そして将来の課題という整然とした三部構成の論文は、植民地化のはじまり以来さまざまな地方自治体で採用されてきた先住民代表者制度がいずれも不完全なものであったことを、筋道立てて指摘する。そして著者は、アルジェリアのムスリム——本文中では「アルジェリア人」——が各種の税を支払い、さらには兵役義務も課されようとしていることを述べ、その負担に応じた政治的代表権をあたえるべきだと主張する。なかでも重視されるのが、セネガルを前例として、ムスリムとして属人法規を維持したまま市民としての権利を付与するべきだとする点であった。論文は、つぎのような文章で閉じられる。

　ムスリムの人々が周知の熱意をもって啓蒙と自由として知られるものを分かち合おうとするのは当然である。アルジェリア人がそれを分かち合おうとするのは当然である。フランスは、自らが分け持つ大役を認識し、その臣民になによりも望ましい境遇をあたえるという、課された義務を違えることはないであろう。⑬

ここには、フランス支配の枠のなかで政治的権利の拡大を求める一方で、国家としての独立までは要求しない、先住民側からの同化主義と呼ぶべき主張がみられる。

第Ⅰ部　一九世紀のアルジェリア人とは何か　98

第三章　市民と「臣民」

一九三〇年代に表出するアルジェリア人ナショナリズムの主要な担い手となったのは、青年アルジェリアの系譜に連なる運動家たち、共産党系労働運動から派生して急進化した諸政党、アルジェリア・ウラマー協会に集まったイスラーム知識人の三つの潮流であった。なかでも第一の潮流を代表するファラハート・アッバースは、フランスの思想を摂取した近代化論者として知られ、それだけに第一共和政下の「臣民」身分という矛盾にもっとも鋭敏な一人であった。本章の冒頭に引用した彼の文章は、植民地支配の矛盾を糾弾した一文として有名である。それと同一線上にある論理は、一世代前の「青年アルジェリア人」によってすでに指摘されていた。

第二章でとりあげたハムダーン・フージャの言論活動から約八〇年後、本章で論じた身分制度の基礎となった一八六五年元老院議決から約四〇年後に、それまで一見受動的に「臣民」の立場にとどまってきた人々が、フランス語で「アルジェリア人」を名乗り、政治的権利を要求しはじめた。この小さな運動体は、二〇世紀初頭の時点では、共和政のルールにもとづく闘争の場に加わる意思を表明したのである。選挙をつうじた政治参加という、共和政のルールにもとづく闘争の場に深刻な危機感をよびおこすほどの圧力とはなっていない。しかし、言論という側面からみたときに、フランス政府や入植者に深刻な危機感をよびおこすほどの圧力とはなっていない。しかし、言論という側面からみたときに、フランス政府や入植者がそれぞれに「アルジェリア人」を名乗ってひとつの領域のなかで競合する状況は、そうした転換を象徴していた。第一部の主題として予告した、アルジェリアという地域と人の枠組みをめぐる考察は、ここで一応の答えを得たと思われる。次章からは占領の初期にたちもどり、アルジェリアという空間を統御するための学知の形成をたどっていくことにしよう。

第Ⅱ部　東洋学者の懐疑――アルジェリア・ムスリム法と土地問題

問題の所在

植民地化は先住民から土地を奪い、かれらの領域を縮小させる。その手段は、物理的な暴力に限られていたわけではない。占領初期から一九世紀中葉までが軍事力による収奪の時代であったとすれば、一九世紀後半以降は、法と行政による支配が前面にあらわれた時代であった。フランス政府は当初から、アルジェリアが定住植民地となることを期待した。そこで課題とされたのは、土地の接収と買収の前提となる法整備である。具体的な立法は一八四〇年代に始まり、その後の基礎となる法制が一八六〇—一八八〇年代に確立した。

植民地の法は、フランスの法として理に適っているだけでなく、現地の法慣習と社会状況を尊重しているという外観を備えねばならない。そのために、一群の専門家たちが、多大な知的労力を傾けて、イスラーム法研究の成果を植民地統治の枠組みに接合しようとした。結果として出現したのは、「アルジェリア・ムスリム法」droit musulman algérien と呼ばれる一種のキメラのような法体系であった。[1]

アルジェリア・ムスリム法とは、フランス側の専門家によってフランス語で考案され記述された、イスラームの法規範にかかわる法令、判例、学説の集積である。そこに展開された適法性の言説は、社会人類学者バランディエの表現を借りれば、見せかけの道理（プスド・レゾン）というべきものであった。[2] 植民地の法は、一般的にいえば、支配を正当化するための道具である。そうした前提に立つ従来の研究は、立法の政治的背景とその社会経済的影響とを直結させて説明してきた。[3] しかし、見せかけがいかに矛盾に満ちたものであったとしても、植民地の法には固有の論理があった。その内実をとらえるためには、法と社会をつなぐ諸制度と、法解釈のゆらぎをみなければならない。植民地支配の支柱となるべき法には、どのような矛盾が内包されていたのか。また、その矛盾についての自覚はいかなるかたちで存在していたのだろうか。

第Ⅱ部では、こうした問題をアルジェリアにおける東洋学の展開と結びつけて考察する。一九世紀フランスの東洋学といえば、サイードのいうオリエンタリズム――東洋を支配し、再構成し、威圧するための知の様式――の典型例と思われるだろう。たしかに一九世紀の東洋学は、「オリエント」という他者性を構築し、支配に奉仕する学問であった。とくに植民地体制下で発達したイスラーム法学において、そうした政治性は明白である。しかしそれだけではない。通説的な理解が予測させる言葉の編成のなかには、矛盾を内側から明るみにだすような要素も存在していた。そのことは、有名無名の実務家たちの発言をたどることによって明らかになる。

植民地支配者の知と権力は、しばしば、被支配者側の「伝統」なるものをつくりだす。有名な例は、サハラ以南アフリカにおける「慣習法」の法典化であろう。ところが、フランスがアルジェリアで発見したのは、イスラーム法という確固たる法体系をもつ社会であった。植民地としてのアルジェリアに、フランスが伝統を「創造」する余地は、ある意味で限られていたのである。それゆえにフランス法とイスラーム法の接合が構想された。結果として生みだされた法体系は、アルジェリアのみならず、他の旧仏領地域においても、現在もなお影響をおよぼしている。植民地期アルジェリアの法という問題は、フランス植民地を広域的に比較するうえでも、アラブ・イスラーム地域の近代を考えるうえでも重要な意義をもっている。

オリエンタリズムと伝統の創造というふたつの議論が提出されてから三〇年以上がたち、かつての図式化された理解に対する再検討が進んだ。それをふまえて近年では、東洋学をふくむ植民地の学知に対する関心があらためて高まっている。第Ⅱ部ではそうした流れに棹さしつつ、アルジェリア・ムスリム法の形成期、すなわち、一九世紀半ばから二〇世紀初頭までの言論をたどる。

第四章「学知の集積地としてのアルジェリア」では、フランスにとって、アルジェリアがイスラームに関する知識集積の結節点であったことを確認する。具体的には、一八世紀末のエジプト遠征とアルジェリア遠征の相似性、アルジェリアからセネガルなど西アフリカへの影響を概観する。

第五章「東洋学の主流と傍流」では、専門分野としてのイスラーム法学研究が成立する以前の、一八四〇―一八六〇年代の状況を、高名な東洋学者ペロンと無名の実務家カドズという二人の人物の対比から検討する。植民地学の正典となった前者と、アラビア語文献の概念構成によりそった解釈をこころみる後者とを対照させることで、草創期の東洋学にみられる議論の広がりを探る。

第六章「法域と法学」では、一八六〇から一八九〇年代にかけて専門的な学術分野としてイスラーム法学研究が形成された過程を、ふたつの視点から整理する。第一に、法の属人性の原則と特別刑法（いわゆるアンディジェナ）のかかわり、第二に、自律した学問分野の基礎となる教育機関と出版媒体の整備である。

第七章「土地制度の立法」では、一九世紀アルジェリアの主要な土地立法について特徴を整理する。土地問題は、アルジェリアの法学のなかでも重要な位置づけをあたえられ、それゆえにもっとも錯綜した議論が展開された分野であった。そうした議論の展開をたどりつつ、一八五〇年代から一八七〇年代にかけての土地法の不連続性を明らかにする。

第八章「土地権と法解釈」では、土地制度の改造によって露呈した矛盾を、法学者たちがどのようにとらえたかを考察する。歴史家にして法実務家でもあったメルシェの著作を軸として、フランスが設定した土地カテゴリーをめぐる議論を整理し、実務家たちが植民地法を正当化すると同時に、その矛盾をいかに認識していたのかを提示する。

第四章　学知の集積地としてのアルジェリア

> フランス軍のすべての遠征に学識者を参加させるという思想は気高く優れたものである。その思想はすでに豊かな成果をもたらしてきた。必要とあらば、エジプトの所産とモレア遠征が証明するであろう。われらの技師、自然学者、博物学者、学徒達が、勇猛なる東方軍、ギリシャ方面軍の兵士達と、献身と熱情を競いあったことを。アルジェの学術委員会はこれらの先例に遅れをとることがないと期待しよう [...]。
>
> （「アルジェリア学術調査準備委員会議事録」一八三八年）[1]

　フランスと中東の交渉史の転換点として、ナポレオン・ボナパルト麾下のフランス軍によるエジプト遠征（一七九八―一八〇一年）の重要性はあらためて強調するまでもない。これまでに多くの研究が、一九世紀のフランスがエジプトに投影した憧憬について、また、西洋との接触、軋轢を経験したエジプト側の思想動向について、さまざまな考察を重ねてきた。[2] エジプト遠征は、フランスにおける「エジプト学」の誕生をもたらし、近代東洋学の転換点となった。『エジプト誌』（一八〇三―一八二八年）は、その象徴である。[3] 学術委員会による現地調査の成果として、三〇〇人以上の学術協力者を動員して出版された

107

ただし遠征それ自体は、たしかに、多くのフランス人にとって、「オリエント」とのはじめての濃密な接触の機会であった。継続的な支配のもとで経験が蓄積された場所はどこかといえば、アルジェリアである。本章では、フランス東洋学の知られざる一面ともいえるアルジェリアでの活動に焦点をあわせ、中東からアフリカに広がる学知の展開の結節点としての位置づけを確認しよう。④

エジプトからセネガルへの結節点

エジプト遠征に『エジプト誌』があったように、アルジェリアにおいても、陸軍大臣の発令をうけて学術調査委員会が構成され、『アルジェリア学術調査』全四六巻の刊行が計画された。この事業をはじめとしてアルジェリアとエジプトの学術調査にはさまざまな連続性が認められるが、具体的な実施の過程には大きなちがいがあった。そもそも、エジプトにおいては遠征軍に当初から学術委員会が同行したのに対して、アルジェリアに学術調査委員会を組織する決定を大臣が下したのは、フランス軍上陸から七年後のことであった。占領は学術調査とともに進むのだという認識はすでに浸透していたために、遠征初期から、碑文学会と陸軍大臣のあいだでは学術調査委員会の設置に関して通信が交わされ、現地当局者から中央への設置要請がつづけられていた。⑤ それにもかかわらず、正式の調査委員会発足までに比較的長い時間を要したのは、この時期のフランス政府内でアルジェリア政策の長期展望が定まらなかったためであった。

調査計画の策定にあたり、パリでは学術調査の指針をめぐって議論が紛糾した。中心にあったのは、地理学、植物学、言語学、気象学といった実利的応用が見込まれる分野を優先しようとする軍当局と、考古学や歴史学の調査を重視する碑文学会の対立である。最終的には、両者の意見を併記するかたちで大臣宛の計画案が作成された。⑥ 本章の冒頭に引用した文章は、この計画書の結論部分にみられる一節である。

第四章　学知の集積地としてのアルジェリア

エジプトの先例への言及は、一九世紀前半のアルジェリア論に頻出する。七月王政期のエジプトでは、遠征軍が退却した後も数多くのフランス出身民間人、技術者が活動をつづけた。その結果として、思想的にも人的にも、エジプトとアルジェリアのあいだにはさまざまな繋がりが存在した。アルジェリア学術調査委員会は、いわば、エジプト学術委員会の忘れられた継承者であった。

その一例として、サン・シモン主義者たちのはたした役割の大きさがよく知られている。フランス本国で困難に直面したサン・シモン主義者は、「オリエント」に希望を託し、スエズ運河開削という華々しい計画を携えてエジプトに渡った。(8)こうしたエジプトでの活動がよく知られてきた一方で、同時期のアルジェリアでの活動はこれまでの研究ではかならずしも注目されてはこなかった。それも無理からぬことではある。運動の指導者アンファンタン自身が、アルジェリア学術調査委員に立候補し、現地に赴いているのだが、その貢献ははかばかしいとはいえなかった。委員会からの委嘱業務をことごとく無視した末に、政策論を一冊著したにとどまる。(9)アルジェリアとフランスの関係史に大きな足跡をのこしたのは、むしろ、アンファンタンの周囲に同行した人々であった。三〇名の委員と通訳からなる委員会のなかには、カレット、(10)ユルバン、(11)ワルニエなどのサン・シモン主義者と、その思想に共鳴するベルブリュゲルやペリシエ・ドゥ・レノ(12)といった、アルジェリアについての知の蓄積と思想の展開に大きな影響をおよぼすことになる人物が含まれていた。(13)

調査委員会の公式報告集のなかで大きな比重を占める「地理・歴史学」の執筆は、主としてカレット、ペリシエ、ベルブリュゲルが担当した。さらに、現地調査終了後に、後述するペロンが委員会メンバーに加わり、ハリール・イブン・イスハークの法解釈書の翻訳六巻が出版された。(14)ペロンの訳業については、次章でさらに検討することにしよう。カレットやペリシエらが一八三〇年代前半に従軍して以来一貫してアルジェリアを活動の場としたのに対して、(15)ペロンは、東洋語専門家としてのキャリアの大半をエジプトで築いた人物であった。このように、一九世紀前半までのアルジェリアでは、エジプト経験を積んだ人々が合流し、その知識と経験を導入して活動した例がすくなくなかっ(16)

そうした人脈のなかには、家系を形成した例もある。たとえば、ギリシャ系カトリック教徒のファラオン家である。ダマスカス生まれのエリアス・ファラオン（一七七四—一八三一）はエジプト遠征時にナポレオンの個人通訳として採用され、フランス軍退却の数年後に自らフランスに移住して外交、商事、商業の分野で活躍した。その子ジョアニ（一八〇二—一八四六）はパリ東洋語学校に学び、商業のかたわら、エジプト人留学生へのフランス語教育にも携わる。一八三一年にはアルジェに渡り、フランス人、とくにアラブ担当局の軍人向けのアラビア語教育を担当した。ジョアニの子フロリアン（一八二七—一八八七）も、アルジェリアとフランスの双方で、先住民向けのフランス語教育とフランス人向けのアラビア語教育、さらにはフランス語・アラビア語バイリンガル新聞の出版など、多彩な分野で活動した。

さて、一八四〇年代を特徴づけるのが調査委員会の活動であったとすれば、一八五〇年代以降の知的生産の中心は、つぎつぎと設立された学協会へと移っていった。コンスタンティーヌ考古学協会（一八五二年設立）をはじめとして、アルジェ歴史協会（一八五六年設立）、アルジェ地理学協会（一八五七年）、シェルシェル考古学協会（一八六〇年設立）、アルジェ美術協会（一八六八年設立）、オラン地理学協会（一八七八年設立）などである。これらの団体を基盤として、アルジェリア在地のフランス人専門家たちの交流が生まれ、パリ中心のイスラーム研究やエジプト学とは異なる、独自の展開がはじまることになる。それはいわば、フランス東洋学の伏流ともいえる活動であった。

フランスと非ヨーロッパとのかかわりの結節点として、エジプトからアルジェリアへという流れを確認したうえで、アルジェリアから他の地域への流れについても、西アフリカを例として見ておこう。フランスの西アフリカ征服に大きな影響をおよぼしたことで知られるルイ・フェデルブは、理工科学校を卒業した軍人であった。フェデルブについてもっともよく知られているのは一八五二年からセネガルに赴任し、総督の地位にあった時期（一八五四—一八六一年、一八六三—一八六五年）の活動だが、最初の植民地経験はアルジェリア西部オラン地方への赴任であった。彼はその後も数回、アルジェリアのカビリー地方（一八四九—一八五二年）、オラン地方（一八六一—一八六三

第四章　学知の集積地としてのアルジェリア　111

年）に転属を経験している。フェデルブは、言語、地理の現地調査にもとづいた知識を背景とした政策立案をすすめたが、その背景には、軍政期のアルジェリア経験があった。フェデルブのアルジェリア知識が全面的に援用されている見解には、アルジェリアの知識が全面的に援用されている。たとえば、セネガルのエスニック・グループ分類をめぐる見解には、アルジェリアの知識と同時に、政策論の読者にアピールするための戦術として、フェデルブにとってアルジェリアとの比較が有効であったことを示している。フェデルブはこのほかにも、アルジェリアで先住民統治の支柱となったアラブ担当局を模した先住民担当部局をセネガルにも設置し、協力者としての現地人通訳の育成を積極的に進めるなど、さまざまな面でアルジェリアに先例をもとめた。

アルジェリアとセネガル、西アフリカを結ぶ回路としては、より組織的な人の流れもある。やや時代が下って、二〇世紀初頭に設置された二つの政府部局、ムスリム問題担当局（一九〇〇年、パリ）と在ダカール・ムスリム問題担当局（一九〇六年）には、アルジェリアのアラブ担当局の人材が多数流入した。ここであげた事例は、撚りあわせられた紐帯の一部にすぎない。フランスのアフリカ政策が構築されていくなかで、アルジェリアという場所は、反復して参照される先例として大きな役割を担っていた。

イスラーム政策の萌芽

アルジェリアは、一九世紀初頭のエジプトから世紀末のサハラ以南アフリカへという、知識と統治手法の集積、移転の結節点に位置していた。その過程には、現地の言語、社会事情に通ずるさまざまな専門家がかかわっていた。そのなかでもこれまでの研究の関心は、アラブ担当局関係者を中心とする軍人たちに集まってきた。軍人の活動の舞台は、一八七〇年にアルジェリアの大部分が民政に移行すると、残されたアルジェリア南部の軍政地域、上述したサハラ以南アフリカ、そして、本国へと移る。かれらによって生みだされた言論は、一九世紀後半になると、それまでの

大局的な政策論から現地情報にもとづいた民族誌的な方面へと広がり、後世に大きな影響をおよぼした。一例として、イスラーム、とくにスーフィー教団についての言説をとりあげよう。パリ生まれの軍人ルイ・リンは、アラブ担当局の系譜を代表する人物の一人である。彼はサン・シール陸軍士官学校を卒業後、一八六四年からアルジェリアで経歴を積み、先住民部隊の指揮などで実績をあげ、アルジェリア総督府の原住民担当中央局員、最終的には総督府顧問官をつとめた。

リンの主著『マラブーとフアン』(一八八四年) は、現在でも一定の学術的価値をもつ聖者研究であると同時に、フランスにおけるイスラームについてのイメージ形成にきわめて大きな役割をはたした作品として知られる。フアンとは、アラビア語のイフワーン ikhwān (兄弟) あるいは「同胞」の音写であり、「イスラームの兄弟団」confrérie musulmane とも仏訳された。「コンフレリ」はカトリックの信心会をさす言葉である。この書物のなかでは、そのほかにも、修道会をさす congrégation や ordre といった言葉が、アルジェリアのスーフィー教団を形容するために用いられた。

こうしたカトリックの組織、団体を意味する語彙が、一九世紀フランスで流行した反イエズス会的言論と共鳴しつつ、一種の陰謀集団を暗示するニュアンスを背負わされていたことは無視できない。とはいえ、リンの著書の内容は、題名や序文が予期させるような、汎イスラーム主義の国際陰謀がフランスを脅かすといった、当時の通俗的議論に与するものではなかった。彼の主張は、スーフィー教団がフランスに対抗する勢力源となる危険性を認めつつ、むしろフランス側の政策の問題点を指摘することに力点をおいていた。リンの述べるところによれば、フランスは、「カトリックの過去の政策に対する偏見にとりつかれ、自由思想家 libres penseurs と自称する人々の拙劣な不寛容に染まっていた」。そのために、協力的なスーフィー教団を「アルジェリアのイスラーム教会」として育成し、公認の宗教団体として統制するための機を逸した。このように過去の政策を批判したうえで、リンは、アルジェリアのムスリム指導者たちを狂信者というよりは実利的な政治感覚によって動く存在であるととらえ、かれらのなかから協力者を獲得することを提言する。そして将来は、公認モスクを増やし、政府の給費を受けた「有資格のイマーム」、または「公認の聖職者」

第四章　学知の集積地としてのアルジェリア

によって既存の指導層を入れかえ、民衆の日常的な宗教生活を管轄すべきだと結論する。このように、現地社会の伝統的な構造のなかから交渉相手と協力者を発見し、急激な変化を避けて徐々に統制を浸透させようとする発想は、アラブ担当局の伝統をよく表している。とはいえ、その論旨には一貫性に欠ける部分もある。カトリックとのアナロジーがイスラーム理解の障害となったことを指摘しながら、「公認の聖職者」の組織化という、近代フランスの教会政策を変奏したかのような政策を打ち出している曖昧さは、そのひとつである。

リンとは対照的に、イスラームのネットワークがフランスを脅かすという陰謀論に傾斜した書物としては、たとえば、『マラブーとファン』と同じ年に出版されたデュヴェリエの著書『シディ・モアメド・ベン・アリ・エッセヌーシーのイスラーム兄弟団』がある。同書の論調は、サヌーシー教団を、世界全域に三〇〇万人に達する信者を獲得し、密かに拡大しつつある復古的、威圧的、攻撃的集団であると喧伝し、その脅威をさかんに強調するものであった。コルシカ島マリニャナ出身のコッポラニは、混合自治体の書記官という低い地位から、文筆で身を起こして植民地行政のポストを昇進し、晩年には、フランスのモーリタニア進出に大きな役割をはたした人物としても知られる。その著作のなかでも有名な作品として、官界における庇護者ドゥポンとの共同名義で出版した『イスラーム兄弟団』（一八九七年）がある。そのなかで、事実上の著者であるコッポラニは、同時代フランス本国に流布していた宗教秘密結社の陰謀というテーマについて、リンとデュヴェリエを折衷したかのような論を展開している。彼は、キリスト教に対する根深い憎悪、ヨーロッパ人殺害の首謀者といったサヌーシー教団への非難についてはそれらが根拠を欠いていること指摘し、スーフィー教団への対策としては、リンに同調する懐柔策を主張した。

寛容と寛大の策をとることが適切である。ファンたちが啓蒙され、首をもたげて隷属の鎖を断つ日まで、われわれの臣民の精神への浸透をめざすべきである。その時ようやく、たゆみない努力は報われ、宗教兄弟団は解体

するだろう。

その日が来るまでは、兄弟団に駆りたてられた宗教勢力が、この国では、いまだに、大衆を煽動することのできる唯一の力であることが明らかである。われわれは、彼らをとりこみ、辛労多き責務を成就するための助けとせねばならない。[36]

ここでコッポラニは、既存の教団のとりこみを主張はしても、兄弟団そのものについての認識においても、コッポラニは、デュヴェリエに同調するかのように危険性の強調に傾いている。書物の序文は、イスラーム社会を動かす原動力となっているのは、カリフを頂点とするウラマーの聖職位階制ではなく、ファンと呼ばれる「秘密結社」、「神秘主義の兄弟団」であり、かれらは、各地で「国のなかの国」のような「神権政治勢力」を形成していると述べる。そして、その力がサハラ以南アフリカに浸透することに懸念を表明してみせる。ちなみに『イスラーム兄弟団』に先立つ彼の著作は、デュヴェリエの剽窃ともいえるものだった。前作にくらべて膨大な具体的データを収めた学術書の体裁をとる『イスラーム兄弟団』では、論調に多少の変化が見られるが、全体としてみれば、イスラームの脅威という定型的な議論におさまるものであった。[40]

ここで、リンの著書『マラブーとフアン』に立ち戻り、本の付録として作成された地図を開いてみよう（口絵2）。この図は、アルジェリア各地に存在する教団中心地から大小のザーウィヤを結節点として活動の網の目が広がっていく様子を、教団ごとに塗り分けられた蔓草の枝葉として描き出している。フランスの支配下におかれているはずの大地を匍匐し、覆いつくそうとするスーフィー教団。奇妙な美意識すら感じられる絵図が可視化してみせたのは、著者と読者に共有されたイスラームへの畏れであったのかもしれない。スーフィー教団を潜在的脅威とみなし、その懐柔を重視する考え方は、アルジェリアで形成され、西アフリカにお

けるフランスの対イスラーム政策の準拠枠となった。(42) 軍人たちの伝統を受け継ぐ了解が形成されていく過程で、リン、デュヴェリエ、コッポラニらの著作は、内容において重要な相違があったにもかかわらず、イスラームの脅威という一致した結論に帰着するものとして読まれ、受容された。(43) いいかえれば、プラグマティックな政策論から俗論に傾斜した著作までが、あたかも一体的な言説のように消化されていったのだった。

最後にあらためて指摘すべきは、かれらの著作が、膨大な先行調査の成果に依拠していたという事実である。たとえばリンの著作は、彼自身の調査だけにもとづくものではなく、それ以前の数十年のあいだに軍人や通訳官などが蓄積してきた調査報告の情報を取捨選択し、編纂したものだった。その結果として出版された本のなかには、一次情報の拙劣な要約となっている箇所も少なくない。(44) 著名な作者とその作品はいわば植民地学の正典として流通し、その一方で、無名の実務家によって収集された知識は、その存在ごと忘却されていった。こうした二重のプロセスが、植民地におけるイスラーム認識形成の裏にあった。次章ではその具体例として、アルジェリアにおけるイスラーム法学草創期の活動を検討する。

第五章　東洋学の主流と傍流

> 実際、もしもイスラームの諸制度が本質的に悪であったならば、同じ法を今日まで保持しながら、ムスリムが七〇〇年以上にわたって最も偉大にして最も文明的な西洋の民でありえたはずがない。
>
> （フランソワ・カドズ『マーリク派イスラーム法』一八七〇年）(1)

前章でみたように、民族誌的な知識集積と結びついたイスラーム認識の形成については、アラブ担当局の周辺人脈が大きな役割をはたした。そこには狭い意味での軍人だけではなく、通訳官や軍人出身の政治家などがふくまれる。かれらは一般に、ムスリムに対するパターナリズムにもとづく庇護を重視したため、「原住民贔屓(アンディジェノフィル)」とフランスで呼ばれた。(2)こうした現象が早くから歴史家の関心を集めてきた一方で、文民によるイスラーム学、なかでも、法学分野の活動については未解明な点が多い。

本章はこの点に着目して、「アルジェリア・ムスリム法」形成に先立つ時期の二人のフランス人の活動をとりあげる。ローマ法を受け継ぎ、中、近世の法典編纂をへて確立したフランス法と、一〇―一一世紀頃までに成立した法学派の規範的枠組みを維持しつつローカルな社会的文脈に適応したマグリブのイスラーム法とのあいだには、概念体系

において大きなへだたりがあった。それを架橋するためにおこなわれたのが、イスラーム法学文献の翻訳である。翻訳事業をめぐる高名な東洋学者と無名の実務家の意見を対比させることで、当時の思想動向を読みといていこう。

ハリールの『提要』と翻訳者ペロン

すでに述べたように、アルジェリアにおけるイスラーム研究蓄積の基礎となったのは、一八四〇年代におこなわれた学術調査であった。調査委員会の出版事業のなかには、イスラーム法学書の翻訳がふくまれていた。ニコラ・ペロン（一七九八―一八七六）は、現地調査の終了後、文献翻訳の担当者として学術調査委員に追加任命され、この仕事に携わることになった人物である。翻訳の対象となったのは、一四世紀にエジプトで活動した法学者ハリール・イブン・イスハークによる著作『提要』（ムフタサル mukhtaṣar）であった。『提要』は、マグリブで有力なイスラーム法学派マーリク派の規範的法学書のひとつであった。この一冊が幾多の類書のなかから選ばれた理由はかならずしも明らかではないが、『提要』が占領当初から注目を集めていたことは当時の資料から確認できる。もっとも早い例としては、コンスタンティーヌ占領時にフランス軍が接収した書物の目録のなかに、クルアーンの注釈書やハディースとならんで、「ハナフィー派とマーリク派の法学書、とくに、北アフリカ全域で権威をもつ法学書概説、シディ・ハリールのモフタシル Mokhtasir が数部」と特記されていた。占領当局は、統治の基礎資料として法学書に関心をもち、アルジェリア学術調査委員会の計画にはなかった『提要』の翻訳出版が、陸軍相の意向によって決定された。

翻訳者に指名されたペロンは、この時代に、もっともアラビア語に堪能なフランス人の一人として知られた人物である。彼は、ラングルに生まれ、リセの復習教師などをしながら、苦学して一八二五年にパリで開業した医師であった。医業の傍ら、東洋語学校に通いアラビア語を習得したとされる。サン・シモン主義者の一団に加わって一八三三年にエジプトに渡り、クロが開設した医学校の教師となり、後にその運営をひきついだ。その間、自然科学、医学の

入門書をアラビア語で著し（一八三八―一八四五年）、その執筆に協力したエジプト人による旅行回想録をフランス語に翻訳し（一八四五年、一八五一年）、フランスとエジプトを結ぶ活動をつづけた。一八四六年からのフランス帰国中にハリールの『提要』の翻訳をおこない、その後、一八五〇年には、カイロのエジプト協会設立にもかかわっている。一八五三年から一八五六年までアレクサンドリアで医師として活動し、一八五七年からは、アルジェに開校したアラブ・フランス学校（ヨーロッパ系生徒とアラブ・ベルベル系生徒が共に学ぶ実験校）の校長に就任した。

東洋と西洋の合一という課題にこだわりつづけたサン・シモン主義者ペロンに、ルナンは「学者として東洋を学んだだけではなく、同世代の人々とともに、東洋を信じ、その再生を期待し、それに身を捧げた」という言葉を贈っている。実用語学に熟達した多能の人であり、フランス本国の、いわゆる書斎派の東洋学者たちとの関係は良好ではなかったとも伝えられる。一九世紀半ばのパリでは、シルヴェストル・ドゥ・サシの後継者として東洋語学校校長、アジア学会会長などの要職をつとめたレノや、『エジプト誌』の出版、地理学会の創設などにかかわったジョマールといった人物が権威をもっており、ペロンはむしろ不遇だった。一八四〇年代には、パリに開校が検討されていたアラブ・フランス学校の校長職を望んでいたといわれ、それがはたされずに請け負った仕事が、ハリールの『提要』の出版にあたってペロンが寄せた前文には、「イスラーム法」loi musulmane の基本構造、四法学派の成立過程、ハリールの伝記、翻訳の経緯と意義、底本と訳出の方針などが記されている。以下に引用するのは、その冒頭部分である。

　イスラーム法を、細部に至るまで、宗教の分野も世俗の分野も含めて認識することは、われわれにとってきわめて重要な課題である。

　それは、ひとつの人民の社会制度の研究である。この民族を、不易の法が一二世紀半にわたって練り、捏ね、

型に入れてきた。というのもこの場合、人民、住民、国民が法をつくったのではない。法が、国民、住民、人民を鋳造したのだ。

この法の内側と表面には、一つの特徴が刻印されている。それは、宗教という言葉だ。法のすべてがそこにあるわけではない。副次的な側面や、分岐し演繹された面だけを学び、起源と精神的基盤を無視しているからである。〔…〕

イスラーム教において、法は一つしかない。大文字の法Loiがあるのみである。それは宗教法 LOI RELIGIEUSE であり、シェリアという言葉で呼ばれる。言いかえれば、それだけが、時効のない至高の法である。法は、ムスリムにとって、教条でもある。法は神に由来するものであるから。神はその基礎を簡潔にコーランに記した。⑯

ペロンは、イスラーム法において、宗教性が法規範と重なりあうことを強調し、それを一連の「社会制度」としてとらえる。だが、彼の記述は、法の基盤に宗教があると述べる一方で、宗教的要素と世俗的要素が神を源とするシャリーアとムアーマラートによって包括されているというイスラームの構図を把握していない。たとえば、シャリーアにおけるイバーダートとムアーマラートの区分について、ペロンは、それぞれ「イスラーム教の典礼 liturgie にあたるもの」、「(契約など)世俗の法的行為 actes civils」と説明する。⑰ この解説は、おおむね妥当であるようにも思われる。しかし彼は、霊的側面と世俗的側面を対立するものとして前提しつづけるために、「世俗的」な法判断に「宗教的」な関心が介入するイスラームの現実に理解を示さない。そしてイバーダートとムアーマラートの区別を「詭弁にみちた区分」と述べ、⑱ 両者の関係をめぐる法学論を「稚拙」と一蹴する。同様の態度は、シャリーアとディーン⑲が異なる概念であることを紹介しながら、その境界が定義されていないと批判し、道徳の問題が宗教的法解釈と世俗の法解釈の双方に散りばめられている、と嘆いてみせる点にもあらわれている。⑳

第五章　東洋学の主流と傍流

ペロンによれば、イスラーム法は「法＝教条」loi-dogmeである。ペロンは、一方で、宗教に本質的な位置づけをあたえ、他方で、その内的な論理に踏みこもうとはしない。そのため、イスラーム法の全体像は、矛盾と混乱に満ちたものとして提示される。シャリーアを理解するためにと翻訳された法解釈書の前文は、対象となる法の非体系性と、非合理性を強調するものとなっていた。ペロンの文章からは、学識者が正典と認める文献の集積によって無理解の迷宮が創り出されるという、一九世紀オリエンタリズムの典型的な表現を読みとることができる。

ペロン自身が強調したように、それまでのフランスのイスラーム学の知識はハナフィー派に偏っており、そこから敷衍してアルジェリアの事情が説明されていた。それを考えれば、マグリブで有力なマーリク派法学の規範的文献が翻訳されたことの意義は大きかった。しかし、いかにアラビア語に堪能とはいえ、専門的知識のない翻訳者が短期間に仕上げた訳業に、限界があったことは当然である。ペロンは、翻訳のなかでアラビア語の原語を提示せず、すべての用語をフランス語に置きかえるという方針を立てた。ところが、彼は、フランス法学の語彙を正確に用いる素養をもたない。また、原テキストに対して注解と補遺を括弧で頻繁に挿入するものの、それらの注解の典拠は曖昧なままである。フランス語版『提要』にあらわれているのは、明らかに、ペロンというフィルターによって強度に変形されたイスラームのイメージだった。

ペロンによる『提要』の前文には、フランスがイスラーム法を知ることの意義がつぎのように解説されていた。

宗教、儀礼にかかわる法解釈の知識は、実践的観点からは無駄であるように思われるかもしれない。だがそこには、植民地の利益のために、また、アラブ人の思想をより文明世界と調和した発展に導くために、（イスラーム法の）どこを尊重し、修正し、破壊すべきか、という重要な示唆がある。（傍点筆者）

この文章は、イスラーム社会においては人々が法をつくったのではなく、法が人々を鋳造したという、先に引用し

た文中の一節とも呼応する。歴史的進歩の主体となりえない東洋人、という定式化された言説がここにあらわれる。ところで、引用箇所で、イスラーム法の実践的性格が否定される一方で、フランス法の適用をすべき分野としてあげられているのは、公衆衛生や治安といった個別の事例にとどまっていた。ペロンは、将来の課題として「イスラーム・フランス新法典」nouveau code français musulman という一種の法典の作成を念頭においていたといわれるが、現実にはこのテキストには明確に記されていない。この点については第七章以降であらためて考察することとし、以下、本章の後半では、ペロンによる『提要』翻訳に対する同時代人の反応についてさらにみていこう。

執行吏カドズの学識

ハリールの『提要』のペロン訳は、二〇世紀初頭まで、フランス語によるイスラーム法研究の基礎文献として参照されつづけた。全六巻三〇〇〇頁を超える大部の法学書は、全体像を把握するためというよりは、むしろ、後世の人々がイスラームを語る際に、引用文を恣意的に抜き出すための供給源のように利用された側面がある。ペロンは、フランス語の法律用語、宗教用語を用いたが、そうした専門用語について精密な知識はさほどなく、フランス語の一般的な語彙を覆いかぶせるようにしてイスラーム法を説明しようとこころみた。こうした傾向は、近代の東洋学に共通する、西欧中心主義的な態度の一例ということができる。それでは逆に、ムスリムによる「法」のとらえ方を、アラビア語の概念のつながりにそって内側から理解しようとする態度は、一九世紀の西欧には存在しなかったのだろうか。この点で興味深いのが、学説史上ほぼ忘れられた存在であるフランソワ・カドズという一人の実務家である。高位の職につかず、名声を得たわけでもないカドズについての伝記情報は少ないが、著書に記された経歴と一致す

る民事身分関係書類から、以下のような生涯が浮かびあがる。一八二三年にモンボゾン（オート・ソーヌ県）にパン職人の子として生まれたフランソワ・カドズは、一八四〇年代前半にアルジェリアに渡った。一八五二年に、パリ生まれでアルジェ在住の商人の娘と結婚し、二人のあいだには四年後にアルジェリア西部の都市マスカラで女児が誕生している。一八六二年に妻と死別した後には、一八七二年にペルピニャン生まれでマスカラ在住の寡婦と再婚した。カドズの兄弟は三人の弟が入植しており、三人とも彼より早くアルジェリア各地で死去している（一八六五年アルジェ、一八七五年マスカラ、一八八八年アルジェ郊外ムスタファ）。彼自身は一八九八年まで生き、アルジェ近郊のドゥエラに没した。

カドズの出身地はそれほど多くの入植者を送り出した地域ではない。アルジェリアに渡ったとされるのが二〇歳前後で、両親はフランス本国に住みつづけていることから、徴兵によってアルジェリアに赴いたこと、兵役を終えた後に植民地に残って生活基盤を整え、家族を呼び寄せたことが推定できる。これは、典型的な入植者の生活史である。職業については、一八五二年にはアルジェで弁護士助手を名乗っており、一八五七年から一八八七年まではマスカラで執行史の職にあった。執行史は、裁判や法律判断に直接かかわることはないが、法実務や法律相談に携わる職業であり、その経験が、彼の著書の背景となっている。

カドズの著述活動は、二つの時期に分けられる。一八五〇年代には四冊の語学書を出版しているが、これは、一八六〇年代後半からマスカラの執行史として経験を積んだ時期に、本章で考察対象とする二冊のイスラーム法学の解説書を上梓している。

『イスラーム法学入門』（一八六八年）と『マーリク派イスラーム法──ペロン氏によるハリールの公定訳の批判的検証』（一八七〇年）と題された二冊の本は、一対をなしている。前者は、イスラーム法の基本構造と、宗派間の相違について論じたものだが、序文が明らかにするように、その目的は、ペロン訳によるハリールの『提要』がほとんど唯一の参照文献となっていた当時の状況に対して、一石を投じることにあった。二冊目の『マーリク派』は、前著の内容

をうけて、より具体的にペロン訳の問題点を列挙する体裁をとっている。なお、先取りして述べれば、カドズの論議が当時の学者、実務家に広く流布したとはいいがたい。すくなくとも、カドズの著書が他の著者の記述や文献目録に引用された例は、ほとんどみられない。地方都市の執行吏という周縁的な立場にあって、その言論が影響をおよぼした範囲はきわめて限定的であったと考えられる。

『イスラーム法学入門』の序文によれば、カドズがイスラーム法を学ぶことになった経緯はつぎのようなものである。きっかけは、アルジェで弁護士助手をつとめていた時期に、職業生活をつうじて口語アラビア語にふれたことだった。文語アラビア語についてはブレニエの講義で手ほどきを受け、仕事の傍ら、興味が高じて、イスラーム法の勉強をつづけた。ムスリムの教師にも直接教えを請い、「高名な法学者」の知己を得て、カーディー法廷にも通うようになった。そして、学者たちの手稿文書を読み、議論を聞き、かれらの「秘蔵する知識」の獲得に努めた。出版の直接のきっかけは、フランス人同僚たちから度重なる勧めを受けたことであったという。

全一一三頁の小著『イスラーム法学入門』は、既存の欧語文献を一切用いず、アラビア語の文献だけを典拠としてあげている点が特徴的である。以下、イスラーム法の基本構造をまとめた第一部の内容を略述しよう。まず、導入部にあたる第一章から第二章の流れを箇条書きに整理すると、以下のようになる（第一部全体の目次については表5-aを参照）。

・『イスラーム法は、クルアーン、預言者に由来する教え、各学派において成立した法解釈の規則からなる聖法であり、〈シャリーア〉と呼ばれる。
・神が示した〈シャリーア〉〈水場への道〉から〈ディーン〉〈宗教、信仰〉が生じる。
・〈ディーン〉は二つに分けられる。
・宗教の根〈ウスール・エッディーン〉として、根本教義（啓典、〈タウヒード〉、使徒、予定、天使、来世）がある。

表 5-a　フランソワ・カドズ著『イスラム法学入門』第一部目次

1. イスラム法の源泉と本質
2. «cheri'â» もしくは神の法から流れ出るもの
    - 2-1 *Os'oûl eddîne* について
    - 2-2 *Foroû'â eddîne* について
        - §1 *El-'aïbâdât*
        - §2 *El-ma'âmâlât*
        - §3 *Omoûr essi-a-sa*
3. マホメットによる司法の行使と法解釈
4. 伝承について
5. 初期四代カリフ，コーランの編纂，司法の行使とカーディー制度
6. 預言者，初期四代カリフの時代とそれ以降の政治形態
7. 現在のイスラム教の宗派
    - 7-1 スンニ派
    - 7-2 シーア派
    - 7-3 イバード派
8. スンニ派，シーア派，イバード派の差異
9. *Idjma'â es's'ah'aba*
10. スンニ派学説の著者
11. コーラン，伝承，学説を理解するための用語と法律上の語義
    Fardh, H'alâl, H'arâm, Ouâdjib, Fardh 'âïne, Fardh kifaya, H'oqoûq ollah, H'odoûd, H'oqoûq ennas
12. スンニ派の法解釈
    - 12-1. 法を解釈すべきケース，法に含まれるもの，慣例と慣習
    - 12-2. 法解釈の技法
        - §1 *El fiqh*
        - §2 *Qias*
        - §3 *Delil*
        - §4 *Idjma'â es's'ah'aba* の意味
        - §5 *Idjma'â el-a-imma el-arb'â*
        - §6 *Ah'kâm* 審判，規定について
            Ouâdjib, Mèndoûb, Moubâh', Mah'dhoûr, Mekroûh, S'ah'ih', Bathil
13. 法の廃棄について
    全宗派が認める法の廃棄の一般規則
    スンニ派の認める廃棄の一般原則
    総論
14. 法の解釈者
    1. *moquelledîne* について
    2. *moquellidîne* について
    3. アラブ人がスペインの支配者であった時期のマーリク派カーディー，彼らの法解釈の方法
    4. 近代の支配者とカーディー，彼らの法解釈の方法
    5. 裁判官に関する預言者の意見
    6. 支配者はすべての臣下に義務的な法解釈の能力をもたねばならない
15. 時代，曜日，期間の計算，祝日
16. 第一部の要旨

注）原文でイタリック表記されたアラビア語音写についてはそのまま表記した．

・宗教の枝〈フルーウ・エッディーン〉は、二つの分野に分けられ、外面化された信仰の実践(《イスラーム》、神の法への帰依)と、内面化された信仰(《イーマーン》、内面的な帰依)が区別される。

・〈フルーウ・エッディーン〉がかかわる分野としては、一〈イバーダート〉(宗教的な勤め)、二〈ムアーマラート〉(社会・契約関係)、三〈ウムル・エッスィヤーサ〉(政治)すなわち公法、国際公法にふくまれる分野がある。

(《 》を付した部分は原文では斜体でアラビア語の音写が用いられている。以下同様)

このように『イスラーム法学入門』の前半は、語釈集のような体裁をとっている。アラビア語の概念相互のつながりにそって法解釈の基礎を説きおこす姿勢は、同時期のフランス語文献に類例がない。原語の語彙の枠組みを尊重しつつシャリーアの構造を解説しようとするこころみ自体が注目に値する。

第三章から第八章までは、ムハンマドの時代以降の、政治形態、法的判断主体の変遷と、スンナ派、シーア派、イバード派の教義のちがいにふれる。この部分では、前節と異なり、ヨーロッパの歴史とのアナロジーが用いられることがやや多い。たとえば、シーア派の政体は「神権的」政府とされ、それ以外の宗派については「コーランと伝承という憲法 constitution にしたがう王政」と要約される。

第九章から第一四章までは、法解釈の問題にあてられる。主なテーマは、スンナ派を中心とした、フィクフ(解釈の学)、イジュティハード(解釈行為)の諸相である。具体的には、四法学派の成立、法規定の位置づけ、キヤースなどの法解釈技法、イジュマー(合意)の等級(教友の全員一致の合意と、四学派の学祖の合意)、法の廃棄解釈者(ムジュタヒドの階層、ムカッラドとムカッリドの関係等)がとりあつかわれている。カドズはここでも、重要な語彙については まずアラビア語の音写を提示し、それを注釈するという方針をつらぬいている。以下に引用するのは、法解釈の射程についてふれた箇所である。

〈法解釈の〉技法は、一・〈エル・フィクフ〉と呼ばれる学問と、その助けをもってなされる〈キヤース〉すなわち類推、〈ダリール〉すなわち帰納による推論、二・預言者教友とスンナ派四学派の学祖によって示された先例に立脚する。

その目的は、法の沈黙、不明瞭、不十分を理論的に埋めるだけでなく、理論を実践に適用すること、つまり、信仰に関わることであれ社会生活に関わることであれ、自由意志によるすべての表出行為について判断を下すことにある〔…〕。(傍点部は原文イタリック)

イスラームにおける「法」は、西欧においては宗教と世俗に区別される諸分野を包摂する。それは普遍的な原則をもつ一方で、社会の変化に即して解釈を変えながら具体的な規定を構成するという柔軟性を合わせもつ。カドズは、ペロンによる多数の誤訳と恣意的な注釈によって歪められた『提要』が、あたかもイスラーム法の全体像を描き出す唯一の定本のように、当時のフランス人に利用されていることに疑義を表明する。ハリールの著作も、数多ある注釈書のひとつにすぎず、注釈に対する注釈も含めた、折りかさなる法解釈の網の目にこそイスラーム法理解の鍵があるという事実を、カドズは強調した。つまり、この一九世紀後半の実務家は、現代の比較法研究にも通ずる、イスラームにおける法解釈の弾力性を強調する視点を明確にしていた。しかし、法解釈の柔軟性を強調することには、もうひとつの含意があった。植民地状況とのかかわりである。

実務家の知と植民地主義

カドズは、同時代人のイスラーム蔑視に対して一定の距離をとっていた。本章の冒頭に引用した一節がふくまれる文章をあらためて示すと、以下のとおりである。

本書『検証』と前著『イスラーム法学入門』において、私は、これまでのすべての学者はイスラームの諸制度を間違ってとらえてきたことを明らかにしようと努めた。実際、もしもそれらの諸制度が本質的に悪であったならば、その同じ法を今日まで保ちながら、ムスリムが七〇〇年以上にわたってもっとも偉大にしてもっとも文明的な西洋の民でありえたはずがない。⑷²

この文章は、『マーリク派イスラーム法』の序文冒頭に登場する。イスラーム法に対する高い評価を下敷きとして、具体的な問題についてカドズはどのような意見を表明したのだろうか。以下、私法的分野（女性の位置づけ）と公法的分野（政治への適用）から、それぞれ事例をとりあげる。

『マーリク派イスラーム法』が、ペロンの翻訳に対する批判を列挙した書物であることはすでに述べた。そのなかでは、女性と未成年の位置づけをめぐる問題が最初にとりあつかわれている。たとえば、ペロン訳に、「自由民の女性を貸すことは禁止されない。女性が借り手の親族であっても、結婚が禁じられる親等の場合も同様である」という趣旨の箇所がある。⑷³ はたして、女性を物のように「貸す」prêter ことが許されるのだろうか。この誤りを、カドズはつぎのように訂正する。注釈書をふまえれば、上記の節は、「女性奴隷を貸すことが許される」という前段につづけて読まれるべき箇所である。したがって、問題の文章は「自由民の女性を」貸すのではなく、「自由民の女性に」貸すという意

味であり、「女性奴隷を自由民の女性に貸すことは許される、また、奴隷の親族で親等からみて結婚が除外される人に貸すことも同様である」と訳すべきというのが、カドズの解釈である。おなじ箇所で、カドズは「ペロン氏の翻訳中に公共道徳または自然の道徳に反する箇所があれば、それは確実に誤訳である」ともつけくわえている。

実際、ペロンの他の著作に目を転じると、そこにはイスラームと女性に対する強い偏見が表現されていた。一例として、イスバハーニーの『歌謡の書』に素材を得たとされる物語集『イスラーム教以前と以後のアラブ女性達』（一八五八年）をとりあげよう。ペロンはこの書物のなかで、イスラームが広まる前後の女性の境遇をつぎのように説明する。イスラームの教えによって公式には妻の数が制限されたが、事実上、容易な離婚と奴隷制、非ムスリム女性の売買などによって、男たちは数限りない女性関係をもちつづけた。信者に範を示すべきムハンマドは、預言者だけの例外的とりあつかいとして、十数人の女性と結婚した。そのために、妻たちのあいだに嫉妬が生まれ、これを治めるために預言者は妻たちに一層の服従を要求した。このことが信徒全体へと影響し、女性は「瓶のなかの香水」のようなあつかいをうけることとなった。結果として、女性たちは、「知性を発揮する場が失われ、外の社会生活の動きに身をさらすこともなくなって」しまい、イスラーム以前の活発な精神が退化させられた、というのである。

ペロンの文章は、非ヨーロッパの退廃を強調するプリズムとして頻出するテーマ、すなわち、女性の蒙昧という主題にふれていた。この問題についてカドズの見解を比較してみよう。カドズは、関係するクルアーンの章句（第四章三節）を解説する。すなわち、一、女性に対して公正であるためにはクルアーンで認められた以上の数を娶ってはならない。二、複数の妻に対して公平な待遇を保証できない危惧があるなら妻を一人にするべきである。三、結婚の負担が重すぎるならば奴隷の所有にとどめよ、と。そして、一夫多妻は、男性の権能 faculté としては許容事項 tolérance にすぎず、実際には、一夫一妻が本来の定め prescription である、と強調する。ペロンの描写とのちがいは明らかであろう。

カドズは、女性そのものの性質についてはふれていないが、結婚については、ペロン訳『提要』を底本とした俗説

に対して反論する。たとえば、ある著者が、イスラーム教では結婚を女性の売買ととらえていると述べたことに対して、カドズは、ムスリムの婚姻は商業契約の形式を踏襲した契約であるという趣旨を適切に説明し、「女性の自由、尊厳、人格はナポレオン法典と同様に保護されている」とつけくわえている。

すでに引用した一節で、カドズはイスラーム教徒を、「東洋」の側ではなく、「西洋」の側にある文明として記していた。そのことを想起すれば、イスラーム法にもとづく社会秩序を、フランス法のそれと比肩しうるものであると述べていることも、不自然ではない。カドズの著述は、一九世紀西欧の東洋学者というカテゴリーから予想される偏向と一線を画しているように思われる。そこに、異文化理解につながる一種の平衡感覚を読みとることができるだろうか。

ここで問題になるのが、公法的分野におけるカドズの議論である。カドズは、イスラーム法の適用分野として、宗教的義務、社会関係の二つに加えて、政治の分野をあげる。これは、フランスのイスラーム法研究において、公法的分野が問題とされた数少ない例のひとつである。カドズは、これまでみてきたような、イスラーム法の語彙構成によりそった説明を重ねつつ、それを、フランス統治下のアルジェリアの状況へと結びつけていく。

ペロンによるハリーリル『提要』の序文で、イスラーム法が「不易の法」loi immuable として描かれていたことは、イスラームを停滞し硬直化したものととらえる見方が西欧に根強かったことを反映している。ペロン訳の『提要』が、成文化された法典集のように引用、利用されていた背景にも、そうした考え方があった。それに対してカドズは、クルアーンの文言は後発の啓示が前出の啓示を失効させることによって取り消される（ナスフ naskh）という事実を紹介し、イスラーム法が、その起源においてすでに動態的なものであったことを強調する。

イジュティハード（法解釈行為）に関するカドズの見解を、『イスラーム法学入門』から抽出してみよう。まず、法解釈の主体となるムジュタヒド（イジュティハードの資格をもつ者）は、フルーウ（具体的な法の適用に関する解釈）について、

第五章　東洋学の主流と傍流

個々人が自由に判断を下すことができる。法学者間の意見のちがいは、たとえそれが学祖の意見と相反するものであったとしても、分派 schisme や異端 hérésie を生み出すことはない。なぜなら、真実を知るのは神のみであり、人の判断には誤りの可能性があるという考えにもとづけば、人による法的解釈は相互に排除しあうものではないからである。

このように、法解釈の主体には個体性 individualité が認められている。その一方で、法的判断には諮問的で拘束力のないものと、司法的権限をもった裁判官による拘束力のある判決のふたつがある。[51]

このようにカドズは、法解釈の個人的性格と、法的省察の自由を強調する。すなわち、他者の法的見解にしたがうこと（タクリード）は、当該の問題についてイジュティハード能力をもたない者のすることであり、十分な能力のある者には推奨されない。[52] とくに為政者やカーディーは、既成の法解釈をくつがえしてでも、変化に対応し、社会の繁栄を維持するために判断主体とならなければならない。[53] 遠い過去においても、近代においても、クルアーンの字句通りの解釈を法学者が修正した例は数多い、と。[54]

以上のようなカドズの論旨を検討するために、欧米学界におけるイスラーム法研究の学説史をふり返ってみよう。二〇世紀中葉に成立した古典的学説は、イジュティハードの役割を限定的にとらえた。たとえば、著名な東洋学者シャハトは、イスラーム法の規範学説の確立以降、法学上の重要問題は論じ尽くされあらたなイジュティハードは必要なくなったという認識が広がり、規範学説の「無条件の受容」の時代がつづいたという説明を提示した。[55] しかしこうした理解は、一九八〇年代以降さまざまな角度から批判されるようになった。ハッラークをはじめとする近年の研究者は、ほぼ一致して、規範的法学説の確立以降イジュティハードの範囲は名目上限定されたものの、実際にはさまざまなかたちで解釈行為が活発におこなわれたことを強調し、社会の変化に応じてイスラーム法が着実な変化をとげたと論じる。[56]

一九世紀に発表されたカドズの議論は、社会の変化と公益の観点があらたな法解釈を要求すると説いて、法と社会の柔軟な関係を強調していた。そこには、一見、現代のイスラーム理解と照応する理解が表明されていたかにみえる。

しかし、カドズのイスラーム法概説を、現代に通ずるものとして単純にうけとることもできない。その議論には、植民地支配の文脈がはっきりと痕跡を残しているからである。一例として、『イスラーム法学入門』のなかで「進歩的 progressif」という言葉が用いられている二つの箇所を引用する。

〈イジュティハード〉を有する者は、〈フルーウ・エッディーン〉を進歩的に解釈することができる。その解釈は、同時代人や先人と齟齬したとしても、適法な性格をもつ。解釈がコーランと伝承のテキストに依拠し、預言者の教友の先例と信仰の根本教理にかなうものであれば、君主の裁可によって、王国の臣下に対して拘束的なものとなる。とくにその解釈が、預言者の教友が予期しえなかった事態——たとえばフランスによるアルジェリア占領——に対処するためであれば、なおさらである。⑰

進歩的なイスラーム教徒学者を利用して、フランスのイスラエル教徒のためにおこなわれたのと同じ事をアルジェリアでおこなうのは容易である。つまり、一八〇七年の大サンヘドリンのように、マホメット教の諸制度とフランスの民事諸制度の調和を確立するのだ。この点では、イスラーム法はイスラエル法よりも開かれている。⑱

（傍点部は原文イタリック）

カドズによれば、法学者の「進歩的」性格は、フランスによる支配と協調する。つまり彼は、イスラームの進歩の方向はフランスの近代と一致するという前提に立って、植民地支配を肯定するのである。『イスラーム法学入門』は、フランスの諸制度はクルアーンに明白に背反することがないかぎりムスリムにも適用可能であると、やや唐突な結論を提示して終わる。この論点は、一八七〇年の『マーリク派イスラーム法』にひきつがれる。カドズによれば、ムスリムの義務としての六信五行を尊重するかぎり、フランスは、現地の宗教の尊重を謳ったアルジェ占領時の条約を尊

重したことになる。逆に、イスラーム法のその他の部分については実質的に廃止が可能である。なぜなら、第一に、フランス民法は六信五行の実践を禁じておらず、第二に、「〔イスラーム法が〕予期していない状況、たとえばフランスによる占領を強制され、〔…〕それを覆そうとすることで社会に動乱が生じるならば、新しい状況に順応することがムスリムには許されている」からである。このように要旨を述べたうえで、カドズは、さらに論を進めてカーディー法廷の廃止という提言にまで至る。

ペロンとカドズの対比からは、アルジェリアにおける東洋学草創期の二面性が浮かび上がる。ハリールの『提要』の訳者ペロンの著述は、一九世紀西欧知識人に一般的な、「東洋」に負の価値を割りあてる思想を表現していた。そのような偏りにもとづいて書かれた文献が、フランス語によるアルジェリアのイスラーム法研究の出発点となり、フランス東洋学の正典のひとつとなった。異文化の法システムに対する誤解や曲解が、植民地法制の原点に内包されていた。これは、他の地域や時代にもしばしばみられる現象である。

むしろ注目すべきは、ペロンの訳業の偏向に対する相当に的確な批判が、カドズという無名の人物によってなされていたという事実であろう。彼の著作は、この時代の西欧人としては例外的なイスラーム理解に裏づけられており、アラビア語の概念構成に配慮したイスラーム法学入門となっていた。イスラームを硬直化した教条ととらえず、弾力的な解釈のはたらきを重視する態度は、無名ではあっても現地社会との接触の長い実務家に蓄積された学識を証言する。

ただし彼の知識は、時代状況に調和する結論をもった出版物という体裁に収められたときに、ペロンと合流する一面を見せた。カドズが「キリスト教徒とムスリムの二つの世界がそれぞれの信仰を保ちつつ合一する」ために、フランス民法をムスリムに適用するべきだと記すとき、植民地に東西合一の夢を託したサン・シモン主義者の語彙との近似性すら感じられる。しかし、支配を肯定するという終着点がたとえ共通していたにせよ、そこにいたる経路のへだ

たりは無視できない。ここで確認した議論の広がりは、一九世紀末にかけて成立する「アルジェリア・ムスリム法」の模索を予告していたのである。

第六章　法域と法学

マホメット教の実践は引き続き自由とする。すべての階級の住民の自由、彼らの宗教、財産、商業と産業は侵害されない。彼らの妻は尊重される。

（「フランス軍司令官とアルジェのデイ殿下の講和協定」一八三〇年）⑴

前章では、フランス法とのへだたりを超えてイスラーム法を摂取しようとしたフランス人の活動について述べた。本章以降の考察において課題となるのは、統治の必要に応じてイスラーム法が排除され、フランス法に置きかえられていった過程である。ただしあらかじめ指摘しておくと、そうした法の転換が徹底されることはなかった。植民地の統治は多層化された法制に立脚する。その点でアルジェリアも例外ではない。内務省管轄下で「本国の延長」と称されたアルジェリアの内側には、一元化されないモザイク状の法制度があった。

法制度の変化は、政策のゆれを反映しつつ、半世紀以上にわたる比較的長い時間をかけて蓄積され、一九世紀末にかけてようやく安定していった。その過程を、法制史家アンリとバリックは「同化という神話と特別立法という実態」⑵の乖離と表現している。結果として成立したのが、選択的に適用される本国の法、本国法とイスラーム法の双方を参照して蓄積された特別立法（「アルジェリア法」）、そして、当局が認定し解釈をほどこしたイスラーム法と慣習（「ア

ルジェリア・ムスリム法」）という三層からなる法制である。この構造は矛盾を含みながらも存続し、独立戦争期までつづく諸制度の基盤となっていった。

第Ⅱ部の後半では、主としてアルジェリアの特別立法とアルジェリア・ムスリム法のかかわりについて考察をすすめるが、本章ではその前提として、三つの問題を整理する。すなわち、植民地法制の基礎にある属人主義の原則、それに関連する刑罰制度「アンディジェナ」、そして、法学の基盤となる教育機関の整備である。

属人主義の原則

本章の冒頭に引用したのは、一八三〇年七月にアルジェを占領したフランス軍司令官とデイとのあいだで結ばれた条約の一節である。アルジェリアの法制史のなかでくり返し言及されることになるこの文言から、先住民の宗教および それと密接に関係する身分と財産が尊重され、フランス人はフランス法の、先住民（ムスリム、ユダヤ教徒）はそれぞれの宗教的帰属に応じた法の支配を受けるという属人性の原則が導きだされた（第三章の「属人法規と一八六五年元老院議決」参照）。

しかし、属人性の原則はいくつかの問題を生じさせる。第一に、属人法規は法のどの分野について適用されるのかという問題。第二に、それぞれの属人法規を保持するフランス人と先住民との法的関係を調整するために、どのような裁判機関を設けるかという問題である。この点についてフランスの対応は、属人性の原則があてはまる範囲を徐々に減少させて運用するという、漸進的なものだった。

まず私法の分野をみてみると、後述するように土地法についてフランス法の適用範囲が拡大され、イスラーム法の適用範囲が縮小されていった。だが親族法と相続法については原則としてイスラーム法が適用され、基本的な構造は独立戦争期まで維持された。こうした二重構造を背景として、民事裁判機関についてはフランス法による

裁判所とカーディー法廷とが並行して存続することとなった。フランスをモデルとした裁判所としては、一八三〇年代に小審裁判所、商事裁判所、上級裁判所が設置され、一八四一年から一八四三年にかけて小審裁判所を合議制に、上級裁判所を控訴院に格上げするなどの改革が加えられた。一八四〇年以降になると、重罪院、労働審判所などが順次整備され、本国とほぼ同様の裁判制度が整えられた。一方でカーディー法廷については、一八四八年から一八七〇年まではある程度の自立性が確保され、カーディーによる一審と、フランス人とムスリムの裁判官の合議による混合法廷を二審とする制度が設けられた。しかしこうした方針は一八七〇年代以降に転換する。一八九〇年代までに、一審のカーディー法廷の権限が縮小される一方で、二審以上では（イスラーム法に関わる事件についても）フランス人裁判官のみが担当するという体制が整えられた。この仕組みは、ほぼそのままアルジェリアの独立まで維持されることになる。

刑法の分野については、早くからフランス法の優位が確立した。刑法については一般に属地主義が適用されるが、アルジェリアでは、占領当初には属人的原則がある程度まで尊重され、一八四〇年代までは当事者の双方がムスリムである場合にはカーディー法廷の管轄とされていた。しかし、カーディー法廷の権限は順次縮小され、一八四一―一八四二年の立法により、ムスリムが当事者であってもフランス法の裁判所が担当することになった。カーディー法廷の管轄は、「現地の法によれば処罰されるべきであるが、フランス法にしたがえば不法性もしくは違法性が成立しない」事件に限定され、一八五九年一二月三一日政令以降、カーディー法廷は前述の民事、商事、身分関係分野のみにかかわることとなった。一八七〇年代には、それまで旧習が維持されていたカビリー地方についても同様の制度が導入され、刑法分野におけるイスラーム法の排除が確立することになった。

アンディジェナという刑罰制度

刑法に関するイスラーム法の排除によって生じた空白を埋めるように形成されたのが、先住民のみを対象とした刑罰制度、いわゆるアンディジェナ indigénat である。

はじめに言葉について整理しておこう。アンディジェナという言葉は、本来、ある土地の「原住民」(アンディジェヌ)の性質、身分等を意味するが、二〇世紀にも影響をあたえている。その背景は、一般につぎのように説明される。一九世紀末にアルジェリアで、先住民のみを対象として通常の刑法の枠外で刑罰を科す制度が施行された。その通称がアンディジェナである。やがてアンディジェナという言葉は、刑罰制度の範囲を超えて、強制労働や人頭税など、先住民に対する差別的法制全般を表す言葉として使用されるようになっていった。[9]

こうした展開の出発点にあったのが、アルジェリアにおけるアンディジェナを規定した一八八一年の立法（いわゆる「アンディジェナ法典」Code de l'indigénat）である。ただしそれは、「法典」という通称が思い起こさせるような、確固たる法体系ではない。制度の実態は、むしろ、さまざまな行政命令や時限立法の積みかさねによって形成された諸法規の集合体というべきものだった。その成立過程を整理すると、つぎのようになる。[10]

実践的な意味で一八八一年法の前身となったのは、一八四四年に総督ビュジョーが発した通達であった。[11] アルジェリアでは占領当初から、軍司令官としての裁量権が総督に付与され、その指揮下にあるフランス軍と、協力者となった先住民役職者による無規律な処罰が横行していた。そうした状況を受けたビュジョーの通達は、事態の整理をこころみ、罰金を中心とした処罰の具体的指針を示した。[13] この通達を起点として、軍政下で先住民統治を担当したアラブ

担当局の制裁権限が慣例化されていった。罰金以外にも、この時代に広く適用された刑罰として、人を対象とした行政収容と土地の接収があった。

こうした広範な制裁権限は、一八七〇年に民政への移管がはじまると、混合自治体の行政官（第九章参照）にほぼそのまま受け継がれていった。この時期に、一八八一年法の直接の前身となる諸法令が準備されている。一八七一年には最初の草案が総督府内で起草され、それを下敷きにして複数の政令が一八七四年に発布された。それらは、二〇種類以上の「罪」——無許可の集会、旅行許可なく現住地を離れること、官吏に対する暴言等々——を指定し、罰として科料と行政収容を規定した。一八八一年のいわゆる「アンディジェナ法典」は、こうした政令で定められた刑罰について、それを適用する警察権を混合自治体行政官に付与したのである。ここにアンディジェナの基本的な枠組みが成立した。時限立法であった同法は数回にわたって更新され、両大戦間期まで存続することになる。

つまりアンディジェナとは、半世紀近くかけて軍政のなかで形成された処罰の慣行を、法的に追認したものであった。ただし、こうした差別的な法制度の導入には慎重な意見もあった。大掴みに整理すれば、本国政府とアルジェリアの裁判機関は、フランス本国の一般法の支配がムスリムにも及ぶべきであるという立場をとった。それに対して総督府は、本国法の枠をこえた強力な制裁権限を確保しようとして綱引きをつづけた。しかし、総督府に近い関係者のあいだにも、アンディジェナの根拠となった総督府の裁量権について慎重な見方がなかったわけではない。

（総督府の）権限は、我々の社会組織の基礎にある原則からあまりにも乖離していたために、それをあえて定義し、明示的に認める立法行為がなされなかった。政治、司法、行政、軍事の権限を併せ持つアルジェリア当局の決定は、王令の曖昧な用語を通じて、段階的に認められ、正規化されたにすぎない。

しかし、総督が未帰化の原住民に対して有する裁量権限について、その適法性を立証することは不可能ではない。総督は、原住民について、明確な成文によって、軍事力を以て manu militari 敵国を占領した指揮官と同じ職権

これは、第四章でもとりあげた軍人リンが先住民行政に携わっていた時期に、法学専門誌に執筆した論文のなかで述べた一節である。リンは、先住民を対象とする刑法システムが、その適法性に疑義をもたれながらも、長期間にわたって曖昧な状態におかれてきたと指摘する。こうした措置は、つねに暫定的な性格を付与され、時限立法のくり返しによって維持された。二〇世紀初頭の法学者ラルシェルによれば、それもやむを得ないことであった。行政の制裁権限を正当化する状況が変化している以上、個々の立法も一時的なものとなったというのである。法整備がいささか強引なかたちとなったのは、同時代のフランス人のあいだで合理性に疑問を呈する議論があればこそであった。抑圧的統治を一定の適法性の枠組みに回収しようとするこころみは、必然的に摩擦を伴っていた。一八七四年以降の一連のアンディジェナ関連立法は、刑罰の恣意性と例外的司法の横行という軍政時代の問題を解決することを標榜し、事実上は差別的処遇を制度化したのである。

ここまでみてきたのは、イスラーム法が明確に排除された刑法分野における法制の一例である。イスラーム法がより広範に存続した私法分野、なかでも土地問題については、法学者のあいだでさらに複雑な議論が展開された。アルジェリア・ムスリム法の本体ともいえるこの問題は、次章以降の検討課題となる。以下ではその前提として、教育機関の整備について概観しよう。

教育機関と法学① ―― 公認マドラサ

占領軍司令官の裁量権を出発点として展開したアンディジェナは、植民地における法が、支配と強制の道具として用いられた側面を象徴する。こうした政治優位の状況下で、実定法の整備と軌を一にして進むべき法学の発展は緩慢

表 6-a　アルジェの公認マドラサ卒業生の進路
（1899 年度）

進　　　　路	人数
上級学校への進学	3
アデル（カーディー法廷書記）	8
ムダッリス（マドラサ教授）	1
混合自治体書記	2
バシャガ（郡長）書記	1
通訳補佐	1
その他（商人，農民，鉄道職員，軍人）	9
聴　講　生	3
無　　職	3
死　　去	1
合　　計	32

資料）*Procès-verbaux des délibérations du Conseil supérieur du Gouvernement*, session ordinaire de 1901, 1re annexe, p. 11.

であった。すでにみたように、一九世紀半ばのアルジェリアにおけるフランス人の学術研究は、主に民族誌的な分野や宗教の研究へとむかっていた。それが教育機関や出版物等のプラットフォームをもって固有の学問領域として確立するには、一九世紀末から二〇世紀初頭を待たねばならない。専門的な教育機関設置の最初のこころみとして、フランス政府公認のマドラサ Médersa がある。これは、フランス当局との仲介者となる先住民法律家の養成を目的として開かれた学校で、アルジェ、ボーヌ、コンスタンティーヌ、トレムセンに開校された。立地の選択からもわかるように、多くの入植者の多い都市を避けて、メデア、コンスタンティーヌなどによる教育は制限されていたことにもあらわれている。しかし、フランス当局公認のマドラサは、フランス政府の規制を受けない非公認のザーウィヤとの競争にさらされ、当局が期待したほどの生徒を集めることはなかった。そこで一八五〇年代末から一八六三年にかけて、生徒の質と数を確保するために、入学試験と奨学金の導入をはじめとする改革がなされる。教育内容についても、それまでのアラビア語文法、法学、神学にくわえて、フランス語、算術、幾何学が追加された。理論的な法学教育の後退にしたがって、フランスに協力的なムスリム法律家を育成するという当初の目的は薄れ、下級

教育機関の整備という観点からみると、法学について措置が講じられたのは、ようやく一八五〇年代のことであった。

官吏の養成機関という性格が強められていった。

その流れを決定的なものとしたのは、一八七六年の制度改定で、教員についてはフランス人教員とムスリム教員を同数とし、フランス語、地理、数学、フランス民法、刑法、行政法が主要科目とされる一方で、アラビア語、イスラーム法学、神学が補助科目に格下げされた。(28)学校の運営も、後述するアルジェ法科学校の指導下におかれ、統制が強まっていった。(29)マドラサ開校後、一度は増加した生徒数は、一八七〇年代以降減少がつづき、二桁代となった。(30)

一八九九年に公認マドラサ三校を卒業もしくは中退した生徒の進路は表6-aのようになる。三二人の内、学位もしくは学業証明を取得して卒業した者は一四名であり、進学もしくは、法廷書記、教師などとして就職した数にほぼ対応する。教育の質にまで踏みこんで判断することはできないが、数百万人のムスリム人口に対して年間十数人の下級官吏を送り出すという規模が、フランスの統治との仲介者たる人材層をつくりだすという当初の目的に見合うものであったとはいいがたい。(31)

とはいえ、公認マドラサという場がはたした役割は小さなものではなかった。ムスリム有力家系出身の人々にとって、子弟に植民地行政の職を得させて地位を確保しようとすることは、一般的な戦略であった。(32)そのために必要なフランス型教育と伝統的な教育を架橋する回路を、公認マドラサは、細々とではあれ提供した。(33)もっとも目覚ましい活躍をした卒業生としては、アルジェのマドラサを卒業後、フェズのアル・カラウィーン・マドラサで学び、フランスのモロッコ外交使節団通訳、モロッコ国王顧問、パリ・モスク付属イスラーム研究所長などを歴任したアブドゥルカーディル・イブン・ガブリート（一八六八—一九五四）があげられる。また、教授陣を代表する人物としては、アブドゥルハリーム・イブン・スマーイヤ（一八六六—一九三三）がいる。イブン・スマーイヤは、アルジェのマーリク派ムフティーを父にもち、一九〇三年にアルジェリアを訪れたムハンマド・アブドゥと共鳴した文筆活動をおこなったことでも知られる。(34)公認マドラサは、たしかに当局の統制下におかれた曖昧な性格をもつ組織であった。しかしそこを活動の基盤とすることによって、アルジェリアの文化的伝統を近代へとつないだ人々がいたことは無視できない。(35)

教育機関と法学②——アルジェ法科学校

公認マドラサの規模が縮小し、その性質が変化していくのとほぼ同時期に、フランスの教育制度に則った上級学校が設立された。一八七九年に設置が決定され、後にアルジェ大学法学部の母体となったアルジェ法科学校である。フランス法とイスラーム法の共存を支えるべき教育制度の基軸が、マドラサの形態からフランス型の学校に移ったことには、第二帝政と第三共和政の政策志向のちがいがよくあらわれている。

法科学校を文科学校、理科学校とともに設立した一八七九年一二月二〇日法は、教育問題への関心の深さで知られる政治家ポール・ベールの起草によるものだった。⒃ これらの学校の設置にあたっては、アルジェリアにおける入植者社会と本国のあいだの微妙な対立が影響をおよぼしていた。大学という形態をとらず、中等教育と高等教育の中間的位置づけとなったのは、双方の利害調整の結果であった。本国の行政当局と大学界からすれば、博士号を授与できない学校として一段低く位置づけることで、本国からの統制を維持するという側面があった。その一方で、現地側にとっては、本国と同様の大学教授資格者だけでなく実務家を講師として迎えることができるという利点があった。⒄

ベールが述べた「理論的にして一般的な、また実践的にして特別なアルジェリアの高等教育」⒅ の理念にもとづいて、法科学校には以下の講座が設置された。本国の学制を踏襲した講座としては、ローマ法（二講座）、民法（三講座）、刑法（一講座）、行政法（一講座）、商法（一講座）がおかれた。これらに加えて、「アルジェリア法」Législation algérienne と「イスラーム法・原住民慣習法」Droit musulman et cou-

表 6-b アルジェ法科学校の学籍登録者数
（聴講生含む）

年　度	学生数
1879-1880	80
1889-1890	156
1894-1895	242
1898-1899	250
1909-1910	281

典拠）Charles Tailliart, « L'Université d'Alger », in : Jean Alazard (dir.), *Histoire et historiens de l'Algérie* (Paris : Félix Alcan, 1931), p. 367.

tumes indigènes がそれぞれ一講座設けられた。開校当時アルジェ控訴院長の職にあったソテラ、控訴院部長ゼスなど、現地法曹界の要職にあった人々が教授として迎えられた。法科学校は、法律家、実務家、行政官の養成機関として順調な発展をつづけ、生徒数は順調に増加していった（表6-b）。

設立期のアルジェ法科学校の活動のなかには、先住民に対する教育も含まれていた。公認マドラサの生徒をはじめとする先住民向けに、フランス人教授と先住民通訳によるフランス法基礎講義が開設されたことはその一例である。しかしそうした活動の規模は限られていた。先住民に対しては法学などの理論的教育よりも手工業、農業などの技術教育を優先すべきだという学校内の教授の意見は根強く、学校外の教授陣も、先住民向けの法学教育機会の拡大、アルジェのマドラサの合併といった提案に対して消極的であった。一八八〇年から一九〇九年までの卒業生の内、ムスリム先住民身分の学生はわずか二三人にすぎない。

アルジェ法科学校の設立は、フランス人による植民地法学の形成に大きな影響をあたえた。教授陣は、アルジェリア独自の法学教育を確立するという目的を共有していた。「アルジェリアの大地が、土地を耕し開拓する入植農民を必要としているように、知的領域においても、教授の一人は述べている。一八八六—一八八七年度の学事報告のなかで、教授はつづけて、アルジェリア固有の法規や「原住民の奇妙な慣習」は、法学にとって、「未だ安定しない法の確立に協働するという、未會有の好運」であると述べて、イスラーム法研究の重要性も強調している。

こうした植民地固有の法学をつくりだそうとする動きの中心にいたのが、パリ大学出身の少壮の法学者エストゥロンだった。アルジェ法科学校初代校長となった彼は、法令集と法学雑誌というふたつの出版事業によって、法学の体系化に足跡を残したことで知られる。法令集は、アルジェ帝国法院長メネルヴィルによって一八五三年に編纂された『アルジェリア法辞典』以来、裁判所でつづけられてきた法令集の編集を、法科学校でひきついだものであった。

表 6-c 『アルジェリア・チュニジア法学判例雑誌』掲載の学説論文（1885-1894）

テーマ	論文件数
財産権	23
家族、身分	8
商業	3
行政組織・行政手続	5
刑罰・治罪	3
司法組織	3
土地開発	2
その他、法制一般	7
合計	54

資料）*RA*, pour les années 1885–1894.

　エストゥブロンの編纂による『注解アルジェリア法規集』は、一八九六年に第一巻が出版され、アルジェ法科学校の教授による補遺の刊行が独立戦争期までつづけられた。

　法令集がアルジェリアにおいて持った意味は、高度に体系化された制定法をもつフランス本国と異なっている。たとえば、陸軍大臣ラモリシエールは、一八四八年憲法改定に伴う法制度改定を諮問された際に、つぎのように述べていた。アルジェリアの法制は「たがいに補完しあい、矛盾しあう」無数の法令から成り立っており、廃止された規則と現行の規則の区分すら曖昧である。まず必要とされるのは、過去の法規から有効なものを選び出し、「明晰な法令集成」をおこなうことである、と。ラモリシエールの考えた法令編纂は、根本的な制度改革のための準備作業となるべきはずであったが、その目的がはたされることはなかった。そのかわりに部分的に実現をみたといえるのが、前述のメネルヴィル編『アルジェリア法辞典』であった。エストゥブロンは、メネルヴィル以降途切れがちであった作業をひきつぎ、法規集の継続的な編纂体制を整えた。この『法規集』Code は、編年的に収録された法規に注解と索引を施したものであり、体系的な法典編纂といえるものではない。とはいえ、個別法規の漠然とした集合体に可視性をあたえたという点で、その意味は大きかった。

　体系化された法規をもたない植民地では、本国のように制定法の完結性を前提とすることができず、判例と学説が重要な役割をはたすことになった。この点で重要なのが、エストゥブロンが編集長となったもうひとつの出版事業、『アルジェリア・チュニジア法学判例雑誌』の創刊である。法令集とおなじくアルジェリア法学判例雑誌』（以下、『アルジェリア法学判例雑誌』）はアルジェ法科学校を発

行主体としたこの雑誌には、法解釈論文と主要判例が掲載され、北アフリカでもっとも権威あるフランス語法学雑誌となった。アルジェリアの学術雑誌といえば、歴史、考古学の論文が多く掲載された『アフリカ雑誌』（アルジェ歴史協会、一八五六年創刊）が有名である。『アフリカ雑誌』は、一八八〇年代にはアルジェ文学校の教授陣も執筆に加わるようになったとはいえ、一種の好事家的性格を失うことはなかった。それに比して、『アルジェリア法学判例雑誌』は、法制度の分析に重点を置き、厳密かつ実務的な性格を色濃く打ち出していた。創刊初期の法学論文を分野別に整理すると、表6-cのようになる。

計五四件の論文のほぼすべてが、なんらかの意味でイスラーム法とフランス法の接合にかかわる内容であり、なかでも土地所有権の問題が関心を集めていたことがみてとれる。そのほかの項目に分類されている関連論文も含めると、半数以上が土地法にかかわるものであった。次章以降で考察するように、植民地における土地をめぐる法制は、法解釈論の焦点として、もっとも入り組んだ議論が重ねられた分野であった。ついで、家族、身分関係の論文が多いことは、東洋学の一般的傾向と一致する。逆に、公法分野においては、論文数は比較的少ない。本章の前半でも述べたようにイスラーム法とフランス法の分離が比較的明確であったことを反映してか、論文数は比較的少ない。

草創期の『アルジェリア法学判例雑誌』からは、それまでの民族誌・民俗学的な出版物から分離して、法学が独自の学問分野として立ち上がっていく様子を観察することができる。そうした過渡期にあって、この時期の同誌には、専門的訓練を受けた法学者の視点と、一九世紀中頃から活躍してきた独学の実務家の視点が共存していた。後者の代表といえるのが、先に引用した軍人リン、裁判官ソテラ、ゼス、そして後述するメルシエである。かれらの論述からは、二〇世紀以降の定式化された言説とは異なる問いかけを読みとることができる。その特徴を明らかにするために、次章からは、土地問題関連の主要な立法について整理したうえで、法解釈の展開について考察していく。

第七章　土地制度の立法

> アルジェリアの諸部族は、彼らが、それがいかなる権原においてであれ永続的かつ伝統的に使用収益する領地について、その所有者と宣言される。
> （一八六三年四月二二日元老院議決第一条）[1]

土地法は、属人性と属地性の原則が交錯し、植民地法制のなかでもっとも複雑な議論が展開された分野であった。第七章と第八章では、この分野にかかわる主要な立法と法解釈をとりあげ、複数法域の共存はどのようにかたちづくられ、そこにいかなる矛盾が生じ、そして矛盾についての自己観察はどう展開したのかという三つの視点から考察する。

外来のフランス法の移植は、現地の法制度、慣習とのあいだに軋轢を生じさせる。だが、ふたつの法制度の対立をあらかじめ強調しすぎることにも慎重であるべきだろう。本章の冒頭では、フランス法とイスラーム法における所有権について相違と相似を確認し、つづく各節では、一八四〇年代から一八五〇年代の最初の法制化のこころみと、その後の体制を決定づけたふたつの立法、一八六三年元老院議決と一八七三年法について考察する。

所有権について

所有権をどのようにとらえるのか、はじめに基本的な論点を整理しよう。まず、一九世紀フランスにおける所有権について。フランス民法典（一八〇四年）は、所有権 propriété をつぎのように定義している。

> 所有権は、物 choses について法律または規則が禁じる使用を行わない限り、それを最も絶対的な方法で収益し、処分する権利である。

この条文に定義されているように、近代的所有権の基本的な特徴は、「人」と「物」のむすびつきを、使用、収益、処分の三側面を備えた、排他的かつ絶対的な支配ととらえることにある。こうした原則は、革命期以降のフランスで広まり、今日の日本語の用法としても受け入れられているといってよいだろう。本書においては、使用、収益、処分の三側面を包含する権利を一般的な意味での所有権ととらえ、そのなかでも排他性と絶対性という性格を強くしたものたちを近代的な（私的）所有権と呼ぶことにする。

歴史的にみれば、こうした近代的所有権の概念は、近世までの重層化された権利構造（たとえば土地に対する領主の上級所有権、耕作者の下級所有権等）が、フランス革命期の諸立法と民法典によってあまねく行き渡ったと考えるのは早計であるが、ところで一九世紀フランスの社会において、こうした原理があまねく行き渡っていたと考えるのは早計である。近代法が予定する整然とした社会秩序と、過去からうけつがれた複雑な現実とのあいだには、一定の緊張があった。

その一例として、法学上の議論をみてみよう。フランスでは一九世紀になっても、古法 ancien droit にもとづく土地

第七章　土地制度の立法

保有が農村部に残存していた。そのため、民法典に規定されない諸権利をどうとらえるべきかという議論がつづけられていた。議会王政期から一九世紀末までのフランス法学は、いわゆる「註釈学派」の全盛期として知られるが、この時代の法学者、民法典のみを絶対視して法の歴史的側面を無視していたわけではない。たとえば、註釈学派を代表する法学者の一人トゥロンは、永小作権 emphytéose に関してつぎのように論じる。古法による永小作権とは、低額の賃借料を対価として長期的または永久的に土地を使用する権利をあたえる契約であり、開拓と耕作だけでなく、相続、譲渡、抵当設定など広範な権利がふくまれるという特徴があった。このような契約が革命後も存在しつづけていることに関して、トゥロンは、民法典のもとでの永小作権契約は、所有権の移転と同等の効果をもつようになったという解釈を示した。彼は、永小作と類似する永久賃借契約 bail à locatairie perpétuelle についても同様の説明をおこなって、「賃借人 preneur はいまや所有者 propriétaire となった」と述べる。トゥロンの議論からうかがえるのは、占有 possession の事実を軸として一元的な所有権を導きだそうとする思想である。この例にみられるように、古法にもとづく慣行と、近代法が予定する一元的な所有権理念のあいだには隔たりがあった。法制史家アルペランの表現にしたがえば、フランスの農村部には一九世紀になってからも一種の法的多元性が存在していたのである。

このように、重層的な土地保有のかたちが一元的な所有権へと統合されていくという過程は、西欧だけにみられたものではない。つづいて、イスラーム法における所有権 milk についてみてみよう。西欧法が人と物を一対一の関係としてとらえるのに対して、イスラーム法は、権利の対象となる物 mal を観念的にふたつの相に区分する。すなわち、物それ自体（基体）を意味するアイン ʿayn またはラカバ raqaba と、使用によって物からひきだされる一時的利益（使用利益）を意味するマンファア manfaʿa である。イスラーム法の特徴は、これら「基体」と「使用利益」のそれぞれが、「所有」の対象となる点にある。ここで「使用価値の所有権」というのも、一見、西欧法における用益権に相当するようにもみえる。しかしイスラーム法学者柳橋博之の説によれば、そうした類比は適切ではない。なぜなら「使用利益」は、「基体」と切り離されて、それ自体が処分または永久的な譲渡の対象となり、さらに、「使用利益」と

「基体」は各々が固有の果実（収益）を生じるものとみなされるからである。⑾つまりイスラーム法の内在的論理にそって述べれば、「使用価値の所有」はそれ自体が使用、収益、処分の三側面を含み、先に定義したような法律的概念としての所有権として把握されることになる。

こうした説明を土地（農地）に敷衍すると、つぎのようになる。ムスリムによる征服地は戦利品として信徒の共同体全体に帰属し、それぞれの土地を用益する者は、国庫に対してハラージュ（地代）を納めるという理論である。⑿ここに前述の二分法をあてはめれば、国家は土地の「基体」を所有し、そのことを徴税の根拠とする（一種の擬制）。他方で、現実の土地保有のさまざまなあり方は、「使用利益」の所有のヴァリエーションとして法的な説明をあたえられることになる。⒀

そうした土地権の多様性は、近代にかけてしだいに統合されていった。たとえば一八—一九世紀エジプト史を研究したクノはつぎのように指摘している。「近代エジプトにおける私的土地所有の成立とは、それまでに存在しなかったような権利が創造されたということでもなかった。権利が国家から個人に委譲されたということでもなかった。それはむしろ、分有されていた権利の主張がひとつの次元に合併され、それを個人が我が物としていったということであった」。⒁いいかえればエジプトにおいては、重層する土地権が一種の法的操作によって整理され、一元化されていくというプロセスが進行していた。⒂

以上の検討から、私有財産制という絶対的な原理をもつフランスと、土地国有を原則とするイスラーム社会という対比が単純すぎることは明らかであろう。地域固有の文脈をあえて捨象するならば、一八世紀から一九世紀にかけて、地中海の南東と北西ではひとつの通底する変化が進行していた。こうした相似をふまえたうえで、次節からはアルジェリアにおける土地立法を検討していく。

植民地化以前の土地制度

前節で要約したのはもっぱらイスラーム法の理論的側面にかかわる内容であり、それぞれの地域社会における土地権のあり方は、政治権力による立法と地域の慣習によってさまざまに変化する。それでは、植民地期以前のアルジェリアの土地制度はどのようなものであったのだろうか。為政者と部族社会とのかかわりは時代や地方によってさまざまであり、環境条件も多彩であった。現代の研究者のあいだに、一八三〇年以前の土地制度について統一的な見解は存在しない。本節では、アルジェリア農村史に関する古典的研究であるサイードゥーニとヌシの業績に依拠して、四つのカテゴリーに大別して概要を述べる。

一、ベイリク beylik。デイを頂点とする政治体の統制がもっとも強くおよぶ土地であり、サイードゥーニはこれを「国有地」とみなしている。デイまたはベイが周辺部族の賦役によって直接的に経営した土地、軍役奉仕とひきかえに部族に分与されたマフザン地、(16)部族単位の分益小作や徴税請負人に経営がまかされたアゼル地などがふくまれる。いずれの場合にも、デイまたはベイが上位の所有権を明確に主張する土地であった。その分布する範囲は、政治権力の統制が直接的におよぶ都市周辺部に限られていたと考えられる。(17)

二、ミルク milk。西欧法の所有権に近い「私有地」。都市周辺の大規模な穀物畑と小規模な果樹園、山岳部の定住農耕民が多くを占めるカビリー地方の農地などが代表的な形態である。(18)農地の売却に際しては、ベイの許可がもとめられた場合や部族成員の同意が必要とされた場合などがあり、地域によってさまざまな社会的規制が存在した。また、ミルク地の多くは、多数の権利者が共存する未分割の状態で存在していた。(19)

三、アルシュ 'arsh またはサービガ sābiga。東部マグリブ方言のアルシュ（オラン地方においてはサービガ）は、正則アラビア語のカビーラ qabīla（部族）に相当する。つまりこれらは「部族の土地」という意味になる。後述するように、「アルシュ地」という用語は一九世紀中頃にフランス行政によって案出されたものと考えられている。そのため、現代の歴史家の一部は、「アルシュ地」という固有の土地権が植民地期以前から存在したという見方に懐疑的である。

一方で、植民地期の「アルシュ地」の前身となる土地保有のかたちは存在したと考えられている。それは、農耕と牧畜を組み合わせて、ある程度の移動性をもって生活する平野部の部族社会に広くみられたものであった。一八世紀末―一九世紀初頭のアルジェ周辺地方における土地制度を検討したサイードゥーニーによれば、これらの土地においては、部族の集団的な占有権が個人、家族の権利に優先する。個人・家族の権利は男系相続される用益権とでもいうべきもので、部族外への売却やワクフ設定は禁じられていた。ただし、私的な保有範囲が明確化してミルク地に近づく場合や、ベイリクに併合されて「国有化」される場合などもあり、実態は流動的であった。一方、植民地期コンスタンティーヌの農村経済を研究したヌシは、権利の種類としてではなく土地利用の形態としてのことであり、そのなかで個人、家族の持ち分は耕作能力や家族状況の変化に応じて柔軟に調整されるものであった。ヌシによれば、アルシュ地とは労働が協同化された開放耕地のことであり、そのなかで個人、家族の持ち分は耕作能力や家族状況の変化に応じて柔軟に調整されるものであった。ヌシによれば、アルシュ地とは一見不明瞭であっても実際には明確に区別されており、部外者には売却やワクフ設定は禁じられていた(21)。

四、ハブス ḥabs（ワクフ waqf）。ハブスはワクフの同義語として、主としてマグリブで用いられる。ワクフ（ハブス）とは、私財の所有者が所有権の移動を「停止」し、財からもたらされる収益をなんらかの慈善的な目的にあてるイスラームに独特の寄進制度である。たとえばモスク、マドラサ、橋などの公共施設の建設と維持を目的とする場合や、ワクフ設定者自身やその子孫が受益者となる場合など、さまざまな形態があった(22)。土地制度とのかかわりについて想起されるのは、東アラブ地域で一四世紀前後からワクフが急拡大し、マムルーク朝とオスマン朝の領内で農地の多く(23)がワクフに転換されたという現象であろう。だが、それに比肩するようなワクフの発展は、アルジェリアではみられ

第七章　土地制度の立法

なかったと考えられる。ハブスの設定はアルジェをはじめとする都市周辺部で一定の規模に達したものの、農村部においてはザーウィヤの維持などを目的とした小規模な形態に限られていた。

強調しておくと、これらはあくまでも類型的な整理にすぎない。自然環境や政治権力との距離など諸条件の変化によって、土地と人の結びつきはさまざまなかたちをとる。したがって、あるカテゴリーに分類可能な土地が別のカテゴリーへと変質することもあり得た。それでは、植民地統治はこうした複雑な実態を前にして、いかなる法制化によって対応したのか。主要な立法とその背景について概観しよう。

一八五〇年代まで——土地国有説優位の時代

植民地期アルジェリアにおける土地制度の立法は、土地国有論が前面に押し出された一八五〇年代以前と、先住民の私的所有権を法制化することが焦点となった一八六〇年以降とに分けることができる。

まず、一八三〇年にはじまる十数年間は、無秩序な破壊の時代といってよい。戦乱がつづくなかで、フランス軍はその時々の必要に応じて恣意的な接収をくり返した。その起点となった一八三〇年九月八日の司令官命令は、征服国としてのフランスが前政権の公有財産を継承するという論理にもとづき、前政権の国有資産、アルジェリアを退去した「トルコ人」の私有財産と、さらに「メッカとメディナに割り当てられた」不動産のすべてを行政財産として接収することを定めた。ここでいうメッカとメディナに割り当てられた不動産とは、両都の貧者救済を目的とするワクフ・アル・ハラマイン waqf al-ḥaramayn をさす。ワクフ・アル・ハラマインとは単一の施設ではなく、アルジェに所在する複数の宗教施設、公共施設、商業施設と、それらの運営を支えるための農地を含む一種の事業体であった。フランス軍は、それらの諸施設を前政権の国有資産ととらえて没収した。このような行為は、いうまでもなく、前章で述べた講和条約の趣旨、すなわち旧習と宗教の尊重を無視したものであった。

ワクフ・アル・ハラマインの没収は、後述する一八五一年六月一六日法をはじめとする諸法令において、ワクフ財産一般が接収される出発点となった。またこの時期には、都市部とその周辺において、いち早く移住したヨーロッパ人による投機的な土地買収が横行した。それはしばしば土地に対する共同体的規制を無視した売買であったために、先住民の共同権利者や先買権者（後述）からの訴訟があいつぐ事態を招いた。

こうした混乱の収拾を目的としたのが、一八四四年一〇月一日王令とそれを補完する一八四六年七月二一日王令であった。最初の本格的な土地制度立法といえる両法令は、第一に、土地取引の安定を目的として、将来の土地取引においてヨーロッパ人が片方の当事者となる場合には、フランス法が適用されることを定めた。第二に、国有地を拡大して将来の入植地とするために、「公用のための土地収用」の対象範囲が大幅に拡大され、未荒地、権利証、売買契約書によって所有権が立証されない土地を、国有財産として接収することを定めた。

ここで用いられている論理には、イスラーム社会において土地は原則として国有であるという、いわゆる土地国有説の影響がみられる。この点に関連して、フランス東洋学における土地国有説の起源について補足しておこう。先行研究が解説するところによれば、ヨーロッパの東洋学者は一九世紀以来、「西洋的」な私有財産制と「東洋的」な土地国有制という対立的な見方を墨守してきたが、その原点となったのはシルヴェストル・ドゥ・サシの学説とされる。だがこうした見方には、若干の留保が必要である。後述するように、アルジェリアにおいて土地国有説が支持されたのは比較的短期間であり、そもそもシルヴェストル・ドゥ・サシは土地国有説を主張していなかったためである。

フランス東洋学の泰斗シルヴェストル・ドゥ・サシは、一八〇三年におこなわれた有名な講義のなかで、エジプトの土地制度について論じている。このとき彼が提示したのは、イスラーム史の初期には農民たちの手にあった土地所有権が、時代をくだるにしたがって君主や徴税請負人たちによって徐々に略取されていったという歴史像であった。シルヴェストル・ドゥ・サシによれば、マムルーク朝以降のエジプトにおいて君主や領主が行使してきた支配権は、西欧における国王特権 droits régaliens ——徴税、軍事指揮、司法など国王の主権者としての役割に付随してきた諸権利——

第七章　土地制度の立法

に相当するもので、土地の所有権そのものではなかった。彼の著作からさまざまな偏向を読みとることはもちろん可能であろうが、すくなくとも土地国有説の原点という位置づけは、正確なものとはいえない。

実際には、「東洋」の土地は国有であるという説はシルヴェストル・ドゥ・サシ以前からさまざまな人々によって唱えられ、アルジェリアにおいても、遊牧民であるアラブ人は土地私有の観念をもたないという一種の俗論が流布されていた。それを東洋学の学説としてまとめあげるうえで無視できない役割をはたしたのが、東洋学者ウォルムスである。サン・シール陸軍士官学校の医師でもあったウォルムスは、一八四二年から発表された一連の論文において、イスラーム法学の国有的土地所有論をフランス語に翻訳して紹介した。その内容は、ムスリムの征服地は「戦利品」butinとして共同体全体に留保されており、土地の保有者はハラージュを支払うかぎりにおいて「用益権」usufruitを認められているにすぎないというものである。ウォルムスは古今のムスリム法学者、歴史家の名を引用しつつ、この原則はインド、トルコ、エジプトに該当し、アルジェリアも例外ではないと主張した。都市とその近辺には所有権が存在するが、それ以外の土地において住民は用益権しかもたないという説は、フランス政府の公式の立場として採用され、つぎに述べる一八五一年法や区画限定政策に大きな影響をあたえることになった。

こうした理論を背景として、アルジェリアに統一的な土地制度を確立することをめざしたのが、一八五一年六月一六日法であった。同法の策定過程では、国有地の拡大がひきつづき課題となった。フランス政府はすでに都市近郊のベイリクとハブス農地を接収し、抵抗した部族の土地を大量に没収したが、さらに多くの土地を将来の入植用地として収容する必要に迫られていたためである。そのなかで参照されたのが、「アルシュ地」の存在であった。

フランス軍人と行政官は、「ミルク地」（私有地）とは異なる、独特な土地利用のかたちがアルジェリア各地でみられることを報告した。大摑みにいえば、個人の土地保有が共同体的規制によって制限され、耕作がおこなわれなくなった土地は部族に回収されるという現象である。こうした集団的な土地利用には地方ごとにさまざまなちがいがあったと考えられるが、行政はそれらをひとくくりにして「アルシュ地」と分類した。そこにウォルムスの土地国有論が組

「アルシュ地」とは、フランス法の概念にそった定義があたえられることになった。それは、「アルシュ地」を有し、国家が虚有権 nue propriété（用益・使用・居住などの諸権利が第三者に設定されている場合に所有権者に留保される名目的所有権）を有し、部族には用益権が存する土地であり、かつ部族外への売却が慣習により禁じられている、というものである。(38)

「アルシュ地」の理論は一八五一年法の審議過程で出現し、いわゆる区画限定 cantonnement 政策の根拠となった。その理路はつぎのようなものであった。区画限定という用語は、もともと近世フランスの用語で、森林等の慣習的用益権を制限し、領主と住民のあいだで分割する手続きを意味した。これと同様に、「アルシュ地」における先住民の権利を一種の慣習的な用益権ととらえれば、未利用地については公益の観点から国有化することが可能である。そのかわりに、先住民が実際に使用している土地については所有権を付与することで補償にあてることとする。(39)

区画限定政策は、土地分割とひきかえに先住民に所有権をあたえる「公平」な政策として喧伝され、一八五〇年代末から一八六〇年代初頭にかけて一部地域で実行にうつされた。(40)しかしその背景となった土地国有説は、一八五〇年代から一八六〇年代にかけて、しだいに疑問視されるようになっていった。理由はいくつかあげられるが、そもそも国有説が現実にそぐわないことは、占領初期から実務家たちによって指摘されていた。たとえば一八三五年に出版された調査報告書のなかで、当時のアルジェリア民政官ジャンティ・ドゥ・ビュシは、ベイリク、ミルク、ハブスという三つの土地の区分を紹介し、左記三つのカテゴリーすべてにかかわる現象として、ミルク地は所有者が自由に処分する権利をもつ土地であると明言している。彼は「アルシュ地」に言及せず、フランスと根本的に異なる土地制度が存在するという通念を否定した一人である。ペリシエ・ドゥ・レノも、フランスと根本的に異なる土地制度が存在するという通念を否定した一人である。ペリシエによれば、アルジェリアにおける土地所有の構造は「原則においても実態においても、所々方々と同様に有権は、イスラーム法に固有の規定と特殊な形態をのぞけばおなじ手段で相続され、取得されていた」。(41)

一九世紀前半の政治史を記録した『アルジェリア年譜』の著者ペ(42)

第七章　土地制度の立法　157

こうした意見の影響もあって、一八五一年法の策定に際しても、「ミルク地」について先住民の土地所有権を法的に確定する手段が検討された。しかし、書証による土地所有権の確認は、すでに一八四四―一八四六年の王令でこころみられ、頓挫したという前例があった。結果として、一八五一年法は、「原住民所有者とフランス人その他の所有者を区別せず、所有権は不可侵である」と宣言する一方で、原住民の「個人および部族の所有権または享受権 droit de jouissance」については現状を踏襲すると述べるにとどまり、あらたな解決策をしめすことはなかった。

一八六三年元老院議決とユルバン

こうした錯綜に対してラディカルな回答をあたえたのが、一八六三年四月二二日の元老院議決であった。ナポレオン三世は、一八六二年前後にアルジェリア問題への関心を強め、先住民の身分と土地権というふたつの問題について立法を指示した。その背後で大きな影響をあたえたとされるのが、ユルバンである。

通名イスマイル・ユルバンとして知られるこの人物は、ラ・シオタ出身の商人と解放奴隷の血をひく女性のあいだにカイエンヌ（仏領ギュイアンヌ）で生まれた。父に認知されなかったため、ユルバンという通名をみずから名乗った。ユルバンは、フランスで中等教育を終えた後にサン・シモン主義者の一団に加わり、一八三三年に同志らとともにエジプトに渡った。そこでアラビア語を習得し、イスラームに改宗し、イスマイルを名乗るようになった彼は、一八三七年にアルジェリアで総督ビュジョーの通訳官となった。オラン地方で政策立案にかかわったのちに公職を離れ、一八五〇年代頃からはアラブ・ベルベル系住民の境遇改善を主張する文筆家として知られるようになっていった。彼の出版物や草稿は、フレデリック・ラクロワやフェルディナン・ラパセといったサン・シモン主義者の人脈をつうじてナポレオン三世に伝えられ、ユルバンは一時期ナポレオン三世に随行するまでになった。ここでは、ユルバンは、土地問題についてどのような発想をもっていたのだろうか。ジョルジュ・ヴォワザンとい

う筆名で出版した政論書『アルジェリア人のためのアルジェリア』（一八六〇年）から、土地所有について述べた部分をみよう。ユルバンの基本的な主張は、区画限定は最低限にとどめ、入植の範囲は国有地に制限せよというものだった。ユルバンはさらに、先住民の土地所有権を広範に認めることを力説し、巷間の説に反論する。彼が攻撃したのは、「この大地はすべてアッラーのもの」というクルアーンの章句（第七章一二八節）を口実として、前政権にかわってフランス政府がすべての土地を所有しているという俗論と、征服地アルジェリアにおいて住民は用益権しかもたないという東洋学者の説である。

ユルバンは自説の根拠として、土地私有の存在を示すさまざまな情報が占領以来フランス人実務家たちによって集積されてきたことと、アルジェリアにイスラームが到来してからいくつもの王朝が消長をくり返してきたという歴史をあげる。彼は、アルジェリアにおける所有権の問題は、「法が定める権利の問題」であると述べて、個人や部族の所有地の範囲が一見不明確な状況は、過去にくり返されてきた移住の結果であり、「事実が権利に置き換わった」のだから、フランスは統治者として目前の事実を認めるべきであると主張した。

このような思考にふれたナポレオン三世は、先住民たちから入植事業によって土地を奪われるという不安をとりはらうことを標榜するようになった。その意志をうけて制定された一八六三年元老院議決は、わずか六条からなる短い法律で、第一条は、先住民諸部族はかれらが永続的かつ伝統的に享受する領地の所有者であると宣言し、各部族の領地の確定とドゥアールへの分割、さらに個人所有権のための手続きを後に定めると予告した。第三条以降は、国有地の範囲等の問題について一八五一年法を継承するという文面であった。

こうして、部族の土地所有権が包括的に認定された。部族は土地の所有者なのか用益権者なのか、という論争に、この立法は回答を――すくなくとも原則において――あたえた。ただし、先住民の権利保護という一面だけを強調することもできない。この法律は、ある意味で、フランスで一八世紀後半以来つづけられてきた社会改造の思想の延長上に位置づけられるためである。フランス本国では、農村の共同地を近代化の障壁とみた重農主義者の思想から、その分割

第七章　土地制度の立法

を可能にして公的管理を導入した革命期の立法、そして一八二七年の「森林法」による農民の慣習的諸権利の制限にいたる、森林政策の蓄積があった。その流れをうけて、ナポレオン三世は、本国において農村社会の近代化を志向し、地域社会の抵抗を受けながら農村共同地の分割を進めていた。アルジェリアの一八六三年元老院議決に関しても、同様の野心、つまり、土地の市場化によって伝統的な社会を解体しようとする意図があったと推定できる。

ただし、いかに長期的な射程があったとはいえ、フランス政府周辺にはこの立法に慎重な意見も根強く存在した。それは、公式に承認されていなかった土地所有権を全面的に認めることへの抵抗である。たとえば同法案と、国有地の範囲を広範に認めたそれ以前の立法の整合性が問題とされた。この点について一八六三年四月の元老院審議委員会は、この法は、部族の権利があらかじめ存在していたことを認めたものでも、国家の権利を否定するものでもないという折衷的回答を提示し、つぎのような説明をおこなっている。

　元老院議決は、過去に作用せず未来のために規定するものであり、その最高権威をもって、公益をさまたげる論争に終止符を打つ。[…] 条文は、(継続的な享受という) 確認の容易な物質的事実を、一八五一年六月一六日法が規定した、世俗法と宗教的教義の混在する不明瞭な立法にもとづいた法的証明に置きかえるものである。

ここで興味深い点は、一八五〇年代までのフランス政府内の議論が、形式的にとはいえイスラーム法を尊重した折衷をめざしていたのに対して、一八六三年の元老院議決では「物質的事実」、すなわち占有の実態を優先するという転換がみられることである。そこには、たしかにユルバンの思想と共鳴する要素がある。こうした発想は、つぎに検討する一八七三年法において、かたちを変えて転用されることになる。

一八七三年法と土地制度の「フランス化」

ナポレオン三世の先住民政策は、入植者のあいだに不満を生みだした。その反動として、第三共和政が成立すると、入植を加速させるための立法の策定がはじまる。その結果成立したのが、一八七三年七月二六日法であった。

この法律は、起草にかかわった人物の名をとってワルニエ法とも呼ばれる。オーギュスト・ワルニエは、ロクロワ（アルデンヌ県）に生まれ、軍医としてアルジェリアに渡った。アラビア語を習得し、一八三〇年代後半にアブドゥルカーディルの陣営にフランス領事館の一員として滞在した後、一八四〇年にはアルジェリア学術調査委員会に参加して出版活動に携わった。しかしワルニエは、農場経営の失敗を経験した一八六〇年代頃から、サン・シモン主義者の一員となり、ユルバンをはじめとする「原住民贔屓」と袂を分かち、入植者の利益を代表する文筆家となった。一八七〇年にアルジェ県知事となり、翌年にはアルジェ県（アンディジェノフィル）から下院議員に選出され、一八七三年法の作成にかかわることになった。同法の策定は彼一人に帰されるものではないが、その影響が非常に大きかったことは、歴史家の一致して認めるところである。

一八七三年法の立法意図は、大略つぎのようなものであった。区画限定はすでに限界に達しており、一八六三年元老院議決によって部族の土地使用収益権は所有権へと転換された。従前の立法の限界を廃棄することなく、それを前提としたうえで入植を推進するためには、国有地を軸とした「公的な入植」よりも、民間人の土地買収による「私的な入植」がさらに推進されねばならない。そのためには、属人性と属地性が混在する土地法の複雑さを解消する必要がある。

入植者たちが最大の障害とみなしたのは、一八四四－一八四六年王令から一八六三年元老院議決に至るさまざまな法が併存し、しかも、それらが参照する属人的なイスラーム法の適用範囲も広範囲に残されているという状況であった。

第七章　土地制度の立法

複数の土地法が混在することによって、土地取引に生じる混乱を具体的にみてみよう。一八五一年法は、ムスリム同士のあいだでおこなわれる財の取引にはイスラーム法が適用され、そのほかの場合にはフランス民法が適用されると定めた。したがって、ある土地がムスリムAからヨーロッパ人Bへ売却され、つづいてBからムスリムCへと転売された場合には、これらの取引にはフランス法が適用される。しかしおなじ土地がCからさらに別のムスリムDへと転売された場合には、取引にフランス法は適用されず、結果として土地はフランス法の支配を離れることになる。

もうひとつの例をあげよう。ムスリムとヨーロッパ人が土地取引をおこなう際にはフランス法が適用されるが、ここでいう先買権 shufʿa とは、不動産が売却されたときに、売主側の先買権者、典型的には未分割の不動産の持ち分共有者、隣接地の所有者などが一定の条件下で代金を支払うことによって、買主から取引対象物をとりもどすことができる権利をさす。こうした法制度のもとでは、ヨーロッパ人がムスリムから土地を取得した後にも、買い手の排他的な所有権は保証されず、訴訟の可能性が残ることになる。

こうした複雑さを解消するために、一八七三年法は、いったんフランス法の適用を受けた土地は所有者の法的地位にかかわらず、恒久的にフランス法にのみしたがうという原則を立てた。これが、同法のいう土地の「フランス化」francisation である。フランス化の結果として、たとえば先買権については、「相続財産持ち分の取り戻し」retrait succes-soral というフランス民法の規定にそって処理すると定められ、イスラーム法の要素は排除された。

それでは、土地の「フランス化」が適用される範囲はどのように認定されたのだろうか。まず、先行する諸法によって土地調査済みの地域については、自動的に一八七三年法が適用されることになったが、そうした地域はごく一部にとどまっていた。そこで一八七三年法は、本国をモデルにした土地公示制度を導入し、土地の一斉調査を行って先住民に所有権証書を発行し、これを抵当権登記所に謄記するという手続きを定めた。所有権証書を発行するための調査は、一八七三年法によれば、つぎの二種類であった。すなわち、「個人所有地」

propriété privée については、その所有者を「確認」constatation、所有者を調査のうえで各人の所有範囲を「設定」constitution する。ここであらたに登場した「個人所有地」と「集団的所有地」という区分は、すでに述べてきた「ミルク地」と「アルシュ地」にかえて新たに登場した言葉であった。政府が提案した原案にはこれらのアラビア語由来の言葉が用いられていたのだが、議会審議をつうじて破棄されたのである。ワルニエによる報告書は、その理由をつぎのように述べる。

政府案はアルジェリアの土地についてアルシュ領域とミルク領域という区分を維持し、フランス法のなかに、真の意味と法的効力の不明な二つのアラビア語を導入している。委員会としては、われわれの言語と縁のない二つの言葉を取り除いた。〔…〕

（一八六三年元老院議決第一条の）明確な文言によって、アルジェリアには、ミルク権またはアルシュ権による占有者はもはや存在せず、所有者だけが存在する。〔…〕ミルクとアルシュという二元性を、われわれは所有権という一般的な呼称に置きかえる。その定義は、われわれの公法において一切の誤謬を招かないものである。そして事情に応じて、個人的と集団的という言葉で表現される二つの占有形態のどちらかをあてはめることにする。⑥

（傍点部は原文イタリック）

この説明には矛盾があった。かりに一八六三年元老院議決の施行後もこれらの土地についてはイスラーム法が部分的に効力をもち、したがって、部族成員外への売買規制などは維持されていたと考えるべきだからである。⑥ しかしワルニエは、この矛盾についてふれてい

て考えるならば、「ミルク地」と「アルシュ地」の区別がなくなったというワルニエの説明は誤っている。なぜなら、一八六三年元老院議決と一八七三年法は連続性をもつという公式の立場にそっ

ない。占領初期の一八四〇年代に部族社会の調査に携わり、一九世紀のフランス人としてはもっともアルジェリアの社会制度に精通していた彼が、自身の論理の飛躍に気づいていなかったとは考えにくい。ワルニエはおそらく、一八六三年元老院議決とその背後にあったユルバンの思想を逆用して、すでにアルジェリアの土地にはあまねくフランス法と同様の「所有権」が存在するのだから、イスラーム法を参照する必要はないという論理を考え出したのであろう。実際、個人所有と集団的所有という区分は、大多数のフランス人にとって受け入れやすいものであった。そして、ミルク地すなわち個人所有地、アルシュ地すなわち集団的所有地という、法的認定としても事実との対応においても誤りをふくんだ認識を、多くのフランス人のあいだに広めることになった。

土地制度の「フランス化」をかかげた一八七三年法は、土地調査の具体策を定めた一八八七年の立法によって補完され、独立戦争までつづく土地制度の基礎が築かれた。そこにいたる立法の流れをあらためて整理すると以下のようになる。

一九世紀アルジェリアにおける土地政策は、法的枠組みの不在と暴力的接収とに特徴付けられる占領初期、「国有地」とみなされた土地を接収するため根拠が追求された一九世紀中頃、先住民の土地所有権を認定した一八六三年元老院議決、フランス法の斉一的な適用をめざした一八七三年法という段階に分けてとらえることができる。

一八四〇─一八五〇年代の立法は土地の直接的な接収をめざした。しかしこの時期の立法は、逆説的に、イスラーム法──正確には、そこから恣意的に引き出された解釈──との整合性がもっとも重視された時代であった。それに対して一八六三年元老院議決と一八七三年法は、それぞれに異なる意図から、イスラーム法とフランス法の接合を放棄する方向へとむかった。一八六三年元老院議決は、事実としての占有を軸に土地権を統合し、部族単位の土地所有権を認めようとした。一八七三年法は、その延長上に、イスラーム法または慣習によるさまざまな規制を廃棄し、土

地買収を容易にするための基盤をととのえたのだった。

ふたつの立法は、立法意図において対照的であった。ただし、入植の減速と加速という点から単純に両者を整理することはできない。所有権の確定という意味では一見先住民に有利な一八六三年元老院議決は、伝統的な人と空間のつながりを分断するはたらきをもっていた。一八七三年法については、その適用範囲は限られており、土地制度の一本化はついに実現されることはなかった。こうした法の運用からみた比較については第Ⅲ部であらためて論じることとし、次章では、一連の立法に関する法解釈をみていく。

第八章　土地権と法解釈

> そこからひとつの学説が生まれ、発案者たちが改良につとめた結果、学説にはあたかも合法で歴史的であるかのような体裁があたえられた。
>
> （エルネスト・メルシエ「アルジェリアの土地所有権」一八九八年）①

土地制度の基礎となる立法が確立していくなかで、そこに内包された不調和と矛盾に、形成期のアルジェリア・ムスリム法学はどのように対応したのだろうか。

これまでの研究は、植民地法の本質が支配への積極的な荷担にあったと論じてきた。たしかに、植民地の法学は、なによりも体制を補強し合法性をあたえることを期待された学問であった。しかし、いかに明確な要請のもとにあったとはいえ、法学者と実務家たちの議論が単調な正当化に終始していたわけではない。そこには、いかようにも正当化しえない植民地法の矛盾について、一定の自覚が表現されていた。

本章では、こうした植民地法学の自己観察に着目する。具体的には、一八八〇―一八九〇年代の法学書と法学雑誌論文を素材として、イスラーム法とフランス法を接合しようとした土地立法に対する解釈論をみていく。手がかりとなるのは、エルネスト・メルシエという多能な知識人である。メルシエの活動時期は、独学者や実務家によって担わ

れていたアルジェリアの東洋学が、教育機関の整備とあいまって制度化された学問へと変質していく時期に重なる。その著作からは、転換期ゆえの広がりと多面性を読みとることができる。

メルシエとその作品

エルネスト・メルシエは一八四〇年にラ・ロシェル(シャラント・マリティム県)に生まれた。父はフランシュ・コンテ出身の陸軍衛生官で、共和主義者であった。家族がアルジェ南東のオマール入植村(現在のスール・アル・グズラーン)に払い下げ農地を取得して移住した当時、メルシエは一四歳で、薬局を経営する父と兄にかわって農作業に明け暮れる少年時代を送ったという。成年に達した当時、独学で身につけたアラビア語を生かして陸軍通訳官となった。モロッコ国境に近いセブドゥ、アルジェ西方の沿岸の町テネスで経験を積んだ後に、両親・家族とともにコンスタンティーヌに赴任し、ここではぼ終生を送ることになる。司法通訳として、イスラームの社会制度に通暁した法実務家として実績をあげたメルシエの野心は、やがて政界へとむかった。一八八四年にはコンスタンティーヌ市長にはじめて選出され、一八九六年に急進派(ラディコー)を率いてふたたび市長に当選した。二度目の任期にはコンスタンティーヌ県議会議員を兼任し、さらにアルジェリア総督府高等評議会副議長という地位にまで昇りつめた。

通訳者から政治家へという経歴の一方で、イスラーム史を中心にさまざまな分野で健筆をふるったメルシエは、一九〇七年に没するまでに出版された論文と書籍の総数は六〇点以上におよぶ。その著作活動は、一八七五年以前、一八七五―一八九〇年頃、一八九〇年代以降の三つの時期に分けられる。それぞれの時期の特徴を順にたどっていくと、まず初期の著作は、アラビア語口承伝承の収集、碑文の翻訳、スーフィー教団の研究などを中心としたものであった。『アフリカ雑誌』と『コンスタンティーヌ考古学協会誌』を主な発表媒体とした一連の成果は、イブン・ハルドゥーンの循環史観を参考にした『北部アフリカにおけるアラブ人定着の歴史』(一

八七五年)にまとめられた。

つづく一八七五年から一八九〇年頃にかけて、メルシェの関心は、コンスタンティーヌの地方史から北アフリカ史の総合へとむかった。その成果が『北部アフリカ史』全三巻(一八八八—一八九一年)である。総頁数一五〇〇を超える大部の著作は、フェニキア人の定着からフランスによるアルジェ征服までを王朝交代を中心にたどる。当時のフランスには、ローマ帝国を北アフリカ史の原点と位置づけ、フランスをその後継者になぞらえることで、ムスリム支配の時代を軽視する傾向が存在した。メルシェはそれとは一線を画し、ローマ・ビザンツ以前の記述を全体の一割程度にとどめて、ムスリムの諸部族や王朝の変転を詳細に記述した。彼はマグリブの先住民に関しても独自の見解を示す。一九世紀半ばから流行してきた「ベルベル人」と「アラブ人」の「人種的」差異を強調する説とは距離をとり、メルシェは、先住のベルベル人と外来のアラブ人が混淆してきた歴史を強調する。こうした内容をもつ『北部アフリカ史』は、二〇世紀前半になって古代史家ステファヌ・グセル(一八六四—一九三二)、イスラム美術史家ジョルジュ・マルセ(一八七六—一九六二)といった二〇世紀前半を代表する学者が登場するまで、古典的作品として参照されつづけることになった。

ワクフという難問

一八九一年以降のメルシェは、歴史の研究をつづけながらも、イスラームの法と社会制度についての論文や書籍を多く発表するようになった。本節と次節では、この時期の著作からふたつの主題、ワクフ(ハブス)と植民地の土地法に関する議論をとりあげる。

はじめに、メルシェ以前のアルジェリア・ムスリム法の諸文献のなかでワクフがどのように位置づけられたかを概観しておく。前章で述べたように、フランス政府は占領の当初から、ワクフを解体させる一連の政策をとった。モス

クなどの公共施設とその運営のために設定されたワクフについては、一八三〇年にアルジェ市内の諸施設が接収されたのを先例として、土地調査がおこなわれるたびに国有財産として没収がつづけられた。家族資産の維持を主な目的とするワクフについては、一八四四年王令と一八五一年法によってヨーロッパ人による購入が合法化され、一八五八年にはムスリム、ユダヤ教徒のあいだの売買についても同様に合法化された。

前章でとりあげた一八七三年法（ワルニエ法）は、ワクフに関して、矛盾するふたつの条文を含んでいた。同法第一条は、不動産所有権の立証、保全、譲渡については所有者の身分にかかわらずフランス法が適用されるという原則を定め、「イスラーム法またはカビリー法に根拠をもちフランス法に反する物権、地役権、何らかの契約解除原因はこれらをすべて廃止する」と規定した。その一方で第七条は、「原住民の身分法規ならびに原住民同士の相続規則」は同法の施行によっても失効しない、という内容をもっていた。

これらの条文からは、ふたつの法解釈を導き出すことが可能であった。一方はワクフを物権ととらえ、一八七三年法第一条によってワクフが廃止されたとする立場であり、他方はワクフを相続の一形態ととらえ、ワクフ財は属人的に同法第七条の適用をうけて存続したとする立場である。フランスの裁判所による判例が認めたのは後者の解釈で、その結果として、ワクフはカーディー法廷の管轄下に残されることになった。

こうした事態に対して、法学者たちはふたつの対照的な解釈を提示した。それぞれの代表例を紹介しよう。

アラビア語学者シェルボノとアルジェ控訴院判事ソテラの共著『イスラーム法——身分法規と相続』（一八七三―一八七四年）は、イスラーム家族法についての知識を必要とするフランス人法律家の実務上の指針となることをうたった書物であった。著者たちは、ハブス（ワクフ）設定者、受益者、設定対象となる財産、設定の手続きと法的効果、それぞれに関するマーリク派法学の立場を、ハリールの『提要』を主な史料として論じる。その記述は、後述する他の学者とくらべてむしろ客観的であり、ムスリム法学者の意見にそった概説となっていた。シェルボノとソテラの説によれば、一八七三年法施行によってハブスが廃止されたという見方は誤りである。なぜなら、フランス統治下でのハブ

第八章　土地権と法解釈

スの法的効果は、実質的に設定者の意志による遺産相続分の指定に限定されており、したがって一八七三年法第七条の適用対象となるからである。かれらは、家族の資産を維持するためのハブス設定がイスラームの伝統に根ざした行為であると認めたうえで、植民地法のもとでハブスは一定の変質——すなわち不可譲渡性を失い取得時効の対象となるという変化をとげて——特殊な相続形式として存続していると主張した。

以上のようなシェルボノとソテラの見解は、実務上の有力な指針となった。実情からいっても、ムスリムによるワクフ設定は細々とつづいていた。そして、裁判所の判例はその行為を追認していた。[19]

しかしこうした趨勢に対して批判的な法学者もいた。その代表としては、ソテラとおなじくアルジェ法科学校教授をつとめた控訴院判事ゼスがあげられる。ゼスは、アルジェ法学校における講義をもとにした著書『マーリク派イスラーム法基礎論』（一八八五—一八八六年）において、つぎのような解釈を示した。ワクフは慈善を目的とするのが本来のかたちであり、家族を受益者とする形式はイスラーム相続法の趣旨を歪めている。その問題はムスリムの法学者によっても認められており、ワクフを廃止して土地を売買することは、フランス人とムスリム双方の利益になる、というのである。ゼスにみられる姿勢、すなわち、表面的にはイスラーム法の原理の尊重を強調しつつ、フランス人学者こそが「正しく」イスラームを理解しているという視線でムスリムの社会的実践を否定する説き方には、この時代の典型的なオリエンタリズムが表現されているといってよいだろう。[20]

メルシエが『アルジェリア法学判例雑誌』に発表した「ハブスまたはワクフ——その規則と判例」（一八九九年）と、『イスラーム法によるハブスまたはワクフ法規集』（一八九九年）で展開した主張は、ゼスの延長線上に位置づけることができる。ワクフの成立史を一六—一七世紀のハナフィー派法学者の文献を主な典拠としてたどったうえで、メルシエはつぎのような結論を下す。ワクフは、本来宗教的な善行であるはずである。しかし、設定者の裁量を広く認める[21]

第Ⅱ部　東洋学者の懐疑　170

法解釈が存在したために、ある時期以降の設定者たちは、分割相続を避けて資産を子孫に残すための手段として用いるようになった。「信心を隠れ蓑にした虚構が、すべての法規からのこれほどの逸脱を許したことはかつてなかった」。ムスリムの相続はクルアーンに定められた規則のみによるべきであり、ワクフ制度が法を歪めることは「偽善」であり「不正」である。したがって、現実に存在しているワクフの大部分は「弱い合法性」しかもたない。メルシエは、自らの議論がイスラームの原理に忠実であることを強調し、さらには、「家族ワクフ」を否定しない同時代のムスリム法学者たちへの失望を表明してさえみせる。

ワクフを論じた文章からは、ムスリムの社会的実践を軽視あるいは蔑視する姿勢が明らかである。こうした態度をさらに明白に表現した著作として、『二〇世紀初頭アルジェリアの原住民問題』（一九〇一年）がある。これはメルシエが県議会議員と総督府評議会議員をつとめた時期に、もっぱら本国読者にむけてアルジェリア事情を説いた一冊である。先住民の政治参加の可能性を否定した一節を引用する。

実際、われらが原住民たちは民主主義体制を実践できるほどに成熟してはいない。かれらの手のなかにある投票用紙は茶番であり、危険である。かれらが理解できる政治体制は一つしかない。それは権力を集中する専制であり、かれらは、優遇とひきかえに暴君に跪くことを好むのだ。

この文章につづいてメルシエは、「原住民は支配されねばならない」と断言する。被支配者の退廃を強調する発言からは、あらためて論証するまでもなく、典型的な植民地主義者の姿が浮かびあがる。しかし彼の著作すべてが、このような単調な正当化に彩られていたわけではない。

アルシュ地をめぐる異説

メルシェは、アルジェリアの土地制度全般を論じたふたつの著作を残している。一八九一年に出版された書籍『アルジェリアのムスリムの土地所有権』と、一八九八年に『アルジェリア法学判例雑誌』に掲載された論文「アルジェリアの土地所有権」である[28]。双方の主張はほぼ一致しているが、パリの出版社から発行された前者とくらべて、専門家むけの雑誌を媒体として発表された後者は、はるかに論争調の文体となっている点で興味深い。ここでは後者を中心に検討する。

一八九八年の論文の主旨は、植民地化以前から先住民たちが「法的な意味でも実質的にも土地の私的所有者であった」ことを認めたうえで、土地接収を合法化するためにフランスが用いてきた土地国有説と「アルシュ地」概念を真っ向から否定し、過去の土地法の誤謬を明らかにすることにあった[29]。メルシェは、はじめに、占領初期の政策の背後にあった思想をつぎのように描いてみせる。

理屈はおそらく以下のようなものだった。アルジェリアに住んでいるのはアラブ人である。アラブ人は、あらためて証明するまでもなく、部族の父権制のもとで暮らしている。そして部族は本質的に遊牧民である。したがって個人的所有権はアルジェリアに存在するはずがない。われらが将軍たちに騙されて、この国はかつて征服によって普通法の保護を失っていた——つまり原住民たちは土地の所有権を奪われた状態にあり、「残りは神とその代理人である君主のものであった※」——と、主張していた。そこにかれらは理論の証明をみたのである。（※原注——これは完全に間違った理論である）

そこからひとつの学説が生まれ、発案者たちが改良につとめた結果、あたかも合法で歴史的であるかのような体裁があたえられた。公式に受け入れられ、政令や王令によって確定され、今日では支配的な理論となったのである。そして真実が表面化するのを妨げ、この分野で発布された後続の立法に瑕疵をもたらしてきたのである。

このように出発点を論難したうえで、メルシエはそれぞれの法について逐一批判を加える。たとえば一八四四年王令第三条がヨーロッパ人によるワクフ財購入を追認したことについては、ワクフ受益者はその収益fruitについての権利しかもたず、財そのものは譲渡不可なのだから、同法には根本的な問題があると指摘している。さらに、所有権の証明がなされなかった未耕地を国有化すると定めた同法第五条については、つぎのように述べる。

これはまったくのまやかしであり、法的保証の体裁は、原住民に対する見せかけにすぎない。行政的な形式主義からは、所有権者を犠牲にして国有地を設定しようという意図が透けてみえる。これはまさしく、この国の法と風習を尊重すると約束したフランスの誓いを破ることにほかならない。

一八四〇年代から一八五〇年代の土地接収の根拠とされた土地国有説について、メルシエはあるエピソードを紹介している。それは、フランス軍が匿名のムスリム法学者に依頼し、マグリブの土地は征服者の「戦利品」として君主が所有するというファトワー（法学的意見）を発布させたというものであった。メルシエのみるところでは、このファトワーはまったくの誤りであり、ムスリム法学者が占領軍に迎合したことの証である。

このように一九世紀中頃までの土地政策を批判したメルシエは、先住民の土地所有権を認定する方向へと転換したこの一八六〇年以降の立法を肯定的にとらえる。しかも、入植農民としての生活を経験した共和主義者という人物像からみるとやや予想外なことに、一八六三年の元老院議決の立法意図を高く評価する。「土地は昔からの保有者、すなわち

第八章　土地権と法解釈

アラブ人たちの手に残すべきである」というナポレオン三世の発言を引用したメルシェは、「皇帝は正しかった。三十年間にわたってあれほど苦心して人々がこしらえてきた煩瑣な理屈を一挙にくつがえし、法と良識と人間性の地平に問題を置き直した」と述べる。

しかし、一八六三年元老院議決の趣旨を高く評価するメルシェも法の内容については若干の失望を隠さない。なぜならば同法が、土地所有権は「部族に」存するると定めたからである。彼の解釈によれば、この条文は、「われわれが発明したアルシュもしくは集団的土地所有なるものの実在を認めるという過誤を犯している」。メルシェは、そもそも「アルシュ地」は存在しなかったのだから、土地調査にあたった当事者たちが混乱をきたしたのは当然だと述べて、法令集の付録として掲載されたひとつの土地調査報告書を引用している。それは、つぎのような文章であった。

この部族は、明白にアルシュ地の特徴を備えている。［…］この土地ではアルシュ地は独特の特徴をもっている——それぞれの家族はアラビア語でジョッラと呼ばれる区画を耕作のために占有する。家族はそこを独占的に使用し、その使用収益はけっして侵害されることはない。それぞれの区画は私的に占有され、相続によって継承されることも、売却されることも可能である。このような状況はイスラーム法によって認められている。（傍線部は原文では大文字）

引用された報告書によれば、この土地には、保有の集団性、私権の制限、不可譲渡性といった、公的な「アルシュ地」の定義にあてはまる特徴がどれひとつとして存在しない。それにもかかわらず行政はそこを「アルシュ地」と認定したのであった。

この報告書をメルシエは、「アルシュ地」ははじめから実在せず、部族の土地はすべてミルク地であるという自説の証拠ととらえた。したがって、「アルシュ地」を「集団的所有地」と読みかえた一八七三年法も、その後の立法も、誤

つまりメルシェは、入植の拡大を推進する立場にある政治家であったが、法実務家としての発言においては、フランスのおこなった土地制度改造の誤りを批判することを厭わなかった。ワクフについての記述にみられるように、彼はムスリムの社会制度を尊重してはいなかった。だが土地所有権に限っていえば、それが本来アラブ・ベルベル系先住民に存するということを強調していた。

メルシェはなぜ、「アルシュ地」と「集団的所有地」というカテゴリーを否定することに力を注いだのだろうか。その理由として考えられるのは、アルジェリアにおける行政と司法の管轄争いである。当時の法制によれば、「集団的所有地」の土地権設定は行政の管轄とされ、司法の介入が制限されていた。このことに対する法律家の不満を、メルシェは代弁していたとも考えられる。実際メルシェは、論文の結論で、土地問題についての司法関係者の所轄する範囲を拡大することを推奨している。(38)

だが、そうした直接的な背景以上に、植民地の学知の形成史をとらえ直すうえで興味深い問題を、メルシェの論文は投げかけている。論文の発表媒体は、政治的なパンフレットや啓蒙書の類ではなく、判例紹介と専門家むけの論文が掲載される法律雑誌であった。その紙上でメルシェは、植民地法がよりどころとしてきた概念はことごとく誤りであったと論じた。その論旨には、いささか極端な部分はあるものの、現代の視点からみて妥当な内容も多くふくまれている。

なかでもメルシェは、植民地法の土地カテゴリーはフランス人が「発明」したものであり、それが自己言及的に用いられつづけた結果、関係者たちがあたかもそれを真実として信じるようになったのだと主張した。彼が洞察したのは、土地国有説や「アルシュ地」という発想が、立法と行政等の制度をつうじてひとつの現実となっていく過程、す

なわち、知識社会学でいうところの「現実の社会的構築」であった。⑲

一八八〇―一八九〇年代に「アルシュ地」の存在を否定的にとらえた法律家はメルシエ一人ではなかった。たとえばアルジェ法科学校教授ダン、弁護士ロープと破棄院判事ダレストは、「アルシュ地」説の起源についてひかえめな疑念を表明している。⑳アルジェ控訴院法の審議過程に初めてあらわれたことの不自然さを指摘し、それを「アルシュ地」という言葉自体が一八五一じたフランス人作者たちの、創作と想像によるまやかしの学説の焼き直し」であると断じる。㉑アルジェ控訴院判事エスティエも同様に、「ミルク地」と「アルシュ地」の二分法は現実に即していないという立場をとり、「アルシュ地」という名称をわれわれは原住民の言語から借りたはずの植民地法が、出発点において誤りを内包していたことを、直截な表現を知ったのは、われわれがそれを発明して以降のことにすぎない」と述べている。㉒

ここにあげた著者たちは、いずれもアルジェリアで法実務や法学教育の要職にあった人物である。かれらは、イスラーム法を選択的に受容して制定されたはずの植民地法が、出発点において誤りを内包していたことを、直截な表現で指摘していた。原点の不確かさを認めたうえでなお実定法の有効性を論じる態度には、法の仮想性に対するアイロニカルな意識が表現されていたといっても過言ではない。

閉ざされる言語空間

以上の検討からは、植民地法学の模索の一面がみえてくる。

植民地の法は、本国からもちこまれたフランス法、イスラーム法の要素を参照しつつ蓄積された特別立法、フランス人法学者が解釈をほどこしたイスラーム法という三層からなっていた。弥縫策のくりかえしによってつなぎあわせられた三つの要素は、一貫性を欠いた法令群として集積されつづけた。それを前にした専門家たちは、困惑を隠さず

に議論を重ねた。とくに法学の形成期にあたる一九世紀後半に一部の人々は、概念受容の誤りや土地カテゴリーの創造といった、法の基礎にある矛盾を公然と指摘していた。支配を支えるべき学知の生産に携わってきた実務家たちは、それが誤謬にもとづく構築物であることを、内側から暴露していたのである。

メルシェの一連の著述は、こうした混沌をよく表現している。入植者の子として、政治家として、消し去りがたい差別意識をムスリムたちに対して抱きつつ、一方では浩瀚なイスラーム王朝史を描き、フランスの政策が先住民の土地権を否定したことの誤りを指弾する。彼は明白に植民地主義的な人物であると同時に、その隠蔽された矛盾を公言する証言者でもあった。

しかし、これほど流動的な言論状況は、一九世紀末に特有のものであった。一九〇〇年代になると、アルジェリア・ムスリム法学は規範的学説の確立へとむかう。よく知られているのは、一九〇五年にはじまったイスラーム法の法典化事業である。編纂の中心となったアルジェ大学法学部長マルセル・モラン（一八六三―一九三二）は、同時代のエジプトやトルコにおける法典化の成果を参照しつつ、一定の「近代的」様相をもった実定法をつくりだすことをめざした。ただし、モランの仕事が正式に法として公布されることはなかった。単一の法典を公認することで第二帝政期以来重層してきた諸立法との齟齬が表面化し、かえって運用が困難になるという危惧が政界においても法曹界においても強かったためである。結果として彼の研究成果は、身分法規、相続法規（ハブス）、不動産物件、証明という四部構成で全七八八条からなる『アルジェリア・ムスリム法典草案』として一九一六年に公刊されることになった。

モランの『法典草案』は法実務家の手引きとして古典の地位を占めることになった。それに劣らず大きな意味をもったのが、アルジェ大学法学部教授エミール・ラルシェル（一八六九―一九一八）の活動である。ラルシェルの業績のひとつは、アルジェリア法のはじめての本格的概説書『アルジェリア法基礎論』（一九〇三年初版）である。この書物は、主としてアルジェリアの特別立法を講じたものであるが、イスラーム法の要素も必要に応じて参照される。ラルシェルは、植民地法にさまざまな欠陥があることは認めつつも、一八九〇年代までの実務家たちのようにそれを殊更

第八章　土地権と法解釈

に論難することはそれ自体として認めつつ、一方で、問題を緩和する解釈を並記し、過去の異説——メルシエたちの「アルシュ地」不在説はそのひとつである——に対しては繊細な考察によって少数意見としての位置づけがあたえられた。そのようにしてラルシェルは、後代の法学の基礎となる、全体としてほころびの少ない解釈の体系を提示した。概説書の執筆以外にもラルシェルは、アルジェ法科学校初代校長エストゥブロンから『アルジェリア法学判例雑誌』の編集を受け継ぎ、判例評釈などをつうじて後進の法学者に無視できない影響をあたえた。モランとラルシェルの総合をへて、後続の実務家たちは、アラビア語原典へとさかのぼることなく依拠できる議論の基盤を手にいれたのである。

本章でみてきたように、一八九〇年代から一九〇〇年代にかけての時期は、模索から安定へといたる学説史上の転換点であった。しかし、混成的な法に対する疑念が一挙に解消したわけではない。コレージュ・ドゥ・フランス「イスラーム社会学・社会観察学」教授をつとめた植民地政策学の重鎮ル・シャトゥリエは、一九一〇年につぎのような文章を記し、法の接合について言及している。

八〇年の間に、われわれは世界にただ一つのイスラームを作り出した。ハブスをもたず、そこにあるのは行政モスクと、審査済みの信心家と、役人カーディと、許可制の巡礼と、そして今度は新型の法典、つまりはイスラーム法とフランスの法解釈の折衷の産物である。〔…〕後戻りをしてアルジェリアを再イスラーム化する必要はない。悪はなされてしまったが善がはじまる、すくなくとも、はじまる可能性はある〔…〕。

この発言に代表されるように、アルジェリアの諸制度への懐疑は、さまざまな場面で表明される。支配の礎たる法もその例外ではなかった。第Ⅱ部でみてきたアルジェリア在地の東洋学者の活動は、思想史からみた一九世紀のもうひとつの顔を明らかにする。技術的な知としての東洋学は、「オリエント」という他者性を構築することにのみ耽溺

していたわけではなかった。植民地体制のなかでその維持に奉仕した人々は、内側から矛盾を知り尽くし、それを公言することをはばからない。世紀転換期のアルジェリアに一時期とはいえ開かれた言語空間が出現し、それがふたたび閉じられていったのだった。

第Ⅲ部　支配の地域史――一九世紀後半オラン地方の都市と農村

問題の所在

植民地の権力関係は空間のうえに展開され、新しい地理をつくりだす。一九世紀末にアルジェリアが「フランスの延長」と称されるようになるまでの過程において、空間はいかに変容し、先住者と移住者はどのように配置されていったのか。変化はどれほどの速度で進み、人々にいかなる経験をもたらしたのか。第III部の主題となるのは、こうした空間と人のかかわりである。

第一章で述べたように、アルジェリアという地理上の外枠は、近世から近代にかけて強い連続性をみせる。しかしその内側の構造は、植民地期に根本的な変化をとげた。それを観察するために、「国」を単位としたマクロな考察からひとつの地域へと視線を移してみよう。

アルジェリア西部に位置するオラン地方は、一九世紀後半から二〇世紀半ばまでアルジェリア人による大規模な抵抗運動の震源地とならず、ヨーロッパ系移住者による入植の「成功例」とみなされてきた。それゆえこの地方の歴史は、いささか平板なイメージでとらえられてきたといえなくもない。一般に、一九世紀アルジェリアに関する地域史の蓄積は十分とはいえないが、オランはそのなかでも史学史上の盲点であった。それは、アルジェリア滞在時代のブローデルによって早くから重要性を指摘されながら、今日まで積み残されてきた課題である。

本書における地域史とは、地理的な枠組みを固定されたものとしてとらえず、むしろ空間が社会のなかで生成されていくプロセスをたどる方法を意図している。それを人文地理学の用語を借りて表現するならば、入植地における領域性テリトリアリティの形成といいかえられる。空間テリトリーは、個人や組織によって画定され、管理の対象となり、さらに象徴的意味をあたえられることによって、ひとつの領域テリトリーとなる。そうした空間統御の戦略と、人、社会、空間のあいだに構築された関係をさすものとして領域性の概念をとらえたときにみえてくるものが、第III部の主題である。これまでのアルジ

エリア史研究は、先住民からの土地権の剥奪に支配の本質を看取し、接収と売却を通じて失われた先住民の土地の面積を数量的に明らかにしてきた。その一方で、一連のプロセスを空間的に把握することへの関心はやや希薄であった。④それに対して本書は、統治の領域性という視点を導入することによって、空間を管理する権力という側面に焦点をあてる。

定住植民地の空間は、自然条件もさることながら、行政区の設定、都市や入植村の建設、土地制度の改変といった統治の諸装置によって規定されるところが大きい。それらの装置は、空間を分割し、境界を画定し、アクセスを統制する。その具体的な様相を検討することによって、一般に「同化主義」にもとづくといわれるフランスの統治が、実際にどのような射程をもっていたのかが検証される。はたしてアルジェリアの統治は、支配者の論理にもとづく均質な空間をつくりだそうとする意志に貫かれていたのだろうか。植民地状況に対する反応にはさまざまなかたちがあり、領域をすり抜けて越境していく人々もいた。その一方で入植者たちは、行政区として設定された空間を帰属意識のよりどころとして、独特の郷土意識を生み出していった。こうした観点から行政史、都市史、農村史を文化史へと架橋する第Ⅲ部は、以下の各章から構成される。

第九章「同化主義と地方行政」では、フランス本国への同化を謳った第三共和政下のアルジェリアにおいて、軍政期に発案された地方行政制度「混合自治体」が存続し、「同化」の標語とは裏腹にモザイク状の空間構成がつくりだされていたことを明らかにする。

第一〇章「都市空間のヨーロッパ性」では、地域の中心都市オランについて考察する。これまで植民地都市の空間は、一般に、「ヨーロッパ的」要素と「イスラーム的」要素の対立や混淆といった構図によって読み解かれてきた。そうした典型的な図式にあてはまらない都市のかたちを、街区形態と空間の分節化からあとづける。

第一一章「空白の土地台帳」は、農村部に視点を移し、オラン県西部のアイン・テムシェント（アイン・タムーシャン

ト）周辺地域を対象とする。土地法制と地方行政システムのふたつの問題が絡みあい、入植地の空間がつくられていくプロセスを、部族社会の変化とともに分析する。

第一二章「折り重なる領域」は、空間の文化的意味に焦点をあわせる。アルジェリア人ナショナリズムが政治運動として出現する直前の時期に、入植者たちはみずからの郷土としての領域をどう表象したのか。出版物や祝典を題材として考察をおこなう。

第九章　同化主義と地方行政

> 最も拙いことには、二領の境界線がアルジェリヤでは極く漠然としてゐる。……結局、一月の間走り廻り、相談をし、亜剌比亜廳の庭に炎天に立ち通しにされたりした擧句、やつと決定されたのが、獅子の殺されたのは軍領である、ところが鐵砲を放した瞬間タルタランのゐた場所は民領であると云ふのである。そこで事件は民事裁判に廻り、わが英雄は、償金二千五百フランを支拂ふという条件で放免された。
> 訴訟費用不要で、
> （アルフォンス・ドーデ『タルタラン・ド・タラスコン』一八七二年）(1)

　同化主義をフランス植民地政策の原則ととらえる見方については、さまざまな角度から検証と批判が加えられてきた。たとえば、植民地はフランスの「文明」に同化され、やがては本国と一体化するというジュール・フェリーの思想(2)。それはたしかに、共和国のなかで重要な役割をはたしたが、彼の思想が共和国の植民地主義そのものであったわけではない。(3)

　「同化」assimilation の意味するところを大摑みに整理すれば、文化的な同質化、市民としての権利付与、行政制度の斉一化という三つの側面をあげることができる。本章でとりあげるのは、これらのなかでもっとも論じられることの

少ない行政の問題である。古典的な理解にしたがえば、アルジェリアにおける植民地政策は、「同化」が唱道された一八七〇年代から一八九〇年代までと、「同化」のスローガンが後退して先住民との「協同」associationが標榜された一九〇〇年代以降に分けられる。一九世紀から早くもさまざまな入植事業がすすめられたアルジェリアは、一般に、行政上の同化がもっとも推進された植民地として位置づけられてきた。しかし空間の構造は、政策の変化を反映するとは限らない。両者の乖離をよく説明するのが、地方行政の仕組みである。

アルジェリアでは、第二帝政期に由来する制度の多元性が第三共和政期にひきつがれ、複層的な空間が生みだされることになった。本章の課題は、そうした行政がつくりだす領域性をとらえることにある。以下、フランスの同化主義について予備的な検討をおこなったうえで、完全実施自治体と混合自治体という二種類の基礎行政区が並立する地方行政制度の成立をたどり、制度がつくりだす空間のかたち、その運営を担った人々の行路について順に考察していくことにする。

「同化主義」と「間接統治」

地方行政制度の具体的検討にはいるまえに、議論の前提を確認しておこう。

そもそも、「同化」がフランス植民地主義の原則であるという比較論は、個々の実証例によって相対化されてきたにもかかわらず、現在も根強い。英仏の植民地政策が原則において異なるという比較論は、個々の実証例としてアレントの帝国主義論をあげよう。アレントによれば、イギリス帝国は「異民族を自分たちの法に従わせようとしたことは一度もない」のに対して、フランスは「法 ius と支配 imperium を結びつけてローマ的意味での帝国を建設することをともかくも試みた」。それを象徴するのが、アルジェリアがフランスの「県」として組み込まれた事実である。いいかえれば、法と行政の一体性への執着こそが、フランス植民地主義の特徴ということになる。

こうした類型論によれば、植民地帝国はそれぞれの宗主国の国柄を反映した構造をもっていた。フランスについては、近世からつづく中央集権的な伝統が植民地にも投影されたものとして、同化主義が理解される。同様の議論は現代にも敷衍され、脱植民地化後の移民受け入れ政策を説明する際にも参照されてきた。こうして同化主義をフランス植民地政策の原則とみなす考え方は、人文社会科学の諸分野に流布してきた。

しかし近年の研究によって、こうした議論の構図自体に一種の創られた伝統としての側面があることが、明らかにされてきている。間接統治を支柱とするイギリスと同化主義のフランスという対立軸を明確にしたものとして、一九六〇年代の論争が知られている。その当事者は、英領ナイジェリア総督と香港総督を歴任した植民地行政官クロウダーと、仏領コートジボワールとセネガルで総督職を経験したデシャンであった。だがこの有名な論争の背後には、一九世紀末からつづく議論の蓄積があった。

政治学者ディミエの研究によれば、議論の構図がうまれた過程はつぎのように要約される。一九世紀末に、フランスの少壮官僚のあいだで、自国の植民地政策の中央集権志向や官僚主義を批判する動きが生じ、地域分権的なイギリスをモデルにせよという論調が生まれた。やや遅れて、第一次世界大戦後になると、それまで他国との比較政策論に無関心であったイギリスでも、フランスに呼応するかのような議論が生じた。そして、間接統治を旨とするイギリスの植民地経営は、フランスとは本質的に異なるという説が主張されるようになり、現地人の首長の登用や現地の伝統・慣習の保護を重視する点で、英仏の政策には本質的なちがいはないという論調が優勢となった。その代表が、間接統治論の唱道者ルガードである。一方、同時期のフランスでは、「協同」政策が謳われるようになった。

この時期の植民地宗主国は、サハラ以南アフリカと東南アジアにおける植民地の急拡大にともなって、共通の課題に直面していた。それを反映して、各国で議論された統治戦略には実際に多くの共通点があった。それらは総じて、現地人有力者層の登用をすすめようとする傾向をもっていた。フランスではこれを、「原住民政策」politique indigène と称した。両大戦間期は、各国で植民地政策学が大学や専門学校の講座としてく

みこまれ、学術としての制度化がすすむ。そのなかで、政策の背景にある思想や、自国の伝統的な——あるいはそのようにみなされた——政治文化との結びつきがさまざまに論じられ、結果として、他国との差異を強調するイギリスと、英仏の共通性を主張するフランスという、対照的な議論の風土が生みだされたのだった。

ところが脱植民地化の時代をむかえると、英仏の環境にそれぞれ変化が生じた。論争の一方の立役者であったイギリスの理論家たちは、主要な大学で講座を維持し、脱植民地化後のアフリカ研究の礎となっていった。他方フランスでは、植民地官僚養成機関が実質的に閉鎖され、論者たちは言論生産の表舞台から退いていった。こうした伝統の継承の有無が、二〇世紀半ば以降にイギリス流の英仏比較論が優位となる一因になったと考えられる。⑬⑭

以上のようにふまえたときに、フランスの統治戦略をどう位置づけるべきかという議論から生じたことをふまえたときに、近年の研究は、植民地帝国の類型論がいわば為にする議論から生じたことを明らかにしてきた。その「同化」という主題がとくに第三共和政前半期の公式言説であったこと、その淵源が一八世紀末にまでさかのぼることは事実である。⑮しかしそのことと、同化主義をフランス植民地主義の一貫した原則として位置づけることのあいだには飛躍がある。ひとつの喩えとして、同化主義を共和主義といいかえてみよう。共和主義は近代フランスの政治思想をつらぬく縦糸であるが、政体としての共和政が一九世紀をつうじて唯一の選択肢であったわけではない。革命期に噴出したさまざまな理念が選びとられ、社会へと実装されていったのが復古王政以降の歴史であった。理念とその実現のあいだには、差動する歯車のような関係がある。「同化」の問題も、そうした視点から再検討されねばならない。古典的な比較論においても仏領においても、植民地統治のあり方は場所と時期によってさまざまであった。英領においても、保護領体制のもとで現地の王権が維持された仏領モロッコ、直接的な統治がおこなわれた英領の国々（インド、シエラレオネ、ビルマなど）などの例外が指摘されてきた。しかし、これらの「国」単位の比較論においては、地方行政の層に踏み込んだ考察が捨象されがちである。そのためもあって、従来のマクロな比較論は、ほぼ一致して、アルジェリアを同化主義の典型例とみなしてきた。⑯

第Ⅲ部　支配の地域史　188

県という外形

たしかに、アルジェリアには他の植民地にはみられない制度上の特徴があった。フランス植民地の大部分の管轄は、近世には原則として海事国務卿のもとにおかれ、近代以降も、海軍省、そして海軍省から独立した植民地省へとひきつがれていった。しかしアルジェリアは、占領当初には陸軍の管轄地とされ、やがて大部分が内務省の管轄下におかれるという独自の道をたどった。

アルジェリアの統治は、アルジェにおかれた総督府によって統括された。その下部に、本国と基本的に同様の「県」制度が一部地域で導入されたのは一八四八年である。一八七〇年の第三共和政成立とともに県制度の実施範囲が大幅に拡大され、さらに一八八一年には総督の権限が制限されて、アルジェリア行政の大部分は本国の内務省に直属することになった。これらの年号は、一般に、アルジェリアと本国との行政上の一体化が順次進んでいったことの指標として考えられてきた。アレントの帝国主義論においても言及されたように、内務省管轄下の県というアルジェリアの位置づけは、いわゆる同化の原則の典型的なあらわれとされてきた。その実態はどのようなものだったのか。

県制度のはじまりとなった一八四八年以降の立法をおおまかに整理してみよう。「民政領域」を、一八四八年十二月九日と一六日の臨時政府命令は、アルジェ、オラン、ボーヌ、コンスタンティーヌなど主要都市とその直近地域に限られていた。また、アルジェリア各県の知事が内務大臣にではなく総督の監督下におかれたことをはじめとして、さまざまな例外的規定が設けられ、一八四八年に定められた県参事会の設置は、一八五八年にようやく実現した。

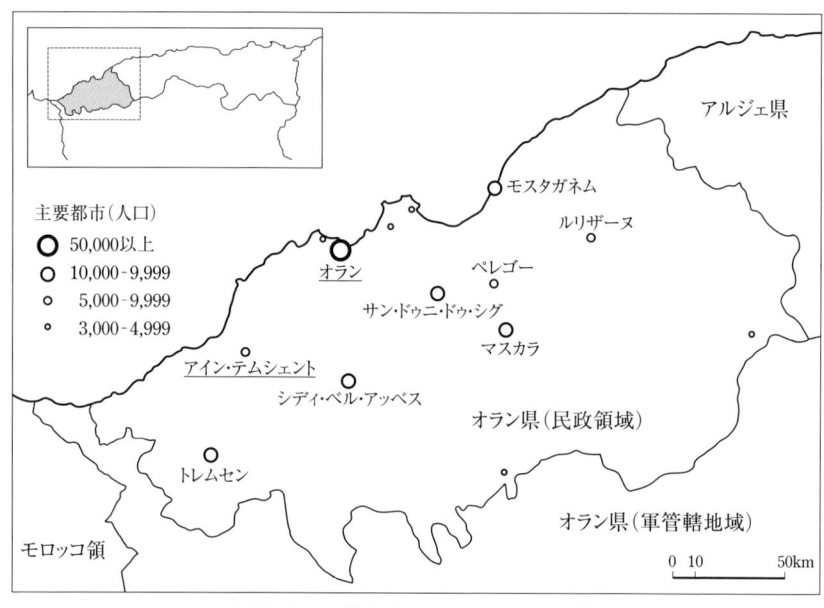

図9-1　19世紀末のアルジェリア西部

　フランス近代史上において、県の設置は、徴税、行政、司法の各種管区とカトリック教会の教区がもつれあう近世までの制度を整理し、空間秩序を一元的に再編しようとする、政治的かつ野心的な企てであった。アルジェリアの県設置も、おなじく国家の介入による人為的な領域設定ではあったが、そこでは、県制の導入は空間全体を一挙に再編するのではなく、沿岸から徐々に蚕食するようにしてすすんだ。しかも植民地においては、最後まで本国のような行政区の一元化が達成されることはなかった。

　陸軍による統治の後ろ盾となっていた第二帝政が倒れ、第三共和政が成立すると、「同化」をもとめる入植者たちの主張が前面にあらわれる。それをうけて一八七〇年以降の政策のなかでは、アルジェリアの政治、行政、司法の諸制度を本国に同化することが謳われ、テル・アトラス山脈以北の軍政領域は、民政領域へと順次組み込まれていった。

　一八七〇年一〇月二四日の政令は、それまでの民政領域と軍政領域の区分を名目上廃止し、それらを包括する三つの県をおいた。ただし同政令は、それまでの

第九章　同化主義と地方行政

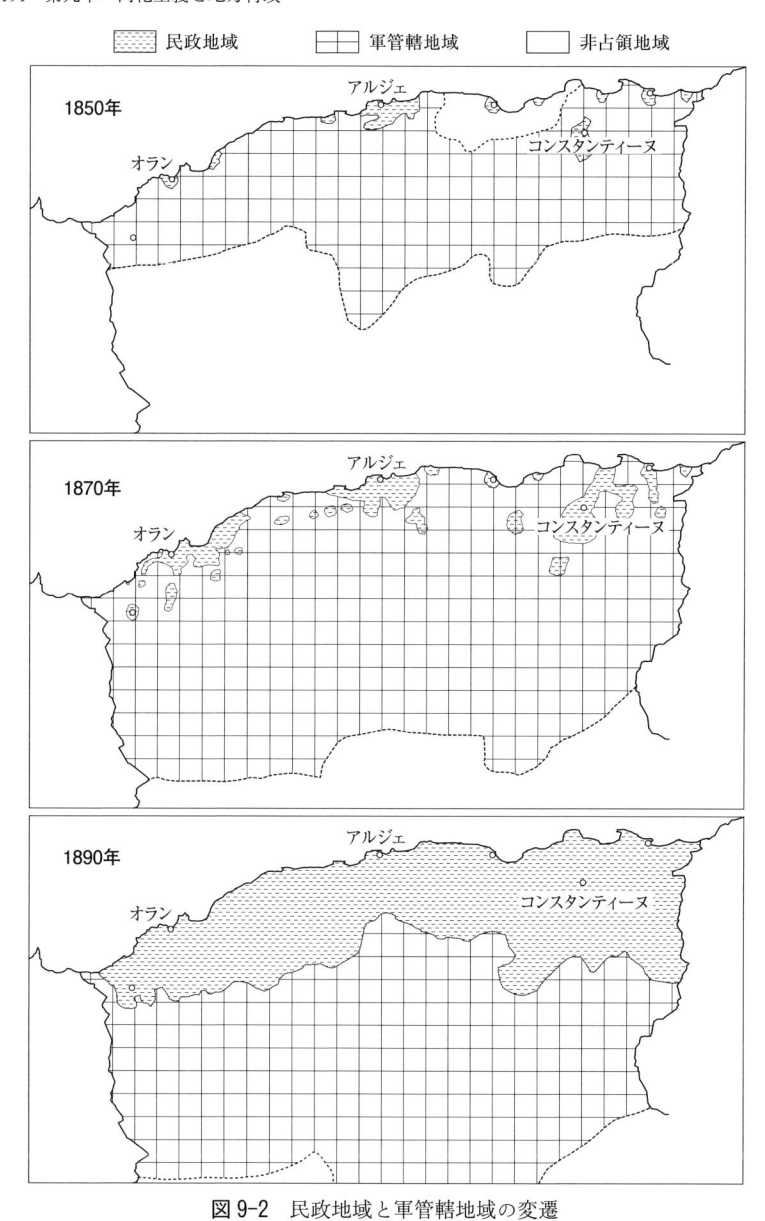

｜民政地域　｜軍管轄地域　｜非占領地域

1850年

1870年

1890年

図 9-2　民政地域と軍管轄地域の変遷
出典）Raymond Peyronnet, *Livre d'or des officiers des affaires indigènes, 1830–1930*. (Alger : Soubiron, 1930).

軍政領域については従来どおりの軍人による統治を継続することも定めている。つまりこの時点では、拡張された民政領域の内側に、実質的な軍管轄の地域が広大に残されていた。

本章の冒頭に引用したドーデの小説『タルタラン・ド・タラスコン』(一八七二年初版) は、こうした移行期のアルジェリアを舞台としている。獅子狩りを夢見てアルジェリアにわたった主人公タルタランは、現地の「黒人」が飼育する一頭のライオンを撃ってしまったために、訴訟沙汰に巻きこまれる。ところが事件の起こった場所が「民領」つまり民政の管轄地なのか、「軍領」つまり軍の管轄地なのかがはっきりするまでは裁判の管轄すら判然としない。引用した一節は、そのために右往左往する主人公の様子を滑稽に描きだしている。本国で出版された娯楽小説にとりあげられるほど、アルジェリア行政の複雑さは悪名高いものであった。

図9-2に示すように、県の範囲は一九世紀末にかけて一見順調に拡大していった。しかし、その内実は、斉一な県制度の施行とはほど遠いものであった。その実態を明らかにするために、次節では県の下におかれた基礎行政区へと目を移してみよう。

二重化された自治体(コミューン)

近代フランスの行政システムは、行政区の最小単位としてコミューン (以下、市自治体または自治体と表記する) をおく。アルジェリアにおいては、県制度の施行にもかかわらず、市自治体制度の導入範囲は限られていた。後述する段階的改定をへて成立したのは、本国と基本的に同等の市自治体 (アルジェリアにおいては「完全実施自治体」commune de plein exercice と呼ばれる) と、植民地に固有の行政区である「混合自治体」commune mixte という二本立ての制度であった。この仕組みは、本来は過渡的な措置とされていたにもかかわらず、結局は一九五〇年代まで存続することになった。

二重化された自治体制度の特徴を理解するために、まず、フランス本国における市自治体の位置づけを確認してお

こう。フランスでは革命期に県、郡、市自治体という三層制の行政制度がつくられたが、実際に市自治体の仕組みが農村部に浸透するまでには、一九世紀末までのおよそ一世紀の時間を要した。選挙制による市長と市参事会を近代とする市自治体は、そもそも都市をモデルとした制度である。現代の歴史家は、市自治体制度の農村部への適用を近代フランスの大きな「賭け」であったと評価する。ただし、同時代の人々の見方はやや異なっていた。たとえば、一九世紀後半の行政法学者デュクロは、法によって設置されるものである「県」に対して、「自治体は近代法によって作られたのではなく、それによって認知され、確定され、規則を定められたにすぎない」と述べる。ここで、県と市のあいだに明確な一線がひかれていたことに注意しよう。一九世紀フランスにおける市自治体は、たんなる行政区画ではない。法に先だって実在する、歴史的で自生的な人々のコミューン＝集合体という理念を託された、特殊な存在であった。㉗

しかしこうした理念は、植民地にそのまま到達することはない。入植地において、市自治体は自生的なものでも歴史的なものでもなく、県と同様に、法によってつくりだされる行政区にすぎない。当時の法学者はその点に自覚的だった。以下は、アルジェ大学の法学者ラルシェルの文章である。

アルジェリアにおける自治体の設立には作為的 factice な側面がある。フランスで起きたこととは逆に、自治体の設立は、本性や歴史というより立法者の所産である。当局によって自治体ｺﾐｭｰﾝと称される人為的区分は、入植とヨーロッパ文明の発展によってのみ、統一性を獲得し、固有の生命を得て、真に自治体ｺﾐｭｰﾝとなるのだ。㉘

アルジェリアにおいては、市自治体すら人為的な外枠にすぎないことがあらかじめ容認され、それが内実を得るまでには長い時間が必要であると論じられていた。こうした論理は、第三章でふれた身分法制とおなじく、共和政の原則からはずれた例外状態を常態化させることと、表裏一体の関係にあった。引用した文につづけてラルシェルは、ア

図 9-3 アラブ担当局（1860 年代）
資料）BNF QE-842-4.

ルジェリアにおける市自治体制度の歴史は本国への同化にむかう「継続的前進」であったと述べる。しかし以下でみるように、実態はそう単純ではなかった。アルジェリアには、完全実施自治体よりもさらに作為的性格の強い混合自治体の制度が設けられていたためである。

「作為」の起源はどこにあったのか。それは第二帝政期にさかのぼる。この時期のアルジェリアは、大部分が軍の管轄下にあり、「アラブ担当局」bureaux arabes（一八四四年設置）が先住民統治の中心となっていた。軍政領域はアルジェ、オラン、コンスタンティーヌの三つの行政区 division に分けられ、それらがさらに合計一五の下位行政区 sub-division と、三六の地区 cercle に分割された。このように階層化された行政区とそれに対応する上意下達型の機構がアラブ担当局の特徴であった。ただし、組織の規模は小さく、行政の実質的な到達には限界があった。実務にかかわったフランス軍人、通訳の数はアルジェリア全域で合計二〇〇人程度であり、医官、事務官、先住民官吏と兵士を

第九章　同化主義と地方行政

あわせても数百人ほどであった。最小の行政単位である地区の規模は、最小二〇〇平方キロメートル程度から二〇〇平方キロメートル以上にわたるものまでさまざまで、いずれにせよ、その広大さに比して、一地区あたりに割り当てられた人員はわずかであった。

統治の戦略という面からみると、アラブ担当局には、厳密な意味で一貫した理論や政策は存在しなかったといわれるが、共有された問題意識がひとつあった。それは、移動性の高いアラブ・ベルベル系部族の生活を、いかにして定住性の高い社会へと改造するかというものである。部族の定着こそが植民地平定の前提であるという発想は、一八三〇―一八四〇年代に総督職にあったビュジョー以来、陸軍内にひきつがれていた。たとえば一八四〇―一八五〇年代にアラブ担当局が活動の柱としたのが、村落の建設と定住農耕の奨励であった。この政策は十分な成果をあげたとはいえないが、部族社会の移動性を制限しようとする思想は、かたちを変えて後代に受けつがれることになる。それが、一八六〇年代にすすめられた軍管轄域への市自治体制度導入のこころみである。

アルジェリアにおける市自治体制度の導入は、民政領域で先行した。最初の本格的な制度化は一八四七年におこなわれ、総督の任命による市長、助役、市参事会からなる市行政の仕組みが定められた。しかし実際に制度が適用されたのは、アルジェと一部の拠点都市に限られていた。選挙制の市参事会制度は一八四八年に試行されたがまもなく頓挫し、一八六六年になってあらためて実現された。こうして、さまざまな例外事項は残されていたものの、本国と原則的に同等の市制、つまり市長と市参事会を有し、法人格を備える市制が設置された。これが、アルジェリアにおける「完全実施自治体」のはじまりである。

とはいえ、地方自治体の運営に住民が参加する仕組みは、ヨーロッパ系住民が多数を占める地域にしか適用できないというのが、当時のフランス側に共通する認識であった。そこで完全実施自治体とほぼ同時期に案出されたのが、混合自治体の制度だった。

表9-a　自治体区分と人口・面積（19世紀末）

	フランス人	「帰化ユダヤ人」	「ムスリム原住民」	チュニジア人・モロッコ人	その他国籍	面積(km²)
オラン県						
完全実施自治体（合計82自治体）	84,070	20,448	163,576	9,816	99,704	7,201
混合自治体（合計18自治体）	11,484	907	463,799	1,895	12,078	29,114
アルジェ県						
完全実施自治体（合計103自治体）	129,667	16,196	358,995	1,710	61,328	7,475
混合自治体（合計21自治体）	7,518	97	715,443	27	1,587	23,861
コンスタンティーヌ県						
完全実施自治体（合計72自治体）	70,786	9,234	278,658	2,257	31,659	9,268
混合自治体（合計34自治体）	11,806	367	1,244,425	351	3,394	51,803

資料）*Tableau général des communes de l'Algérie*, 1897.

混合自治体制度

　混合自治体は、その名が示すとおり、複数の住民集団、すなわちヨーロッパ系住民とアラブ・ベルベル系住民が混在する市自治体として設計された。表9-aは、一九世紀末の時点で、完全実施自治体と混合自治体それぞれの合計面積と人口を県ごとに一覧したものである。オラン、アルジェ、コンスタンティーヌ三県の傾向はおおよそ一致している。面積からみると、完全実施自治体の広さは各県のおよそ二割前後であり、残りの八割程度を混合自治体が占めている。ヨーロッパ系人口（フランス市民と「その他国籍」の外国人）の九割前後と、ユダヤ人のほとんどが完全実施自治体の内部に居住し、逆に、アラブ・ベルベル系ムスリムの七割以上は混合自治体の側に暮らしていた。人口比からみると、完全実施自治体においてはアラブ・ベルベル系ムスリムとそれ以外の住民の比率はおよそ三対一から一対一のあいだにあり、混合自治体はムスリムが圧倒的多数を占める領域であった。

　以上から明らかなように、第三共和制下の先住民統治の特徴を理解するためには、混合自治体の位置づけが大きな意味

第九章　同化主義と地方行政

をもつ。以下、本節では、制度の起源、背景にある思想、空間への展開という三点を検討しよう。

はじめに、混合自治体制度の設置にいたる立法の過程を概観する。第七章で述べた土地制度に関する一八六三年四月二二日元老院議決は、土地調査によって部族の集団的土地所有権を確定したのちに、その領域をドゥアール douar に分割することを定めた。円という原義をもつマグリブ方言アラビア語のドゥワール duwwar は、元来、幕屋の集落をさす。しかし、フランス語化したドゥアールは、自生的な生活単位ではない。この名称のもとに軍当局がめざしたのは、大部族を解体したうえで、徴税単位として持続可能な単位行政区をつくりだすことであった。ドゥアールは、将来には「アラブ人市自治体」commune arabe の礎となることが期待された、新しい統治単位であった。

あらたな地域分割が構想された背景には、いわゆる「原住民調書」の人々の影響があった。かれらは政策ブレーンとして、先住民と入植者の共住を可能にするためにさまざまな方策を提案した。その具体例として興味深いのが、一八六八年に総督マクマオンの名でナポレオン三世宛に提出された報告書である。これは、一八六六年からつづいた不作と飢饉をうけて、統治戦略の練り直しがせまられるなかで作成された文書であった。報告書は、「ヨーロッパ人種と原住民人種の融合と接近」を長期的目標としてかかげる一方で、「アラブ社会の改造は、慎重かつ毅然たる指導なしては困難と危険すらともなう」と警告して、急速な入植地拡大や本国への行政の同化に明確に反対する。報告書が描く将来図は、新しい自治体制度と土地制度改造とが両輪のようにはたらいて、異民族間の漸進的な協調をもたらすというものであった。

この論旨を補強するために、報告書は、J・S・ミルのアイルランド政策論からつぎのような主張を引用する。イギリスのインド支配が成功したのは、インド人をイギリスの似姿に押しこめようとせず、現地人の「本来の姿を突き止めること」を原則としたためであった。だとすれば、「インドにおいてなされたことを今アイルランドになさねばならない」。マクマオンによれば、これこそフランスが倣うべき先例であった。それは、一二世紀のフランスで諸侯や教会、修道院の勢力

報告書には歴史のアナロジーがもうひとつあらわれる。

図 9-4　オラン県内の基礎自治体の分布
資料）DGAN, CA1–XX–1, n°155; *Tableau général de la communes de l' Algérie* (1897).

をおさえて王権を確立したルイ六世の治世に、アルジェリア統治の着想を得るというものだった。こうしたレトリックは、ふたつの効果をもっていた。まず、「同化」の原則を一概に否定するのではなく、それを非常に遠い未来の目標として位置づけたうえで、そこにいたる過渡的な体制として同時代をとらえること。つぎに、アルジェリアの過去と未来をヨーロッパと共通の時間軸のうえにおきなおし、中世というスケール尺度をあてはめることによって、植民地の過渡的措置が短期的には解消され得ないと示唆することである。

以上のような理路にもとづいて発表された一八六八年五月二〇日総督命令は、軍管轄域内におかれる新設の行政区として、混合自治体の設置を定めた。その大枠は、全体をヨーロッパ人の住む地区（入植村）と先住民の住む地区（ドゥアール）に区分し、前者には住民代表の委員会を、後者にはジェマーdjemaâと呼ばれる一種の評議会を設置して自治体としての性格をもたせたうえで、全体を統括する市長の役割を、軍人である地区指揮官にあたえるというも

のであった。ジェマーとは、集団、共同体、集会等の意味をもつアラビア語ジャマーア jamāʿa をフランス語に音写した言葉である。植民地の制度としてのジェマーは、カビリー地方にみられた村落の寄合をモデルとして、アルジェリア全域に一般化しようとしたものと考えられている。

軍人が市長の役割をはたすという体制については、当初、軍政が介在することでヨーロッパ人とのあいだに断絶が強まるとして、入植者たちから批判が浴びせられた。しかし、この体制は、入植者たちの政治的影響力がつよまる一八七〇年以降になっても、廃止されることはなかった。

第三共和制下の「同化」が視野におさめていたのはヨーロッパ系住民であって、先住民統治の手法についてあらたな戦略が示されることはなかった。一八七一年以降、県内に残された軍管轄域——先住民が圧倒的多数を占める地域——に、小郡区 circonscription cantonale という、本国における郡と市自治体の中間的性格をもつ暫定的な行政区制度が導入されたが、これは持続することはなかった。一八七四年の総督命令によって県内軍管轄地の大幅な縮小が決定されると、その跡地には混合自治体が設置されることになった。民政下で拡大された混合自治体は、市長の役割に総督が任命する文民をあてること以外の点では、一八六八年の制度をほぼそのまま継承するものであった。

こうして、軍政下で設計された混合自治体という制度は、かたちを変えることなく民政領域に包摂されていった。

二重化された自治体制度はどのような空間構成をつくりだしたのだろうか。オラン県を例として確認してみよう（図9-4）。中心都市オランからモスタガネムにかけての沿岸地域は、占領初期の一八四〇年代から入植がすすめられた地帯が、完全実施自治体が連続した中核領域（地図上における内側の弧）を形成する。ここは、完全実施自治体が設置された地域である。ひとつの混合自治体の領域である。その周囲には、中小都市の周辺だけに点々と完全実施自治体が設置され、その隙間をうめるように広がっているのが、混合自治体の領域である。ゆるやかな外周の弧を形成する。本国であれば市町村と県の中間にあたる規模をもつ。行政単位の巨大さはアルジェリアの特徴であり、完全実施自治体の面積も、一五〇から三〇〇平方キロメートルほどの大きさがあった（本国の市自治体〇平方キロメートルであり、本国であれば市町村と県の中間にあたる規模をもつ。

の平均的な面積は一五平方キロメートル程度、県はおよそ四〇〇〇―六〇〇〇平方キロメートル程度）。行政機構の規模にくらべて管轄地域がはるかに巨大であることは、二〇世紀中葉までのアルジェリア地方行政の特徴となった。法制史家コロの指摘によれば、こうした不均衡こそが、アルジェリアにおける粗放な行政の背景であった。

行政官と原住民助役

しかしいかに粗放なものとはいえ、植民地行政と先住民の重要な接点となったのが、混合自治体であった。その実務を担ったのはどのような人々だったのだろうか。以下、吏員に関する人事調書を史料として、オラン県西部に位置するアイン・テムシェント混合自治体の事例を検討する。

一八七五年以降、混合自治体の長には行政官というあらたな役職名があたえられた。行政官は、基礎自治体の長として市長に相当する権限に加えて、司法警察官としての職務、アンディジェナに該当する罪状に対する懲戒権を有した。司法権の分掌は、アラブ担当局から混合自治体行政官へ直接ひきつがれた職務であった。外形の面でもさまざまな連続性があった。行政官たちは、文官であるにもかかわらず、陸軍士官に似た制服に制帽、帯剣、飾章という服装をあたえられた。混合自治体の庁舎も、各地のアラブ担当局からひきつがれた（図9-5、9-6）。このように陸軍士官から文官への移行が大きな断絶をみせないように外見が整えられていたが、その一方で、人員の連続性はほぼ完全に断ち切られていた。

アラブ担当局の軍人たちのなかには、のちに陸軍の高位に登りつめた者、政界に進出した者、著作で名を残した者などが数多くいる。それに対して、おなじ役割をひきついだ機関である混合自治体の行政官には、歴史上に名を残した例がほとんど存在しない。そのためもあって、とくに一九世紀末から二〇世紀初頭の制度草創期の混合自治体行政

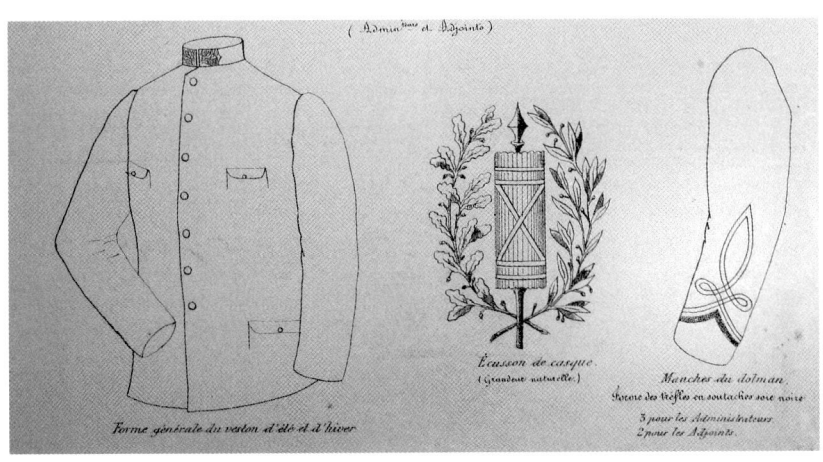

図9-5　混合自治体行政官の制服（1890年代）
資料）ANOM Oran/Ainte/K1.

　官の実態については、不明な点が多い。

　アイン・テムシェント混合自治体に赴任した行政官のうち、二人について経歴をたどってみよう。一人目のレジェブ・D（表9-b）は、混合自治体制度が導入された直後に行政官として採用された。レジェブ Redjeb という名前は、ヒジュラ暦の月名ラジャブ rajab からとられたものと思われる（実際、彼の生年月日はヒジュラ暦一二五三年ラジャブ月初にあたる）。出生登録簿によれば、フランス本国ノール県ドゥエ出身の父と、スペイン南部カディス出身の母のあいだの子として、アルジェリア東部沿岸の都市ボーヌで一八三七年に生まれ、名はフランソワ・マリ・レジェブとある。成年してからミドルネームにあたるレジェブを主に用いていたことになるが、こうしたアラビア語風の通名をもつ入植者は非常にめずらしい。

　Dは兵役を終えた後にコンスタンティーヌ県庁の職員となり、混合自治体の前身となった原住民自治体が設置された時期に、先住民行政の担当となった。行政制度の転換期に、県庁の一般事務職員が先住民行政の部門に転属された実例である。人事評価書類には教育、品行などが「良好」と短く記されるのみで、そもそもアラビア語の会話能力があったのかも判然としない。コンスタンティーヌ県からアルジェ県、オラン県へと転任し、キャリアの後

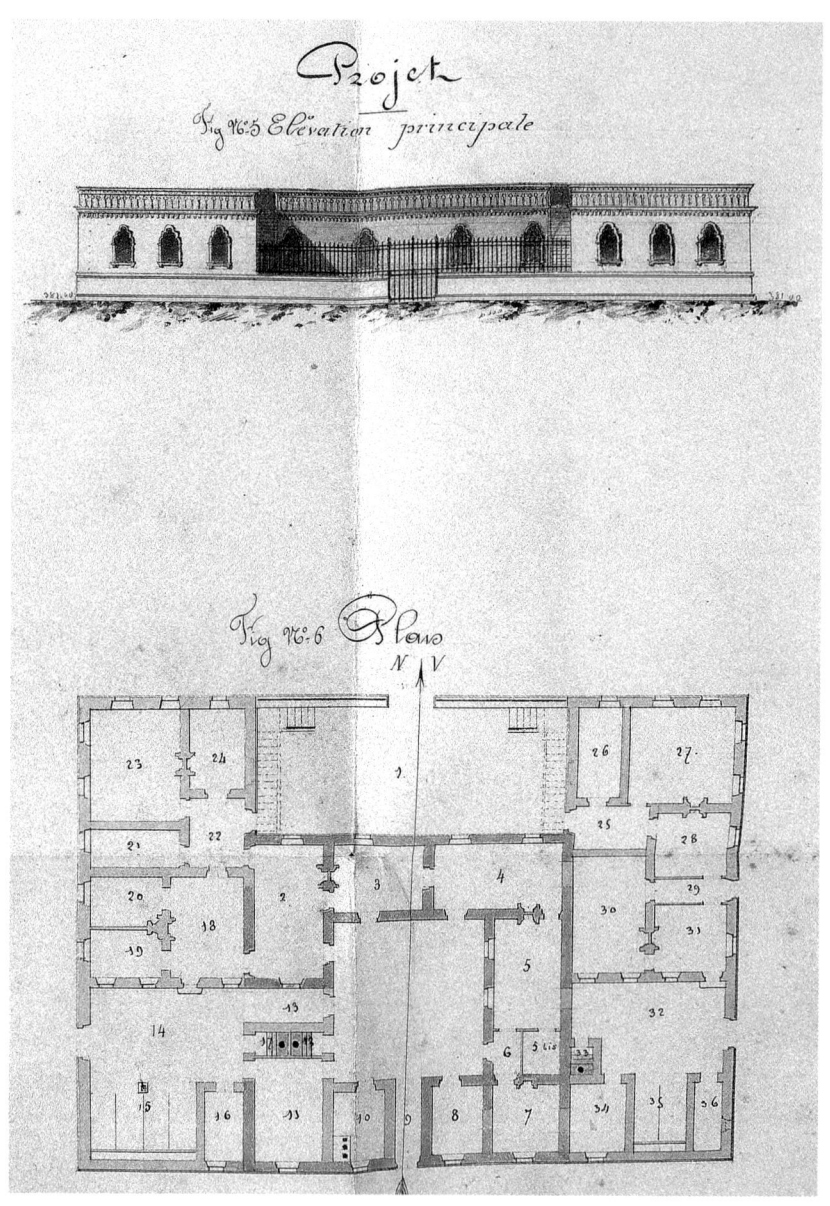

図9-6　アラブ担当局庁舎の設計図（1860年代）
資料）ANOM GGA/2N12.

表9-b 混合自治体行政官のキャリア——レジェブ・D

1837年10月1日 ボーヌ生まれ

年	職	任地	県
1856	兵役		
1862	県庁定員外職員	ボーヌ	コンスタンティーヌ
1863	県庁事務職員	ボーヌ	コンスタンティーヌ
1872	県庁主任助役	アイン・モクラ	コンスタンティーヌ
1873	原住民自治体主任助役	ボーヌ	コンスタンティーヌ
1873	県庁書記職員	コンスタンティーヌ	コンスタンティーヌ
1875	混合自治体行政官	ウルマ	コンスタンティーヌ
1876	混合自治体行政官	ベルルアギア	アルジェ
1876	混合自治体行政官	ウエド・タリア	オラン
1877	混合自治体行政官	ラモリシエール	オラン
1880	混合自治体行政官	セブドゥ	オラン
1882	混合自治体行政官	リリル	オラン
1882	混合自治体行政官	サン・ドゥニ・デュ・シグ	オラン
1883	混合自治体行政官	アイン・テムシェント	オラン

資料）ANOM Oran/Ainte/K1.

表9-c 混合自治体行政官のキャリア——ポール・G

1857年11月28日 コンスタンティーヌ生まれ

年	職	任地	県
1877	兵役(ズアーヴ部隊志願兵)		
1879	県知事秘書	コンスタンティーヌ	コンスタンティーヌ
1880	混合自治体研修助役	ビバン	コンスタンティーヌ
1882	混合自治体研修助役	ウーレド・ソルタン	コンスタンティーヌ
1883	混合自治体助役	ウーレド・ソルタン	コンスタンティーヌ
1884	混合自治体助役	アクブー	コンスタンティーヌ
1885	混合自治体助役	エル・ミリア	コンスタンティーヌ
1886	混合自治体助役	アイン・ムリラ	コンスタンティーヌ
1889	混合自治体助役	ウーム・エル・ブアギ	コンスタンティーヌ
1890	混合自治体助役	ウルマ	コンスタンティーヌ
1892	混合自治体助役	アンミ・ムーサ	オラン
1895	混合自治体行政官	アンミ・ムーサ	オラン
1897	混合自治体行政官	サン・リュシアン	オラン
1902	混合自治体行政官	アイン・テムシェント	オラン
1911	混合自治体行政官	ゼンモラ	オラン
1912	混合自治体主任行政官	ゼンモラ	オラン

資料）ANOM GGA/19H123.

半はオラン県各地の混合自治体で行政官をつとめた。三県にまたがる移動はあまり一般的なものではなく、つぎにあげる例とおなじく、懲戒をかねた転勤であった可能性がある。

第二の例は、やや時代をくだった時期のものである。ここでとりあげるポール・Gは、代訴士を父として一八五七年にコンスタンティーヌで生まれ、官吏としては新任時から一貫して混合自治体に配属された(表9-c)。コンスタンティーヌ県における頻繁な移動のあと、職歴のなかばでコンスタンティーヌ県からオラン県に転属する。これは、後述するようにGの赴任先での人間関係の軋轢から、懲戒処分をうけたためであった。オラン県に移動してからは、それぞれの任地に五年以上とどまりアイン・テムシェントでは九年間勤続している。とくにオラン県での勤務状況については多くの書簡が残されており、さまざまな事情を知ることができる。

コンスタンティーヌ県に在任した時期のGの人事調書には、事務能力とアラビア語能力ともにすぐれていると記載され、特記すべき功績として以下の五つがあげられている。一、エル・ミリア在勤時のコレラ流行に対する対策活動について知事より表彰状 二、おなじ理由により総督より銀メダル授与 三、アイン・ムリラ混合自治体内ドゥアールの犯罪者逮捕に対して知事より表彰状 四、バッタ対策について総督より感謝状 五、飛蝗対策について総督より賞牌授与(58)。これらは、犯罪者逮捕の一件をのぞけば、入植村の運営にかかわる内容である。

以上はあくまでも行政当局内のGの評価であるから、Gの語学力と能力が実際にどの程度のものであったかはわからない。ともあれ、官吏としてのGにあたえられた人事評価は良好なものであった。直接のきっかけは、ウルマ混合自治体の助役したことであった(59)。多岐にわたる告発のなかでも、上司AがGの役職への推薦とひきかえに行政官Aを総督府に告発したことであった。多岐にわたる告発のなかでも、上司Aが役職への推薦とひきかえに原住民助役(後述)から金品を受け取るなど腐敗をかさねているという指摘は重大であった。この告発は、総督府参事官による現地調査がおこなわれるほどの問題となった。調査の結果、Gの告発内容は根拠薄弱として否定されたものの、調査中に上司Aの職務怠慢に関する別の事実がみつかったとしてAの配置転換が決まった。一方、Gについては、上司を告発した行為そのも

205　第九章　同化主義と地方行政

のについて懲戒をまぬがれえないという理由で、オラン県への転出という処分が下された。調査担当者の理解によれば、一連の衝突の背景には、県内で著名な法律家の父をもつGと、A一族との家族間の対立があった。また、G自身の軽率な言動も不利にはたらいていたようである。

オラン県に転任してからも、Gの経歴はかならずしも平穏なものではなかった。とくにサン・リュシアン混合自治体の行政官をつとめた時期には、ヨーロッパ系住民に対する名誉毀損、原住民助役との癒着などGに対する一連の告発が総督府に送付され、地元の新聞紙上では名指しの批判記事を書かれている。この件について調査をおこなった総督府参事官によれば、告発の背景には地元入植者社会の有力者との軋轢があった。総督府の調査はGには非がないことを認め、この件についてはとくに処分をくだしていない。

混合自治体行政官としてのGの人生は、ここにあげた以外にもさまざまな小さな波乱にみちていた。そのほとんどすべてが、同僚や地元のヨーロッパ人との関係から生じたものであった。彼の経歴にのこされたコミュニケーションの痕跡は、先住民統治という本来の任務よりも、入植者たちとの利害調整に翻弄される混合自治体行政官のあり様をあらわしている。

ひとつの事例から全体像を安易に推定することは慎むべきではあるが、現存する史料からみてとれる全般的な印象も、こうした解釈に一致する。アラブ担当局時代の軍人たちは、先住民社会に関する膨大な文書を生産した。部署間の通信、担当部族についての人事、統計、財務という分類のもとに作成された一連の報告書類は、その規則性、量と密度において特筆すべき史料体として知られる。それに対して、アラブ担当局の業務をひきついだはずの混合自治体についても、書類を作成した混合自治体側にも、書類の提出先であった県庁側にも、相当する質、量、系列性をもった史料群をみいだすことができない。もちろん、書類が現存しないのは、それらがかつて存在し、失われたためであるかもしれない。とはいえ、現存する文書のいずれをとっても、アラブ・ベルベル系住民についての情報はけっして密度の高いものではない。とくに一八九〇年代以降になると、該当項目に評価を書き込む定型の印刷様式が一般化し、

混合自治体行政官たちは、中央からもとめられた情報を受動的かつ機械的に申告する傾向がつよくなった。その結果、非ヨーロッパ系住民の日常についての情報はほとんど史料にあらわれなくなる。こうした傾向は、将来の「同化」にむかう移行措置であったはずの混合自治体が、実態としては先住民統治を停滞もしくは後退させるものだったという推論を補強する。

フランス人による行政が浸透せず、むしろ後退したとすれば、その空隙をうめる補助者が必要とされる。混合自治体制度がはじまった頃に重視されていたジェマー（寄合）は、第三共和政期にはいって設置されない例が増加していった。そこで役割を増したのが、先住民有力者を登用して行政実務を担当させる「原住民助役」の制度である。

先住民有力者に対する当局の態度は、体制がかわるごとに排除と包摂の両極のあいだで揺れ動いたといわれる。第二帝政期には、初期にはアラブ担当官が各部族の実力者を排除しようとしたのに対して、一八六〇年代半ばになると、担当区域内に居住することが原住民助役の採用条件とされた一方で、地縁のない元兵士や下級官吏などが任命されることも多く、各地で支障が生じたためである。一八九一年に新総督カンボンが着任すると、方針の転換は明確になり、もともと人工的なドゥアールの境界にこだわらず、各地で実質的な影響力をもつ候補者の選任をもとめる通達がくりかえされた。

しかし、こうした方針の変化は、ふたつの採用回路が相互に排他的であったことを意味しない。アイン・テムシェント地域で原住民助役となった人々の中から、二人の例をあげよう。第一の例ミルード・B（表9-d）は一八八八年から一八九四年までを混合自治体の雇員としてすごし、地元有力者の採用が優先されるようになったとされる一八九〇年代に助役に昇格し、最晩年には近隣の完全実施自治体内でカイドとなった。人事調査書類によれば、ミルードは二〇ヘクタール程度の土地と家屋以外に特筆すべき財産をもたず、フランス語を「相当正確に」話すが、フランス

207　第九章　同化主義と地方行政

表9-d　混合自治体原住民行政官のキャリア――ミルード・B
1837年生まれ

年	職	任地・担当ドゥアール	県
1869	県庁雇員(登記所守衛)		オラン
1888	混合自治体雇員(衛士)	アイン・テムシェント	オラン
1894	混合自治体原住民助役	アウベリル	オラン
1896	混合自治体原住民助役	スーフ・エル・テル	オラン
1923	カーイド	シディ・ブー・アッダ	オラン

資料) WO SC/8668.

表9-e　混合自治体原住民行政官のキャリア――アルハッジ・B
1862年シディ・ダオ生まれ

年	職	任地・担当ドゥアール	県
1887	混合自治体原住民助役	シディ・ダオ	オラン
1900	混合自治体原住民助役	ベルケシュ	オラン
1916	混合自治体原住民助役	シディ・ブー・アッダ	オラン
1923	混合自治体原住民助役	スーフ・エル・テル, アグラル, アウベリル	オラン
1927	バシャガ	同	オラン

資料) WO SC/8668.

　語、アラビア語のどちらも読み書きはできない。家系不詳で、先祖代々の影響力もない。以上の描写を信じるならば、この人物は、植民地行政によってつくりだされ、実力をともなわない仲介者の実例とみることができる。

　これと対照的に、第二の例としてとりあげるアルハッジ・Bは、血縁による影響力をもつ原住民助役の典型である(表9-e)。祖父はデイ政権期の役職者であるとされ、父ブーメディエンは一九世紀中葉にフランス軍と同盟した部族ウルド・ザイールの有力者であった。ブーメディエンは一八五〇年代にモロッコ国境方面への遠征に従軍し、一八六三年元老院議決をうけた土地調査では現地調査団の協力者として活動し、一八六五年にナポレオン三世がオラン地方を訪れた際には謁見を許された部族代表者の一人であったという。アルハッジの兄アブドゥルカーディルも、一八八一年から一八八四年までシディ・ダオで混合自治体助役をつとめ、その後一八九三―一八九六年にスーフ・エル・テルで、一八九六年以降はアウベリルでおなじ職についている。アルハッジの任地とアブドゥルカーデ

ィルの任地はほぼ重なっており、兄弟はひとつの地域を循環しながら、原住民助役の地位を寡占していたことがわかる。その財産は相当なもので、一九〇〇年代に兄弟が所有していた土地は四五〇〇ヘクタールから五〇〇〇ヘクタール、そのほかに多数の牧畜と、周辺諸都市に複数の家屋を有していた。時代が下って両大戦間期にフランス語で出版された名士録をみると、兄弟はアイン・テムシェント地方のムスリム社会を代表する有力者として紹介され、B家が祖先代々地域におよぼしてきた威信が強調されている。

ただし、血縁の重みについては若干の留保も必要である。一八九〇年代末にアルジェリア総督府は、各地の混合自治体で行政職に採用可能なムスリム有力者、あるいは逆に監視下におくべきに人々について報告をもとめた。その際、第一類「イスラーム兄弟団（コンフレリ）」の有力者、第二類「軍事・宗教貴族」、第三類その他の有力者、という大分類がもうけられ、アイン・テムシェント地方からは第一類六人、第二類四人、第三類一一人の人名が報告された。アルハッジとアブドゥルカーディルの兄弟は、このなかで第三類にふくまれている。かれらと同様にB家に第三類にあげられた有力者のなかには、家系を三代から四代さかのぼる情報が記されている例も少なくないが、B家の兄弟については、父より上の世代について報告事項がない。

おなじ史料に登場する他の候補者の多くが、アルハッジたちと同様にカーイドやアガといった称号を有する父祖をもつにもかかわらず、当人たちの生活については「つましい」「かつての財力を失いほとんど影響力をなくした」等々と評価されているなかで、B家の資産は際立っていた。第一一章でみるように、ウルド・ザイールと周辺の部族は、一八四〇年代の戦乱期に解体的ともいえる動揺を経験した。部族内の秩序は一九世紀半ばまでに大きな変化をとげていたはずである。B家の人々はそうした状況のなかで、家勢を増していった新興実力者の一例と考えるのが妥当であろう。

原住民助役への選任プロセスについてアルハッジを例として検討すると、フランス語の読み書き能力がなかったとされる彼に、事務家としての役割がもとめられたとは考えにくい。知事や総督府のあいだでかわされた書簡からは、

第九章　同化主義と地方行政

上記の財力から想定される影響力、スーフィー教団とかかわりがないこと、さらに、地元入植村のヨーロッパ人住民からの推薦を得ていたことが、採用の背景として浮かびあがる。アイン・テムシェント地方のB家の重要性が増していったことは、一九〇一年に同家から三人目の助役が推薦されたことにもうかがえる。この任命は、他のムスリム有力者の嫉妬と軋轢をまねくという懸念を県知事が表明したためにはたされなかったが、その一方で、アルハッジは自らの息子を後継とすることに成功した。大土地所有者にして植民地行政の重役としてのB家の家勢は、両大戦間期以降まで受けつがれていった。

ここで、原住民助役とフランス人行政官の行路を空間上で比較してみよう（図9-7）。地元の入植者とも良好な関係を築いて地域に定着した原住民助役と、数年ごとに県内を転々とする行政官の対照は明らかである。地域の実務をとりしきるにあたって、両者のあいだには、たんなる支配と従属ではなく、一種の相互依存の関係があったと考えられる。行政官からみれば、徴税や犯罪摘発といった日常的な役務は、原住民助役の判断と裁量の助けを借りなければ成り立たない。本節で考察した一九世紀末アイン・テムシェントに現存する書簡のやりとりからは、行政官が原住民助役という仲介者をこえてアラブ・ベルベル系住民の空間へみずから踏みこんでいった例をみてとることはできない。一方で原住民助役は、服従とひきかえに、納税手続きや公有地賃借といった、行政をつうじてやりとりされるリソースの出入りに立ちあい、有形無形の利益を得たであろう。限られたフランス語の読み書き能力しかもたず、日常的に官報を手にすることもない原住民助役たちを、行政機構に組み込まれた官吏としてとらえることは難しい。

人と人の接触は一定の社交性も生み出す。ひとつのエピソードを紹介しよう。一九一二年のある日、アブドゥルカーディル・Bの邸宅で宴会が開かれた。彼のレジオン・ドヌール勲章受章を祝うためである。地元のフランス語新聞は、県庁書記長やアイン・テムシェント市長、混合自治体行政官、治安判事といった来賓をにぎやかな宴席が迎え、フランス人と「原住民」の親交によって支えられた「われらが共通の祖国アルジェリア」の未来は明るいと伝えた。もちろん、事実は正反対であった。こうした社交の場は、そこに参加しない大多数の入植者と先住民

第Ⅲ部　支配の地域史　210

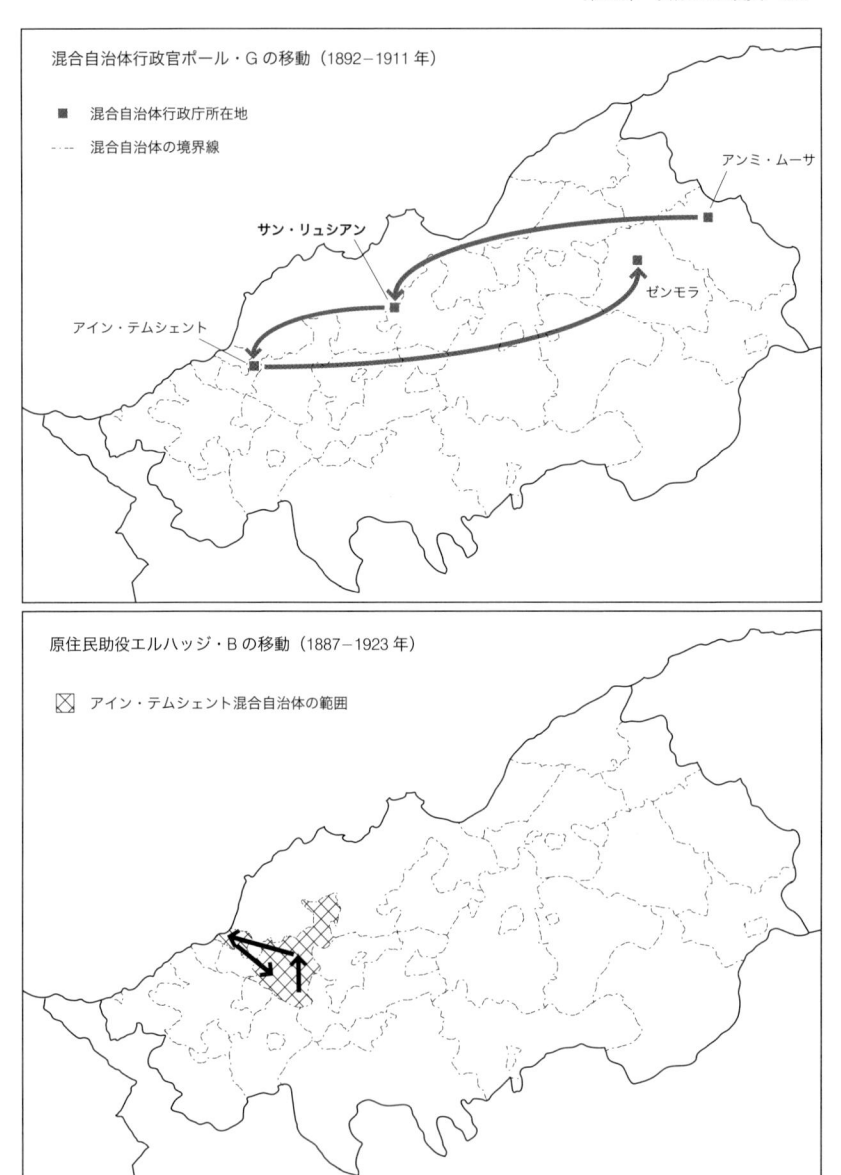

混合自治体行政官ポール・Gの移動（1892–1911年）

■　混合自治体行政庁所在地
---　混合自治体の境界線

サン・リュシアン
アンミ・ムーサ
アイン・テムシェント
ゼンモラ

原住民助役エルハッジ・Bの移動（1887–1923年）

⊠　アイン・テムシェント混合自治体の範囲

図9-7　混合自治体行政官と原住民助役の移動
資料）GGA/19H123, ANOM Ainte/K2.

第九章　同化主義と地方行政

を隔離する壁でもあった。共和国の体制に「同化」されたはずのアルジェリア地方行政は、ドゥアールのなかへは到達しなかった。その意味で、一九世紀末から二〇世紀初頭にかけての混合自治体は、統治をむしろ後退させるものであったといっても過言ではない。

アンティル諸島出身で、同化主義を標榜した政治家アレクサンドル・イザークは、一八九三年に上院調査委員会の一員としてアルジェリアで政策調査にあたり、つぎのような発言を残している。

アルジェリアは植民地ではなくフランス国土の一部であると述べることが慣習になった。人々はそうすることですべての問題に解決があたえられると考えた。そして、ひとつの夢を別の夢と取り替えて、「アラブ王国」の代わりに小さなフランス共和国を置きかえようとした。そこでは原住民は付け足しのような位置づけであり、かれらには明確な居場所も定められた未来もなかった。[87]

こうした見解が表明される背景にあったのが、本章でみた地方行政の複層性であった。「ヨーロッパ人とアラブ人の融合と接近」を遠い将来の目標として、第二帝政期の軍人たちによって設計された混合自治体制度は、第三共和政のもとで人員を入れ替えて維持された。しかし、変化は加速するどころかむしろ鈍化していった。暫定的であったはずの混合自治体制度は、アルジェリア独立戦争期までほとんどかたちを変えずに存続する。大小さまざまな端切れが連鎖するパッチワークのような空間編成は、多元的な法制度とあいまって、脱植民地化の時代までつづく植民地社会の下地となっていった。

第一〇章　都市空間のヨーロッパ性

[…]一見したところ、オランは、なるほど、普通の街でアルジェリア海岸のフランス県庁所在地以上の何ものでもない。

街それ自体、正直にいって、殺風景である。外観は平穏で、そこを地上のどこにでもある数多の商都と異なる場所にしているのは何なのか、気付くまでにしばらく時間がかかる。どういえば想像がつくだろうか、たとえば、鳩のいない、樹木も庭園もない街、鳥の羽ばたきも木の葉のそよぐ音にも接することのない、中性の場所とでもいえばよいだろうか。[1]

（アルベール・カミュ『ペスト』一九四七年）

オランは、カミュの小説『ペスト』（一九四七年）の舞台として設定されたことで知られる。引用した一節はこの小説の冒頭近くにおかれた文章だが、こうした風景描写からまず想起されるのは、カミュの作品を「フランスが体系的に構築したアルジェリアの政治地理の一要素」として読むという、サイードの視点であろう。[2] 小説のなかでオランは「普通の街」と形容された。こうした表現は、文学上の効果として構築されたもので、単純に写実的なものとしてとらえることはできない。[3] それにしてもなぜ、「中性の場所」として他ならぬオランが選ばれたのか。このいささか素朴

街区構成の類型

アルジェリアの都市史をふりかえると、オスマン期以前の諸王国においては、主要な都市は平野部と高原部の境界付近に位置していた。これはサハラ交易の重要性を物語る。オスマン期になって、第一章で述べたように地中海との結びつきが強まると、中心地はアルジェと沿岸部に移動していった。都市の重心が北進するという長期的趨勢は、植民地化によってさらに明確になった。一九世紀後半になると農産物輸送の必要にしたがって道路・鉄道網が発達し、アルジェ、オラン、ボーヌの主要港が政治経済の中心地として発展していった（図10-1）。

植民地の都市は、宗主国と植民地、植民地内の都市と農村という二重の非対称性の結節点となる。そこでは、住民集団の異質さが空間の構成に投影され、伝統的な街区と入植者の居住区、官公庁行政区と軍営地など、空間の区分を基礎においた隔離がしばしばあらわれる。もちろん、社会の複層性、空間の分節といった性格は植民地に限らずすべての都市に見られるものであるが、それにもかかわらず植民地都市という分析の枠組みを多くの研究者が採用してきた。それは、植民地の都市において、権力構造の物質化という特徴が、とくに顕著にあらわれるためであった。この点について、アルジェリアで後半生をすごしたフランツ・ファノンは、つぎのような文章を残している。

被植民者の住む区域は、コロンの住む区域を補うものではない。この二つの地域は相対立している。それはさ

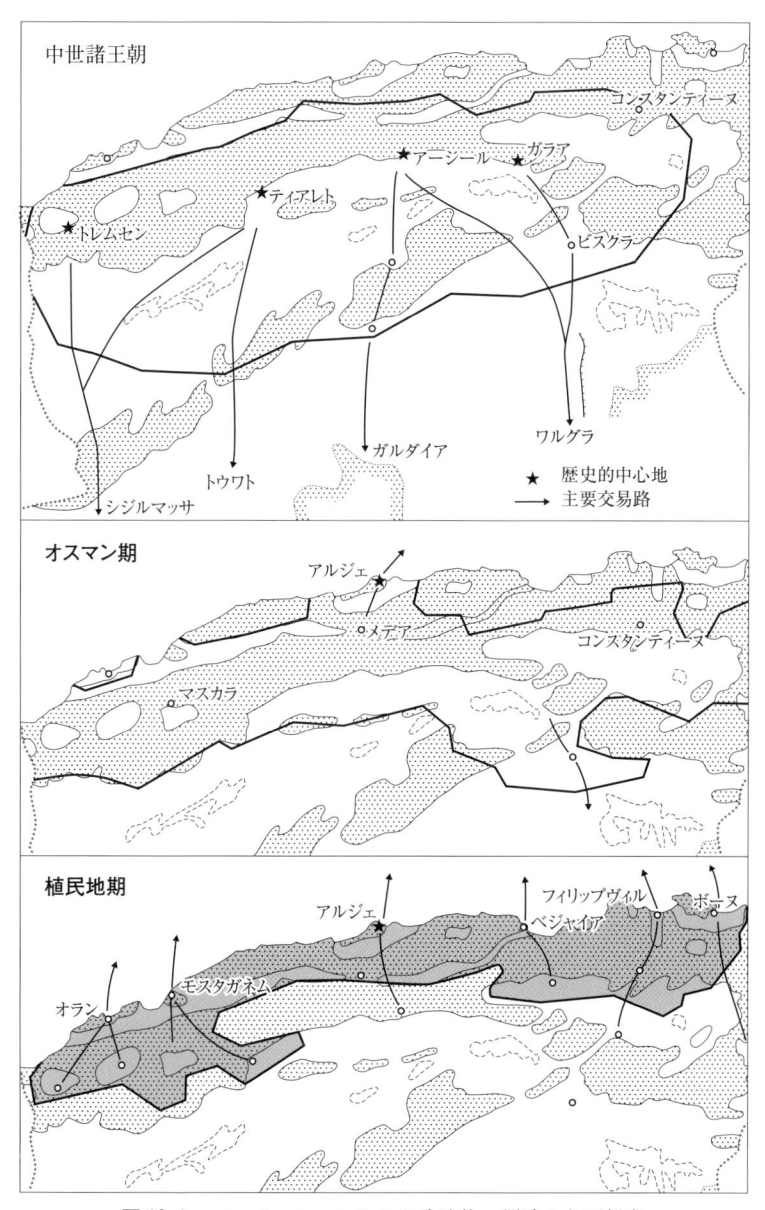

図 10-1　アルジェリアにおける政治体の領域と主要都市

出典）Marc Côte, *L'Algérie : espace et société* (Paris : Armand Colin, 1996), pp. 20–21.

らに上位の統一を作るための対立ではない。それは煌々と明かりに照らされた、舗装された町であって、住民たちはごみ箱に残飯があふれていることなど知ろうともせず、かつてそれに目をとめたこともなければ夢見たこともない。［…］コロンの町は飽食した怠惰な町だ。その腹は、たえず美味いものでいっぱいだ。コロンの町は、白人の町、外人の町だ。
一方、被植民者の町、黒人村、メディナ、保留地は、いかがわしい場所であり、いかがわしい人々であふれた場所だ。［…］その世界には隙間無く人々が折り重なり、小屋が折り重なっている。被植民者の町は、飢えた町だ。パンに、肉に、靴に、石炭に、光に飢えた町だ。

（フランツ・ファノン『地に呪われたる者』一九六一年）[6]

ファノンが峻烈な筆致で指摘したのは、心象地理の問題だけではない。植民地における支配―被支配関係は、しばしば、物理的な空間構成にも反映される。[7] ここで想起されるのは、アルジェ、マラケシュ、チュニスなどにみられるような、屈曲した街路網を特徴とする旧市街と、直線的な街路設計をもつ新市街の対照であろう。[8] ところで、こうした支配と被支配の関係を「ヨーロッパ」的街区と「非ヨーロッパ」的街区の対比に読みかえる二分法は、どこまで一般性をもつのだろうか。

これまでの研究の多くは、ヨーロッパ人が現地に見いだした他者性をどのように都市設計のなかに包摂あるいは排除したのかという視点から、植民地都市を読み解いてきた。いわゆる混淆性（ハイブリディティ）に注目する研究はその文脈に属する。[9] しかし混淆という問題設定が有効になるのは、すくなくともマグリブについていえば、ネオ・モーレスク様式が登場する二〇世紀以降の時期についてのことであるように思われる。そもそも植民地の「近代的」要素は、非ヨーロッパ的都市空間のうえに植えつけられたものばかりとは限らない。たとえば本章の主題であるオランは、スペイン支配の痕跡を強く残していた。それはいわば、先行する植民都市のうえに建てられた二重の植民都市であった。以下では、

第一〇章　都市空間のヨーロッパ性　217

その特徴を明らかにするための前提として、アルジェリアの主要都市（表10-a）の形態を整理することからはじめよう。

表10-a　主要都市の人口（1876年）

	総人口	内，ヨーロッパ系人口
アルジェ	57,495	46,482
オラン	49,363	44,586
コンスタンティーヌ	39,823	22,345
ボーヌ	25,103	18,616
トレムセン	23,972	10,616
ブリダ	20,427	9,700
フィリップヴィル	14,751	12,375

資料）SGA, 1876-1878.

——アルジェ——

アルジェは、海岸にせまる丘陵の東側の入り江に港をもち、そこから丘陵の斜面に這いあがるようにして旧市街が形成された都市である（図10-2）。北西の強風を避けるための立地はマグリブの沿岸港市に一般的なものであり、後述するボーヌやオランとも共通する。アルジェの特徴は、一六世紀初頭にハイレッディンの命令で築かれた堤防によって、陸地と沖合の小島が結ばれた点にある。他の沿岸港にはないこの堤防によって、アルジェは北東風からの防備も備えることになり、例外的な良港として発展していった。

オスマン期のアルジェ市街は、海岸線にそって幅約一キロメートル、内陸部を北西側と南西側から市壁に囲まれた空間であった（黒線枠内①＋②）。その最上部には、旧市街の名の由来となったカスバ（城塞）がある。一八三〇年にフランス軍の占領がはじまると、これらの市壁は取り壊され、さらに旧市街の海岸沿いの一部を破壊して広場や港湾施設が建設された。その延長上には、海岸沿いの平地を利用して南に向かって新街区が拡張され（③）、また、旧市街の北側に広がる斜面にも、フォブール（市壁外の街区）が発達した（④）。

南側の新市街は公共施設（市庁舎、県庁、劇場、裁判所、美術館、郵便局）、アルジェリア総督府迎賓館の集中する地域として建設され、さらにその南方の山の手は、高級住宅地として発展した。それに対してバブェルウェドと呼ばれる北側の

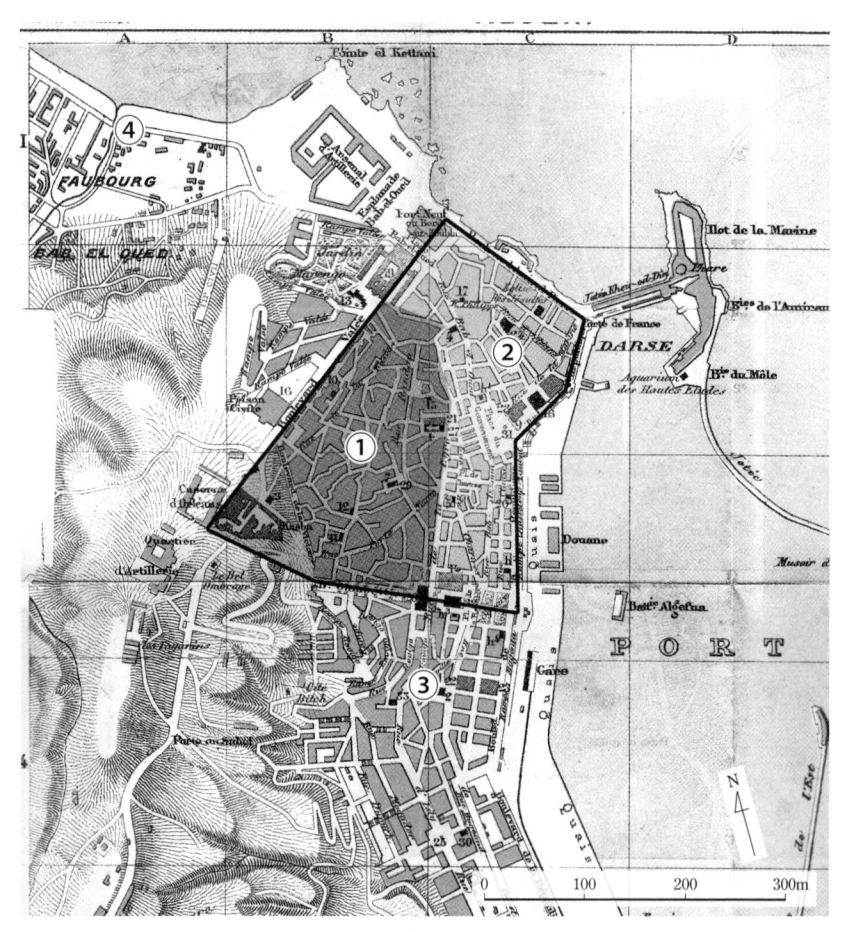

図 10-2　20 世紀初頭のアルジェ
出典）*Algérie et Tunisie. collection des guides Joanne* (Paris : Hachette, 1901).

フォブールは、中・下層のヨーロッパ系入植者の集中する市街地となった。

このようにアルジェは、既存の都市に隣接して新市街が建設された代表例である。ただし、近代的街区の発達は旧市街の改変をともなっており、地図上では、海岸線沿いのグリッド状の新街区をもつ南側の新街区と旧市街が接合する区域②において、屈曲した既存の街路構造が、直線的な新設の街路によって侵食されていった様子を観察することができる。第一章でみたように、アルジェは、私掠者集団という外来者によって、オスマン帝国による辺境支配という文脈のなかで建設された都市であった。その点では既存の街区そのものに、一種の植民都市としての歴史があったととらえることも可能であろう。

——コンスタンティーヌとトレムセン——

アルジェリア東部の中心都市コンスタンティーヌ（図10-3）は、ルメル峡谷沿いの天然の要害であり、植民地化以前には数々のモスクやマドラサが建築され、文化都市としての性格ももつ。フランス軍は、度重なる遠征の末に一八三七年にここを占領した。地形の制約の大きいコンスタンティーヌでは、北東側の旧市街（黒線枠内①）と南西部の新市街②のあいだに相当の距離があった。

ただし、旧市街が手つかずで残されたわけではない。新市街の建設に先だって、旧市街市壁の内部でも都市組織、すなわち建物、敷地の境界、街路などの構成物の有機的結合にたいしてさまざまな改変が加えられ、既存の構造が寸断されていった。まず、市壁内部の南西側の区画にグリッド構造をもつヨーロッパ人地区が整備され（A）、ついで、一八五〇年に設置された街路測量調整委員会の設計にもとづいて、既存の街路を改修したダムレモン通り、新設のフランス通りとナショナル通りの三本の直線的な道路がアラブ・ベルベル系住民の居住区を貫通し、さらには、これらを直角に接続する脇道が整備された。これら主要な街路に面する建物は、一八七〇—八〇年代までにおおむねヨーロ

ッパ風に建てかえが完了している。市庁舎（一八八二年）、県庁舎（一八八七年）は市壁内のヨーロッパ人地区に建造された。

市壁外の西南の新市街②の建設は、こうしたプロセスにやや遅れて一八九〇年代以降に本格化した。旧市街の南西側に拡散して形成されたサンタントワーヌ地区、サンジャン地区などを結合するために、その中央にあった丘陵の整地が完了するのは二〇世紀初頭のことである。こうした市壁外新市街の開発の遅れは、植民地化当初のヨーロッパ系人口の少なさによるものであった。

図10-3　20世紀初頭のコンスタンティーヌ
出典）*Algérie et Tunisie. collection des guides Joanne* (Paris : Hachette, 1901).

図10-4　20世紀初頭のトレムセン
出典）*Algérie et Tunisie. collection des guides Joanne* (Paris : Hachette, 1901).

コンスタンティーヌとよく似た形態は、アルジェリア西部の古都トレムセンにおいても観察できる（図10-4）。トレムセンは、サハラ交易路上に栄え、一三世紀から一六世紀までアルジェリアを支配したザイヤーン朝の政治的中心であった。一六世紀にアルジェリアがオスマン朝の支配下にはいると、政治的中心としての地位は低下したが、文化的な側面では重要性をたもちつづけた。植民地期のトレムセンでは、市壁の内部で旧市街の一部を改変しつつ新市街が形成され、また同時に、旧市街の都市組織が直線的な街路によって分割されていったことが確認できる。[17]
以上の比較から明らかなように、植民都市における既存街区と新街区の関係を、隣接か隔離かといった整理によって単純にとらえることはできない。観察する時期と空間の尺度によって、さまざまなかたちがあらわれてくる。

―ボーヌとフィリップヴィル―

このふたつの都市は、沿岸都市にみられる特徴的な形態を代表する。アルジェリア東部最大の商業港だったボーヌは、前述した沿岸港市の典型的地勢をもつ。その特徴は、丘陵から海岸までの平坦地が比較的広く、この用地の余裕を利用して旧市街と新市街の明快な対照がみられることである（図10-5）。

東側には屈曲した街路構造をもつ旧市街 ① があり、その西側には旧市街とほぼおなじ規模の新市街 ② が放射状のパターンにしたがって建設されている。両者のあいだには旧市街西側の市壁を取り壊してもうけられたナショナル大通りがあり、通りにそって市庁舎や教会などの象徴的施設が配置されている。コンスタンティーヌと同様に、旧市街を貫通する街路工事（サントギュスタン通り）の新設もおこなわれているが、旧市街中心部の閲兵広場は既存の広場を利用したものであり、旧市街の改造も基本的には旧来の街路を利用して建築線を整理した限定的なものにとどまった。[19]また、ムスリム先住民向け屋内市場 (A) を新市街の内部に設けるなど、旧市街と新市街のあいだで人の往来を誘導しようというこころみもみられる。

ボーヌの新市街の特徴は放射状の街路だが、これと対照的な構造をもつ沿岸都市としてフィリップヴィル（スキーク

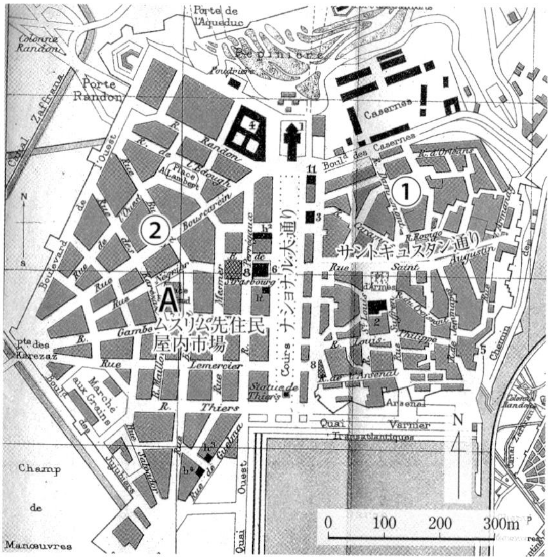

ダ）がある（図10-6）。フィリップヴィルは、コンスタンティーヌの外港としてフランス軍によって建設された。ローマ遺跡以外に既存の都市構造がないために、港から南南西に軸線街路が整然と伸び、明確なグリッド状のパターンが実現されている。劇場遺跡（A）より西側は丘陵となっており、この尾根を一部利用しつつ中心地区から距離をとって市壁が建設されている点は、アルジェと類似している。

―シディ・ベル・アッベス―

図10-5　20世紀初頭のボーヌ
出典）*Algérie et Tunisie. collection des guides Joanne* (Paris : Hachette, 1901).

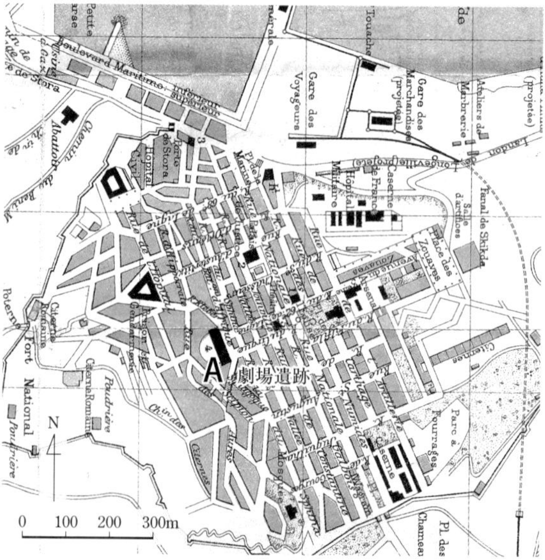

図10-6　20世紀初頭のフィリップヴィル
出典）*Algérie et Tunisie. collection des guides Joanne* (Paris : Hachette, 1901).

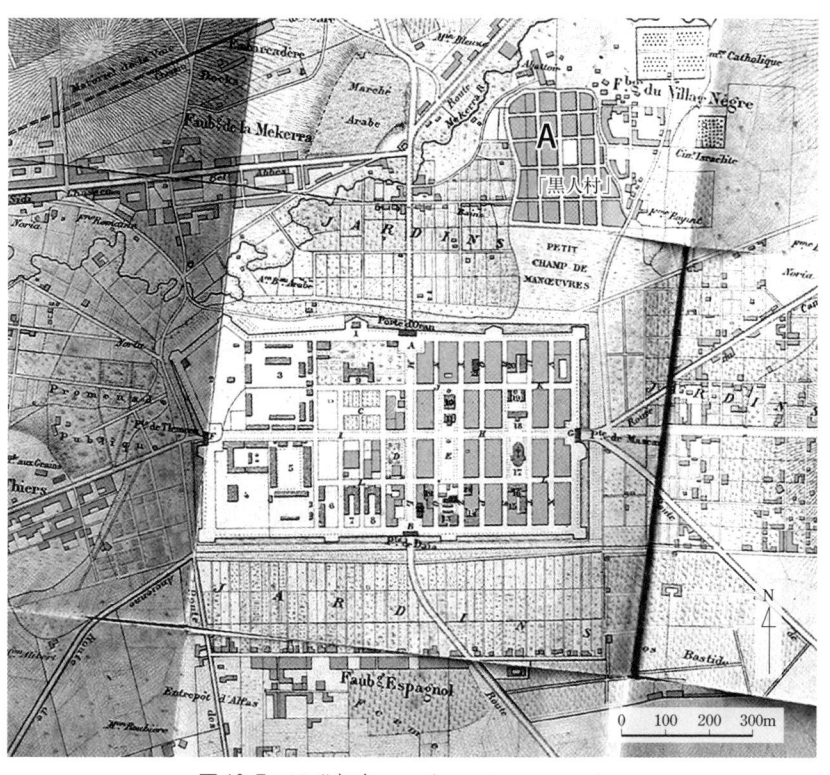

図 10-7 19世紀末のシディ・ベル・アッベス
出典) L. Bastide, *Bel–Abbès et son arrondissement* (Oran : Perrier, 1880).

　内陸部に視点をうつそう。植民地期以前に基礎が築かれた都市は、一般に、政治的、軍事的配慮から高地や土地の起伏を利用して建設された。それに対して、植民地期に新設された都市の多くは、農業開発の拠点として平野に建設された。前者が地形の制約にしたがって不規則なかたちの発展をとげるのに対して、後者においては方形のグリッドパターンをもつ新市街を中心として、放射状、同心円状の構造が発達する傾向がある。

　もっとも顕著な例として、シディ・ベル・アッベス（スィーディー・ビル・アッバース）をみてみよう（図10-7）。この都市は、一八四三年に近隣の諸部族を牽制するために設置されたフランス軍宿営地を起源とする。一八四九年の政令によって都市の建設が決定され、一八五六年には完全実施自治体に昇格

した。方形の市壁に囲まれたほぼ規則的な格子状の街区割りが採用されており、市壁外の東西に設けられた緑地スペースと放射状の街路構成にも、幾何学的な都市設計が実現されている。

シディ・ベル・アッベスはヨーロッパ系移住者による入植と農業開発の拠点であり、ヨーロッパ系人口が圧倒的多数を占める都市であった。そのため、コンスタンティーヌとは逆に、一九世紀後半になってからあらたにアラブ・ベルベル系住民が労働者として周辺に居住しはじめ、かれらの居住区問題が浮上した。

対策として市街の東北部に設けられたのが「黒人村」Village nègre と呼ばれる街区であった（A）。一八七三年に設置されたこの街区は、農業労働者などとして都市周辺に居住するようになったムスリム先住民に専用の居住地をあたえたものであり、その名が連想させるようなサハラ以南系住民の集住地ではかならずしもなかった。「黒人村」という言葉は、植民地期アルジェリアの複数の都市で、郊外に形成された先住民居住区をさす一般名詞として用いられるようになるが、この点については、オランを例として後述する。

以上のように、一九世紀のアルジェリアに建設された都市の形態はそれぞれに個性豊かであった。ほぼ更地から建設されたケース（フィリップヴィル、シディ・ベル・アッベス）がある一方で、既存の都市構造に対する破壊や改造の程度という観点から、ボーヌ（小規模の改造＋旧市壁外の新市街）、トレムセン（中規模の改造＋旧市壁内外の新市街）、コンスタンティーヌ（中規模の改造＋旧市壁内外の新市街）、あるいはさらに大規模な旧市街の破壊がおこなわれたマスカラ等の類型をあげることができる。ただしここまでに検討した事例は、おおむねヨーロッパ的な新市街と非ヨーロッパ的な旧市街という対比、あるいは、単立する高度に計画的な新設都市という枠におさまっている。

二重の植民都市オラン

オランもまた、旧市街をもつ複合都市であったが、ここでいう旧市街はスペイン支配の痕跡を強く残すものであった。一四―一五世紀のオランは、現在のアルジェリアの大部分を支配したザイヤーン朝の都トレムセンの外港としての働きをもっていた。第一章でみたように、一六世紀のマグリブ沿岸はスペインとオスマン朝の角逐の舞台となり、スペイン王国は一時期メリーリャからトリポリにいたる広範囲の諸都市を占領した。しかし、イベリア半島からも離れた多数の拠点を維持することは困難を極め、その多くはハイレッディンらの勢力によって再占領されていった。そのなかで、メリーリャ、セウタとならんで例外的にスペイン支配が存続した都市がオランであった。一八世紀になると、アルジェリア西部を支配したベイが周辺部族を糾合してオランの奪回をこころみ、オランの支配権は頻繁に入れかわった。一七〇八年から一七三二年まではベイの支配下に、一七三二年以降一七九〇年の大地震後までふたたびスペインに入れかわった。

支配権の移動は、そのたびにトルコ系とアラブ・ベルベル系住民と、スペイン系住民との退去と入市をともなったといわれる。度重なる人的な断絶を経験した都市オランと周辺地域の関係はどのようなものだったのだろうか。ベイ支配下の一八世紀前半には、オランは「奴隷、穀物、油、皮革、蠟やそのほか豊かな物資」の供給地として商業活動が活発であったと記録されており、トレムセンの外港としての活動が復活していたと考えられる。その後のスペイン支配期については、スペイン駐留軍が周辺部族に統治権をおよぼし徴税、紛争仲裁などをおこなっていたとするスペイン側の記録があるものの、都市の役割は軍事的側面に限られていたと推定される。

図10-8は、一八世紀中葉のスペイン支配期のオランを描いた絵図である。当時の市街は、アルジェと同様に、西側（地図では右側）の丘陵性の岬に守られた湾内に位置している。スペイン軍駐留のために涸れ谷の両岸に築かれたふた

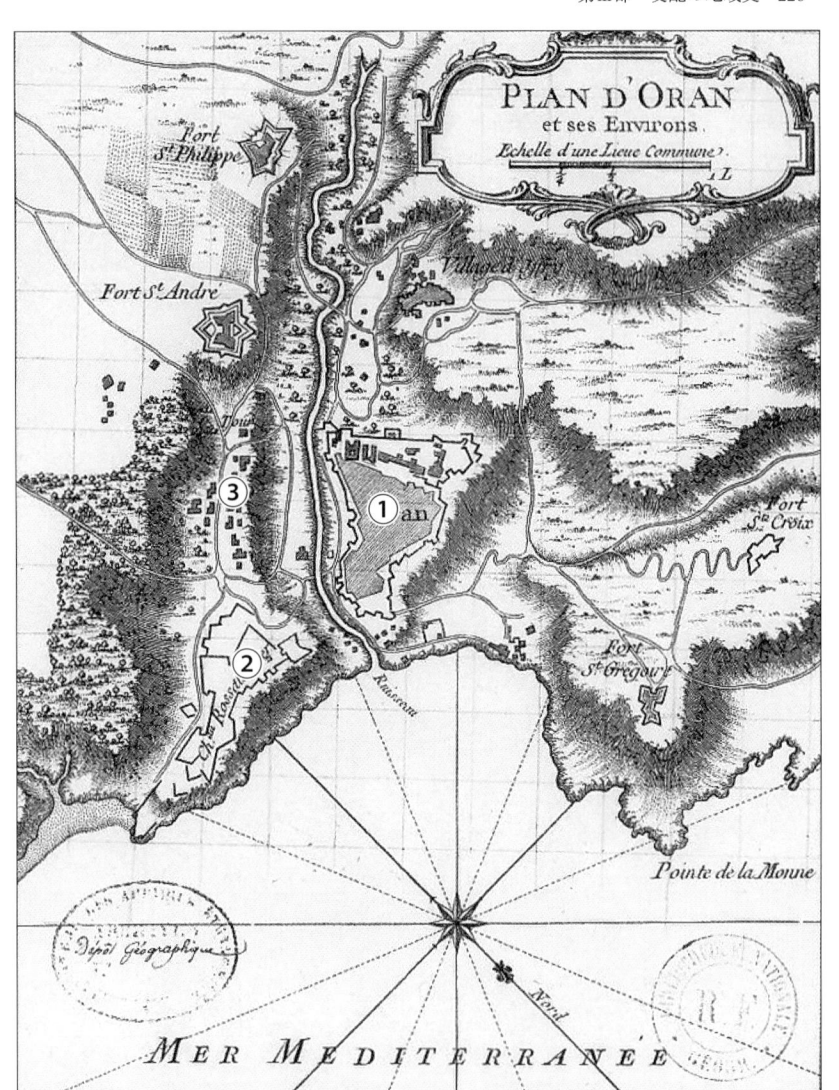

図 10-8　18 世紀前半のオラン
出典）BNF : Collection d'Anville, 08039, IFN–7759385.

第一〇章　都市空間のヨーロッパ性

二つの城塞（①②）と、その郭内の市街地がオランの旧市街の核となった。涸れ谷東側の市壁外にも点々と建造物を確認することができる。この市街地の一部（③）は、一七九〇年代ベイの命令によって、ネドロマ（ニドゥルーマ）[26]、マスカラ、モスタガネム、トレムセンなど近隣からユダヤ教徒商人が誘致され、近代のユダヤ人街区の中核となった。

一八三二年にフランス軍がオランを占領すると、トルコ系、アラブ・ベルベル系ムスリム住民のほとんどはふたたびオランから離散した。新設の都市を例外とすれば、ムスリムがほぼ不在の状況で出発した植民都市はめずらしい。この点は、近代的街区の発展と旧市街への先住民貧困層の集住してすすんだアルジェと対照的である。[27]

フランス軍上陸時のオランは、基幹建造物の多くが一八世紀末の地震の損害をうけたままになっており、一九世紀の前半はそれらの再建が課題となった。[28] 一九世紀半ばになると、入植者の増加や後背地における輸出向け農業生産（主要産品は小麦やアフリカハネガヤなどであり、一九世紀末以降はワインが重要となる）が加速した。それとともに後背地の交通網が整備され、オランはアルジェリア西部最大の海港として、人、物の流れの結節点として確固たる位置を占めるようになる。さらにオランは植民地体制下の軍管区司令部ついで県庁所在地となり、行政の中心としての機能も高めていった。

都市人口の増大にともない、一八六〇年代には市壁拡張の計画が策定される。旧市街の東側の台地にむかって市壁の範囲が拡大し、新市街の本格的建設が始まった。一九世紀末までにかけて確立されたオラン旧市街と新市街の構造はつぎのように要約できる（図10-9）。旧市街は涸れ谷の両側に広がる。西側の地区（①）にはスペイン支配期の街区割りが残っており、植民地化開始直後からイベリア半島南部出身者とフランス出身者を中心にヨーロッパ系移住者が流入した。公共施設としては、税関、陸軍病院、博物館が設置されている。涸れ谷の底（旧市街の中央②）は暗渠になっており、そのうえには軸線としてクレベール広場とマラコフ大通りが建設され、植民地化初期からフランス人商人が住みつき、富裕層の居住区となった。[29]

旧市街の東側は急峻な斜面で、その大部分を前述した一八世紀以来のユダヤ人街区（黒線枠内）が占め、ユダヤ人街

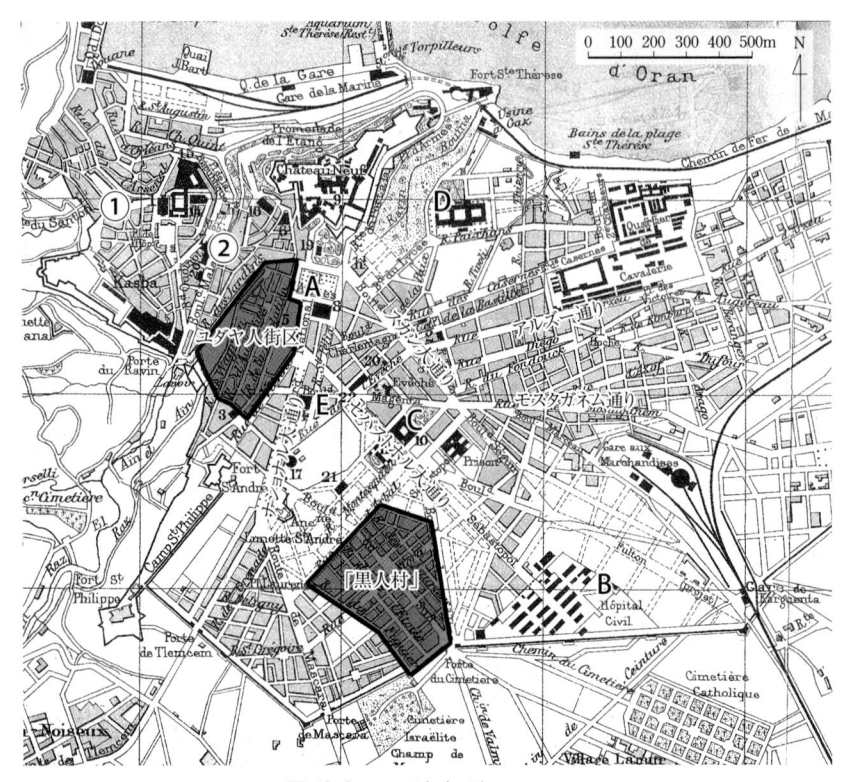

図 10-9　20 世紀初頭のオラン
出典）*Algérie et Tunisie. collection des guides Joanne* (Paris : Hachette, 1901).

の東端は高台に位置する新市街と隣接する。新市街の中心には練兵広場と市庁舎（図10-9Aおよび図10-10）があり、その海岸側には城塞と緑地遊歩道がある。主要な軸線となる道路は、練兵広場から南へ伸びるナショナル大通りと、南東へ延びるスガン大通り、セバストポル大通りである。さらにこれらを横断して東へ伸びるシャルルマーニュ大通りとその延長の兵営通り、マジェンタ大通りとその延長のモスタガネム通り、さらにズアーヴ大通りとその延長のアルズー通りが建設され、土地の起伏に制約を受けながらゆるやかな扇状の街路パターンをもつ街区が成立した。このように広場と直線的な大通りを配置した構造からは、一九世紀中葉以降のフランス本国における都市計画との類似を読みとることがで

図10-10　オラン市庁舎（筆者蔵）

新市街で一八六〇年代に計画がはじまった主要な公共建築、すなわち市庁舎、市民病院（図10-9B）、裁判所（C）、リセ（D）などは一八八〇年代に完成する。一九世紀のオランでは人口が急速に増加し、それにともなって人口の重心は旧市街から新市街へと移動していく（表10-b、表10-c）。とくに一九世紀末以降になると、旧市街中心部から新市街東部（アルズー通りを中心とするカルガンタ地区）へと比較的富裕なヨーロッパ人が移住していった。人口の過半を占めるスペイン系住民についてみると、植民地化の初期には旧市街の港湾近辺が集住地になったが、こうした集住傾向は一九世紀後半に失われ、表10-dのとおり、ヨーロッパ人の総計と同様の分布となった（一九一一年に人口が微減しているのは、出生地主義の国籍法によってスペイン人子女がフランス国籍を取得した影響である）。ちなみにアルジェでも、市中心部から先住民が移転し、それにともなって旧市街へと先住民が回帰する現象がみられたが、オランの特色は、旧市街中心部と新市街が一体となってヨーロッパ人の領域でありつづけたことであった。

このようなプロセスをたどって整備が進んだオランとい

表 10-b オラン市の人口推移

	フランス人	外国籍	先住民 ユダヤ教徒	ムスリム
1856	4,662	8,598	計 7,423	
1875	10,043	18,169	7,622	4,181
1897	24,088	35,039	10,651	11,163

資料）TEFA, 1856–1858 ; *Tableau général des communes de l'Algérie*, 1875, 1897.

表 10-c オラン市内のヨーロッパ系人口の分布

	旧市街	新市街	市壁外	計
1856	13,260	3,735	–	16,995
1886	14,088	25,126	5,301	44,515
1891	17,042	24,659	6,658	48,359
1896	16,504	32,454	9,013	57,971
1901	17,965	35,583	10,229	63,777

典拠）Lespès, *Oran : étude de géographie et d'histoire urbaine*, p. 130.

表 10-d オラン市内のスペイン国籍人口の分布

	旧市街	新市街	市壁外	計
1886	8,795	14,907	3,708	27,410
1891	9,856	17,297	4,475	31,628
1911	7,673	16,498	7,393	31,564

典拠）Lespès, *Oran : étude de géographie et d'histoire urbaine*, p. 132.

第一〇章　都市空間のヨーロッパ性

う都市を、フランス人と入植者たちはどのようなイメージでとらえていたのだろうか。『アルジェリア道中案内』（一八六二年）という書物を手がかりとして考察してみよう。これは一九世紀フランスでもっとも成功した観光案内書『ジョアンヌ』シリーズの一冊で、アルジェリアがとりあげられたのはこれが初めてである。『アルジェリア道中案内』のなかで、オランの紹介は港からはじまり、城壁、城門、城塞、兵営（ここまでは主としてスペイン期に由来する城塞建造物の総覧）、つづいて遊歩道、街路、市場、住宅、さらに宗教建築（カトリック教会、プロテスタント教会堂、モスク）、公共建築（市庁舎等）、劇場、泉、教育施設、福祉施設という順序で解説がなされ、郊外（後述するカルガンタから「黒人村」）で終わる。著者によれば、オランの「モール風建築」はすでに旧市街にごく少数が残存するのみであった。港町から郊外の丘へ登っていく町の描写のなかには、異国情緒を誇張しがちな観光案内書にはめずらしい、つぎのような文章が登場する。

オランは、アラブ、スペイン、トルコの時代をへて、今日ではフランスの街となった。見通し良く、確固と建設され、風通しも良い街には、ヨーロッパ人たちが植民地の商業活動がもたらす活気をおびて往来している［…］。

オランの住宅はほとんどすべてが近代的でフランス風に建築されている。それらは他所にくらべて美しくも醜くもない［…］。[33]

都市の現況以上に行数を割かれるのは、一八三〇年以前の年代記である。アラブ人による創建からスペインとベイの統治まで、それぞれの時代が等しく詳解され、なかでも建築史の観点からスペイン統治期の事績が強調される。そして著者は、街路名にスペイン風の名残が失われていることを惜しんでみせる。[34] ジョアンヌ観光案内は頻繁に改版された。やや時代をくだった一八九三年版をみてみると、歴史の記述はきわめて

簡略になり、街区ごとに整理されている。訪問スポットとして推薦されるのは、港、海岸沿いの遊歩道、スペイン町の眺望、練兵広場と市役所、博物館、教会、シナゴーグ、モスク、カスバ、「黒人村」である。と街と旧市街を起点とした配列は、著者が交代した一九〇三年版で大きく変更される。これ以降の版では、はじめにカルガンタ、「黒人村」、ユダヤ人地区、つぎにシャトーヌフ、遊歩道、博物館、カスバ、そしてマリーヌ地区（スペイン町）と港という順にそれぞれのブロックをめぐり、山の手の新市街から谷底の旧市街を見下ろすという順路が示されている。市内の推奨観光名所として挙げられるのはわずかに遊歩道と博物館のみである。一八六二年の初版のように町の平板な印象が明言されることこそないが、異国情緒はますます希薄になっていく。

しかし、一見平板なイメージが帯びていたわけではない。たとえば、フランス科学振興協会大会がオランで開催されたのにあわせて、同協会地区委員会が作成した案内書『オランとアルジェリア』をみてみよう。そこではオラン市街について、『アルジェリア道中案内』と同様の散策路が提案される。スペイン城塞の威容と対比させるようにますます強調されるのは、市街各所の建築物の近代性であり、それこそが植民地化の達成したものとして称揚される。こうした描写は、そもそもは、植民地に異国情緒を期待する本国フランスの読者にむけて提示されたものであった。それはやがて、アルジェリアの入植者たちにも共有されるようになっていく。『アルジェリア道中案内』の描写が二〇世紀になってから歴史資料として参照されたことは、その一例である。観光と旅に関する一連の文献は、そこに表現された地理的観念の系列が入植者社会に浸透していく回路としても読むことができる。

マイノリティの空間——ユダヤ人街と「黒人村」

このようにオランは、全体としてフランス風の——その意味で「平凡な」——外貌をもっていたが、内側には当然

ながら、植民地特有のマイノリティの空間が存在した。

そのひとつが、旧市街の東側のユダヤ人街区（図10-9、黒線枠内）である。前述したように、ここは一八世紀末以降に周辺諸都市から誘致されたユダヤ教徒が住む、比較的新しい居住地であった。オランのユダヤ教徒は都市外の土地所有をゆるされるなど、相対的に自由な待遇を享受した。そこには、アルジェやテトゥアンなど遠方からの移住者がつぎつぎと流入し、混成的なコミュニティを形成していた。[38]

第三章でみたように、アルジェリアの先住ユダヤ教徒は一八七〇年のクレミュ政令によって一括してフランス人としての市民権を付与され、ヨーロッパ系社会のさまざまな分野に活動領域を広げていった。[39] 急速な社会的変化の途上にある一九世紀末に、ユダヤ人の居住形態はどのようなものだったのだろうか。一八八六年の選挙人名簿から抽出したユダヤ系選挙人についてみてみると、総数一一四〇人の内、八二九人がユダヤ人街区に居住しており、居住地の選択という点ではユダヤ人の拡散は緩慢であったことを示唆している。伝統的な街区の外でユダヤ人が比較的多く住みついた地区は、新市街南部の「黒人村」であり、ここを居住地として記載された例が上記の母集団のなかに八〇人みられる。[40]

すでに参照した観光文献と公共工事関連史料からみると、ユダヤ人街の街路は直線的に再整備され、建築物の様式も他の街区と同様であったようである。しかし、オランのユダヤ人コミュニティには、かれらを可視化する象徴的建築物があった。その代表が、一八八〇年に建設が開始され一八九〇年代に使用が開始されたシナゴーグ（図10-9E、図10-11）である。この豪壮な建築物は、中心的な街路軸のひとつであるナショナル大通り沿いに、ユダヤ人街区からわずかに外れた土地に建てられ、北アフリカ最大規模のシナゴーグとして知られた。オランではそれまで、主要な公共建築物がほぼすべて本国と同様の折衷様式をとっており、このシナゴーグは東洋風の様式を前面にうちだしたはじめての大型建造物であった。[42] つづいてアラブ・ベルベル系ムスリムについてみてみよう。前述したように、オランは、先住民隔離政策の典型ともいわれる「黒人村」が、アルジェリアでおそらく初めて建設された場所であった。「黒人

図 10-11　オランの大シナゴーグ（筆者蔵）

「村」という言葉は、植民地期アルジェリアの都市郊外に形成された先住民居住区の通称として、しばしばスラムと隣接するニュアンスをおびて用いられた。

オランの「黒人村」は、市壁外のカルガンタと呼ばれる地区に設置されたが、その場所はもともと、ベイ支配下の時代にベイと同盟関係にあった部族の宿営地となっていた。フランス軍は、占領初期にここを軍駐留地として接収する。すでに述べたように、オランからは都市民も周辺部族も多くが離散したのだが、一八四〇年代になるとふたたび都市の周囲に宿営する人々が増えはじめた。その対策として、一八四五年に方面師団長ラモリシエールは、市壁の外側の南側の台地にかれらの居住地を区画することを命じた。この命令は、後にアルジェリア総督となるビュジョーによって一八三〇年代から推しすすめられていた政策の延長にあった。ビュジョーは一八三八年につぎのように記している。

私見によれば、家屋を所有させることによってアラブ人を定着させることが、最上の政策であろう。残念ながらそれには費用がかかる。だがそれによって

第一〇章　都市空間のヨーロッパ性

彼らは土地に結びつけられ、そうすれば彼らの凶暴さも好戦性も薄れ、統治もより容易になるであろう。(44)

ビュジョーの主張には、先住民に移動性の高い生活形態を放棄させ、定住農耕民としての生活を強制的にでもおこなわせることによって、かれらを植民地社会の構成員として組み込もうとする社会改造の野心があらわれている。オランはおそらく、こうした戦略のモデルケースとして選ばれたのだった。

陸軍は、先住民居住区をメディナ・ジュディダ (Médina djidida、アラビア語で「新しい町」を意味する madina jadida の音写）と名付け、建設費の負担とひきかえに土地を先住民に分譲した。地区の内部は格子状の街路パターンを用いて設計され、石造りの建物が立ち並ぶように指定がなされた。メディナ・ジュディダ、のちの「黒人村」は、オラン市壁外のベイリク（オスマン期の政府所有地）のうえに設定された。その際には、フランスがデイ・ベイの統治権を継承した政府としてベイリクをいったん接収し、これを公有地とみなして先住民に払い下げるという、第七章で紹介した論理が用いられた。(45)

以上の経緯から明らかなように、「黒人村」はアラブ・ベルベル系先住民を念頭に建設されたものであり、なぜ「黒人村」と呼ばれるようになったのかは定かではない。ひとつの可能性として、この街区は内部が出身地ごとにいくつかの小街区に分節化されており、その一部にサハラ以南系住民の集住区域があったため、それが全体に拡張されたという説明が考えられる。(46)

実際、時代をくだって一九世紀末の「黒人村」については、少数ではあるが、一八九四年のムスリム選挙人名簿からは表10-eのデータが得られる。この史料にあらわれる「スーダン」は、歴史上のビラード・アッスーダーン（アラビア語で「黒人たちの国々」に対応し、サハラ砂漠の南縁部全般をさすと考えられる。ここでの「スーダン」出身者の多くは、マグリブと交易ネットワークで古くから結ばれていた西スーダン地域の出身者であろう。(48) この年の名簿では、

表 10-e 「黒人村」在住「ムスリム原住民」選挙人の出生地と年齢階層（1894 年）

年　齢	出　生　地				計
	オラン市内	オラン県	アルジェ県	「スーダン」	
65 歳以上	9	4	2	6	21
55-64 歳	8	6	0	2	16
45-54 歳	5	12	0	0	17
35-44 歳	8	5	0	3	16
25-34 歳	9	5	0	0	14
計	39	32	2	11	84

資料）ANOM Oran/E66.

オラン市内の「スーダン」出身（と自称した）者はすべて「黒人村」所在地として記録されている。サンプルの代表性と情報の正確さについて留保が必要であるが、労働者として（あるいは「奴隷」として）流入したサハラ以南出身者が、少数ながら一九世紀末までこの街区に集住していたと推定できる。

「スーダン」出身以外の「黒人村」のムスリム住民については、オランを県庁所在地とする県内の半径約一五〇キロメートル程度の範囲の出身者がオラン市出身者とほぼ同数あらわれる。この数値は、周辺地域の先住民が中心都市へ移住し、みずから土地を取得して定着する例が一定数あったことを示唆する。

「黒人村」は一八六六年に拡張された市壁の内部にとりこまれ、世紀末にかけては周囲の空地も消失して新市街の他の区画に接合された。この期間をつうじて建物の外観上の特徴はしだいに薄れていった（図10-12）。前述の案内書『オランとアルジェリア』（一八八八年）から、「黒人村」の描写を引用しよう。

この街区にはなにもピトレスクなところはなく、その名は相応しいものではなくなりつつある。かつてはアラブ人だけが住んでいた細い路地やあばら屋は徐々に姿を消し、画一的な住宅に置きかえられている。

引用部分のつづきには、「黒人村」の新しい建物の「青みがかった塗り壁、赤と緑に塗られたドアノブ」は、家主のほとんどがユダヤ人であることを示している、という興味深い説明がつけくわえられている。この説明の正確さを裏づけることはで

図 10-12　オランの「黒人村」(筆者蔵)

分節化された都市

　本章では、一九世紀オランにおける都市拡大の過程を検討した。既存の都市構造と植民地期の改造、拡張という補助線をひくことで、アルジェリアのなかにも多種多様な空間構成の組み合わせがあったことがみえてくるが、そのなかでもオランは独特な位置を占めている。

　スペインの城塞都市として建築された旧市街をもつオランでは、植民地都市のヨーロッパ的性格を確立するために非ヨーロッパ的──「イスラーム的」──メディナを破壊・再編するというプロセスが、存在しなかった。この都市は近世以来、支配者が交代すると住民の大部分が退去するという歴史をくりかえし、植民地期になるとヨーロッパ系人口が多数を占める都市として発展した。人口構成の面からみても、建築の特徴からみても、オランはたしかに

きないが、「黒人村」の人口が増加するにつれて、小売商や職人層のユダヤ人が定着したことが知られている。この地区が多様なマイノリティ集団の隣接する場となっていたことをあらためて浮き彫りにする挿話といえよう。

「ヨーロッパ的」であった。地形の制約が大きいために、植民地都市の一般的なイメージであるシンメトリカルな計画都市は建設されず、旧市街と新市街との一体性と、市街の内部に組み込まれた分節構造を特徴とする独特な空間が形づくられていった。

一九世紀後半に都市が拡大していくなかで、市街地はフランス本国同様の折衷様式の建築物で覆われていった。地理学者ハーヴェイが第二帝政期のパリを素材として述べているところによれば、この時代の都市設計には、過去を抹消して一種の白紙状態をつくりだし、あらたな世界を提示する意図があった。しかしそうした根本的断絶は実際には不可能であり、粉飾された神話というべきものであった。こうした指摘は、植民地都市オランについてもあてはまる。

ヨーロッパ系住民と非ヨーロッパ系住民の空間を比較すると、街路のパターンと建築物の構造からみた差異はしだいに希薄になっていった。その境界を可視化するのは、住民たちの存在そのものであり、建物の意匠や装飾にあらわれるミクロな差異であった。街全体を印象づけるフランス風の外観のなかに織りこまれたマイノリティの空間は、それぞれの内部における共同体の均質さを意味したわけではない。たとえばオランのユダヤ人コミュニティには、二〇世紀になっても、メゴラシム（イベリア半島からの移住者）とトシャヴィム（それ以前からの定住者）の対立が残っていた。

さらに、植民地化以前からの定住者とフランス、モロッコなど出身地域、都市によって区別された移住者たちのあいだでも、相互の婚姻が禁じられるといった、さまざまな障壁を内側にかかえていた。

空間の分節をこえた人の往来や接触についてみると、通りと家屋を共有し、日々の物質的生活の場として空間を共有する同一の番地にヨーロッパ人やムスリムが居住する例は、少数ながら、選挙人名簿や人口調査史料にたしかに存在した。しかし総じていえば、ヨーロッパ人、ユダヤ人、ムスリムといった集団の境界をまたいだ日常的な社交関係は、希薄であったであろう。集団的帰属を異にする人々のあいだで個人的な結びつきが生じたとしても、それは例外的なものだった。

在地フランス人のあいだでは、スペイン系住民と先住系ユダヤ人に対する排斥機運が高まり、ユダヤ人を標的とした

暴動にまで発展する。その舞台のひとつとなったのがオランであった。植民地状況の政治をつくりだす土壌は、人々の日常的な軋轢にあり、その前提となるのは物理的な近接である。「ヨーロッパ的」都市オランも、その例外ではなかった。

第一一章　空白の土地台帳

> ここではあの擬制、すなわちフランスで行政裁判を市民と国家のあいだにある一種中立的な第三者のように思わせている擬制、それ自体が消滅した〔…〕。
>
> （アレクシ・ドゥ・トクヴィル「アルジェリア論」一八四一年）[1]

　土地制度と地方行政のふたつの問題が絡み合って物質化する場所、それは農村である。一九世紀後半は、それまでの軍事力による圧迫にかわって、法と行政による支配が前景にあらわれた時代であった。そのことをマグリブ史の碩学ベルクは、彼らしい含蓄のある一文で表現している。「それは軍事的のみならず手続的なものであった。農民(ファッラーフ)にとって法律家は剣客よりも恐ろしいものになっていた」[2]。社会人類学者バランディエの表現を借りていいかえるならば、異民族支配という政治的な問題は、植民地の日常のなかで、行政の所轄する技術的な問題に変換される[3]。
　これまで多くの歴史家たちが、先住民から土地に対する権利が奪われたことに植民地化の本質を看取し、そのプロセスを解明しようとこころみてきた。その結果、土地剝奪の面積と速度が数量的に明らかにされ、伝統的な社会構造がいかに破壊されたかが論じられてきた[4]。そうした研究はわれわれの歴史理解をたしかに前進させた一方で、以下の

第Ⅲ部　支配の地域史　242

重要な側面が捨象されてきたように思われる。第一に、行政は奪うだけではなく、空間を管理し、人と土地という資源を配置する権力であったこと、第二に、行政と先住民のあいだには、歪んだ形ではあっても交渉の接点があったことである。本章はこうした側面に着目し、オラン地方の典型的な入植地のひとつであるアイン・テムシェントとその周辺地域を例として、土地政策の展開と先住民社会の変化をたどっていく。

二組の図表

ここに二組の図表がある。(5)どちらも旧オラン県文書の入植事業系列に分類された書類である。一組目の名簿は一八八〇年四月一四日付で、数頁にわたってムスリムの人名が記入され、地図のうえでは曲がりくねった線で区画が表現されている（図11-1）。二組目の名簿は一八八〇年一二月二四日付で、すべてが空欄で、地図には直線的な土地区画が表現されている（図11-2）。これらは、アイン・テムシェント近隣の入植村トロワ・マラブーを建設するために準備された、土地台帳とその付図である。この史料が証言する行政手続きをたどることから、本章の考察をはじめよう。

オランからトレムセンにいたる道のほぼ中間では、テル・アトラス山地の支脈が平野と接し、なだらかな丘陵地帯が広がる。一八五〇年代に、それまで沿岸部にとどまっていた入植事業がこの一帯に拡張されることになったときに、最初の拠点として選ばれたのが、アイン・テムシェントと呼ばれていた場所であった。この地点が選ばれた主な理由は、第一に、そこにローマ時代の遺構と水源があって都市建設に適していたためであり、第二に、地元部族がモロッコに移住したことで、かれらの土地所有権が喪失したとみなされたためであった。(6)(7)アイン・テムシェントの周辺部を範囲とする完全実施自治体（以下、アイン・テムシェント市とする）が設置された。(8)人口は順調に増加し、(9)一八六九年には市街地とその周辺部を範囲とする完全実施自治体（以下、アイン・テムシェント市とする）が設置された。同時に、同市の東西に広がる未入植地を範囲として、おなじくアイン・テムシェントの名を冠した混合自治体（以下、アイン・テムシェント混合自

第一一章 空白の土地台帳

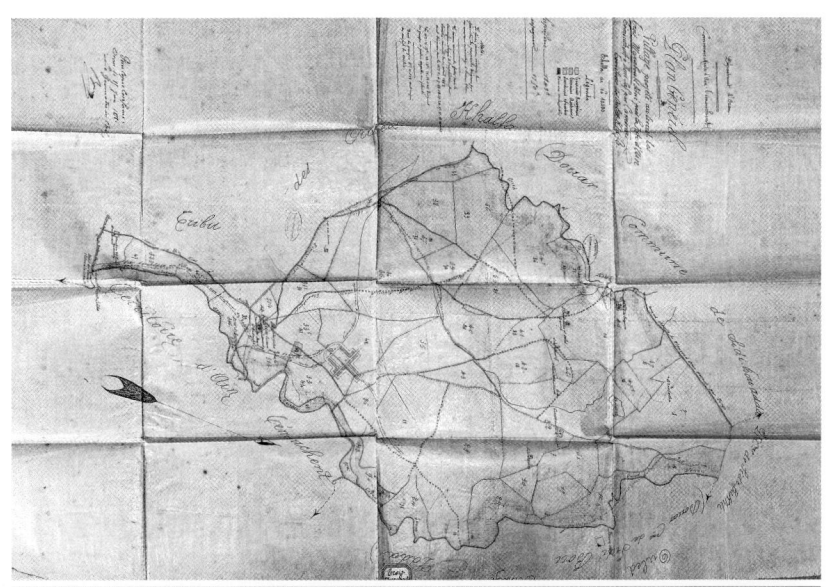

図 11-1 トロワ・マラブー 1880 年 4 月 14 日
資料）ANOM Oran/2M189.

図 11-2　トロワ・マラブー 1880 年 12 月 24 日
資料）ANOM Oran/2M189.

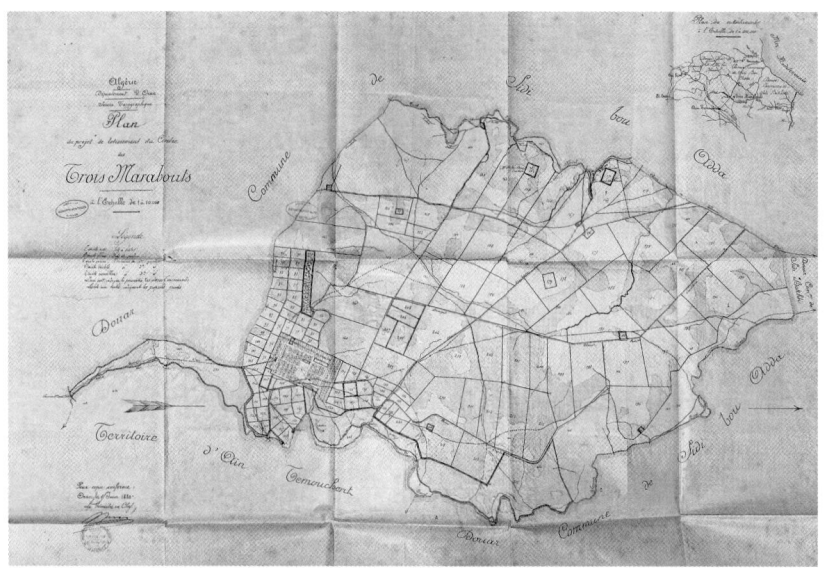

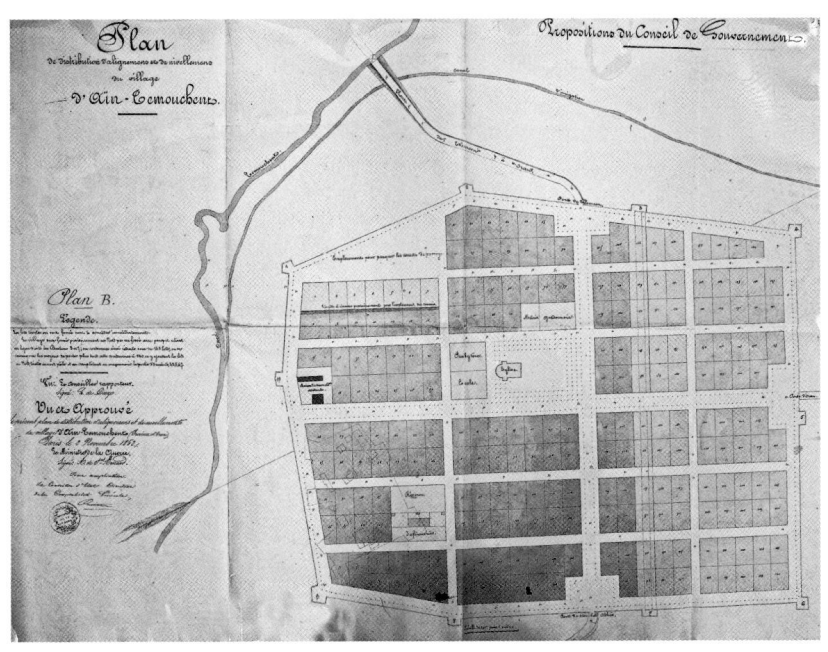

図 11-3　アイン・テムシェント市建設計画案（1852 年）
資料）ANOM 2PL564.

治体）の行政下におかれることになった。同一の名前をもつ完全実施自治体と混合自治体が入れ子のようになって入植事業が進行した例は、一九世紀のアルジェリアでしばしばみられたものである。

アイン・テムシェント市（図11-3）の西北で、新しい入植村トロワ・マラブーと払い下げ農地の整備計画がはじまったのは、一八七七年のことであった。建設予定地は、一八六三年元老院議決の適用によって先住民のミルク地として所有権が認定された区域であった。当局は対象地を公用収用（公の用に供するための強制的な権利剥奪）すると決定した。建設計画を知った地元部族ウルド・ハルファの人々は、知事宛に代表者一四名の連名による書簡を送り、土地を奪われることによる困窮を訴えて中止を嘆願したが⑩、これが県庁内で検討の対象となった痕跡はない。

県庁内に設置された入植村建設準備委員会の議事録にはつぎのような説明が記されている。ウルド・ハルファのミルク地一万三一五七ヘクタールのうち、実際の耕作面積は一〇分の一以下（一一

五六ヘクタール）に限られてる。したがって、入植村と周辺用地一七五〇ヘクタールの収容は「原住民の生活基盤を奪うものでは全くない」(11)。こうした行政の態度が、耕作地の移動をともなう農牧民の伝統的生活形態に対する無理解、あるいは意図的な無視にもとづいていたことはいうまでもない。

入植村建設の計画認可は、一八八〇年二月に総督府から県知事に通知され、三―四月には道路新設の計画がすすめられた。同年五月には土地収用の公示が開始され(12)、一〇月には関連する公共工事入札がおこなわれた。こうして着々と建設の準備がすすめられていくあいだに、書類も整えられていった。出発点となったのは、一八六三年元老院議決にもとづく土地区画図である。同図にもとづいて収用の手続きのための予備調査が一八七八年九月までにおこなわれ、土地所有者の名簿が作成され、家系調査にもとづく区分所有権が確定された（表11‐a）。前掲の一組目の台帳がこれにあたる（図11‐1）。

翌年の夏から秋にかけて、収容対象となった土地の抵当関係の整理がおこなわれ、地権者に対する補償手続きがすんだ。現存する補償手続き書類には、確定された地権者たちの署名が確認できる。様式にはフランス語、アラビア語の二ヵ国語が用いられることもあったが、多くの場合は、フランス語のみで記された（しばしば定型文が印刷された）書類であった。こうした一連の行政手続きは、地権者の実質的な理解と参与をもとめるものにすぎなかった。さらにつけくわえれば、土地収用の対象者に対しては、補償のための長期定期金が支払われるはずであったが、アルジェリアにおいては補償金清算の遅れが常態化していた。そのために、困窮した地権者たちが債権を手放してしまう事態が一九世紀中葉から頻発していた(13)。

権利関係の整理と並行して、空間の再編がすすむ。一八六三年元老院議決の適用によって作成された地図と、払い下げ地のあらたな区画線が引かれた地図と、新地番に対応した台帳が準備された。「所有者」の欄は空白であった（図11‐2）。

こうした行政手続きをへて、トロワ・マラブーの建設は、おそらく大きな物理的な衝突をみることなく進行した。

第一一章　空白の土地台帳

表11-a　トロワ・マラブー入植村建設のための収容対象地

地番	面積(ha)	区分所有者の人数(内，女性)
1	114.0	5(1)
2	45.6	3(1)
3	15.4	7(4)
7	351.5	5(0)
8	26.4	2(0)
10	119.0	13(8)+
12	39.0	3(1)
14	6.0	1(0)
15	24.7	4(1)
17	23.9	8(4)
18	204.0	12(4)
20	54.7	10(3)
21	40.7	2(2)
22	38.0	3(1)
25	51.1	7(4)
26	39.1	3(1)+
30	21.7	5(0)
31	19.6	2(0)
34	8.3	2(2)
35	157.6	2(1)
37	25.0	6(0)
39	69.2	8(1)
41	25.4	5(5)+
42	55.3	3(3)+
44	33.8	2(2)+
46	16.0	1(0)
47	12.9	3(0)
合計	1637.9	127(49)+

資料）ANOM Oran/2M189.
注）＋は台帳の人名に加えて共同利害関係者有りと記録されているケース．

先住民側からの抗議や抵抗について、史料は沈黙する。一八九〇年代前半には払い下げ地の分配はほとんど完了し、一九〇一年には公有地として留保されていた土地も入植者に分配された。トロワ・マラブーは、「見倣うべき手本」といわれる入植村へと成長していった。

ここでとりあげた土地台帳は、支配が物質化する一瞬を、はからずも映しだしている。片方の付図にみられる曲がりくねった線と、他方にみられる直線的な土地区画。これらのコントラストは、新しい空間管理のルールがこの土地にもたらされたことを象徴する。本来の所有者の名がびっしりと記載された名簿と、空欄がつづく名簿。書類は過去の痕跡を抹消し、そこがあたかも無色の土地であるかのように偽装する。こうして創りだされた、いわば文書のなか

土地制度改変の概観

はじめに、アルジェリアにおける土地制度改造の歴史を概観しておこう。第七章で述べたように、植民地期アルジェリアを象徴する土地制度立法として、一八六三年元老院議決と一八七三年法（ワルニェ法）のふたつがある。先住民の土地所有権を認定した一八六三年元老院議決は、あいまいな性格をもった立法であった。立法の背景には、先住民の領域を「保護」しようとする意図が存在したが、同時に、私的所有権の確定は土地の市場化をうながし、法の運用によっては入植を推進しうる側面をもっていた。一方、一八七三年法の目標は明確で、先住民の土地所有権から先買権などの非フランス的要素をとりのぞき、土地買収を加速させることにあった。以下でみるように、そうした立法意図の差は、空間への展開のちがいとしてあらわれることになった。

数的な側面について、アルジェリア国有財産管理部局長レノによる統計を用いて確認する。対象となった部族の数は三七二、ドゥアールの数は六六七、人口は合計約一〇〇万人にのぼった。各地の土地利用の実態や権利関係の現地調査によって集約された土地範疇の分類は、表11-bのようなものであった（当時の行政の立場を単純化して述べれば、ここでいう「ミルク地」とは、西欧法と同じ意味での所有権が存在する土地であり、「アルシュ地」とは保有権が部族に帰属し、部族外の第三者への売却が禁じられた土地である。ただし第七章、第八章で述べたように、これらの概念には混乱がつきまとっていた）。

一八六三年元老院議決は、ふたつの土地範疇それぞれについて、当該地域の先住民が所有権をもつと認定した。そ

表11-b 1863年元老院決議による土地調査結果（1863-1870）（単位 ha）

国有地	ミルク地	アルシュ地	自治体所有地	行政財産	計
1,003,072	2,840,591	1,523,013	1,336,492	180,643	6,883,811

典拠）M. Laynaud, *Notice sur la propriété foncière en Algérie* (Alger-Mustapha : Giralt, 1900), p. 61.

表11-c 1873年法による土地調査結果（1900年まで）（単位 ha）

フランス法による所有権が「確認」された「個人所有地」	904,444
フランス法による所有権が「設定」された「集団的所有地」	436,826
公証証書等によって証明された「個人所有地」	238,571
国有地	
1873年法施行以前の面積	150,186
1873年法施行による増加	159,605
自治体所有地	
1873年法施行以前の面積	193,711
1873年法施行による増加	78,272
行政財産	59,734
その他（係争地等）	17,746
合　計	2,239,095

典拠）M. Laynaud, *Notice sur la propriété foncière en Algérie* (Alger-Mustapha : Giralt, 1900), pp. 98–99.

のうえで同法は、第一段階においては各部族の境界を画定してドゥアールへと分割し、公有地とミルク地、アルシュ地についてもそれぞれの外縁を画定した。そして、第二段階において、ミルク地とアルシュ地を個々人の所有地へと分割することを予定していた。しかし第二帝政が倒れたために、第二段階の適用が実現された地域はごく一部にとどまった。その結果一八七〇年の時点では、ミルク地、アルシュ地というイスラーム法の——実際には、植民地法としての「アルジェリア・ムスリム法」の——支配を受ける土地が広大に残されていた。

こうしたイスラーム的要素が土地買収の障害になるという認識に立って、一八七三年法およびその関連立法が策定された。その目的は、先住民のミルク地とアルシュ地をそれぞれ個人所有地、集団的所有地と読みかえてイスラーム的語彙を排除し、土地買収の前提を整えることにあった。おなじくレノによる調査から、一九〇〇年時点で一八七三年法の適用結果を示したのが表11-cである。対象となった部族の数は合計一六七、ドゥアールの数は三一八、人口は約六七万人であった。その大部分は、すでに一八六三年元老院議決が適用された区域について、

あらためておこなわれた調査であった。

以上の比較から要点をまとめよう。一八六三年元老院議決は、先住民の土地所有権を広く認定した一方で、国有地として広大な面積を確保した。⑰一八七三年法はあらたに一五万ヘクタールの国有地を収用した。国有地は入植村建設や払い下げ用地のために用いられるものであったから、この点ではふたつの立法には連続性が認められる。

ただし、両法の関係を収奪の単線的な集積ととらえてしまうと、重要な差異を見失うことになる。適用面積の差に注目してみよう。一八六三年元老院議決による調査は一八七〇年の時点で実に七〇〇万ヘクタール弱におよんでいたのに対して、一八七三年法の調査範囲は二〇世紀初頭にも二〇〇万ヘクタール強にとどまっていた。つまり一八七三年法の施行以降も、土地謄記をつうじてフランス法の適用が完了した——いわゆる「フランス化」された——土地は、一八六三年元老院議決によって認定されたアルジェリア・ムスリム法の土地制度と並立しつづけていた。

そのことの意味は、オラン地方における一八七〇年時点での土地調査結果と、おなじく一九世紀末時点での調査結果を地図のうえで比較することで明確になる。

まず一八六三年元老院議決の適用（図11-4）をみると、土地調査は後のオラン県民政領域をほぼ覆い、一部はその範囲を超えて内陸まで土地調査がおよんでいる。そして、アルシュ地とミルク地がそれぞれに大きなブロックを形成していることが確認できる。土地分類をおこなった担当者たちは、相応の理由をもってこれらの分類をおこなったのだろうか。あるいは、現地の事情と無関係に、特定の意図をもって整理をおこなったのだろうか。⑱

全般的な傾向を地図から読みとると、すでに入植が進展した沿岸部を取り囲むようにアルシュ地が設定されていることがわかる。当時アルシュ地は、ヨーロッパ人による買収が困難な土地とみなされていた。この事実は、私的な土地買収を鈍化させようとする立法意図の一面と合致する。実地の調査に際して、上層部から調査担当者へとそういった指示がおこなわれたことを証言する文書は発見されないが、傍証として、元老院議決の適用にかかわった顧問官の⑲なかには、すでに幾度か言及した「原住民贔屓」アンディジェヌフィルの代表イスマイル・ユルバンの名があったことがあげられる。すく

第一一章　空白の土地台帳

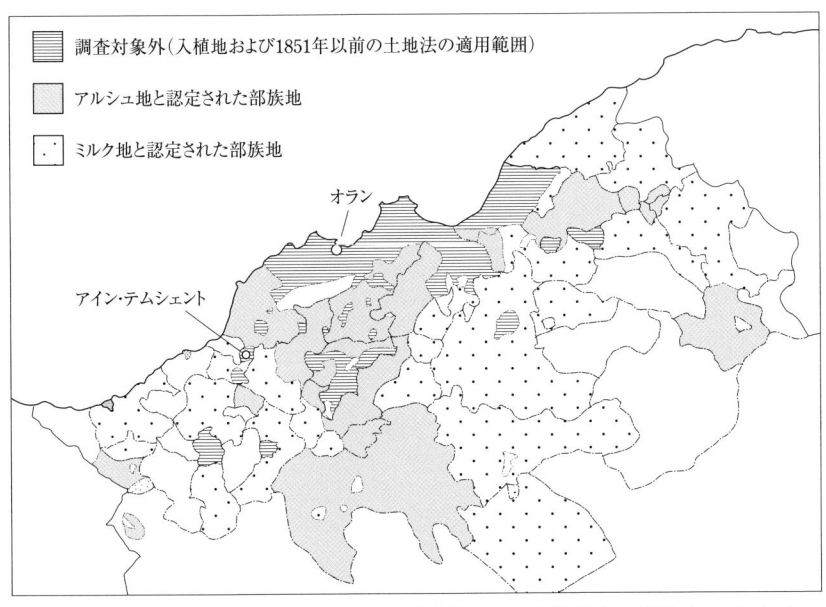

　　■ 調査対象外（入植地および1851年以前の土地法の適用範囲）
　　▨ アルシュ地と認定された部族地
　　∷ ミルク地と認定された部族地

オラン
アイン・テムシェント

図11-4　オラン県における1863年元老院議決による土地調査の状況（1870年まで）
　　資料）BNF GE–D–4167 ; ANOM GGA/M, ANOM Oran/N.

　元老院議決による調査は、短期間の内に、いいかえれば拙速に、テル・アトラス山脈の一部地域にまでおよび、平野部を覆いつくした。それと比較して、一八七三年法の適用範囲は、施行から二〇年以上たっても、沿岸を中心とした一部地域にとどまっていた。その理由は、一八七三年法の適用が、土地測量にくわえて、個々人の所有権の範囲を先住民の家系調査にもとづいて確定するという膨大な作業を要し、予算不足とあいまって頓挫したためであった。さらに一八九〇年代後半になると、本国政界で、入植地の拡大によって先住民の貧窮化が急速にすすんだことへの懸念が広がり、土地調査は実質的に停止されることになった。[20]

　空間構成からみた一八七三年法適用の特徴は、一九世紀末の時点での土地調査の状況（図11-5）をみ

なくともオランの事例においては、ミルク地とアルシュ地の区分けが多分に恣意的なものであり、入植用地と先住民の保留地という大規模な領域の分割をつくりだす意図に裏づけられていたと考えてよいだろう。

第Ⅲ部　支配の地域史　252

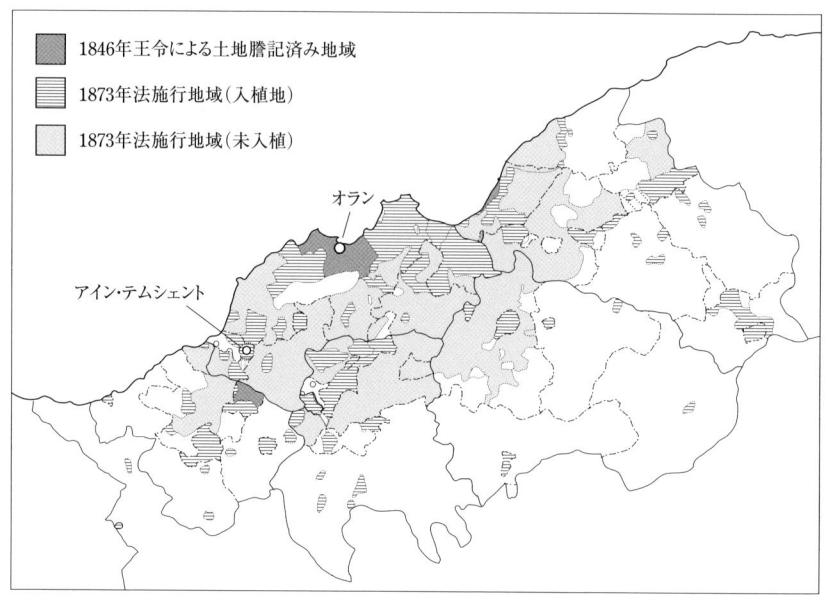

凡例：
- 1846年王令による土地謄記済み地域
- 1873年法施行地域（入植地）
- 1873年法施行地域（未入植）

オラン
アイン・テムシェント

図11-5　オラン県における1873年法による土地調査の状況（1896年時点）
資料）DGAN CA1–IV–6, n° 113 ; ANOM GGA/M, ANOM Oran/N.

　ることで明確になる。一八七三年法にもとづく土地調査は、一八六三年元老院議決によってアルシュ地として認定された区域を中心としておこなわれた。地形との対応という点からみると、沿岸の低地部をほぼ覆い尽くしたうえで、県東部の丘陵地帯にも伸張している。その範囲は、第九章で確認した完全実施自治体の外周部（図9-3）とおおよそ一致する。つまり民政下の土地調査は、土地買収の障壁と考えられたアルシュ地の解体を目的としておこなわれ、入植が進行している地域の空隙をうめていったと考えられる。

　二枚の地図の比較から明らかなように、一八七三年法によって土地制度が全面的に「フランス化」され、一様に塗り替えられたということはできない。一八七三年法の適用範囲は、入植地建設と土地取引の都度におこなわれる小規模な土地調査によってゆるやかに拡大していったが、両大戦間期になるまで、その外縁が大きく広がることはなかった。土地制度の「フランス化」は一部の地域にとどまり、その適用外におかれた地域（図11-5における白地の部分）で

は、アルジェリア・ムスリム法が有効性をもちつづけていた。レノの推計によれば、一九〇〇年までにフランス法の適用をうけた土地の面積は約四〇〇万ヘクタールにとどまり、その倍以上の約九六〇万ヘクタールがミルク地もしくはアルシュ地の状態にあった。(22)

以上を要約すれば、本国の「延長」と呼ばれたアルジェリアにおいて、土地制度の混合状態は一九世紀をつうじて解消されることはなかった。「コロンの法」と呼ばれた一八七三年法は、土地制度の完全な「フランス化」を実現することはなかった。それはむしろ、フランス法の土地制度が貫徹する空間を部分的に切り出したのである。同法が適用された地域では、私的な土地買収によって先住民の可住領域が縮小し、景観は急速に変化していった。(23) そこには、植民地化のミクロなフロンティアが内蔵されていたといってもよい。

アイン・テムシェントのアーミル族

アイン・テムシェントの周辺は、そういった境界地帯のひとつであった。

この地域は古くから、東方より到来したアラブ遊牧民の系譜を引くアーミル族の領域となってきた。(24) っていたアーミル族は一六世紀頃までにベルベル系の人々と混淆しつつアルジェリア西部に定着し、氏族の連合体を形成していったと考えられている。(25) 一六世紀から一八世紀にかけて、アーミル族は、オランを拠点としたスペイン軍と、内陸都市を拠点としたベイの中間地帯に位置して両勢力と交互に同盟を結ぶ関係にあった。この時代に往事の勢力を失っていったアーミル族は、一八世紀後半にスペイン軍が退去すると、オランを占領したベイによって居住地を移動させられ、塩湖の南岸を本拠地とするふたつの集団(アーミル・シェラガすなわち東アーミル族と、アーミル・ガラバすなわち西アーミル族)に分かれていった。(26) フランス軍による征服がはじまると、アーミル族の大部分はアブドゥルカーディル・ジャザーイリーの陣営に加わ

った。アブドゥルカーディルは、東西アーミル族の領地を統合して、自身の政治秩序建設に組み込もうとこころみた。しかしカーディリー教団の勢力を背景とするアブドゥルカーディルと、ダルカーウィー教団が浸透したアーミル族との連帯は、不安定なものであった。一八三四年七月のデミシェル和約によって短期間の平穏が訪れると、アーミル族の一部がアブドゥルカーディルへの納税を拒否し、両者の関係が緊張したというエピソードが知られている。一方で、アーミル族の大部分がフランスへの服属を選択し、アブドゥルカーディルと戦火を交えたこともあった。

一八四〇年代はアーミル族にとって苦難の時期となった。一八四五年、アブドゥルカーディルが戦局を不利とみてモロッコとの国境地帯に退くと、アーミル族からも相当の人数が仏軍占領地を離れて追随した。ところがアブドゥルカーディルとの同行は長くはつづかず、ほどなく部族の大部分はアブドゥルカーディルの麾下を離れることになる。アーミル族が政治情勢に応じてモロッコ領内に移動した前例は一八世紀にもあり、それ自体は例外的な出来事ではない。しかしこの時のモロッコへの避難はまもなく困難に直面した。経緯は明らかではないが、早くも一八四六年にはスルターンとの関係が冷却化し、アーミル族の多くの人々が、在タンジェ・フランス領事にアルジェリアへの帰還を願い出るようになった。

アーミル族は、モロッコ王権とアブドゥルカーディルの緊張関係の狭間におかれただけでなく、フランス外交関係者がムスリムの庇護者とアルジェリア占領軍とのあいだの綱引きにも翻弄されることになった。フランス外交機関を諸外国にあたえるために帰還を後押ししたのに対して、軍は、敵対勢力の帰還に消極的であったためである。フランス側が用意した海路での帰還を選んだ者は少数であった。多くの人々はフェズを脱出してふたたびアブドゥルカーディルに合流しようとしたが、その道中で、数百人が地元部族またはモロッコの軍勢に殺害されるという悲劇に見舞われた。この事件はアーミル族の歴史を語るうえで象徴的な出来事となった。一八四七―一八四八年にかけて、ある者は海路で、ある者は陸路でアルジェリアに戻り、モロッコへ移動しなかった支族や途上でひきかえした人々とも合流してふたたび故地を見いだしたときには、支族によっては幕屋の数が半減するほどに勢力が衰えていた

といわれる。

戦乱による損害は人口の減少のみでなかった。家畜やその他の財産を失い、政治的にも四分五裂するなかで、部族内の広域的な連帯や伝統的秩序は相当に損なわれた。さらに一九世紀後半から入植が本格化すると、それまでの人と土地の開放的なつながりは、囲い込みによる空間管理に置きかえられていった。次節からは、区画限定(カントヌマン)、一八六三年元老院議決、一八七三年法の適用過程をみることで、先住民と土地との結びつきが再編されていった過程を検討する。

区画限定(カントヌマン)

アイン・テムシェント混合自治体がおかれた地域には、西アーミル族の支族であるウルド・ザイールとウルド・ハルファが主に居住し、北側の一部地域には、アーミル族とは異なる系譜に属するドゥワーイルの人々が暮らしていた。かれらの伝統的な土地利用は、一見したところ空地の多い粗放なものであった。人々は、水源近くに幕屋の集落を形成し、その周囲で小麦、大麦などの耕作地と牧草地を組み合わせた初歩的な二毛作をおこなっていた。施肥はあまりおこなわず、地力の衰えには土地の移動によって対応した。年平均降水量五〇〇ミリメートル程度の半乾燥地域では気象の変化が大きく影響し、不作のときには部族本来の領域をまたいだ移動で対応することもしばしばであった。こうした粗放な土地利用は、地域の生存維持経済を支える重要な基盤であった。しかしそうした環境のバランスは、土地政策の適用によってしだいに毀損されていく。

一八五〇年代に土地政策の基調となったのは、いわゆる区画限定(カントヌマン)政策である。第七章で述べたように、一八五〇年代の行政当局内では、イスラーム社会においてはすべての土地が原則として国有であり、諸部族は土地の用益権をもつにすぎないという解釈がおこなわれていた。そうした理論にもとづいて、部族が実際に必要とする土地を画定して所有権を付与し、残りの未利用地をフランス政府が接収して有効利用することが「公平」な政策として正当化された。

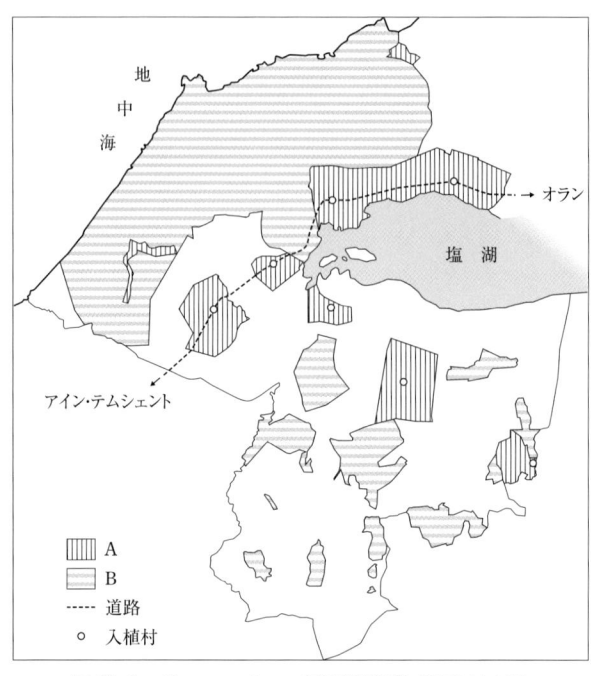

図11-6 ドゥワーイルの区画限定案（1859年4月）
資料）ANOM Oran/2N36.

　適用の実態を、ドゥワーイルの居住地域を例として検討してみよう。この地域における区画限定のための調査は一八五七年二月に始まり、各部族の領域を概算したうえで測量と土地分配の方針が定められ、一八六〇年四月に最終決定が発布された。軍当局の方針は、先住民に留保される土地の範囲を一人当たり人口に定数をかけた計算式によって算出し、残りを接収するという単純なものであった。

　一八五九年四月にまとめられた区画案を図11−6に示す。地図上の塩湖の北西にはオランとアイン・テムシェント、トレムセンを結ぶ道路があり、それにそって入植用地が確認できる（A）。入植用地の面積は、区画限定の対象となった全面積一三万九〇〇〇ヘクタールの内、一万八二六一ヘクタールであった。残りの土地については、五万三九六七ヘクタールがミルク地（B）と判断され、その他の部分は主として部族の集団的所有地に分類されている。

　この計画案にあらわれている約五万ヘクター

257　第一一章　空白の土地台帳

ルのミルク地は、地元のアラブ・ベルベル系住民が証拠書類を提出して権利を申し立てた土地であった。これまでの先行研究においては、一八四〇─一八五〇年代の立法が文書による土地所有権の証明をもとめたことが、書証の習慣をもたない先住民に不利にはたらいたといわれてきた。しかしドゥワーイルの事例は、フランスがもとめる行政手続きに対応して、過去の売買契約文書などの大量の書類が提出され、大規模な権利の主張がおこなわれたという注目すべき出来事を証言する。

軍当局はこの点について対応を協議した。その結果、部族側の請求によって当初は認められていたミルク地の面積は「行き過ぎて安易な権利の承認」として再検討され、一八三〇年以降の日付をもつ書類を中心に多数の請求が却下された。結果として、ミルク地は一万八二六一ヘクタールにまで削減されることになった。削減分はそのまま集団所有地に移転され、集団所有地に分類された面積は九万六二三九ヘクタールに拡大した。

最終的に、区画限定であらたに接収された面積は森林一六〇〇ヘクタールと、あらたな入植村の建設用地一八六三ヘクタールを中心とする数千ヘクタールにとどまることになった。一方で、ほとんどの土地について部族の土地所有権が──それがミルク地すなわち個人的所有に帰すものとしてであれ、集団的な所有としてであれ──認められたが、これは例外的な事例であった。この地域ですでに複数の入植村が建設され、部族の土地の多くがすでに失われていたことが、このように一見温情的な措置の背景となっていた。

一八六三年元老院議決

つづいて、一八六三年元老院議決の適用についてウルド・ザイールの事例を検討する。すでに述べたように、一八六三年以前の法は、先住民の土地権の解釈にあいまいさを残していたが、一八六三年元老院議決は、それを近代的な意味での所有権に読みかえ認定した点において、大きく異なっていた。ウルド・ザイールの居住地における土地調査

表 11-d ウルド・ザイールと 1863 年元老院決議の施行（単位 ha）

元老院決議施行前の土地範疇		元老院決議施行後	
区画限定による接収地		ミルク地①＋④	42,623
ミルク地①	22,867	国有地②＋⑥	2,290
国有地②	752	自治体所有地③＋⑤	175
自治体所有地③	157	行政財産⑦	1,300
未接収地（部族保有地）		合　計	46,388
ミルク地④	19,756		
自治体所有地⑤	18		
国有地⑥	1,538		
行政財産⑦	1,300		
合　計	46,388		

資料）ANOM GGA/1M67, dossier nº 220, extrait des procès-verbaux du Conseil du gouvernement, séance du 13 mars 1867.

は一八六三年一〇月にはじまり、一八六七年三月に総督府評議会において最終報告が裁可された。調査時点でのウルド・ザイールの人口は四九四八人、幕屋の数は六五二であった。ウルド・ザイールは多数の家畜（馬二九七頭、ラバ六七頭、ラクダ四一頭、牛四四三二頭、羊一万四六二二頭、山羊五八四一等）を飼育していたとも報告書には記録されている。一連の調査結果をまとめたのが表11-dである（用語については第七章参照）。

調査報告書に記された議論を、出発点となった状況から順に確認しよう。先述のように、ウルド・ザイールは、モロッコ移住とフランスへの敵対を理由として一八五〇年代以前から土地の多くを接収されていた。その面積は部族の領地のほぼ半分におよんだ。しかし、接収地のすべてが実際に行政の管理下におかれたわけではなく、移住から帰還した多数の部族民が「賃借または黙認によって」居住していた。これらの土地について、国有財産管理部局は、すべてを国有地に組み込むことを主張した。だがその大部分（一万七一三四ヘクタール）について、先住民側から権利請求が提出された。県内の部族保有地に関して、請求がなされた土地については接収の解除を命じる皇帝決定が発布されていたことを受けて、ミルク地として先住民の所有権が確定されることとなった。

総督府評議会において議論の対象となったのは、権利請求がなされ

なかった土地のとりあつかいであった。まず、未接収地のミルク地の一部（表11-d④の一万九七五六ヘクタールの内、一三三二六ヘクタール）の処置が協議され、前述の皇帝決定を適用して、おなじくミルク地として分類したうえで後日所有者を確定することとされた。つぎに、すでに接収された土地のなかから権利請求のなされなかった区域（表11-d①の二万二八六七ヘクタールの内、三八七八ヘクタール）についてどのような措置がとられたかというと、結論としては、これらの土地についても一括して先住民に所有権が付与されることになった。現地調査員への指示では、請求のない土地については接収を解除しないという方針が示されていたにもかかわらず、最終的に総督評議会に提出された調査報告は、右記の皇帝決定の趣旨にそって所有権が回復されると結論した。報告書は、これらの土地は「集団所有地」ではなく、周囲とおなじように「はるか昔からそれぞれの家族の手にある」ミルク地としての要件を備えた土地であるから、とその理由を説明している。この論点については、法令の拡大解釈であるとして総督府評議会で反対意見もあったが、結局は総督自身の後押しもあって、原報告の趣旨が尊重された。

こうして、総面積四万六〇〇〇ヘクタールの九割程度がミルク地と認定され、ウルド・ザイールの人々の所有権が認められることになった。報告書原案の作成者のおよぶ範囲を最大化するように議論を誘導した可能性は高い。だとすれば、彼の意図は一定の達成をみたといえるだろう。

しかし、そうした一面のみを強調することはできない。ユルバンが先住民所有権のおよんでいな
かった聖者廟の維持にあてられたハブス（ワクフ）地（一六二ヘクタール）が含まれていた。それまで土地調査がおよんでいなかったために没収を逃れていた、地域の人々の信仰生活を支える財が失われかねないことになった。その問題を、ユルバンはすくなくとも認識していたようである。彼は、別の部族に関する議論のなかで、国有化された合計二二八九ヘクタールの土地のなかには、ふたつの聖者廟の利用が制限されるようになった。さらに、国有地とされた一面のみを強調することはできない。たとえば、森林は国有地と自治体所有地の双方に編入され、住民の利用が制限されるようになった。さらに、国有化された合計二二八九ヘクタールの土地のなかには、ふたつの聖者廟にあてられたハブス（ワクフ）地（一六二ヘクタール）が含まれていた。それまで土地調査がおよんでいなかったために没収を逃れていた、地域の人々の信仰生活を支える財が失われかねないことになった。その問題を、ユルバンはすくなくとも認識していたようである。彼は、別の部族に関する議論のなかで、ハブス地を国有財として切り離せば、施設の維持が困難になると指摘し、こうした処して、他方ではその財源であるハブス地を国有財として切り離せば、施設の維持が困難になると指摘し、こうした処

置を避けるべきだという意見を表明している。しかし、この問題について彼の意見が聞き入れられることはなかった。⑫
以上のように、元老院議決の実施過程では、土地権の確定、剝奪、移転が同時に進行した。それとおなじく重要な
変化は、この一連の調査によって、はじめての全面的な測量がおこなわれ、相当な面積の土地に地番が割り振られた
ことであった。ウルド・ザイールの一八六三年元老院議決適用に関する会議の場で、一人の軍人はつぎのように述べ
る。空間統制に対する植民地行政の関心をよく表現した一言といえるだろう。

ウルド・ザイールの領域はオラン州のなかでももっとも知悉された土地であるにちがいない。アイン・テムシェ
ントの近隣にあって、入植、区画限定（カントヌマン）、元老院議決適用の観点から順次研究され、土地区画に秘密はもはやない。⑬

こうした態度は、土地所有権を奪うだけではなく、資源を配置するというもうひとつの権力のかたちをあきらかに
する。たとえば、かつて入会地として利用されていた森林は、公有地として立ち入りが制限されるようになった。そ
れぞれの部族の人々が、許可なくドゥアールの境界を越えて移動することも罰金の対象とされた。⑭ 植民地化以前にあ
った開放的な空間は、しだいに、切り刻まれた空間へと変化していった。土地制度の改造は、部族社会の結合を分割
するドゥアールの設定と一体になって、伝統的な社会的結合に深刻な影響をおよぼしたのである。⑮

一八七三年法

つづいて、一八七三年法について検討する。一八七〇—一八八〇年代は、すでに述べたように、公的部門による入
植村の建設・土地払い下げと、民間の土地買収が両輪となって加速した時代であった。後者の前提となる一八七三年
法にもとづく土地調査は、アイン・テムシェント混合自治体の各ドゥアールで一八八〇年代にはじまり、一年前後の

表11-e　1873年法の適用による土地謄記完了時期

部族名	自治体またはドゥアール	土地謄記日
ウルド・ハルファ	シディ・アリ・ブー・アムード	1883年10月29日
	シディ・ブー・アッダ	1884年3月19日
ウルド・ザイール	スーフ・エル・テル	1886年3月30日
	アグラル	1883年10月29日
	アウベリル	1885年7月25日
	シディ・ダオ	1886年4月28日
ドゥワーイル	ウエド・ベルケシュ	1885年12月29日
	ウエド・セッバー	1887年5月16日
	ブー・ハジャール	1887年5月16日
	シディ・バクティ	1886年6月11日

典拠）Aimé Poivre, *Des partages et liquidations en vertu de la loi du 28 avril 1887* (Alger : Baldachino-Macon-Viguier, 1888), pp. 38–40.

調査期間をかけて完了した（表11-e）。その手続きを単純化していえば、一八六三年元老院議決の調査結果を基礎として土地区画を整理し、それぞれの区画の所有権を個人又は区分所有者に対して認定し、謄記するというものだった。一連の調査は、おそらく、土地保有の複雑な現実を把握することなくおこなわれた。しかしその過程で、行政の判断が覆された例や、先住民の側からの反応も皆無ではなかった。

たとえばブー・ハジャールにおける調査では、つぎのような一件が報告された。この地域では入植村建設のために住民たちが強制移転させられ、代替地として森林の一部を割り当てられていた（一八七四年）。そのうちの一集団は割り当て地を開墾し、残りの人々は耕作に乗り出さなかった。一八七三年法の趣旨にしたがえば、後者の集団は占有の実績がないとみなされて所有権が認定されないはずである。実際に調査委員は、当初そのように結論した。しかし、先住民側からの申し立てがあって前述の土地交換の経緯を再検討した結果、一転して双方の集団に対して部分的な所有権が認められることになった。

一八八二年にアグラルでおこなわれた土地調査では、つぎのような事態が報告されている。ある区画については、一八六〇年代の調査においてファーティマとサーディアという姉妹の所有地として、二人の兄弟である男性が代理人となって申告されていた。ところが一八八二年の調査

第Ⅲ部　支配の地域史　262

時には、おなじ男性が、土地はファーティマ一人の所有でありサーディアは何の権利をもたないという、矛盾する証言をした。また別の区画については、ブーラーダなる人物から申し立てがあった。そこは本来彼の兄弟アル・アルビの所有地なのだが、一八六〇年代に作成された土地区画図上でムハンマド某なる別人の名で登録されたために、当のムハンマドはみずから所有権がないことを知りながら、フランス人の作成した地図を根拠として土地を占有している、というものであった。

ここにあげたのは、数多ある類例のごく一部にすぎない。行政の末端にいる官吏たちは、困惑を表明しつつ、こうした申し立てを記録していった。それぞれの案件が結果としてどのような処置を受けたのかは明らかでない。ともあれこれらのエピソードは、現地の人々が、ときには植民地行政が強制する規範に適応し、個人や家族のミクロな利害関係にもとづいてそれを転用しようとする主体であったことを証言する。

しかし、いかなる混乱や齟齬がミクロなレベルでおこっていたにせよ、アイン・テムシェントにおける土地所有権の膽記手続きは完了した。それにつづく買収の波のなかで、零細な農耕牧畜生活を送っていた人々はつぎつぎに土地を手放し、貧窮化していった。一例としてアイン・テムシェント市の東南に位置するふたつのドゥアール（アウベリルとシディ・ダオ）の数値をあげる。この地区では、一八八一年の時点ではほぼすべての土地が先住民のミルク地であったが、一九〇二年には、ヨーロッパ人の所有地が一万三八四六ヘクタールに急増し、先住民所有地は七一二九ヘクタールに減少した。こうしてわずか二〇年ほどのあいだに、ヨーロッパ人の経営する大農場を中心とする空間編成が出現した。[49] 地区内には約三〇〇〇人のアラブ・ベルベル系住民がいたが、そのほかの人々に残された土地は、一人あたり二ヘクタール以下にすぎなかった。

ちなみにこの大地主とは、第九章でとりあげた原住民助役B家の兄弟の一人アブドゥルカーディルにほかならない。アルジェリアのムスリムのなかでもっとも早くフランスとあわせて約五〇〇〇ヘクタールの農地をもつB家の兄弟は、周辺地域とあわせて約五〇〇〇ヘクタールの農地をもつB家の兄弟は、ヨーロッパ式の農法を積極的にとりいれる開明的な農場主としての

顔も持ち合わせていた。かれらが周辺の土地を買い進めていったプロセスについては判然としないが、オラン県の別の地域でみられたように、ユダヤ教徒の貸金業者から資金を調達した可能性もある。時代がくだって両大戦間期になると、B家の人々は、みずからの所有地を入植村建設のために提供するほどの大地主となっていた。

その資産蓄積の出発点がどこにあったにせよ、B家の繁栄は、圧倒的多数の零細農牧民の貧窮化と表裏一体の関係にあった。二〇世紀初頭にアイン・テムシェント混合自治体の状況を総督府に報告した行政官は、「原住民の手にある土地の面積は、彼らの生存を支えるのにようやく必要な程度しかない」と述べ、この地方にあらたな入植地拡大の余地はほとんど残されていないと上申している。こうした危惧は、すでに数十年前から表明されていたものだった。たとえば、一八六八年におこなわれた農業省の巡回調査において、「原住民」代表として参加した委員たちは、土地売買や抵当権設定などの経済活動に不慣れなアラブ・ベルベル系農民たちが、不利な条件で土地を売却してしまうことへの危惧を表明していた。かれらの懸念は、一八七〇年代から世紀末にかけて、アルジェリア各地で急速に現実化することになった。一九〇六年に入植事業に関する浩瀚な報告書を作成した総督府事務長ペランホフは、肥沃な土地の大部分がすでに入植地となり、良好な土地はわずかしか残されていないという認識を示している。アイン・テムシェント一帯における変化は、そのようなアルジェリア全土の趨勢とも同期していた。

剝奪と再分配

こうして、かつてのアーミル族の領地に、典型的な入植地の景観が出現した。一方には道路で結ばれた小都市と農場が広がり、その彼方には、いまだ伝統的な部族の幕屋が点在していた（図11-7、11-8）。対照的なふたつの風景は、入植者の領域と先住民の領域の対立を明確にする。農村部における支配と被支配のコントラストは、都市空間のそれよりもさらに鮮烈である。

図11-7　両大戦間期のアイン・テムシェント市とその周辺
出典）Bernard, Augustin. *Afrique septentrionale et occidentale* (Paris : Armand Colin, 1937), tome 1, p. 187.

図11-8　アラブ・ベルベル系住民の住居（筆者蔵）

しかし植民地行政の介入は、土地所有権の剥奪と追放という一点のみに集約されるものではない。それは再配分するシステムでもあった。この点で興味深いのが、自治体所有地賃借の事例である。ドゥアールのひとつウエド・ベルケシュでは、一八九四年以降約二五〇〇ヘクタールの自治体所有地が地元部族住民に貸し出された。ドゥアールのひとつウエド・ベルケシュでは、一八九四年以降約二五〇〇ヘクタールの自治体所有地が地元部族住民に貸し出された。一度接収された土地が、一区画あたり一一四ヘクタール程度に細分され、三年間の定期賃借権の公開入札というかたちで、再開放されたのである。自治体所有地の設定という行政手続きは、その区画に住みつづけていた先住民の占有実態を追認したにすぎなかったかもしれない。あるいは逆に、土地を失った周辺地域の人々があらたに集まった可能性もある。

いずれにせよ、初年度には半数以下にとどまっていた応札率は翌年以降顕著に上昇し、一八九七年にはほとんどすべての区画に「借り主」が定まることになった。はじめは三年と区切られていた賃貸契約は、しだいに期間が延長され、実質的には自動的に更新されるようになった。さらに両大戦間期になると、死去した名義人の土地をその家族が受けつぐ例が頻繁にみられるようになる。こうして、長期化した公有地賃借権はあたかも相続財のように地元の人々に引きつがれ、独立戦争期まで存続することになる。ドゥアールの住民は、先祖たちが移動と定着をくりかえしてきた土地を利用しつづけたが、そのために植民地行政が用意した仕組みに参加せねばならなかった。生存の手段を確保するために、かれらは公有地の「借り手」となった。一定の金額とひきかえに土地を利用することができるならば、それをフランス側が地税とみなそうが賃借料ととらえようが、問題ではなかったのかもしれない。

公有地賃貸は、行政の側からみれば、複雑化する土地利用を整理する手段のひとつであった。フランス人行政官と原住民助役の立ち会いのもとで公開入札をおこない、住民の署名を集めるという行為は、実質のない、たんなる形式であったとみることもできる。しかしそれは、行政の正当性を調達するために必要な形式であった。こうした状況のなかでおこなわれた公開入札は、対象地域における土地賃貸関係を確認するという明示的な目的と、支配と被支配の関係を刻印するという潜在的なメッセージを帯びていた。その意味で、この形式的な行為には、一種の儀礼としての性

格があったといってもよい。

こうした擬制の出発点となったのは、先住民の土地所有権を否定し、かれらをたんなる用益権者とみなす法解釈であった。一九世紀半ばに発明された適法性の言説は、内容を変化させ、ときには深刻な懐疑の対象となりながら半世紀以上の時間をかけて蓄積され、土地制度改造の基盤となった。その結果として部族の人々は、入植地の片隅で、あたかも植民地政府の永代小作人のような境遇に身を置くことになった。それが、景観を奪われた人々の行き着く場所だったのである。

第一二章　折り重なる領域

「アルジェリアはフランスの延長」と人々は言う。まさにこの前提から残りの命題が導かれる。たしかにアルジェリアはフランスに属しており、実際その代償をきちんと払ってきた。精神的にも、政治的にも、アルジェリアはフランスの一部をなしている。さほど遠からぬ将来に、我々の努力によって、統一のなかに溶け込み、区別がなくなるだろう。アルジェリアはやがて、ブルターニュやプロヴァンスのように、ひとつの国体の不可分な一員となるだろう。しかし当分のあいだは、期待と現実をとりちがえたり、愛国的願望にとどまっていることを既成事実のように考えては軽率である。なされたことを修正することはできても、それを一度に消し去ることはできないのだから。
（モーリス・ワール『アルジェリア』一八八九年）[1]

ネーションを心に描かれた想像の共同体ととらえたアンダーソンは、空間の機能に注意をうながしている。[2] 植民地の行政単位にすぎないはずの空間に入植者は「祖国」を見出し、その一方で、植民地の統治によってつくりだされた空間が反植民地主義ナショナリズムの枠組みとなる。いまでは古典的ともいえるこうした指摘を参考にしたときに、アルジェリアの事例から何がみえてくるだろうか。

一九世紀末から二〇世紀初頭のアルジェリアでは、地中海南東岸に由来をもつ人々と北西岸に由来をもつ人々とが混じし、双方の集団がそこを自らの郷土として主張するようになった。前者は、アラブ・ベルベル系ムスリムを主体とする反植民地主義ナショナリズムの出発点である。それはまだ、国家としての独立を明確な目標としてかかげた運動となっていない。だが先住民側から権利を要求する言論は、一世代後の民族運動の基礎となるものであった。後者は、ヨーロッパ系入植者によるアイデンティティの主張である。世紀転換期には入植者の一部が本国への不満を強め、フランスからの分離独立をめざす意見が生まれた。結果としてそうした急進的な道が受け止められたことはなかったが、一九世紀ラテンアメリカのクレオール・ナショナリズムを参照する議論が、一定の現実感をもって実現するナショナリズムと実現しないナショナリズムのふたつの兆しが同時に存在していた。本章では、そうした時代の空間表象と言論をみていく。

流離のなかのナショナリズム

植民地化以前のアルジェリアには、長い歴史をもつ空間秩序があった。アルジェ、ベジャイヤ、コンスタンティーヌ、トレムセンといった都市を結節点として、マグリブからマシュリクへと至る東西の道と、地中海とサハラを結ぶ南北の道とが交差し、モノ、人、思想の交流を支えていた。フランスの支配は、そこに異質な論理を持ち込む。本国に従属する圏域をつくりだすため、交通網が整備され、土地が区画化され、大小の都市と入植村が建設され、新しい領域性が作りだされていった。伝統的な交流の道はさまざまな制約を受けるようになったが、それらが一日にして消滅したわけではない。新旧の回路が重なりあうことによって、一種の地殻変動が生じた。やがて来るアルジェリア人ナショナリズムの源流は、そのなかで形作られていった。

従来のアルジェリア民族運動史は、第一次世界大戦以降を主な対象として、三つの政治運動の離合集散という視点

第一二章　折り重なる領域

から記述されてきた。まず、フランス語教育を受けた人々が中心となり、共和主義の理念を摂取して政治的権利を要求した運動（青年アルジェリア）。その代表的指導者としてファラハート・アッバースが知られる。つぎに、貧困な民衆や労働者に支持され、労働運動を出発点として急進化した運動。すなわちメサーリー・ハージュに率いられた政治結社、北アフリカの星（ENA、一九二六年結成）にはじまる諸政党である。そして、いわゆるサラフィー主義の影響を受けたイスラーム知識人の運動。その拠点となったのが、イブン・バーディスを指導者とするアルジェリア・ウラマー協会（一九三一年結成）であった。これらの三つの運動体の貢献をフランスとアルジェリアの一対一の対立関係のなかで記述することが、従前のナショナリズム研究のパラダイムであった。

しかし近年、こうした解釈の枠組みは再考されつつある。ここでは、歴史家マクドゥガルによる、ウラマー協会創設者の一人の生涯をめぐる研究を参照しよう。アフマド・タウフィーク・アル・マダニーは、数々の著作をつうじてナショナリズムの思想的基盤を提供しようとしたサラフィー主義者であった。その主著『アルジェリアの書』（一九三二年）は、アルジェリア人による最初のナショナル・ヒストリーともいわれ、表紙に「イスラームは我らの宗教、アラビア語は我らの言葉、アルジェリアは我らの国」という有名な標語が印刷されていたことで知られる。マクドゥガルは、彼の思想をふたつの視点から読み解いている。

第一に、家族に共有された流離の経験である。アル・マダニーは、祖父の代にアルジェリアから亡命した知識人家系に、一八九九年にチュニスで生まれた。周囲には、征服に対する抵抗のかたちとして流離を選んだ親族たちのネットワークがあり、その広がりはイスタンブル、ダマスカス、カイロなど、地中海東南岸におよんでいた。この影響下で青少年期をすごしたアル・マダニーは、チュニジアの民族運動に参加した後にアルジェリアに渡る。このように地中海を横断する移動の経験は、個々人の事情は異なるものの、ウラマー協会幹部の多くに共有されていた。

第二に、フランスの植民地学の転用である。アル・マダニーが問題としたのは、アルジェリアという地理的な枠組みよりもむしろ、そこに住む人々の一体性をいかに定立するかということであった。そのためにアル・マダニーは、

フランスによってつくりだされた「神話」――退廃的なアラブ人と進歩的なベルベル人の対立という二項図式――を転用し、ベルベルとアラブの合一によるアルジェリア人の形成という、対抗的な歴史像を案出した。つまり彼は、アルジェリア人の歴史を創りだすためにフランスの知を再利用したのである。

マクドゥガルの研究が強調するように、フランスの支配下にあっても、アルジェリアという空間が周囲から完全に切断されたわけではない。一国として独立をめざす政治運動としてのナショナリズムが出現する以前にも、そこへとつながる思想の胎動があった。その有力な培地となったのが、一八三〇年以降も途切れずにつづいたムスリムの移動と交流である。アルジェリアとその内外をむすぶ三つの動きについて事例をあげよう。

アルジェリアから外へ向かう動きとしては、地中海東南岸諸地域への移住があった。それは占領初期の戦乱がおさまってからも細々とつづいた。理由は政治的、経済的事情だけにかぎらない。イスラーム法の及ばない土地から離れることを推奨するヒジュラの思想も、おそらく影響していただろう。一九世紀をつうじて、大小の集団となって脱出したアラブ・ベルベル系住民に関する記録は数多く残されている。記録に残らない、すなわち植民地行政の監視を逃れてアルジェリアを離れた人々も少なくなかった。したがって正確な数を把握することは困難であるが、一九世紀末の地中海南東岸各地には、数千から数万の在外アルジェリア系ムスリムが居留していたといわれる。

人の移動に対して、植民地行政の態度は一定しなかったが、全般的にいえば、行政は外へむかう移住を歓迎した。放棄された土地を入植用地とするためである。しかし、内外を往復する動きについては、これを統制しようとした。なかでも監視の対象となったのは、メッカ巡礼である。一八四〇年代以降、アルジェリアからのメッカ巡礼はフランス当局による許可が必要とされるようになった。第二帝政期の渡航規制は比較的ゆるやかであったが、第三共和政期には一転してさまざまな制約が課せられることになる。一八七四年には、はじめて公式に巡礼が禁止され、同様に一八七七年、一八八一年から一八九〇年まで、一八九四年から一九〇〇年にかけても禁止がくりかえされた。当初、主な理由とされたのは、コレラやペストなど伝染病の予防であった。さらに一八八〇年代になると、巡礼が狂信的な宗

教心を助長するという理由も付け加えられた。衛生的な統制からはじまり、そこに政治的な監視が織り込まれるという変化は、スーダンにおけるマフディー運動の高まりやエジプトの政情不安といった国際情勢に対応したものであった。(15)

しかし、アルジェリアにとどまった人々が外部との交流を完全に絶たれたわけではない。外からアルジェリアにむかう流れについてもさまざまな事例がある。たとえばオラン地方では、一九世紀後半をつうじてほぼ途切れることなく、モロッコからの移住がつづいていた。一八七七年におこなわれたオラン県庁の調査によれば、県内の混合自治体に所在するクルアーン学校の教師やモスクの導師として、すくなくとも八〇人以上のモロッコ出身者が居住していた。二〇世紀初頭の統計によれば、同県内のクルアーン学校の総数は都市部もふくめて約四〇〇であったから、モロッコ出身者の寄与は無視できない。(16)こうした移住者たちは、行政の監視をくぐりぬけてアルジェリア西部の境界を往来し、辺境の農村部まで人と思想のつながりをもたらしていた。(17)同様の移動は、東方でもおそらく存在したであろう。植民地の境界は、かならずしも閉ざされた障壁ではない。たとえていえば、多孔質の膜のようなものであった。それを越えた人と思想の交流は、やがて来るアルジェリア人ナショナリズムの水脈となる。世紀転換期は、地中海に広がるムスリムの連帯を基盤として、信徒の共同体から近代的なナショナリズムへの助走がはじまった時代であった。(18)

郷土の地図化(マッピング)

このようにムスリムたちの新思想が胎動していた一方で、それと真っ向から対立する世界観が、アルジェリアの地表に刻まれていった。

一九世紀末から二〇世紀初頭は、ヨーロッパ系入植者のアイデンティティが結晶化していく時期でもあった。その背景には、第三章で述べたように、現地生まれのヨーロッパ系人口がフランス本土やヨーロッパ諸外国生まれの人口

を上回り、入植者の第二世代が社会の相貌を変えていくという人口史上の転換があった。まさにそうした時代に人気を博した短編小説集『カガユー』から、有名な一節を引用してみよう。アルジェの港湾地区に生きる無頼漢カガユーは、フランス本国から来た旅行者に対して答えてみせる。

「あなたはフランス人ですか?——アルジェリア人さ、俺たちは!」[19]

「アルジェリア人」を名乗るカガユーは、フランス語にスペイン語、イタリア語、マルタ語、アラビア語の語彙が混合した口語を操って、本国のフランス人を煙に巻いてしまう。娯楽小説にあらわれる描写は、戯画化されているからこそ広く流通し、ひとつの文化的イディオムとして浸透していった(図12-1)。ちなみに作品中で「アルジェリア人」と呼ばれているのは、フランス系またはスペイン、イタリア、マルタ系の人々であり、(法的にはフランス市民であるはずの)先住ユダヤ人は除外されている。それどころか主人公のカガユーは、強硬な反ユダヤ主義者として描かれた。こうした人物設定は、当時の入植者社会の思潮を反映したものであった。

アルジェリアのヨーロッパ人社会では、一八九〇年代後半から一九〇〇年代前半にかけてユダヤ人排斥気運が高揚した[21]。歴史家アジュロンによれば、「アルジェリア危機」と呼ばれた社会的緊張をもたらしたのは、本国に対する劣等感と対抗意識がないまぜになった入植者の政治運動であった[22]。この時期のラテンアメリカのスペイン系住民が独立を達成した歴史を参照して、アルジェリアの分離独立を語る議論が流行した[23]。とはいえ、汽船でわずか一日の距離にあるフランス本国からの独立が、現実的な目標となることはなかった。議会に準じた代表機関がアルジェリアに設置され、入植者の意見をくみとる改革がなされたことで、分離独立の議論は収束していく[24]。

アジュロンは、同時代にさかんに論議された経済危機は問題の本質ではなく、先住ユダヤ人は本国政府を攻撃するためのスケープゴートとして選ばれたと主張する。この説は現在まで支持されてきているが、経済の停滞という論点

図 12-1 「アルジェリア人さ、俺たちは！」
出典）Musette, *Cagayous, ses meilleures histoires*, 4e éd (Paris : Gallimard, 1931).

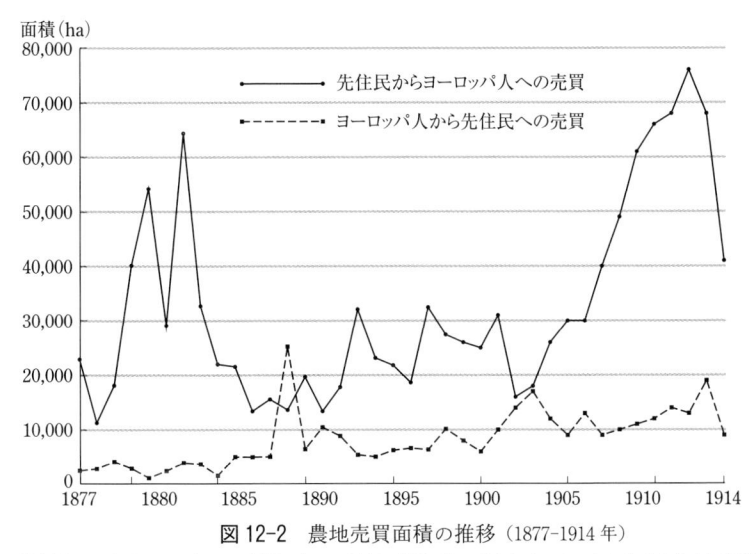

図 12-2 農地売買面積の推移（1877-1914 年）
出典）Laynaud, *Notice sur la propriété foncière en Algérie*, 1900 ; *Exposé de la situation générale de l'Algérie*, 1919 より作成.

については若干の留保が必要である。たしかに、保護関税によって守られたアルジェリアにおいて、一九世紀末の国際不況の影響は限定的であり、とくにワイン生産は好調であった。しかし、ヨーロッパ系住民とアラブ・ベルベル系住民のあいだの土地取引面積の推移をみると、前者による土地買収が鈍化した時期はまさに「アルジェリアの危機」[25]の前後に重なる（図12-2）。一九〇〇年代後半に金融緩和の後押しをうけて土地買収がふたたび加速するまで、入植地の拡大に依存する植民地の経済は、たしかに踊り場にさしかかっていた。

そのような時期であればこそ、入植者たちのアイデンティティの裏づけとなる文化へと人々の関心がむかったのだろう。たとえば、それまでの考古学や前近代史や征服に重点をおいた歴史書にくわえて、個々の都市や村をとりあげた入植史や地方史の出版があいつぐのも、一九世紀末の現象である。

一連の出版物に表現されていたのは、いってみれば、入植者による郷土創出のこころみであった。一例をあげよう。ジュール・ルナールという作者による『アルジェリア人少年のオラン地方旅日記』（一八八八年初版、一九〇七年までに七版）は、オラン県議会とオラン地理学協会の助成を得て、アシェット社の児童向け読み物『学校と家庭のための叢書』に収録された。[26]この本の内容を一言で要約すれば、仮想のアルジェリア旅行記ということになる。一二歳のフランス人少年ルイが、小学校卒業を記念して父とともにオラン県一周旅行に出かける日記という体裁によって、読者はオラン県の探訪に誘われる。この作品のモデルとなったのは、まちがいなく、有名な学校読本『二人の子供のフランス巡歴』（一八七七年初版）である。[27]『フランス巡歴』は、さまざまな土地を踏破する子供の学びを追体験させることによって、郷土の豊かさと一体性についての集団的記憶を錬成しようとする。それを手本とする『オラン地方旅日記』は、アルジェリア全体ではなくオランという一地域が設定されている。フランス本国のように長い歴史をもつ国土とは異なり、オランという「地方」provinceは人工的な行政区分にすぎない。これを人々の故郷として表現するためには、征服と植民地化の歴史という時間的奥行きとともに、空間を構造化していく作業が

275 第一二章　折り重なる領域

図 12-3　『オラン地方旅日記』より
出典）Renard, *Les étapes d'un petit Algérien dans la province d'Oran*, 1901, p. 3.

　必要となる。そのために『旅日記』が提案する仮想の旅路は、つぎのようなものであった。
　サン・ドゥニ・ドゥ・シグ――幾何学的で計画的な入植都市であり、アルジェリアにおける農業開拓を象徴する（図12-3）――から汽車で旅立った主人公は、まずオランに投宿する。旅の後半にひかえているのは、南方の開拓村やトレムセンなどの県内主要都市を周遊し、各地に残るアブドゥルカーディルとの戦いの記憶をたずねる行程である。それゆえ、対照的に、旅の基点となるオランの印象は、県庁所在地ゆえの都市性と商業の活気、陽気さが強調される。この街で少年にとって記憶に残る訪問先は、緑豊かな遊歩道、真新しい市庁舎、市民病院、そして博物館だった。
　一八八五年に開館したばかりの博物館の主な展示物は、県内で発掘されたローマ時代の遺物である。アルジェリアにおける遺跡発掘は、フランスの北アフリカ征服をローマ帝国になぞらえる思想に裏づけられた事業であった。博物館につづいて少年は、スペイン人の築いた城塞にむかう。博物館と城塞での学びを結びつけるのは何か。それは、後にルイ・ベルトランをはじめとする文学者によ

って定式化される、アフリカの「ラテン性」latinité の復活という観念に他ならない。少年の旅路のなかで、オランは、古代（ローマ）と近世（スペイン）の二重のラテン性の記憶をとどめる都市として表現される。後述するように、オラン市そのものはローマ時代にさかのぼる歴史をもたない。にもかかわらず、ここでは多重のラテン性が強調される。そ れは、アルジェリアのなかでもっともヨーロッパ人の人口密度が高いオラン地方ゆえに説得力をもつイメージであった。

入植者の小宇宙

行政区という人工的な枠組みに郷土としての意味をあたえること。そのために利用された媒体は出版物だけではなかった。もうひとつの手がかりとして、都市の祝祭をとりあげる。

オランでは、この都市の「一千年紀」を記念する祝典が一九〇二年に開かれた。都市の起源として選ばれたのは、一〇世紀初頭にアル・アンダルスから渡来したムスリムによって港が開かれたという年代記上の記録であった。度重なる考古学調査にもかかわらず、この街自体の歴史がローマ時代にさかのぼるという証拠は見つかっていなかったためである。ただし一千年紀の祝典は、イスラーム時代の歴史に焦点をあてたものではない。オランの歴史は、ムラービト朝とムワッヒド朝の商港として栄えた一一ー一五世紀、スペインの軍事拠点となった一六ー一八世紀、アルジェ属州とスペインのあいだで数十年おきに支配が交代した一八ー一九世紀初頭にわけられるが、祝典で演出の中心におかれたのは、スペイン時代からフランス時代への連続性であった。

祝典のために作成されたポスターをみてみよう（口絵3）。画面を上から順に解説すると、まず最上部には、オラン市の東部にある台地から眺めた港の風景と馬術競技の様子が描かれている。その下部の左半分を占めているのは、オランの城門とそこを通るパレードの様子である。馬上の人々はふたつのグループにわけられる。後方に位置するのは

図 12-4 オラン市の紋章（20世紀前半）（筆者蔵）

近代のフランス軍士官と「原住民」役職者、前方には、時代装束を身にまとったスペイン兵とムスリム兵が大きく描き出されている。右下の隅に別枠で挿入されたのは、ゲーム（原住民兵部隊）による格闘の様子。文字で記載された公式行事は、上から順に、花飾りの山車によるパレード、時代行列、ヴェネツィア祭り（スペイン時代の城塞がヴェネツィア人技術者によって設計されたという伝承にもとづく）、ゲームによる騎馬芸、馬術と騎兵行進、市庁舎での大宴会、モロッコ国境と砂漠への小旅行とある。

つぎに目につく要素として、フランス国旗のうえに石盤のように描かれたオラン市の紋章がある。オラン市の紋章は時代によって変遷するが、ここに採録されているのはそのもっとも初期のかたちで、一八八〇年代に市庁舎が建設された頃に使用がはじまったものである。紋章の最上部には、古代を表すガレー船が、四分割された本体部分には、地中海西部という地理的な位置を象徴する日没（左上）、おなじく自然現象として三日月（左下）、カスティーリャ王国に由来する塔とライオン（右上）、イスラームのイメージに結びつく聖者廟と椰子の木（右下）があしらわれている。ちなみに両大戦間期になると、市の紋章は雄鳥（フランス）、塔とライオン（スペイン）、ガレー船（古代）、新月と星（イスラーム）という四つの意匠を均衡させた図式に変化していった（図12-4）。そうした後世の例にくらべると、一九世紀末─二〇世紀初頭のオラン市の紋章はフランスに直接由来する要素は小さく、地域性の定

義がいまだ流動的であったことが読み取れる。

紋章に着目すれば、この都市のイメージを構成するのは、古代にさかのぼる地中海との結びつき、スペイン時代とイスラーム時代というふたつの歴史の折り重なりであった。ただし祝典の行事から読みとれるように、ムスリムたちに割り当てられたのは、格闘技や時代行列の演者といった見られる対象としての役割であり、固有名をもたない集団として描かれているにすぎない。

祭りには、馬術競技やパレードといったフランス本国のどこにでもみられるような催しもあったが、やはり特徴的といえるのは、地中海北岸への参照であった。祝典の中心行事となるパレードの先頭を飾ったのは、オラン征服を指揮した一六─一八世紀スペインの偉人、シスネロス枢機卿とモンティエル伯とその軍勢に扮した時代行列である。スペイン系人口の多いオランでは、こうした演出が自然に受け入れられる素地があったようにも思われる。

しかし植民地アルジェリアのスペイン系住民は、一八世紀以前から連続してこの地に住んできたわけではなかった。かれらも植民地の新住民であり、その大部分はイベリア半島南部の出身者による選択と考えるべきであろう。地中海北部とのつながりを強調するという演出は、カスティーリャ王国の紋章を身にまとった兵士がどれほどの親近感を呼び起こしたかはわからない。実際、この頃のフランス語現地紙には、イギリスの地中海進出に対抗するためにフランス出身者によるスペイン、イタリアとの同盟が必要であるといった議論がしばしば登場する。地中海の「ラテン性」を参照することは、国際政治への関心とも結びついていた。

時代行列のつづきをみてみよう。スペイン軍の後には、トルコ時代の「海賊」が露払いとなって、前半のもうひとつの見せ場である征服時代のフランス軍が登場した。騎馬行列につづいて祝典の後半を盛り上げるのは、さまざまな山車の隊列である。なかでも主役の位置を占めたのは、「フランス」「アルジェリア」「オラン」を象徴する三台の山車であった。車上には、地元の女性たちが、それぞれにテーマを擬人化した衣装をまとって乗り込む（図12-5）。「フランス」の一台が具現するのはフランス本土とアルザス、ロレーヌ、パリ、ブルターニュなど諸地方である。つづく

第一二章　折り重なる領域

Fêtes du Millénaire d'Oran, Avril 1902

図12-5　オラン千年祭のパレード（筆者蔵）

「アルジェリア」は麦、オリーヴ、ワインといった農産物。そして「オラン」(36)は、中心市と周辺の郡という地理的な主題を再現した。

一連の演出には、時間と空間の枠組みが一体となって表現されている。すなわち、スペインの征服によってはじまり、フランスの植民地化で完成するという歴史の流れと、フランスの豊かな地方性に連なるアルジェリアという空間の構図である。一連の行事は、都市、村、地方、そして擬似的な「国」としてのアルジェリアまで、積層する郷土意識の受け皿を視覚化する。ただしそれは、均質な空間ではない。県という空間のなかをミクロにみていけば、ひとつひとつの村が固有の歴史をもっていた。たとえば、前章でとりあげたアイン・テムシェントの周辺では、ある村にはオート・アルプから移住した少数派キリスト教徒ヴァルド派の人々が小さなコミュニティを形成し(37)、別の入植村はイベリア半島出身者がとくに多数を占めるといったように。入植者の郷土は、一様な平面として想像されただけではなく、人々の定住の記憶が細かく堆積した空間でもあった(38)(39)。

オランの地域性というテーマについて、やや時代をくだる別の史料をとりあげよう。名士録『オラン名鑑』の序文

に掲載された、アルジェリア総督リュトーと、一人の「オラン人」Oranaisの対話である。リュトーは、一九一一年から一九一八年までアルジェリア総督職にあり、「ラテン系人種の融合」という思想の支持者であった。彼は、オラン地方を意味する新語である「オラニ」Oranieという言葉を慎むべきではないかと問いかける。なぜならこの新しい固有名は、分離独立主義の危惧をいだかせるからである。それに対する「オラン人」の返答はつぎのようなものだった。ヨーロッパ系の「アルジェリア人」は大小の祖国（フランスとアルジェリア）への愛国心で結びついている。アルジェリアのなかにオラニがあるのは、フランス北西部の伝統的な地方区分であるボスのなかに県としてのウール・エ・ロワールが含まれているように、なんら不自然ではない。彼はつづけて述べる。「カガユーの下町言葉はオランには広まっていません。この土地で覚えなければならない俚諺は、バレンシア語にフランス語とアラビア語を織り交ぜた言葉です」。㊶

総督と地元人の会話が実際におこなわれたかどうかはともかく、この文書には、二〇世紀初頭の定型的な言葉遣いが再現されている。そこでは、オランという地域の固有性が、アルジェリアの分裂を導くのではなく、全体の強固さをもたらす要素として主張された。フランス本土にさまざまな地方があるように、アルジェリアにおいても大小の地方の有機的な結合が強調される。そして、たんなる行政区であった空間は、入植者の郷土として立ち現れるのだ。

人口の問題

本章の冒頭で、アルジェリアが将来ブルターニュやプロヴァンスとおなじようにフランスの不可分な一部となるという内容の文章を引用した。この一節を一八八〇年代に記したワールは、アルジェリアで地理歴史の教育に携わり、のちに植民地教育視学官の地位を得た人物である。彼は、フランスの一地方としてのアルジェリアという将来像を肯定する一方で、それは願望にすぎないとも付け加えている。それはなぜか。ワールによれば、最大の理由は約五〇万

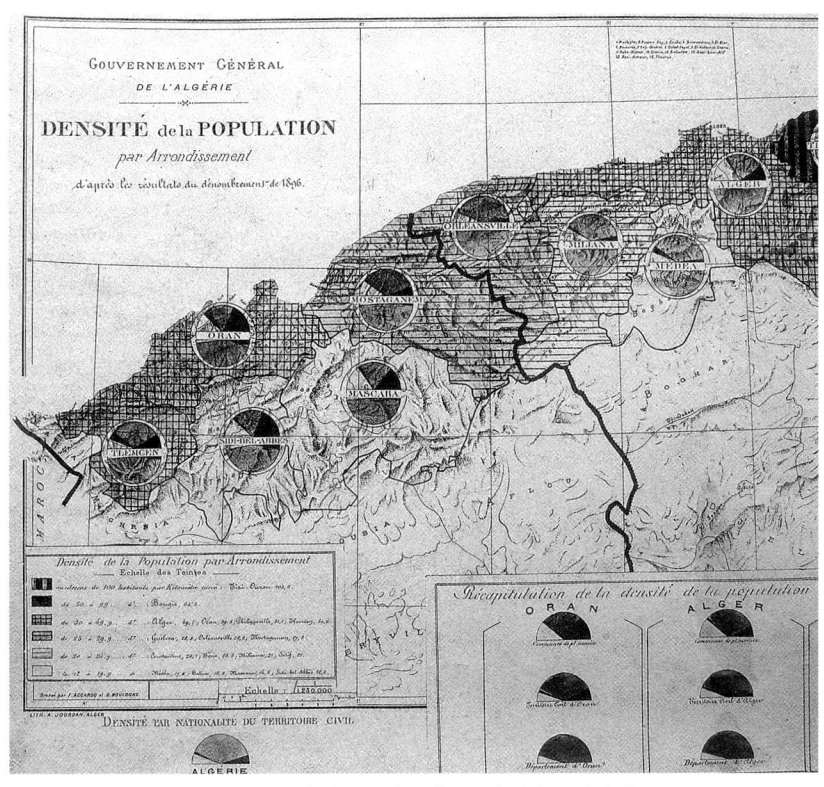

図 12-6　1896 年人口調査に基づく各郡人口密度地図
資料）DGAN CA1–XX–6.

　人のヨーロッパ人と約三〇〇万人の「原住民」という人口の不均衡であった。これでは住民の全員が政治的権利を得るというかたちでの「同化」は望むべくもない。それならばせめて、「重要問題に限ってムスリム住民の意見を述べさせるために」一部の代表制機関への参加を広げるといった漸進的な改革を進めるべきだというのが、ワールの提案であった。[42]

　人口は、植民地化の要諦である。そのことを表現する同時代の地図をみてみよう（図12-6）。「一八九六年人口調査に基づく各郡人口密度地図」と題された地図には、区域ごとの人口密度が表示され、さらに特徴的な円グラフが付け加えられている。それぞれのグラフは、フランス人、ヨーロッパ系外国人、「ユダヤ教徒

原住民」、「ムスリム原住民」という四つの集団の人口比を視覚化し、県や郡といった地区毎に状況を一覧できるように工夫されている。ずらりと並ぶ円グラフは、あたかも計器盤のように、人口のせめぎ合いを動的に表示する。同様の人口分布図は、統計調査がおこなわれるたびに、意匠を凝らして作成された。地図は、世界を中立的に描きだしはしない。むしろそれは、世界をどうとらえるべきかというメッセージを、この場合には人口こそが重要であるというイデオロギーを、表現する道具である。

一九世紀後半の植民地における人口統計の新しさは、人種やエスニシティの分類を構築したことよりも、数量化の信頼性を高めたことにあった。アルジェリアでは一八七〇－一八八〇年代以降に統計の整備が進み、その結果は入植者の社会認識に大きな影響をあたえた。種々の統計によって、先住民の人口はこの場合に自然に減少していくという俗説が否定され、実際には増加に転じていたことが明るみに出されたのである。

ヨーロッパ系入植者が多数を占めるアルジェリアという、一九世紀の半ばまで漠然と信じられていた将来像は、実現しないことが明らかになった。「原住民」が人口の多数を占めると前提したときに、共和政のもとでどのようにかれらを位置づけるべきか。第三章で述べたように、「原住民」に限定的なかたちで市民に近い権利をあたえ、政治参加の機会を開くべきだという意見は、本国政界を中心に一定数の人々から提案されていた。

一九〇二年のオラン千年紀祭に際しても、同様の議論が提起されていた。たとえば祝典の期間中に、同市ではフランス地理学協会の大会が開かれたのだが、大会委員長として来訪したアカデミー・フランセーズ会員ガブリエル・アノトーは、オランの聴衆にむけてつぎのような趣旨の開会の辞を述べている。アノトーによれば、アルジェリアには「アフリカの問題」が要約されている。暗黒の大陸アフリカを開発するには、征服の時代とは異なる原則が必要である。北アフリカにおいてフランスは、イスラームを尊重し、寛容を超えた敬意をもたなければならない。「原住民」の協力を獲得するために、フランスの役割は征服ではなく保護にあると心得るべきである、と。

この時代の典型的なパターナリズムを表現した演説は、明言はしないものの、本国における改革論を意識していた。

これに対して入植者社会の反応は否定的であった。オラン県で最多の発行部数をもつフランス語日刊紙『エコー・ドラン』は、アノトーに応答するような論説を祝典直後に掲載している。その記事は、イスラームの尊重と政治参加という議論に反駁し、農工業を中心とした技能教育を整備することによって先住民の経済状況を改善すればよいと論じた。いいかえれば、労働力としての組み込みが優先であり、それをもって十分とする立場である。先住民の処遇について改革を提案する本国側と、それを押し返そうとする入植者のメディアの対立。アルジェリアの総督府は、いわば両者の板挟みになっていた。こうした構図は一九世紀末以来、くり返されてきたものであった。その構図をあらためて浮上させたのが、「トレムセンの脱出」と呼ばれる事件である。

歴史の行く先

一九一一年のラマダーン月前後に、オラン県内陸部の古都トレムセンとその周辺部から、アラブ・ベルベル系住民がつぎつぎと旅立っていった。土地や家屋を売り払い、数十人ずつの集団となって故地を離れた人々は、合計で千人以上といわれた。その多くが目的地としたのは、シリア方面である。シリアは、かつての抵抗運動の指導者アブドゥルカーディルが配流されて没した地であり、一九世紀以来、多数のアルジェリア系亡命者の居住地となっていた。同様の集団移住がこれ以前にもみられなかったわけではない。しかしトレムセンの事件は、第一に、その規模においてアルジェリアのなかでも伝統社会の安定が保たれているかにみえたトレムセンが唐突な動揺をみせたことにおいて、象徴的な意味をおびていた。

「トレムセンの脱出」は、ヨーロッパ人たちの注目を集めてさまざまな解釈を呼び起こした。事件の直後から主流となったのは、ムスリムに対する兵役義務の導入が近く実施されるという噂が広まり、住民たちはこれを忌避するためにに逃亡したという見解であった。兵役はたしかに重要な問題であったが、そこだけに原因をみるのも短絡的であった。

より包括的な解説をおこなったものとして、総督府内に設置された調査委員会による報告を参照してみよう。委員会は、トレムセン周辺で諸階層のムスリム住民から聞き取りをおこない、さまざまな社会問題が背景に横たわっていたことを認めた。たとえば、宗教実践についての危惧、刑法上の差別（アンディジェナ）や重税への不満、土地収奪や森林管理の厳格化による農民の貧窮、ヨーロッパ人との競争による伝統的商工業の衰退、さらに、市参事会をはじめとする代表機関にムスリムの意見が反映されないことへの不服、等々。兵役問題は、移住の引き金ではあったとしても、「苦痛の杯をあふれさせた最後の一滴」（報告書に引用されたムスリムの証言）にすぎなかったのである。

こうした認識にもとづいて、調査委員会は、税制、森林政策といった社会的、経済的側面についてさまざまな改革を提案した。ただし委員会は、ムスリムの政治的権利を拡大することには否定的であった。報告書は、「カラカラ帝がアフリカ人に完全な選挙権をあたえたことによって、ローマ帝国の衰退と崩壊は完結した」という一文でしめくくられていた。この言葉には、政策決定者の危惧が端的に表現されている。

しかし多くの点で明晰な報告書にも、重大な欠落があった。それは、地中海東南岸を横断する交流に対する意味づけである。報告書が収録した情報によれば、トレムセンにはエジプトやトルコの新聞が自由に流通し、諸外国からムスリム知識人や宗教者が来訪し、シリアに移住した同郷者から移住の呼びかけが届いていた。調査委員会はこうした事象を「宗教的ファナティスム」として一括し、より深い意味を読みとることを避けていた。

「トレムセンの脱出」は、地中海東南岸のムスリムとの連帯が、アルジェリアに根強く生き続けていたことを証言する。その側面にまでふみこんだ分析を提示したのは、民間のメディアであった。一九一一年一〇月、「脱出」に関する公的調査がいまだ完了しない時期に、『エコー・ドラン』紙は独自に詳細な調査記事を掲載している。記事は、トレムセンのムスリムの移住のきっかけがシリア方面の同宗徒からの呼びかけにあったことを強調し、アルジェリア社会の問題についても多数のインタヴューを集めて説明をこころみた。興味深いのは、フランス人だけでなく、複数のムスリムによる証言がふくまれていた点である。

第一二章　折り重なる領域　285

そのなかでもっとも多くの紙幅を割いて紹介されたのは、トレムセンに住む匿名の「ムスリム名士」の言葉であった。とある商店の片隅で記者と語り合った「名士」は、大略つぎのような主張を述べたという。
「原住民」は、日々さまざまな屈辱を体験してきた。まず法的な問題。県議会や市議会といった代表機関に議員を送り出しているといっても、かれらは住民を代表する能力をもたない名ばかりの存在である。原住民助役をはじめとする役職者はしばしば文盲で、行政との仲介者としての役目をはたしていない。そして、アンディジェナによる恣意的な刑罰が、人々を日々苦しめている。ついで経済的な困難。都市で商業を営めば、フランス行政はさまざまな手続きでかれらの営業を妨害する。農村で暮らせば、行政によって土地が接収され、本来は売却できないワクフ地がヨーロッパ人に占拠される、等々。最後に兵役の問題。何の権利もあたえられていない原住民が、なぜ子供を奪われなければならないのか。このように問題を列挙したうえで、つぎのような提案で「ムスリム名士」の証言は結ばれていた。

　我々の要求は一つの法律です。それは我々のムスリム法規を維持したまま、つまり宗教が定める風習を認めながら──我々は宗教を捨てることはないのですから──フランス市民としてすべての権利を享受することを可能にし、アンディジェナから解放し、特別法廷から引き離し、投票用紙を与える法律です。そうすれば我々は一人前とみなされ、意見を聞かれ、尊重されるでしょう。(33)

　ヨーロッパ人を読者とする主要メディアが「原住民」の政治的要求を代弁し、改革の必要性を論じた。そのこと自体が、ひとつの事件であった。(34) ここで議論されているのは、アルジェリアの身分法制の立脚点──イスラーム法にしたがうムスリムはフランス民法の適用を受けず、したがって市民としての権利をもつことができないという原理──である。そうした理論は、第三章で述べたように、法の下での平等という名目が身分の階層化を正当化するという矛盾を生み出していた。

第Ⅲ部　支配の地域史　286

匿名の「ムスリム名士」はこの点を的確に批判し、ムスリムとして生きることとフランス市民としての権利の両立を要求した。彼が市民としての権利を求めたからといって、その態度をたんなる「文明化の使命」の受容と理解することはできない。彼はむしろ、支配の現実をふまえてフランスの主張する価値を転用し、実現可能な交渉回路を開こうとするものだった。こうした戦略は、青年アルジェリアの運動だけでなく、やや後の時代のアルジェリア・ウラマー協会にも共通する、いわゆる改革派ナショナリストの思想へと受けつがれていく。

一本の記事が、ただちに社会に変化をもたらしたわけではない。しかしそこには、植民地支配をめぐる政治的問題の要点が、すでに提出されていた。一九一一年の『エコー・ドラン』紙の記者は、「ムスリム有力者」の提案に賛成せず、かわりに二級市民のようなカテゴリーを新設して限定的な代表権をあたえるという対案を記した。しかしそのような提案は、入植者の大多数にとっては一考にも値しない。入植者たちにとってはアルジェリアこそが郷土なのであり、かれらが政治的少数派に転じるような体制を受け入れるなど論外であった。「アルジェリアはフランスの延長」という多幸感に満ちた言説が広まった裏側で、体制の矛盾もまた、語られていた。そうした二重性こそが、世紀転換期の社会を特徴づけていたのである。

最後に、時代をくだってアルジェリア独立戦争期の言葉を聞こう。第一次世界大戦以降、フランス政府は、アルジェリアのムスリムに市民としての権利をわずかずつではあれ拡大する改革をこころみたが頓挫し、それがようやく形となったのは、一九四〇年代のことであった。しかしその頃には、即時独立を求めるアラブ・ベルベル系ムスリムの急進的ナショナリズムが台頭し、独立戦争は目前に迫っていた。一九五四年にはじまり一九六二年までつづいた戦争の末期に、アルジェリア生まれのフランス系作家ジュール・ロワが出版したルポルタージュから、一人の入植農民の言葉を引用する。

アラブ人に言ってやるよ。君らは、おれたちと同じようにここで生活したいのかね？　それは当然の権利だ。

ヨーロッパ人と同じだけの賃金が欲しいのか？　それも承知だ。君たちの利益をまもってくれる人に投票したいんだって？　投票したらいいだろう。誰でも同じ試験をうけられるんだ。子どもたちを学校におくり、試験をうけさせ、官吏や医者や技師にしたいのか？　誰でも同じ試験をうけられるんだ。土地が欲しいって？　広すぎる土地を持っている者からとり上げて、十分でない人たちにわけてやろう。だがもし君ら、おれたちを海のなかに叩きこもうというのなら、ことわっておくが、その場合は時間がかかるだろう。おれたちだって、自分をまもるために抵抗するだろうし、それに、そいつは正しいことじゃないからだ。もしも車を運転して怪我でもしたいなら欲しいだけ車はやろう。誰からも何ひとつ盗んだってわけじゃないんだから。だが、おれたちも君ら同様、ここで生まれたんだ。ここがおれたちの国なんだ。誰からも何ひとつ盗んだってわけじゃないんだから。(57)(傍点は筆者による)

ここに再現されているのは、本書がたどってきた長い模索から、さらに半世紀を経た時期の入植者の言葉である。入植地は、先住民の土地をさまざまな方法で占奪することで成立した。二〇世紀半ばの農民はその歴史を知らず、誰からも何ひとつ盗んだわけではないという自身の言葉を、本当に信じていたのかもしれない。かれらは文字通り「海に叩きこまれる」ことはなかったが、そのほとんどが独立前後にアルジェリアを離れることになる。やはり独立戦争のさなかに、カビリア生まれのフランス語表現の詩人ジャン・アムルーシュは、フランス人読者に向けてつぎのような言葉を記した。

フランスの植民地主義は、文明に貢献するという任務を歴史によって与えられたと自称する。そうすることで、被征服民の文明を無に帰し、あるいは博物館に閉じ込める権利を手に入れるのだ。みずからに帰属しないものはすべて、退廃と野蛮であると宣告される。黒人、アラブ人、ベルベル人それぞれの本来の姿は消滅するように定められ、ゆっくりと変貌し、根こぎにされ、人格を失っていく。彼らを征服者そっくりにするという同化の約

束は偽りであり、代償とならない。なぜならその約束は守られないことが、歴史の歩みとともに永遠に後ずさりしていく地平線であることが、分かっているからだ。[58]

みずからを「文化的雑種」と呼び「フランス人」であることを引き受けようとしたアムルーシュは、本書でみてきた二〇世紀初頭の状況よりも一世代後の視点に立っている。そのことをふまえたうえで、彼が、植民地の体制を時の止まった世界としてとらえずに、歴史のなかに位置づけていることに注意したい。問題は、同化という（偽りの）約束が交わされるための意思疎通の場が、いつ形成されたのかということである。それはおそらく、世紀転換期に生まれ、体制を内側から突き崩す時計仕掛けが動き始めた。一九一一年にトレムセンの商店の一隅で交わされたという新聞記者とムスリムの会話は、そのことを密にあらわしていたのである。

終章　アルジェリアの「短い一九世紀」

> 我々の同国人達が、狭小なアフリカ・フランス領からモロッコとチュニジアへとあふれ出し、この地中海帝国をついに建設する、そのような日が近く来たらんことを。それは我々の誇りを満たすのみならず、将来の世界において、我らが偉大さの最後の拠り所となるであろう。
>
> （リュシアン・プレヴォ・パラドル『新しいフランス』一八六八年）[1]

　一八三〇年から一九一四年までの時期をフランス領アルジェリアの短い一九世紀と呼ぶとすれば、それはいかなる時代であったのか。結論を述べるにあたり、第二帝政期の文筆家プレヴォ・パラドルによる有名な一文を参照してみよう。フランス系入植者がアルジェリアを起点としてチュニジア、モロッコへ進出し、「地中海帝国」を建設するという未来を謳った文章は、一八六八年に出版された『新しいフランス』の末尾にあらわれる。この書物は、著者の政治思想を総括し、やがて来る第三共和政の国制を予告していた。プレヴォ・パラドルは一八七〇年に自殺し、共和政の成立に立ち会うことはなかったが、それゆえに『新しいフランス』は、現代へとつながる国のかたちを予言した作品として知られてきた。

フランスの衰退という悲観的モティーフがくり返される同書において、著者の言葉を引用するならば「地中海の両岸に定着した八千万人から一億人のフランス人」が祖国の偉大さを未来に伝えていくという主張である。こうした議論に、少なからぬ同時代人が同調した。プレヴォ・パラドルが北アフリカに投影したヴィジョンは、彼一人の発明ではない。彼は、一九世紀後半のフランス論壇にただよう想念を巧みにすくいあげたのである。植民地帝国への意思は、たしかに、フランスの政官界、経済界、思想界のそここに偏在していた。しかしそれらが、確固とした戦略として練り上げられることはなかった。植民地帝国を称揚する言論は、つねに、懐疑と隣り合わせの関係にあった。

地中海帝国という予言は実現されたのか。答えは否である。アルジェリアの入植者は、世紀末には数十万人を超える規模に達したが、アルジェリアの東西へと「あふれ出す」ことはなかった。そもそもプレヴォ・パラドルの予言は、先住民の主体性を見過ごしていた。一九世紀末から二〇世紀初頭にかけて、アルジェリアを故郷とする入植者コミュニティが根づいていったその背後で、反植民地ナショナリズムの兆しが生まれつつあった。そこに出現した政治的な布置は、第一次世界大戦後に民族自決という標語と結びつき、脱植民地化の導火線となる。

いいかえれば、植民地の社会がひとつの体制と呼べる段階にようやく至ったときに、その終わりの始まりが目前に迫っていた。近代フランスの地中海帝国は、二重の限界をかかえていた。第一に、それは実現しない空想であり、第二に、その基体となるべきアルジェリアは、異質な組織をつなぎあわせた生物のような不調和を露わにしていた。こうした二重性は、フランスの植民地主義が近世から近代へと屈曲しながら受けつがれ、支配された側の社会へと浸潤していった結果でもあった。その意味でわれわれは、一九世紀のアルジェリアを「帝国の片影」──幻想におわった帝国の断片であり、その内実が露呈される場──と呼ぶことができる。

帝国の片影としてのアルジェリアを、ヨーロッパとマグリブの歴史が重なりあう領域として描いた本書の内容をあ

第Ⅰ部では、近世から第一次世界大戦直前までの時期を対象として、アルジェリアという地域と人の枠組みの歴史をたどった。はじめに考察したのは、近世地中海における地域秩序の形成である。マグリブには、南方への伸張をのぞけば現在のアルジェリアとほぼ重なる政治的なまとまりがあった。一七世紀から一九世紀にかけて、属州としてオスマン帝国の外縁に組み込まれつつ、高度な自立性をもった政治体であった。政府機構の高度化や中央集権化はそれほどみられなかったが、その領域内には都市を基点とした統治の枠組みと、政府に協力し、ときには抵抗する部族社会とスーフィー教団のネットワークが共存し、一定のバランスを生み出していた。いいかえれば近世のアルジェリアの内外には、服従と不服従の選択をつうじて社会と国家が創り出すひとつの秩序があった。さらに近世のアルジェリアは、私掠、商業、外交という交渉回路によってヨーロッパと結ばれていた。そうした長期的な背景をもつ一種の国際関係は、フランスによる征服まで基本的なかたちを変えることなく存続していた。征服にいたる外交関係の変化は、ヨーロッパとその外部との遭遇というよりは、むしろ、共有された秩序に対するヨーロッパ側からの一方的な離脱宣言であった。

つまり一八三〇年の征服は、フランスにとってたんなる「野蛮」の発見ではなかった。それは、純然たる未知との遭遇ではなかった。そうした近世との連続性を象徴するのが、みずからパリに赴いてフランス政府との交渉をこころみたハムダーン・フージャの活動である。人と人の接点があればこそ、征服初期のフランス中央政界では、アルジェリアのアラブ人をひとつの「ナショナリテ」として認めるか否かという激しい議論が生じた。自由主義の時代のフランス論壇においてナショナリテという語彙が用いられたことには、征服の残虐さと植民地化の不利益を批判することこそがヨーロッパの歴史的発展の証であり、フランスの自己定義の核とみなされていたからである。なぜなら、ナショナリテをもつことこそがアルジェリア征服に賛成したという事実が広く知られてきたが、その一事をもってすべてを代表させることはできな

この時代の植民地論については、トクヴィルが

い。トクヴィルの同僚議員デジョベールは、アルジェリアのアラブ人はポーランド人とおなじく政治的自立を求めていると論じた。トクヴィルもまた、アルジェリアにひとつのナショナリテが出現することを危惧した。こうした議論からは、「西洋」と「東洋」の境界がゆれ動く一九世紀前半の言論状況が浮かびあがる。

しかしこうした議論は、一時の高揚に終わった。支配が確立する一九世紀後半には、植民地の住民を階層化する身分法制が、本国における国籍法の再編と平行して整備されていった。ただし、その過程は単線的ではなかった。一九世紀をつうじて徐々に構築されていった法理はつぎのように要約できる。「ムスリム原住民」は宗教的帰属にもとづく属人法規にしたがい、フランスの民法の適用を受けず、それゆえ市民とは異なる「臣民」という身分に属する。この論理の基盤となったのが、ナポレオン三世の意思を受けて制定された一八六五年元老院議決であった。ただし同法自体は、身分の隔離を固定することよりは、むしろ一定の柔軟性をもった異民族の併存を志向していたとも考えられる。「原住民員」のサン・シモン主義者が活躍した第二帝政期に、政策担当者たちは、遠い将来における「同化」を不可能と考えていたわけではなかった。しかし、時代が共和政へと移り、「臣民」身分の法理論が整備されるにしたがって、矛盾が露呈していく。共和政の原則――国家に所属することと政治的権利をもつ市民であることの一致――の例外として、「臣民」の身分が固定されていった。それと同時に、宗教的帰属であったはずの「ムスリム」という範疇が、しだいに習俗、出自をふくむ一種のエスニックなカテゴリーにすりかえられ、第二帝政期にはまだしも開かれていた「ムスリム原住民」の市民権獲得という回路は、しだいに閉じられていった。

それとは対照的に、アルジェリアの先住ユダヤ教徒は、一八七〇年のクレミュ政令によって自動的にフランス市民としての権利を付与された。その処遇は、近代フランスにおけるユダヤ人「解放」の歴史をなぞるものであった。ただし、立法に先立って先住ユダヤ教徒の一部はヨーロッパ系入植者社会の側に活動の場を移しつつあった。クレミュ政令は、すでに進行していた社会的変化に追随したという側面もある。

ヨーロッパ系の入植者は、フランス、スペイン、イタリアなど西地中海周辺地域の出身者の混成からなる集団であ

った。かれらは、国籍と出身地域の異なる人々の婚姻、一八八九年の国籍法（出生地主義の導入）などの回路をつうじて、フランス市民の側へと包摂されていった。ただし、フランス市民という身分の枠組みに回収されつつあったといっても、多様なコミュニティが一枚岩に統合されることはなかった。むしろ、出身地、宗派、世代といったさまざまな差異が交錯し、一九世紀末の入植者の社会は、ひとつの転換期にさしかかっていた。

このような複線的な変化が集積した結果として、市民と「臣民」という身分の区別が、「ヨーロッパ人」と「原住民」という社会的な二極化とおおよそ対応する構造が生まれた。一九世紀末から二〇世紀初頭にかけて、ふたつの集団はそれぞれにフランス語で「アルジェリア人」を名乗りはじめる。それは、植民者と被植民者の双方が「ナショナリテ」──ひとつの領土にむすびついた民族性と、政治的自立への意志──をもった存在として対峙する状況を意味していた。

こうして、民族の相克という、近代の帝国に特徴的な問題が表出した。それとほぼ同時期には、植民地の学知についても興味深い展開がみられた。第Ⅱ部では、植民地の知という問題にわけいる手がかりとして、アルジェリア・ムスリム法と呼ばれた植民地法の形成と、その背景にあった東洋学者たちの活動を考察した。一般的な見方にしたがうならば、一九世紀のフランス人東洋学者によるイスラーム認識は、典型的なオリエンタリズムの発露にすぎない。そのような通念ではとらえきれない錯綜が、東洋学とはすなわち支配に奉仕するための虚偽の体系ということになる。しかし、そのような通念ではとらえきれない錯綜が、東洋学とはすなわち支配に奉仕するための道具であり、搾取を正当化するための虚偽の体系ということになる。しかし、そのような通念ではとらえきれない錯綜が、実務家たちの著述から明らかになった。

一九世紀のアルジェリアは、エジプト遠征の遺産を受けつぐ知識生産の場となった。そこでは本国と異なる東洋学の潮流が生まれ、とくに軍人や通訳者といった実務家によって蓄積されたイスラーム認識が、後世にさまざまな影響をおよぼすことになった。そうした植民地の学知の一部門として、アルジェリアのイスラーム法研究は始まった。法学文献の公定訳を編纂したペロンと、それを批判した無名の実務家カドズの比較からみえてきたのは、イスラームを

本質主義的にとらえて負の価値をわりあてる前者と、アラビア語の概念構成にそって内側から説明しようとする後者の対照であった。カドズのイスラーム法に対する態度は、ある意味で現代的である。すくなくともそれは、現地社会との接触の長い実務家が蓄積した学識についての貴重な証言といえる。

しかし東洋学の正典としての地位を確立したのは、ペロンの訳業であった。彼の業績を出発点として、イスラーム法の要素が植民地の法制度に摂取されていった。植民地の法は、フランス法としての合理性だけでなく、現地の法慣習を尊重した外観をもつことをもとめられた。そのために一群の専門家たちが労力を傾けた結果として、部分的に適用される本国法、本国法とイスラーム法の双方を参照する特別立法、そして、当局が公認したイスラーム法である「アルジェリア・ムスリム法」という三層からなる法制が成立した。「同化」が標榜されたアルジェリアにおいて、実際にはイスラーム法が排除され、アンディジェナと呼ばれる差別的な刑罰制度が導入された。他方、家族法の分野ではイスラーム法が終始優先され、その限りにおいてカーディー法廷も維持された。人の身分に関してイスラーム法が維持されたこととは、ムスリムに市民権を認めない前述の法理と密接に結びついていた。

アルジェリアの法制度は、属人主義と属地主義の使い分けが交錯し、弥縫策の蓄積によるパッチワーク的性格と論理的な非整合が目立っていた。そうした錯綜がもっとも明瞭にあらわれたのが、土地制度である。ただし、その立法については、ひとつの長期的な流れを読みとることができる。すなわち、名目的にイスラーム法を尊重した土地接収から、フランス法の所有権概念を導入することによる土地の市場化へ、という趨勢である。一見逆説的なことに、一八五〇年代までにくり返された放埓な土地接収政策は、後代よりもイスラーム法を「尊重」するという体裁をとっていた。その柱となったのは、ムスリムの法学者の議論を恣意的に利用したイスラーム法国有説である。それに対して一八六〇年代以降の立法は、イスラーム法の参照を放棄する方向へとむかった。一八六三年元老院議決と一八七三年法は、それぞれに異なる立法意図にもとづいて、しかし通底する性格をもった解釈によって、フランス法の所有権概念を導入

しようとした。一連の立法に対して、解釈にあたった実務家たちは正当化をこころみただけではない。そこに内在する矛盾に対して辛辣な批判をくわえることもあった。土地制度のなかでも、先住民部族の保有地とされた「アルシュ地」の概念をめぐる論争は、その一例である。その代表的な論客メルシェの著述からは、明白な植民地主義者でありながら体制の基礎にある立法を批判して憚らないという二面性が明らかになる。

アルジェリアのフランス人東洋学者たちが発展させた議論は、全体としてみれば破壊と収奪を合法化する役割を担い、そこで展開された適法性の言説は、イスラームへの蔑視や他者性を強調する本質主義に彩られていた。しかし一方で、法の欠陥や矛盾、その基礎にある異文化認識の誤りについても、内側からの批判がなされていた。植民地の学知は多くの誤解を生みだし、誤解にもとづく「現実」をつくりだすことに貢献したが、同時に学知の設計者たちは、そうした社会的構築の誤謬を指摘していた。やがて二〇世紀初頭になると規範的学説が確立し、世紀末の十数年は、開かれた議論の空間が生まれた例外的な時代であった。そうした内省は、いつの時代にも表明されたわけではない。支配の支柱としての性格をより強くした法学の制度化がすすむことになる。

以上が法解釈の展開であるとすれば、法の運用からは、また異なる様相がみえてくる。アルジェリア西部オラン地方を題材とした第Ⅲ部では、農村部における土地制度改造のプロセスを検討した。一八五〇年代の区画限定、一八六三年元老院議決、一八七三年法の関係を、たんなる土地収奪の集積として理解することはむずかしい。一連の政策と立法は、それぞれに、先住民の居住地を再配置してヨーロッパ人入植地との関係を管理しようとする領域性の戦略をもっていた。土地制度の全面的な「フランス化」をめざした一八七三年法は、実際には適用範囲が限られており、法の多元性を解消するにはいたらなかった。一九世紀末に土地制度の改変は停滞し、結果として、フランス法が参照される土地とイスラーム法が参照される土地という、法域のミクロなモザイクが固定されることになった。アルジェリアはフランスの「県」であるという名目の空間の二分という視点は、地方行政についても援用できる。

裏側には、独特な空間の分割があった。その基盤となったのは、完全実施自治体と混合自治体という二本立ての基礎自治体制度である。先住民統治の要となった混合自治体は、第二帝政期に起源をもち、過渡的な制度として設計されたにもかかわらず、第三共和政のもとでかたちを変えずに長期にわたって存続することになった。混合自治体の設置によって、日常的な業務の枠組みを確保されたが、実質的な意味での行政の浸透は停滞した。その点では、混合自治体の制度も、「同化」に逆行する空間の分節化をもたらしたといえる。

ただし、こうした二分法を強調しすぎることはできない。たとえば都市の形態をみると、一般的な植民地都市の典型的なイメージ、すなわち「ヨーロッパ的」市街と「イスラーム的」市街の対立という構図にあてはまらない都市のかたちも存在した。なかでもオランは、アルジェリアのなかでもっとも「ヨーロッパ的」といわれ、一見フランス風の外観をもつ都市であった。それにもかかわらず、ユダヤ人街や黒人村といったマイノリティの空間は独特の仕方で織り込まれていた。

空間統御の戦略と、その結果として構築される人と空間の関係性に注目した考察からは、ひとつの結論が導かれる。第三共和政期のアルジェリアは、ついに均質な空間となることはなかった。法と行政の多元性を特徴とする植民地の空間は、モザイク状に切り刻まれ、同時に、分かちがたく絡み合っていた。そのような空間のうえに、先住者と入植者はそれぞれの郷土意識を投影する。一九世紀末から二〇世紀初頭には、植民地住民たちの集合意識が変質していく時期でもあった。それはアラブ・ベルベル系ムスリムにとって、地中海に広がるムスリムの連帯を基盤として、信徒の共同体から近代的なナショナリズムへの助走がはじまった時代である。アルジェリアは、一九世紀をつうじて東地中海に展開した改革思潮から切り離されていたわけではなかった。

同じ時期に、ヨーロッパ人たちも独自の郷土意識を形成していった。入植者社会に流布した空間表象からは、一方ではフランス本国を手本とした一個の地方性として、他方では地中海北岸諸国の歴史に連なる擬似的な「国」として、

一九世紀のナショナリテの位相、植民地法学の形成、統治の領域性という三つの視角からなされた検討は、共通の帰結にたどりついた。それは、一九世紀という時代の流動性であり、それぞれの変化が一八九〇年代から一九〇〇年代にある着地点にいたるという事実である。植民地の体制は、ひとつの計画を謄写するようにして構築されたものではなかった。長期にわたる模索をへて、懐疑と共存しながら、世紀転換期のアルジェリアに、脆い均衡が出現した。一九世紀末から二〇世紀初頭の世界を特徴づけるのは、「ヨーロッパにおける停滞した平穏とアジア・アフリカにおける息をもつかせぬ展開の速さ」の二面性である（アレント）。この視点を敷衍するならば、同じ時期のアルジェリア社会は、一面においてヨーロッパ側に似た、しかし本質においてまったく異なる「平穏」を経験していたといえるだろう。

ここで本書のはじめに予告した三つの論点についてふりかえってみると、本書の全体がひとつの回答となっているはずである。第一にとりあげた単線的な植民地史記述という問題については、第二、第三の論点（「文明化の使命」の拘束力、思想的側面について、領域支配の射程）についてあらためて整理しよう。

まず、一九世紀のアルジェリア統治にかかわったフランス人の一部、なかでも技術的な知の生産に従事した人々は、「ヨーロッパ」の対極にある「オリエント」という他者性の構築にのみ耽溺していたわけではなかった。かれらは、ヨーロッパ史の時間軸と比喩を用いて植民地の将来を描いた、あるときには、支配者の過ちを公

アルジェリアをとらえる態度が読みとれる。こうした二重性は、入植者のアイデンティティの主張が、ラテンアメリカにみられたようなクレオール・ナショナリズムへとむかうのか、フランスの一部にとどまるのかという分岐点に立っていたことを証言する。彼らにとっての「祖国」は、たんに想像された空間ではなく、物質的な構造と人の移動の記憶に裏づけられた空間であった。先住者と入植者がそれぞれに「アルジェリア人」を名乗って対峙する状況は、こうした歴史の曲がり角に生まれたのである。

終章　アルジェリアの「短い一九世紀」　298

然と語った。本書でとりあげた言論は、けっして反植民地主義的なものではない。しかし、現地のムスリムやユダヤ教徒との交流が陰に陽に作用して生まれたヨーロッパ人の思索には、本国と周縁、西洋と東洋といった図式を内側から掘りくずすきっかけが内蔵されていた。二項対立の世界観は近代の西洋の知がつくりだした構築物であり、そのことを発見したのはポストコロニアルの思想であると、一般に考えられてきた。しかしそうした社会的構築の要点は、一九世紀の人々によってすでに見通されていた。かれらは時代によって条件付けられながら、ある意味でその外へ向かって踏み出していた。

つぎに、地理的側面について。これまでの帝国史研究は、領域的な支配の内実をやや単純にとらえてきたように思われる。フランスの直接的な政治支配のもとで、「県」として内務省の管轄下におかれたアルジェリアにおいて、空間が均質化されることはついになかった。土地問題にみられる法的多元性、複層化された地方行政といった諸制度は、空間のうえにさまざまな差異を刻み込み、モザイク化していった。アルジェリアよりも遅れて植民地支配に組み込まれたチュニジア、モロッコと比べても、アルジェリアの諸制度ははるかに複雑であった。逆説的なことに、空間の構造は、「同化」が標榜された植民地圏の中核において、もっとも入り組んでいたのである。

「ヨーロッパ」と「非ヨーロッパ」とのあいだに境界線を引き、他者とのあいだに非対称な関係を築くという思想がもっとも強烈であったはずの一九世紀に、二項的な整理が徹底されることはなく、錯綜が集積されていった。その複雑さが従来の歴史記述において看過されてきたのは、おそらく、二〇世紀以来蓄積されてきた帝国史研究が個々よりも構造に関心をはらってきたためであろう。本書でとりあげた事例は、ひとつひとつは周縁的なものであり、その後の歴史に大きな影響をあたえることはなかったかもしれない。しかしそうした細部にこそ、流動と不安定の時代としての一九世紀の特徴があらわれていた。

第一次世界大戦は、マグリブにとっても重大な転換期となった。二〇世紀初頭の脆い均衡は失われた。農業開発の加速によって、土地という資源が少数のヨーロッパ人のもとにますます集積され、貧富の差が拡大していく。文化の

混淆が進む一方で、対立的なアイデンティティが結晶化していった。征服から一〇〇周年にあたる一九三〇年前後のアルジェリアでは、植民地化の偉業と「文明化」の達成を讃える表象があふれることになる。しかしそれは、つかのまの昂揚であった。フランス本国の人々とアルジェリアのヨーロッパ人たちは、「原住民」がフランスの支配を受け入れていると強調したが、実際には、反植民地ナショナリズムの台頭が把握されていた。

それにもかかわらず、歴史家リュシアン・フェーヴルは、第二次世界大戦末期にヨーロッパ史を講じ、アルジェリアへの入植によって西洋文明がアフリカに根をおろすと論じた。独立戦争が勃発したのは、そのおよそ一〇年後のことである。南北の人の流れは逆転した。戦争の前後に、入植者と先住ユダヤ人のほとんどが生地を離れ、本国への「引き揚げ」を経験した。独立後のアルジェリアからは、さらに多数のムスリムが、主に労働者としてフランスに移住し、定着した。今日のフランスで地中海が語られるときには、そうした複数の移動の記憶が重なりあう。一方、アルジェリアに住む人々は、対岸とのつながりをたもちつつ、まつろわぬ海に対してどこか身構えているように思われる。植民地地中海はひとつだけの歴史で成り立っているわけではない。そして同時に、共通の歴史を分かちあっている。アルジェリアの一九世紀に織り込まれた軋轢と交渉は、その両面をあらためて問いかけるのである。

あとがき

彫刻は動く、と述べた人がいる。観る者の側が動くにつれて、彫刻の輪郭はまるで生きているように変化し、観る者が呼吸するのに応じて、元来動かないはずの物体にかすかな動きが生じるのだという。それに近い体験をしたのは、はじめてアルジェリアの街々を歩いたときだった。乾いた空気のなかで、建物の陰から過去の断片が静かにあらわれてきたり、思いがけず急に隠れたりして、街は静止しようとはしなかった。その重々しいうごめきを経験したときに、フランスとアルジェリアの歴史を切り離さずに書くということを意識した。当初の計画からは異なるかたちとなったが、それでも、ひとつの地域のなかに複数性を読みとるという課題については、ある程度の見通しをしめすことができたと考えている。

本書は、東京大学大学院人文社会系研究科に提出した博士学位論文「境域の形成——フランス植民地期アルジェリアにおける学知と空間編成 一八三〇—一九一四」を改稿したものである。審査委員として貴重な論評をくださった深沢克己、近藤和彦、姫岡とし子、柳橋博之、平野千果子の各先生に御礼を申し上げ、これまでに指導を仰いだ先生方に深い感謝を捧げる。地中海史を志すきっかけを作ってくださった樺山紘一先生、学部生の頃から指導教官として忍耐強く見守ってくださった深沢克己先生、留学先フランスのプロヴァンス大学で教えを受けた Robert Ilbert 先生、Jean-Louis Triaud 先生、四人の先生の学恩に応えるために、立ち止まらずに歩みつづけなければならない。ともに学んだ友人たちにも感謝を伝えたい。なかでも、史料調査の時期をともにした Didier Guignard と Ra'id Badr に。さらに一人一人お名前をあげることは控えるが、本書の草稿を読み、さまざまな指摘を下さった方々に心から謝意を表する。

研究の途上では、複数の学際的な共同研究に参加してさまざまな刺激を受けた。とくに、大阪大学大学院人間科学研究科グローバルCOEプログラム「コンフリクトの人文学国際研究教育拠点」に研究員として三年間在籍させていただいたこと、羽田正先生の率いる科学研究費プロジェクト「ユーラシアの近代と新しい世界史叙述」に参加する機会を得たことは大きな糧となった。

本書は文部科学省科学研究費助成による研究成果であり、出版にあたっては、勤務先である学習院女子大学から研究成果刊行助成の交付を受けた。最後に、編集者として親身な助言をしてくださった東京大学出版会の山本徹氏に厚く御礼を申し上げる。

二〇一二年一二月

工藤晶人

くはスピノザから，近くはロワイエ・コラール，トクヴィルといったフランス自由主義の思想を総合し，自由主義の王政と穏和な共和政のどちらにも開かれた体制の枠組みを提示した．Pierre Guiral, *Prévost-Paradol 1829–1870 : pensée et action d'un libéral sous le Second Empire* (Paris : PUF, 1955), p. 489 et sq.
(2) Prévost-Paradol, *La France nouvelle*, p. 418.
(3) Guiral, *Prévost-Paradol*, pp. 759–760 ; Girardet, *L'idée coloniale en France*, pp. 43–45.
(4) Hannah Arendt, *The Origins of Totalitarianism*, p. 123.
(5) Lucien Febvre, *Europe : genèse d'une civilisation* (Paris : Perrin, 1999), pp. 292–293.

サハラ以南(「暗黒の大陸」)を主眼としたもので,アルジェリアをその入り口として位置づけた.こうした食い違いは,両大戦間期になると,白人のアフリカ(作家ルイ・ベルトランのいう「ラテン・アフリカ」Afrique latine)というイデオロギーによって接合されることになる.

(46)　*Echo d'Oran*, le 7, 10 mai 1902.
(47)　« Rapport sur l'exode de Tlemcen », Conseil général d'Oran, séance du 28 octobre 1911, in : *Gouvernement Général de l'Algérie. L'exode de Tlemcen en 1911* (Beaugency : R. Barrillier, 1914), pp. 12–15.
(48)　具体的には,1905年に本国で成立した「諸教会と国家の分離に関する法」が適用されることで,モスクの運営が困難になるのではないかという危惧が広がっていた.実際には,同法のアルジェリアでの適用範囲は限定的であった.Raberh Achi, « La séparation des Églises et de l'État à l'épreuve de la situation coloniale. Les usages de la dérogation dans l'administration du culte musulman en Algérie (1905–1959) », *Politix*, 17–66 (2004), pp. 84–92.
(49)　Commission d'enquête sur l'exode de Tlemcen, « Rapport à Monsieur le Gouverneur général », le 1er décembre 1911, in : *Gouvernement Général de l'Algérie. L'exode de Tlemcen en 1911*, pp. 24–25.
(50)　*Ibid.*, p. 49.
(51)　*Ibid.*, pp. 30–31.
(52)　*Echo d'Oran*, les 14, 15, 16, 17, 18, 19 octobre 1911.
(53)　*Echo d'Oran*, le 17 octobre 1911.
(54)　Charles-Robert Ageron, « L'émigration des musulmans algériens et l'exode de Tlemcen (1830–1911) », *Annales. Économies, Sociétés, Civilisations*, 22–5 (1967), pp. 1061–1062.
(55)　McDougall, *History and the Culture of Nationalism in Algeria*, pp. 64–65.
(56)　*Echo d'Oran*, le 19 octobre 1911.
(57)　Jules Roy, *La guerre d'Algérie* (Paris : PUF, 1960), pp. 44–45(邦訳 p. 35).
(58)　Jean Amrouche, « Note pour une esquisse de l'état d'âme du colonisé », in : *Un Algérien s'adresse aux Français : ou l'histoire d'Algérie par les textes (1943–1961)* (Paris : L'Harmattan, 1994), p. 52. ジャン・エル・ムフーブ・アムルーシュ Jean El Mouhoub Amrouche (1906–1960)は,カビリアのベルベル系キリスト教徒として生まれた詩人.フランス語表現アルジェリア文学の先駆者とみなされる.フランス語で詩と文章を発表する一方で,ベルベル語の詩歌の収集もおこなった.母ファドマの自伝も歴史資料として貴重である.ファドマ・アムルシュ『カビリアの女たち』(中島和子訳　水声社 2005).

終　章

(1)　Lucien-Anatole Prévost-Paradol, *La France nouvelle* (Paris : Michel Lévy frères, 1868), p. 416. リュシアン・アナトル・プレヴォ・パラドル Lucien-Anatole Prévost-Paradol (1829–1870):第二帝政期に反体制的な自由主義の論陣を張った代表的な文筆家.アカデミー・フランセーズ会員(1865年選出).『新しいフランス』において彼は,遠

(25) Paul Ernest-Picard, *La monnaie et le crédit en Algérie depuis 1830* (Paris : Plon, 1937), p. 202.
(26) Jules Renard, *Les étapes d'un petit Algérien dans la province d'Oran*, 6e éd (Paris : Hachette, 1901).『にんじん』で知られる作家ジュール・ルナールとは別人である．
(27) Jacques et Mona Ozouf, « Le Tour de France par des deux enfants. Le petit livre rouge de la République », in : Pierre Nora (dir.), *Les lieux de mémoire* (Paris : Gallimard/Quatro, 1997), tome 1, pp. 277–301.
(28) Renard, *Les étapes d'un petit Algérien dans la province d'Oran*, pp. 6–8.
(29) *Ibid*., pp. 15–21.
(30) Lorcin, "Rome and France in Africa : Recovering Colonial Algeria's Latin Past," pp. 295–329.
(31) ルイ・ベルトラン Louis Bertrand（1866–1941）：ムーズ県生まれの作家．高等師範学校を卒業後，修辞学の教師としてアルジェ赴任（1891-1900）を経験し，入植者社会に素材を得た小説やヨーロッパとイスラームの関係を論じた評論文で有名になった．1925 年にアカデミー・フランセーズ会員．「アルジェリアニスト（アルジェリア在住のヨーロッパ系作家による文学）」の先駆とみなされる．Seth Graebner, *History's Place : Nostalgia and the City in French Algerian Literature* (Lanham : Lexington, 2007), pp. 27–71 ; Azzedine Haddour, *Colonial Myths, History and Narrative* (Manchester : Manchester University Press, 2000), pp. 24–27.
(32) ローマ時代の遺物は，オランの西側の岬をへだてた地点にある外港メルス・エル・ケビールなどの近隣に限られていた．Lespès, *Oran : étude de géographie et d'histoire urbaine*, p. 44.
(33) より正確には，塔とライオンの中央部にブルボン家の紋章ユリが付加されることもあったが，ポスターには描かれていない．
(34) *Echo d'Oran*, les 27–29 mars 1902.
(35) *Echo d'Oran*, le 27 juillet 1902.
(36) *Echo d'Oran*, le 4 avril 1902.
(37) *Algérie et Tunisie* (Paris : Hachette, 1901), p. 149.
(38) SHD 1H/1226, monographie d'Aoubellil.
(39) 工藤「19 世紀末アルジェリアにおけるヨーロッパ人社会の変容」pp. 14–16.
(40) Gilbert Meynier, *L'Algérie révélée. La guerre de 1914–1918 et le premier quart du XXe siècle* (Genève : Droz, 1981), pp. 30–31.
(41) *Le livre d'or de l'Oranie*. Alger : l'Afrique du Nord illustrée, 1925, préface, s.p.
(42) Wahl, *L'Algérie*, p. 260.
(43) 東南アジアに関するアンダーソンの指摘を参照．Anderson, *Imagined communities*, p. 168.
(44) Kateb, *Européens, "indigènes" et juifs en Algérie (1830–1962)*, pp. 97–115.
(45) Gabriel Hanotaux, « L'avenir de l'Afrique », *Questions diplomatiques et coloniales*, 6–13 (1902), pp. 485– 489 ; *Echo d'Oran*, le 2 avril 1902. 祝典の主催者が演出したラテン性と，地理学協会からの来賓が強調したアフリカ性のすれちがいも興味深い．千年紀祭が地中海世界の一部としての歴史を強調したのに対して，アノトーのいうアフリカは

(12) Kateb, *Européens, "indigènes" et juifs en Algérie (1830–1962)*, pp. 326–335.
(13) Kateb, *Européens, "indigènes" et juifs en Algérie (1830–1962)*, pp. 153–159 ; Jean-Jacques Rager, *Les musulmans algériens en France et dans les pays islamiques* (Alger : Imbert, 1950), pp. 9–58. とくに多数が居住していたチュニジアの状況については以下を参照。Abdelkrim Mejri, « Être "maghrébin musulman" immigré en Tunisie depuis la conquête de l'Algérie jusqu'à la veille de la deuxième guerre mondiale (1830–1937) », *Mediterranean World,* 20 (2010), p. 69–86.
(14) Kateb, *Européens, "indigènes" et juifs en Algérie (1830–1962)*, pp. 54–58, 159–162.
(15) Collot, *Les institutions de l'Algérie durant la période coloniale*, pp. 309–310 ; Laurent Escande, « Du sanitaire au politique : le gouvernement général de l'Algérie face au pèlerinage à La Mecque (1870–1940) », *Ultramarines,* 7 (1993), pp. 3–10 ; Luc Chantre, « Se rendre à La Mecque sous la Troisième République : contrôle et organisation des déplacements des pèlerins du Maghreb et du Levant entre 1880 et 1939 », *Cahiers de la Méditerranée,* 78 (2009), pp. 202–227 ; Sylvia Chiffoleau, « Le pèlerinage à La Mecque à l'époque coloniale : matrice d'une opinion publique musulmane? », in : Sylvia Chiffoleau et Anna Madœuf (dir.), *Les pèlerinages au Maghreb et au Moyen-Orient* (Damas : Presses de l'IFPO, 2005), pp. 131–163.
(16) WO SC/4064.
(17) WO SC/4064.
(18) ANOM Ainte K2, circulaire du préfet aux administrateurs du département, le 11 juil. 1901.
(19) Musette, *Cagayous*, cité dans Guernier (dir.), *Algérie et Sahara*, tome 2, p. 244. 作者（筆名ミュゼット Musette, 本名オーギュスト・ロビネ Auguste Robinet）は、フランス出身の両親をもつアルジェリア生まれのジャーナリストであった。
(20) David Prochaska, "History of literature. Literature as history : Cagayous of Algiers," *American Historical Review,* 101–3 (1996), p. 706.
(21) 同じ時期にはフランス本国でも反ユダヤ主義の高まりがみられたが、現代の研究者は、本国の思潮がアルジェリアに波及したという説明には慎重である。Michel Abitbol, « L'Affaire Dreyfus et la montée de l'antisémitisme colonial en Algérie », *Archives juives,* 31–2 (1998), pp. 75–86. オランにおけるユダヤ人排斥運動については以下を参照。Geneviève Dermenjian, *La crise anti-juive oranaise (1895–1905). L'antisémitisme dans l'Algérie coloniale* (Paris : L'Harmattan, 1986) ; Jean-Jacques Jordi, *Les Espagnols en Oranie, histoire d'une migration 1830–1914* (Calvisson : Jacques Gandini, 1996), pp. 154–176.
(22) Ageron, *Les Algériens musulmans et la France*, pp. 583–608.
(23) Geneviève Dermenjian, « 1898, l'embrasement antijuif », in : Jean-Jacques Jordi et Jean-Louis Planche (dir.), *Alger 1860–1939 : Le modèle ambigu du triomphe colonial* (1999), p. 58.
(24) 1898年から1900年にかけての諸立法によってアルジェリアは独立会計予算をもつことになり、予算審議を担当する財政評議会と総督府高等評議会が設置された。財政評議会は、一種の植民地議会としての性格をもつ代表制機関として1945年まで存続した。制度の概要については、Collot, *Les institutions de l'Algérie durant la période coloniale,* pp. 204–205, 218–220. より詳細には以下を参照。Jacques Bouveresse, *Un parlement colonial ? les Délégations financières algériennes, 1898–1945* (Mont-Saint-Aignan : Publications des Universités de Rouen et du Havre, 2008–2011).

(London/New York : Verso, 1991), chap. 4, 10 ; Thongchai Winichakul, *Siam mapped : a History of the Geo-body of a Nation* (Honolulu : University of Hawaii Press, 1997). ただしアンダーソンの議論を，先行するヨーロッパと追随する非ヨーロッパというモデルとして受容することには慎重であるべきだろう．チャタジーによる批判を参照．Partha Chatterjee, *The Nation and its Fragments : Colonial and Postcolonial Histories* (Princeton : Princeton University Press, 1993), chap. 1.

（3） ファラハート・アッバース Faraḥāt ʻAbbās（1899–1985）は，植民地行政役職者の子としてカビリア地方に生まれ，フランス語教育を受けて薬剤師となった．1930年代から言論活動をはじめ，セティフ市議会議員，ついでコンスタンティーヌ県議会議員としてムスリムの権利拡大をはかったが挫折し，しだいにアルジェリアの国家としての独立を主張するようになっていった（1943年「アルジェリア人民宣言」）．その後もフランス政府との一定の連携を保ったうえでの独立を模索したが果たせず，1956年に民族解放戦線（FLN）に合流した．独立後は制憲議会の議長として新体制の樹立に参加したが，1963年に失脚した．Benjamin Stora et Zakya Daoud, *Ferhat Abbas : une utopie algérienne* (Paris : Denoël, 1995).

（4） メサーリー・ハージュ Maṣālī al-Ḥājj（1898-1974）は，トレムセンの職人家庭に生まれ，第一次世界大戦でフランス軍に従軍した後にフランスで生活した．やがてフランス共産党の影響下で結成された政治結社「北アフリカの星」の指導者として台頭した彼は，当初からアルジェリアの独立を要求した数少ない運動家であった．政治結社の解散と再結成，亡命と帰還をくり返した後，1940年代には「民主的自由の勝利のための運動」（MTLD）を結成して他の政治勢力と争ったが，しだいに勢力を失い，民族解放戦線には参加せずにフランスで没した．Benjamin Stora, *Messali Hadj (1898–1974) : Pionnier du nationalisme algérien* (Paris : L'Harmattan, 1986).

（5） アブドゥルハミード・イブン・バーディース ʻAbd al-Ḥamīd ibn Bādīs（1889-1940）は，コンスタンティーヌの名家に生まれた改革運動指導者．父は総督府高等評議会の議員をつとめていた．チュニス留学やカイロ滞在の経験をつうじて同時代のイスラーム改革思想と共鳴し，政治的側面だけでなく信仰と社会生活に関する幅広い著作活動をおこなった．Ali Merad, *Le réformisme musulman en Algérie de 1925 à 1940 : Essai d'histoire religieuse et sociale* (Paris : Mouton, 1967).

（6） McDougall, *History and the Culture of Nationalism in Algeria*.

（7） アフマド・タウフィーク・アル・マダニー Aḥmad Tawfīq al-Madanī（1898-1984）は，アルジェリア・ウラマー協会に創設時から参加し，独立戦争中はエジプトでFLNの外交代表部責任者をつとめ，独立後は宗教行政に転じた．Djilali Sari, *L'émergence de l'intelligentsia algérienne* (Alger : Éditions ANEP, 2006), pp. 244–263.

（8） Houari Touati, "Algerian Historiography in the Nineteenth and Early Twentieth Centuries : From Chronicle to History," in : Michel Le Gall and Kenneth Perkins (ed.), *The Maghrib in Question : Essays in History and Historiography* (Austin : University of Texas Press, 1997), pp. 89–93.

（9） McDougall, *History and the Culture of Nationalism in Algeria*, pp. 20–27, 44–45.

（10） Kaddache, *Histoire du nationalisme algérien*, tome 1, pp. 202–205.

（11） McDougall, *History and the Culture of Nationalism in Algeria*, pp. 184–216.

« Le démantèlement de la propriété foncière », *Revue historique,* 505 (1973), pp. 61–63.
(48) ANOM Oran/2N103, rapport de l'exécution de la loi du 26 juillet 1873, le 5 mai 1882.
(49) 史料によれば，同地区における農園の数は34，ヨーロッパ人人口はフランス人133人，外国人（多くはスペイン人）471人とあるので，単純に計算すると，一農場あたりの面積は約400ヘクタール，ヨーロッパ人農業従事者が17.7人となる．ANOM GGA/31L16, rapport sur la construction d'un groupe de bâtiments communaux à Sidi Daho. オラン県内でヨーロッパ人の所有する農場の労働力は，モスタガネム周辺など一部をのぞいて，多くの地域でスペイン系移住者（または季節労働者）に依存していた．Guy Thurin, *Le rôle agricole des Espagnols en Algérie* (Lyon : Bosc frères, 1937), pp. 62–65.
(50) Ismaël Hamet, *Les Musulmans français du Nord de l'Afrique* (Paris : Armand Colin, 1906), pp. 161–162.
(51) Sari, « Le démantèlement de la propriété foncière », pp. 69–70.
(52) ANOM GGA/1Y288.
(53) ANOM GGA/31L16, notice réclamée par dépêche de M. le Gouverneur général en date du 5 avril 1902, n°1283. p1040796.
(54) Ministère de l'agriculture, du commerce et des travaux publics, *Enquête agricole. Algérie. Alger – Oran – Constantine* (Paris : Imprimerie impériale, 1870), pp. 17–20.
(55) Henri de Peyerimhoff, *Enquête sur les résultats de la colonisation officielle de 1871 à 1895*, (Alger : Imp. Torrent, 1906), tome 1, p. 78.
(56) この地域における幕屋の使用は両大戦間期になると減少し，しだいに木造家屋へと置きかわっていった．Marcel Larnaude, « Tentes et habitations fixes en Oranie », in : *Mélanges de géographie et d'orientalisme offerts à E.-F. Gautier* (Tours : Arrault, 1937), p. 299 ; Augustin Bernard et Edmond Doutté, « L'habitation rurale des indigènes de l'Algérie », *Annales de géographie,* 26–139 (1917), pp. 219–228.
(57) WO SC/8693, procès verbal de location par adjudication publique des communaux du Oued Berkèche, 1894, 1895 ; id. cahiers des charges pour la location aux enchères publiques d'immeubles situés aux douars de Berkèche et Sebbah, 1897.
(58) 両大戦間期の帳簿には，あらかじめ名義人が書き込まれ備考欄に所在，死去などと書き込まれたものが見つかる．賃借権が家族に受け継がれた例についても同様．WO SC/8693.
(59) 独立戦争期に特別行政区担当の陸軍士官としてアイン・テムシェントの調査をおこなったロネーの著作を参照．Michel Launay, *Paysans algériens 1960–2006*, 3e éd. (Paris : Karthala, 2007), pp. 241–242.
(60) Loc. cit.

第12章　折り重なる領域

(1) organisme national という表現を，国体と訳出した．Maurice Wahl, *L'Algérie*, 2e éd (Paris : Félix Alcan, 1889), p. 253.
(2) アンダーソンは，『想像の共同体』増補版で，ウィニッチャクンの業績に依拠して空間についての議論を書き足している．Benedict Anderson, *Imagined communities*

（30） Boyer, « Historique des Béni Amer d'Oranie », p. 64 et sq.
（31） Camille Rousset, « La conquête de l'Algérie », *Revue des deux mondes,* 1er oct 1888, réed. dans Jeanne Caussé et Bruno de Cessole (dir.), *Algérie 1830–1962* (Paris : Maisonneuve et Larose, 1999), p. 119.
（32） Boyer, « Historique des Béni Amer d'Oranie », pp. 72–73.
（33） Tinthoin, *Colonisation et évolution des genres de vie*, pp. 41–47. 以下も参照。Yacono, *Histoire de l'Algérie*, pp. 25–28.
（34） 植民地期以前のマグリブ農村社会における生存維持経済をめぐる諸問題については，モロッコを対象としたミシェルの研究に詳細に論じられている。Nicolas Michel, *Une économie de subsistances : le Maroc précolonial*, (Le Caire : IFAO, 1997), pp. 591–603.
（35） 第7章「1850 年代まで—土地国有説優位の時代」参照。
（36） 当初は一人当たり3ヘクタールとされたが，のちに土地が肥沃ではないことを理由として，一人当たり6ヘクタールに拡張された．ANOM Oran/2N36.
（37） ANOM Oran/2N36, procès-verbal des délibérations de la commission du cantonnement, 25 avril 1859. 最終的に所有権の書証が採用されたミルク地は，一件当たりの面積が150ヘクタールから2000ヘクタールにおよぶ大土地所有者による申し立てが中心であった．
（38） 総督府高等評議会は，総督を議長として陸軍各部門と法務，財務の高官7名，報告担当顧問官2–3名からなる諮問機関であり，国有地に関する事項を所轄のひとつとしていた．Décret du 10 déc. 1860 (Relatif au gouvernement et à la haute administration de l'Algérie), art. 10.
（39） ANOM GGA/1M67, dossier n° 220. 以下，ウルド・ザイールの土地調査にかかわる総督評議会の議論については同史料に依拠する．人口をそれ以前の時期の統計と比較すると，1844年の幕屋数は530，1851年には350であった．Boyer, « Historique des Béni Amer d'Oranie », pp. 72–73. 人口は回復傾向にあったようにもみえるが，土地測量以前の行政による各部族の領域把握は相当におおまかなものであった．家畜数の回復とあわせて考えると，ドゥワイールと同じように他部族からの人口流入があった可能性もある．SHD 1H/1226, monographie d'Aoubellil.
（40） Décision impériale du 21 avril 1866.
（41） ANOM Oran/2N102, lettre du général commandant la subdivision d'Oran, le 27 fev. 1866.
（42） ANOM GGA/1M67, dossier n°215, extrait des procès-verbaux du Conseil du gouvernement, séance du 18 déc. 1867.
（43） ANOM GGA/1M67, dossier n°220, extrait des procès-verbaux du Conseil du gouvernement, séance du 13 mars 1867.
（44） WO SC/8603.
（45） Ruedy, *Modern Algeria*, p. 75.
（46） 謄記 transcription については第7章註(60)参照。
（47） ANOM Oran/2N103, rapport de l'inspecteur du service de la propriété indigène concernant une difficulté d'application de la loi du 26 juillet 1873. 部族民が森林の伐採に乗り出したこと自体が，地域の生態的なバランスが崩れたことのあらわれである．Djilali Sari,

われる．Nouschi, *Enquête sur le niveau de vie des populations rurales constantinoises de la conquête jusqu'en 1919*, pp. 312–313.
(16)　表内の国有地には，フランスへの敵対行為に対する懲罰として没収された土地，ベイリク（オスマン期の国有地），ハブス，その他の理由により接収された土地，森林がふくまれる．自治体（完全実施自治体または混合自治体）の所有地は主として森林が，行政財産には道路などがふくまれる．
(17)　ちなみに，1851 年までに入植用地として確保された国有地の面積は約 36 万ヘクタールにのぼった．ルエディの研究によれば，その由来は以下のように分類される．ベイリク 15 万 8721 ヘクタール，「収容(セケストル)」4 万 9007 ヘクタール，「区画限定(カントヌマン)」6 万 3901 ヘクタール，ハブス（ワクフ）1 万 6258 ヘクタール，没収 1 万 7414 ヘクタール，無主地 5 万 2274 ヘクタール，その他 6766 ヘクタールであった．John Ruedy, *Land Policy in Colonial Algeria*, pp. 100–101.
(18)　Ageron, *Les Algériens musulmans et la France*, p. 75.
(19)　ANOM GGA/1M67.
(20)　Ageron, *Les Algériens musulmans et la France*, pp. 93–94.
(21)　この手続きは 1887 年 4 月 28 日法によって定められた．André Nouschi, *L'Algérie amère 1914–1994* (Paris : Éditions de la Maison des sciences de l'homme, 1995), p. 51.
(22)　Laynaud, *Notice sur la propriété foncière en Algérie*, p. 125. ちなみに 1950 年代になっても，ムスリムの所有地約 920 万ヘクタールの内「フランス化」された土地は約 290 万ヘクタールにとどまり，約 420 万ヘクタールのミルク地と約 200 万ヘクタールのアルシュ地が存在していた．*Documents algériens. Service d'information du cabinet du gouverneur général de l'Algérie* : série économique, n°119 (1956).
(23)　1877 年から 1898 年までに，ヨーロッパ人は先住民から 56 万 3762 ヘクタールを買収し，逆に先住民はヨーロッパ人から 13 万 1374 ヘクタールを買い戻した．差し引きは 43 万 2388 ヘクタールとなる．Laynaud, *Notice sur la propriété foncière en Algérie*, p. 131.
(24)　バヌー・アーミル Banū 'Amir はアーミルを名祖とする集団を意味する．アーミル族は多数の支族／部族をふくむ大集団で，フランス語文献においては部族連合 confédération と呼ばれることもある．第 1 章「部族社会とイスラーム」参照．
(25)　Pierre Boyer, « Historique des Béni Amer d'Oranie, des origines au Senatus Consulte », *Revue de l'Occident musulman et de la Méditerranée*, 24 (1977), pp. 47–48.
(26)　*Ibid.*, pp. 50–56.
(27)　アブドゥルカーディルは支配地域を八つのハリーファリクに分割し，それぞれの下に複数のアガリクを置いて徴税や徴兵の基礎とした．アーミル族はひとつのアガリクとしてあつかわれた．Paul Azan, *L'Émir Abd el Kader 1808–1883 : du fanatisme musulman au patriotisme français* (Paris : Hachette, 1925), pp. 131–132. フランス側の統計によれば，アーミル族のアガリクは 27 の支族からなり，7315 の幕屋をもち（幕屋ひとつあたりの住人を 7 人と見積ると，人口は 5 万 −6 万人程度と推計できる），兵力として 5150 人の騎兵，4330 人の歩兵を擁していた．TEFA, 1839, pp. 292–295.
(28)　Pellissier de Reynaud, *Annales algériennes*, tome 1, p. 374.
(29)　*Ibid.* tome 3, p. 298.

1830 à 1930 », in : Jocelyne Dakhlia (dir.), *Urbanité arabe. Hommage à Bernard Lepetit* (Paris : Sindbad, 1998), pp. 175–176 ; Yvan Gastaut, « Relations interculturelles dans les villes du Maghreb colonial : peut-on parler de solidarités? », *Cahiers de la Méditerranée,* 63 (2001), http://cdlm.revues.org/index13.html (consulté le 1er septembre 2012).

第 11 章　空白の土地台帳

(1)　Tocqueville, *Œuvres complètes. III–1*, p. 267.
(2)　Berque, *L'intérieur du Maghreb XVe–XIXe siècle*, p. 419.
(3)　Georges Balandier, *Anthropologie politique* (Paris : PUF/Quadrige, 1999), p. 188.
(4)　Sari, *La dépossession des fellahs (1830–1962)*, pp. 5–6.
(5)　ANOM Oran/2M189.
(6)　Léon Juchaut de La Moricière et Marie Alphonse Bedeau, *Projets de colonisation pour les provinces d'Oran et de Constantine* (Paris : Imprimerie Royale, 1847), p. 83.
(7)　ANOM GGA/1L143, procès-verbaux de la commission de colonisation de Sidi-bel-Abbès, le 23 jan. 1850. アイン・テムシェントには植民地化以前から地元部族の集落があり、フランス軍の征服後も定期市の開催がつづいていた．E. Perret, *Les français en Afrique : récits algériens*, 7e éd. (Paris : B. Bloud, 1902), pp. 413– 415.
(8)　19 世紀中葉にアルジェリアの新都市建設を担ったのはフランス陸軍工兵部であった．陸軍工兵部は，要塞建築術と野営布陣術の総合によって，地形，人口規模，構成，産業，利用可能な資源等の情報を分析し，建設コストと利用効率を最優先にするグリッド状の都市の様式をつくりあげた．同一の設計が複製されることによってつくられた建築様式は，民政期の建築にも強い影響を与えた．Xavier Malverti, « Les officiers du Génie et le dessin de villes en Algérie (1830–1870) », *Revue du monde musulman et de la Méditerranée,* 73/74 (1996), pp. 229–244 ; Stéphanie Burth-Levetto, « Le service des bâtiments civils en Algérie (1843–1872) », *Revue du monde musulman et de la Méditerranée,* 73/74 (1996), p. 147.
(9)　1856 年の統計は，ヨーロッパ人 694 人（内スペイン人 240 人）に対して，先住民 139 人という住民数を記録している．ただし，先住民の多くは建設された入植都市の市壁外に暮らしていたと考えられる．*TEFA*, 1856–1858 ; ANOM Oran/1M17.
(10)　この書簡は，本文はフランス語で書かれ署名はアラビア語でなされている．ANOM Oran/2M189, lettre datée du 12 mai 1877.
(11)　ANOM Oran/2M189, procès verbal de la commission des centres, Aïn-Témouchent, séance du 7 juin 1878.
(12)　「公用のための土地収用」expropriation pour cause d'utilité publique については第 7 章「1850 年代まで―土地国有説優位の時代」参照．
(13)　Louis Lefloch, *Mahomet, al Koran, Algérie : études historiques, philosophiques et critiques* (Alger : Principaux libraires, 1860), p. 243.
(14)　« Les Trois-Marabouts – un village prospère – exemple à suivre, signé par Y... », *Echo d'Oran*, le 3 sep. 1901.
(15)　土地所有権付与に対して，部族の代表者たちは一般に歓迎の態度を表明したとい

Duboc, « Notes sur Oran (côte de Barbarie) », p. 15. 1849 年の統計は，フランス統治下のアルジェリアに定住する「黒人」の合計として4177人，オランおよび周辺部には1015人という数字を示している．*TEFA*, 1846–1849, p. 113. こうした「黒人」は荷運び人夫や掃除夫などの同業組合 corporation を形成していた．ANOM Oran/1G204.

(48) 具体的には，マグリブと通商ネットワークで結ばれたニジェール川流域のソニンケ，マンデ等の集団の人々，あるいは彼らを仲介してもたらされた奴隷であった可能性が想定できる．坂井信三『イスラームと商業の歴史人類学—西アフリカの交易と知識のネットワーク』（世界思想社　2003）pp. 41– 44.

(49) 1884 年 4 月 5 日の政令以降，ムスリムを代表する市参事会員の選挙人資格は，農地所有者または公務員，受勲者（元兵士）などの特定要件を満たした 25 歳以上成人男子の内，自ら申請をしたものとされた．こうした条件のため，実際に選挙人資格を取得した成人の数はきわめて少数にとどまった．Collot, *Les institutions de l'Algérie durant la période coloniale*, pp. 95–96.

(50) 「スーダン」出身者の年齢が 55 歳以上にかたよっていることについては，サハラ以南からの流入者が実際に減少していたという可能性と，農地の所有という選挙人資格要件によって壮年層以下が排除されている可能性の，二つの解釈が可能である．ちなみに，アルジェリアでは他のフランス領と同様，1848 年に奴隷制が公式には廃止されたが，それ以降も奴隷使用の慣行が残存していた．Raëd Bader, *Une Algérie noire ? traite et esclaves noirs en Algérie coloniale : 1830–1906*, thèse de doctorat (Université d'Aix-Marseille I, 2005).

(51) Association française pour l'avancement des sciences, *Oran et l'Algérie en 1887*, tome 2, p. 47.

(52) Lespès, *Oran : étude de géographie et d'histoire urbaine*, p. 130.

(53) David Harvey, *Paris, Capital of Modernity* (Paris : Routledge, 2003), pp. 1–3, 9.

(54) Joëlle Allouche-Benayoun et Doris Bensimon, *Les Juifs d'Algérie : mémoires et identités plurielles*, pp. 92–93.

(55) 地中海都市における隣人関係 voisinage の概念については以下を参照．Robert Ilbert, *Alexandrie 1830–1930*, (Le Caire : IFAO, 1996), p. 462 et sq.

(56) ソシアビリテの概念は，アギュロンの一連の業績をつうじて歴史研究の共通語彙となった．以下を参照．Maurice Agulhon, *Le cercle dans la France bourgeoise : 1810–1848. Étude d'une mutation de sociabilité* (Paris : Armand Colin, 1977). アギュロンも事例としてとりあげたように，宗派や社会集団を超えた交流の場としてフリーメーソン会所が想定できる．ところでオランの「アフリカ連合」Union africaine 会所で19世紀後半に入会儀礼をうけたユダヤ人は少数であり，そのほとんどがオラン以外の出身者であった．Lucien Sabah, *La franc-maçonnerie à Oran de 1832 à 1914* (Paris : Aux amateurs de Livres, 1989), pp. 477– 478. 元来は自発的結社に対して用いられたソシアビリテという言葉は，共同体的な性格の強いかたちもふくめて社会関係一般をさす広い概念として日本に受容されてきた．この点については，深沢克己「友愛団・結社の編成原理と思想的系譜」深沢克己・桜井万里子編『友愛と秘密のヨーロッパ社会文化史』（東京大学出版会　2010）pp. 4–6. を参照．

(57) Omar Carlier, « L'espace et le temps dans la recomposition du lien social : l'Algérie de

(33) Louis Piesse, *Itinéraire de l'Algérie* (Paris : Hachette, 1862), pp. 196, 220.
(34) *Ibid.*, p. 219.
(35) Gilbert Jacqueton, Augustin Bernard et Stéphane Gsell, *Algérie et Tunisie*, collections des guides Joanne (Paris : Hachette, 1916), pp. 89–96.
(36) Association française pour l'avancement des sciences, congrès d'Oran 1888, *Oran et l'Algérie en 1887 : notices historiques, scientifiques et économiques*, (Oran : Paul Perrier, 1888), tome 2, pp. 37– 49.
(37) Lespès, *Oran : étude de géographie et d'histoire urbaine*, passim.
(38) Hirschberg, *A History of the Jews in North Africa from the Ottoman Conquests to the Present Time*, pp. 77–78.
(39) 工藤「19 世紀末アルジェリアにおけるヨーロッパ人社会の変容」pp. 20–21.
(40) ANOM Oran/E60.
(41) ANOM 2PL656.
(42) アルジェリアでイスラーム建築の意匠をとりいれたネオ・モーレスク様式が流行するのは 1900 年代以降のことである．その建築例はもっぱらアルジェに集中し，オランでは，鉄道駅以外に，ネオ・モーレスク様式の公共建築は限られていた．Said Almi, *Urbanisme et colonisation : présence française en Algérie* (Bruxelles : Mardaga, 2002), p. 67 et sq. 大シナゴーグ建設の経緯については以下を参照．Valérie Assan, « Les synagogues dans l'Algérie coloniale du XIXe siècle », *Archives Juives,* 37–1 (2004), pp. 77–79 ; David Nadjari, « Simon Kanouï, président du consistoire d'Oran, conseiller municipal, conseiller général », *Archives Juives,* 36–1 (2003), pp. 136–139. 大シナゴーグの建設はコミュニティ全体にとって象徴的な意味をもったが，多くのユダヤ教徒にとって日常の祈りの場は，古くからある中小のシナゴーグにおかれていた．David Nadjari, *Juifs en terre coloniale : le culte israélite à Oran au début du XXe siècle* (Calvisson : Jacques Gandini, 2000), pp. 89–97.
(43) Isidore Derrien, *Les Français à Oran depuis 1830 jusqu'à nos jours : I. Oran militaire de 1830 à 1848* (Aix-en-Provence : J. Nicot, 1886), pp. 28–29.
(44) Thomas Robert Bugeaud, « Mémoire sur notre établissement dans la province d'Oran par suite de la paix (juillet 1837) », in : *Par l'épée et par la charrue : écrits et discours de Bugeaud, introduction, choix de textes et notes par Paul Azan* (Paris : PUF, 1948), p. 44.
(45) オランを先例として，1847 年から 1854 年にかけてオラン県内陸部で多数の「アラブ人村落」建設がこころみられた．Yacono, *Les bureaux arabes et les transformations des genres de vie indigènes*, pp. 243–278 ; Tinthoin, *Colonisation et évolution des genres de vie dans la région Ouest d'Oran de 1830 à 1885*, pp. 129–134. つけくわえれば，整然とした街区構造をもった先住民居住区を市街の外縁に新設するこころみは，20 世紀カサブランカのヌーヴェル・メディナなどさらに後世の他地域の事例との連続性を指摘することが可能であろう．
(46) Lespès, *Oran : étude de géographie et d'histoire urbaine*, p. 126.
(47) Saddek Benkada, « La création de Médina Jdida, Oran (1845) : un exemple de la politique coloniale de regroupement urbain », *Insaniyat,* 5 (1998), pp. 108–111. 1830 年代には「約 20 家族の黒人」がフランス人の使用人としてオランに所在していたという記録がある．

れた例としては，マスカラやブリダ（ブライダ）があげられる．
(18)　近代のボーヌ近くにあった古代都市ヒッポの司教をつとめた聖アウグスティヌスにちなむ．
(19)　David Prochaska, *Making Algeria French : Colonialism in Bône 1870–1920* (Cambridge : Cambridge University Press, 1990), p. 37.
(20)　Léon Adoue, *La ville de Sidi-bel-Abbès. histoire-légende-anecdotes* (Sidi-bel-Abbès : Roidot, 1927), p. 53.
(21)　Henri-Léon Fey, *Histoire d'Oran, avant, pendant et après la domination espagnole* (Oran : A. Perrier, 1858 ; réed. Oran : Dar el Gharb, 2002), pp. 53–56.
(22)　スペインによる占領初期（16世紀半ばまで）のトレムセンとの外交関係については以下に詳しい．Chantal de La Véronne, *Oran et Tlemcen dans la première moitié du XVIe siècle* (Paris : Geuthner, 1983).
(23)　スペインは貢納金とひきかえに自国船の寄港，沿岸における珊瑚漁などの権利を保持する条約をベイとのあいだに結んで撤退した．Fey, *Histoire d'Oran,* pp. 154, 269–275.
(24)　Jacques Philippe Laugier de Tassy, *Histoire du royaume d'Alger* (Amsterdam : Henri du Sauzet, 1725), p. 150 ; Thomas Shaw, *Travels, or observations relating to several parts of Barbary and the Levant* (London : Millar, 1757), pp. 25–27.
(25)　José de Aramburu, *Oran et l'Ouest algérien au XVIIIe siècle,* traduit de l'espagnol par Mohamed El Korso et Mikel De Epalza (Alger : Bibliothèque nationale, 1978), pp. 38, 48.
(26)　Fey, *Histoire d'Oran,* pp. 280–281.
(27)　René Lespès, *Alger : étude de géographie et d'histoire urbaine* (Paris : Félix Alcan, 1930), p. 519 et sq.
(28)　Ferdinand Duboc, « Notes sur Oran (côte de Barbarie) », *Nouvelles annales des voyages et des sciences géographiques,* 57 (1833), pp. 9–10. ジャンティ・ド・ビュシによれば，1834年までに占領軍が取り壊した建物の数は合計1041にのぼった．Genty de Bussy, *De l'établissement des Français dans la Régence d'Alger et des moyens d'en assurer la prospérité*, tome 2, p. 160.
(29)　Adolphe de Fontaine de Resbecq, *Alger et les côtes d'Afrique* (Paris : Gaume frères, 1837), pp. 187–188.
(30)　たとえば，セバストポルとマジェンタはオスマンのパリ都市改造を代表する大通りと同一の名称が用いられている．その他にとりあげた街路名の由来を以下にまとめる．ジャン・バティスト・クレベールJean-Baptiste Kléber (1753–1800) はエジプト遠征に従軍した軍人．マラコフ公ジャン・ジャック・ペリシエJean-Jacques Pellissier, duc de Malakoff (1794–1864) は陸軍軍人，アルジェリア総督（1860–1864年在任）．マルク・セガンMarc Seguin (1786–1875) は橋梁や蒸気機関等の開発で知られる発明家・技術者．ズアーヴZouaveはアフリカ猟騎兵Chasseurs d'Afriqueやスパーイ Spahiなどとならぶアルジェリア駐留フランス陸軍を象徴する部隊（設立当初は現地人部隊，後にフランス人部隊）の名称．モスタガネム，アルズーはオラン近隣の都市名．
(31)　Lespès, *Oran : étude de géographie et d'histoire urbaine,* pp. 219–221.
(32)　*Ibid.*, pp. 125–127.

une vie (Gallimard/Folio, 1999), chap. 21.『ペスト』と先行作品におけるオランの描写については以下を参照．Christiane Chaulet-Achour, *Albert Camus, Alger* (Paris : Séguier, 1999), pp. 137–143.
(4) René Lespès, *Oran : étude de géographie et d'histoire urbaine* (Paris : Félix Alcan, 1938), p. 114.
(5) 植民地都市をめぐる先行研究の通覧として以下を参照．布野修司『近代世界システムと植民都市』(京都大学学術出版会 2005) pp. 2–40.
(6) Fanon, *Les damnés de la terre*, pp. 42–43（邦訳 p. 41. 一部改訳）．
(7) 明快な表象として映画『アルジェの戦い』を想起せよ．冒頭近くのアルジェ市街が映しだされるシーンで，カメラは前景にある海沿いの「ヨーロッパ市街」から，後景にある丘の斜面に張りついた「カスバ」へとしだいにズームインしていく．
(8) Jacques Berque, « Médinas, villeneuves et bidonvilles », in : *Opera minora* (Paris : Bouchène, 2001), tome 2, pp. 266–268. いわゆる「イスラーム都市」の構造と，その概念の再検討について以下を参照．André Raymond, "The Spatial Organization of the City," in : Salma K. Jayyusi (ed.), *The City in the Islamic World* (Leiden : Brill, 2008), pp. 47–70 ; 羽田正「イスラム都市論の解体」羽田正・三浦徹編『イスラム都市研究 歴史と展望』(東京大学出版会 1991) pp. 1–12.
(9) 一例として以下を参照．Gwendolyn Wright, *The Politics of Design in French Colonial Urbanism* (Chicago : University of Chicago Press, 1991).
(10) アルジェ史研究の近年の業績として，オスマン期についてはガイドの研究があげられる．Mouloud Gaïd, *L'Algérie sous les Turcs* (Alger : Mimouni, 1991). 植民地期の都市史については，建築史と文化史の視点を総合したチェリクとウレブシルの研究が現代の研究の到達点を示す．Zeinep Çelik, *Urban Forms and Colonial Confrontations : Algiers under French Rule* (Barkeley : University of California Press, 1997) ; Nabila Oulebsir, *Les usages du patrimoine : monuments, musées et politique coloniale en Algérie (1830–1930)* (Paris : Éditions de la Maison des sciences de l'Homme, 2004).
(11) Marc Côte, *L'Algérie : espace et société* (Paris : Armand Colin, 1996), pp. 92–94. 地中海諸港の形成条件については以下も参照．深沢克己『海港と文明—近世フランスの港町』(山川出版社 2002) pp. 137–142.
(12) L. Billiard, F. Vergnieaud et E. Balensi, *Les ports et la navigation de l'Algérie* (Paris : Larose, 1930), p. 124.
(13) カスバという名称が旧市街全体をさす言葉として広く用いられるようになるのは20世紀にはいってからのことである．
(14) Robert K. Home, *Of Planting and Planning : The Making of British Colonial Cities* (London : E & FN Spon, 1997), pp. 1–2.
(15) シャルル・ダムレモン Charles Damrémont (1783–1837)：占領初期のアルジェリア（当時の名称は北アフリカフランス領）総督の名．
(16) Bernard Pagand, « De la ville arabe à la ville européenne : architecture et formation urbaine à Constantine au XIXe siècle », *Revue du monde musulman et de la Méditerranée,* 73/74 (1996), pp. 281–294.
(17) 植民地期以前の市壁の形態を保持しつつ街区の直線化が徹底的におしすすめら

ANOM GGA/51JJ10, lettre d'un général de brigade, le 10 juin 1851.
(68) ANOM Ainte/K2, circulaire de l'État major général aux préfets, le 10 mars 1875.
(69) ANOM Ainte/K2, lettre du gouverneur général au préfet d'Oran, le 28 déc. 1885.
(70) Collot, *Les institutions de l'Algérie durant la période coloniale*, p. 124.
(71) ANOM Ainte/K2, circulaire du préfet d'Oran aux sous-préfets du département, le 20 avril 1891 ; id., le 13 juin 1892.
(72) カーイド qā'id：軍事的指導者や部族の長など幅広い意味をもつアラビア語．フランス支配下では，部族またはドゥアールの長の役職名として用いられた．アガ agha，バシャガ bachaga 等の称号はカーイドより広範囲の行政を担当する場合や一種の名誉称号として用いられた．
(73) WO SC/8668.
(74) Marthe Gouvion et Edmond Gouvion, *Kitab Aâyane el-Marhariba* (Alger : Imprimerie orientale Fontana frères, 1920), pp. 33–34.
(75) ANOM Ainte/K2, fiche signalétique pour l'année 1903.
(76) Loc. cit.
(77) Gouvion, *Kitab Aâyane el-Marhariba*, pp. 34–37.
(78) 第4章「イスラーム政策の萌芽」参照．
(79) ANOM GGA/16H11.
(80) ANOM Ainte/K2, État de proposition des candidats aux emplois d'adjoint indigène, le 2 déc. 1897.
(81) Loc. cit.
(82) ANOM Ainte/K2, lettre à l'administrateur de la commune mixte d'Aïn-Témouchent, le 3 déc. 1899.
(83) ANOM Ainte/K4, lettre du préfet d'Oran à l'administrateur de la commune mixte d'Aïn-Témouchent, le 14 jan. 1901.
(84) WO L1071–1075.
(85) ANOM Ainte/K2. 県庁は1890年代に混合自治体助役の官報購読数の低さをたびたび問題にして通達したが，それが改善されたかは不明である．
(86) *Gazette d'Aïn-Témouchent*, le 23 mai 1912.
(87) Discours au Sénat le 26 mai 1893, cité dans Ageron, *France coloniale ou parti colonial ?*, p. 193. ピエール・アレクサンドル・イザーク Pierre Alexandre Isaac (1845–1899)：マルティニク生まれの弁護士，グァドループ選出の上院議員（1885-1899）．フェリーとともに植民地の同化政策を推進する陣営に属した．

第10章　都市空間のヨーロッパ性

(1) Albert Camus, *La peste* (Paris : Gallimard, 1947 ; rééd. Paris : Gallimard/folio, 1997), p. 11（訳文は筆者による）．
(2) Edward W. Said, *Culture and Imperialism* (London : Vintage, 1994), p. 212–213（邦訳第1巻，p. 320–321）．
(3) カミュは1941年から1942年にかけてオランに暮らした．Olivier Todd, *Albert Camus,*

の箇所の仏訳が数ページにわたって引用されている．John Stuart Mill, *England and Ireland* (London : Longmans, Green, Reader, and Dyer, 1868), pp. 22–23.
(44)　Arrêté du Gouverneur général, le 20 mai 1868.
(45)　L. Gardet et J. Berque, s.v. « Djamāʻa », *EI2*.
(46)　Ageron, *Les Algériens musulmans et la France*, p. 142.
(47)　Collot, *Les institutions de l'Algérie durant la période coloniale*, p. 103 ; Marie-Odile Illiano, *La genèse d'une institution coloniale : les communes mixtes en Algérie de 1868 à 1881*, thèse pour le diplôme d'archiviste paléographe (École nationale des chartes, 1995), pp. 191–192.
(48)　Arrêté du Gouverneur général, le 13 nov. 1874.
(49)　Décret du 24 nov. 1871, art. 3, 4 ; Arrêté du Gouverneur général, le 23 déc. 1875, art. 1er.
(50)　Collot, *Les institutions de l'Algérie durant la période coloniale*, p. 104.
(51)　Arrêté du Gouverneur général, le 23 déc. 1875, art. 2.
(52)　いわゆるアンディジェナ（第6章参照）にもとづく行政官の懲戒権は，1871年にカビリー地方からはじまった大蜂起を弾圧する過程で制度化され，一般化されていった．20世紀初頭の法学者マルヌールは，軍政になれた「原住民」を統治するために「武官を想起させる制服や懲戒権を行政官にあたえることに意義があった」と説明する．François Marneur, *L'indigénat en Algérie, considérations sur le régime actuel, critique, projets de réformes* (Paris : L. Tenin, 1914), p. 32.
(53)　Arrêté du Gouverneur général, le 26 août 1895 (ANOM Ainte/K1)
(54)　ANOM registres d'État civil, Bône, naissance, 1837, n°53.
(55)　Collot, *Les institutions de l'Algérie durant la période coloniale*, p. 109.
(56)　ANOM Ainte/K1, fiche signalétique pour l'année 1889.
(57)　ANOM registres d'État civil, Constantine, naissance, 1857, n°318.
(58)　ANOM GGA/19H123, fiche signalétique pour l'année 1891 (sauterelleにバッタ，criquetに飛蝗と訳語をあてた)．
(59)　この事件については以下の関係書類が現存する．ANOM GGA/19H123, dossier de l'enquête effectuée par M. Müller, conseiller du gouvernement.
(60)　行政の腐敗については以下の研究に詳しい．Didier Guignard, *L'abus de pouvoir dans l'Algerie coloniale* (Paris : Presses Universitaires de Paris Ouest, 2010).
(61)　ANOM GGA/19H123, lettre du préfet d'Oran au gouverneur général, le 26 déc. 1891.
(62)　ANOM GGA/19H123, lettre du conseiller du gouvernement Fabre au gouverneur général, le 6 juil. 1899.
(63)　Frémeaux, *Les bureaux arabes dans l'Algérie de la conquête*, pp. 50–51.
(64)　該当する史料は以下の系列である．ANOM Ainte/I1.
(65)　Collot, *Les institutions de l'Algérie durant la période coloniale*, pp. 120–121.
(66)　混合自治体の原住民助役を主題としたモノグラフィは管見の限り存在しない．軍管轄地におけるカーイド（後述）については以下の研究がある．Colette Establet, *Être caïd dans l'Algérie coloniale* (Paris : Éditions du CNRS, 1991).
(67)　Frémeaux, *Les bureaux arabes dans l'Algérie de la conquête*, pp. 88–89 ; Yacono, *Les bureaux arabes et les transformations des genres de vie indigènes*, pp. 122–126. ただし個々にみれば，現地に係累のない役職候補者が排除された例もしばしばみられる．

conquête (Paris : Denoël, 1993). 軍人によるイスラーム観形成とその影響については本書第 4 章で略述した．詳しくは Lucas et Vatin, *L'Algérie des anthropologues*, pp. 11–28. を参照．一方で，民政部門にも先住民統治を担当する部局を設ける伝統は存在した．Ageron, *Les Algériens musulmans et la France*, p. 150 et sq.

(31)　Frémeaux, *Les bureaux arabes dans l'Algérie de la conquête*, p. 34.

(32)　*TEFA*, 1856–1858. 一例として，二つの地区をふくむオルレアンヴィル下位行政区（面積約 2500 平方キロメートル）を担当したのは，軍人と事務官をあわせて合計 11 人のフランス人と 33 人の先住民兵士であった．Yacono, *Les bureaux arabes et les transformations des genres de vie indigènes*, p. 14.

(33)　*Ibid.*, pp. 95, 99–104. アラブ担当局の政策志向は，1850 年代までは先住民有力者との協力関係を維持する傾向が強く，1850 年代末以降，先住民有力者を排除した直接的統治の傾向が強まったとされる．

(34)　*Ibid.*, p. 276.

(35)　Ordonnance du 28 sep. 1847.

(36)　Décret du 27 déc. 1866.

(37)　市参事会については，ムスリム，ユダヤ教徒，外国人がそれぞれ別個の選挙人団を形成し，非フランス市民から選出される人数の合計は市参事会定員の三分の一以下とされた．また，それまで市の行政の一部を担っていた同業者団体 corporations（植民地期以前に存在した職能団体をフランス政府が認定した中間団体）は廃止され，先住民下級官吏は市自治体の職員となった．さらに時代がくだると，ユダヤ教徒とヨーロッパ系外国人はしだいにフランス市民の身分に統合されていったため，選挙人団はフランス人とムスリムの二つに整理された．とくに 1884 年 4 月 5 日の政令以降，ムスリムに対しては選挙資格（定住，納税等）が厳しく制限され，市政へのヨーロッパ系住民の影響力が強まることになった．Collot, *Les institutions de l'Algérie durant la période coloniale*, pp. 84–85, 95–96.

(38)　身分のカテゴリーについては第 3 章を参照．史料上の表記は，「帰化ユダヤ人」は「1870 年 10 月 24 日政令により帰化したユダヤ教徒」，「ムスリム原住民」は「フランス臣民：アラブ人，カビリー人，ムザブ人およびムザブのユダヤ教徒」となっている．ただしムザブ（サハラ地域のガルダイア周辺）は軍管轄域にふくまれるので，この統計ではほぼ無視してよい．「その他国籍」のほとんどはスペイン人とイタリア人である．

(39)　Sénatus consulte du 22 avril 1863, art. 2 et 3.

(40)　Ageron, *Les Algériens musulmans et la France*, pp. 140–141.

(41)　アジュロンは，第 3 章でもとりあげたユルバンと，ユルバンの主張に同調してそれをナポレオン 3 世へと上奏する役割をはたした軍人ラパセ Ferdinand Lapasset (1817–1875) の影響を強調している．Ageron, *Les Algériens musulmans et la France*, p. 139. ラパセによるナポレオン 3 世への意見具申（1862 年 7 月）については以下を参照．Emerit, *Les Saint-simoniens en Algérie*, pp. 257–262.

(42)　ANOM GGA/H208, rapport à la Majesté l'Empereur sur les travaux entrepris en Algérie, en exécution du sénatus consulte du 22 avril 1863.

(43)　報告書中には，ミルの著書『イングランドとアイルランド』（1868 年）から以下

(14) *Ibid.*, pp. 60–61, 260–261.
(15) Charles-Robert Ageron, *France coloniale ou parti colonial ?* (Paris : PUF, 1978), pp. 189–191.
(16) Betts, *Assimilation and Association in French Colonial Theory*, p. 20.
(17) アルジェリア省という実験的な統治機関がパリに設置された 1858–1860 年を除く．
(18) Arrêté du président du conseil, chef du pouvoir exécutif, 9 déc. 1848, art. 1er et 2. 例外事項はアルジェリアだけに適用される種々の特別法によって定められた．
(19) Daniel Nordman et Jacques Revel, « La formation de l'espace français », in : Jacques Revel (dir.), *Histoire de la France. L'espace français* (Paris : Seuil, 2000), p. 168 et sq.
(20) *Conseil général du département d'Oran. Rapports et procès-verbaux des séances*, 1871, p. 38.
(21) Décret du 24 oct. 1870 (Relatif à l'organisation politique de l'Algérie), art. 3, 4, 8.
(22) ドーデは 1861 年から翌年にかけてアルジェリアに滞在し，その際に書きためたノートを小説の素材として用いた．以下を参照．J. Caillat, « Le voyage d'Alphonse Daudet en Algérie (1861–1862) », *Revue africaine*, 64 et 65 (1923–1924), pp. 11–115, 65–174.
(23) コミューン commune は県，郡の下にある行政区であることから，市町村という訳をあてるのが一般的である．しかしアルジェリアのコミューンは，その内部にさらに下位の区画として「入植村」centre de colonisation を内包することがあり，市町村という訳は誤解をまねく．本書では，コミューンという制度自体が都市に由来することを考慮して，市自治体または自治体と訳した．ただし，「完全実施自治体」「混合自治体」については，煩雑さを避けてルビを省略する．
(24) Etienne Juillard (dir.), *Histoire de la France rurale : apogée et crise de la civilisation paysanne, 1789–1914* (Paris : Seuil, 1976), pp. 503–512.
(25) Maurice Agulhon, « La mairie », in : Nora (dir.), *Les lieux de mémoire*, p. 180. 制度については以下を参照．Jacques Godechot, *Les institutions de la France sous la Révolution et l'Empire* (Paris : PUF, 1951), pp. 103–108.
(26) Théophile Ducrocq, *Cours de droit administratif*, 2e éd. (Paris : A. Durand, 1863), p. 67.
(27) *Ibid.*, p. 68.
(28) Émile Larcher et Georges Rectenwald, *Traité élémentaire de législation algérienne*, 3e éd. (Alger : Rousseau, 1923), tome 1, p. 696.
(29) 一例として，アルジェ大学に提出された法学博士論文の著者シャンは，ラルシェルと同じく factice という言葉を用いて混合自治体を分析している．Maxime Champ, *La commune mixte d'Algérie*, thèse pour le doctorat en droit, Université d'Alger (Alger : Impr. Minerva, 1928), p. 48.
(30) アラブ担当局とは，複数形の名称が示唆するように，一個の独立した組織ではなく，陸軍内の先住民行政担当部門の総称である．アラブ担当局に関する実証研究としては，ヤコノによるオラン県東部を中心とした研究と，フレモーによるアルジェ県を中心とした研究が古典的である．Xavier Yacono, *Les bureaux arabes et les transformations des genres de vie indigènes dans l'ouest du Tell algérois (Dahra, Chélif, Ouarsenis, Serson)* (Paris : Larose, 1953) ; Jacques Frémeaux, *Les bureaux arabes dans l'Algérie de la*

primerie Imbert, 1955–1956).

第9章　同化主義と地方行政

(1) Alphonse Daudet, *Aventures prodigieuses de Tartarin de Tarascon*, 2e éd (Paris : E. Dentu, 1873), pp. 237–238（邦訳 p. 180）.「亜刺比亜廰」とあるのは，後述するアラブ担当局のことである．

(2) フェリーの植民地思想については以下を参照．Raoul Girardet, *L'idée coloniale en France : de 1871 à 1962* (Paris : Hachette, 1995), chap 3 et 4.

(3) Jane Burbank et Frederick Cooper, « Empire, droits et citoyenneté, de 212 à 1946 », *Annales. Histore, Sciences sociales,* 63-3 (2008), p. 514.

(4) サハラ以南アフリカにおける植民地主義行政をめぐる政治学者マムダニの議論は，アルジェリアを考えるうえでも示唆的である．Mahmood Mamdani, *Citizen and Subject : Contemporary Africa and the Legacy of Late Colonialism* (Princeton, N.J. : Princeton University Press, 1996).

(5) Hannah Arendt, *The Origins of Totalitarianism* (New York : Harcourt Brace, 1951 ; reprint. New York : Harcourt Brace Jovanovich, 1973), pp. 6–8.

(6) Raymond F. Betts, *Assimilation and Association in French Colonial Theory, 1890–1914* (New York : Columbia University Press, 1961 ; reprint. Lincoln : University of Nebraska Press, 2005), p. 22.

(7) Emmanuel Todd, *Le destin des immigrés : assimilation et ségrégation dans les démocraties occidentales* (Paris : Seuil, 1994), pp. 245–246.

(8) Erik Bleich, "The Legacies of History？Colonization and Immigrant Integration in Britain and France," *Theory and Society,* 34 (2005), pp. 171–195.

(9) 後述するルガードを記念した講演という機会に，フランスの植民地行政官デシャンは，英仏の統治は実態をみれば共通点が多いと論じた．これへの応答としてイギリスの歴史家・人類学者クロウダーは，英仏のアフリカ統治政策には複数の「根本的差異」があるという見方を強調した．Hubert Deschamps, "Et maintenant, Lord Lugard ?," *Africa : Journal of International African Institute,* 33- 4 (1963), pp. 293–306 ; Michael Crowder, "Indirect Rule : French and British Style," *Africa : Journal of International African Institute,* 34-3 (1964), pp. 197–205.

(10) Véronique Dimier, *Le gouvernement des colonies : regards croisés franco-britanniques* (Bruxelles : Université de Bruxelles, 2004).

(11) フレデリック・ルガード Frederick Lugard（1858–1945）：マドラス生まれ．ナイジェリア総督や香港総督などを歴任した軍人，植民地行政官．著書『英領熱帯アフリカにおける二重の付託 *The Dual Mandate in British Tropical Africa*』（1922年）によって，間接統治論の唱道者として名声を確立した．A. H. M. Kirk-Greene, s.v. « Lugard, Frederick John Dealtry, Baron Lugard (1858–1945) », *ODNB*, http://www.oxforddnb.com/view/article/34628 (accessed 1st September 2012).

(12) Dimier, *Le gouvernement des colonies*, pp. 18–33.

(13) *Ibid.*, pp. 221–232.

講座を担当して植民地政策を講じた．Claude Lefébure, « Le Chatelier, Alfred », *Dictionnaire des orientalistes en langue française*.

(49) ル・シャトゥリエの立場にしたがえば，永遠でなければならないというもっとも基本的な原則を否定されたアルジェリアのワクフは，もはや存続しているとはいえない．Alfred de Le Chatelier, « Politique musulmane », *Revue du monde musulman,* 12–9 (1910), pp. 79–80.

第Ⅲ部　支配の地域史

問題の所在

(1) 代表的な地方史研究としては，アルジェ県を対象とした Pierre Boyer, *Évolution de l'Algérie médiane (ancien département d'Alger) de 1830 à 1856* (Paris : Adrien Maisonneuve, 1960). コンスタンティーヌ県を対象とした研究としてすでに言及した Nouschi, *Enquête sur le niveau de vie des populations rurales constantinoises de la conquête jusqu'en 1919*. ならびに，Mostefa Haddad, *L'émergence de l'Algérie moderne : le Constantinois (l'est algérien) entre les deux guerres : essai d'histoire sociale et économique : 1919–1939*, 2 vols. (s.l. : M. Haddad, 2001) がある．

(2) Fernand Braudel, « En Algérie : problèmes généraux et problèmes d'Oranie », in : *Autour de la Méditerranée* (Paris : Fallois, 1996), p. 147.

(3) テリトリアリティという言葉は，動物行動学の文脈では「なわばり行動」と訳される．地理学の議論は，その用法から示唆を受けつつ発展した．領域性という主題を地理学に導入した代表的理論家としてサックとラフェスタンがあげられる．両者の議論には重なり合う部分も多いが，相対的にいえば，サックの議論が人や組織による空間の統制に力点を置くのに対して，ラフェスタンの議論は関係性と意味の生産を重視する．Robert D. Sack, *Human Territoriality : Its Theory and History* (Cambridge : Cambridge University Press, 1986) ; Claude Raffestin, « Territorialité : concept ou paradigme de la géographie sociale? », *Geographica Helvetica,* 2 (1986), pp. 91–96 ; id., « Repères pour une théorie de la territorialité humaine », *Cahier / Groupe Réseaux,* 3 (1987), pp. 2–22 ; 山崎孝史『政治・空間・場所―「政治の地理学」にむけて』（ナカニシヤ出版　2011）pp. 61–78. ルフェーヴルによる「社会空間」の定義も参照．Henri Lefebvre, *La production de l'espace* (Paris : Éditions Anthropos, 1974), chap. 2.

(4) 一例として，先住民の土地喪失に焦点をあてた以下の研究を参照．Djilali Sari, *La dépossession des fellahs (1830–1962)*, 2e éd. (Alger : SNED, 1975) ; Daho Djerbal, *Processus de colonisation et évolution de la propriété foncière dans les plaines intérieures de l'Oranie (Subdivisions de Mascara et Sidi Bel Abbès 1850–1920)*, thèse de doctorat (Université de Paris VII, 1979). 一方で，以下の二点は，入植が肯定的にとらえられていた時代の作品ゆえの限界と偏向はあるものの，歴史地理学の成果として現在でも参照に値する．Robert Tinthoin, *Colonisation et évolution des genres de vie dans la région Ouest d'Oran de 1830 à 1885 : étude de géographie et d'histoire coloniale* (Oran : Fouque, 1947) ; Xavier Yacono, *La colonisation des plaines du Chélif : de Lavigerie au confluent de la Mina*, 2 vols. (Alger : Im-

1891）; id., « La propriété foncière en Algérie ». *RAJ*, 14 (1898), 1re partie, pp. 57–83, 89–115.
(29) Mercier, « La propriété foncière en Algérie », p. 73.
(30) *Ibid.*, p. 74.
(31) *Ibid.*, p. 78.
(32) *Ibid.*, p. 79.
(33) Mercier, « La propriété foncière en Algérie », p. 82 ; Mercier, *La propriété foncière chez les musulmans d'Algérie*, pp. 14–15 ; Circulaire du Gouverneur général, le 15–22 juin 1849, Ménerville, *Dictionnaire de la législation algérienne*, tome 1, pp. 188–189.
(34) Mercier, « La propriété foncière en Algérie », p. 91.
(35) *Ibid.*, p. 92. 傍点は筆者による．
(36) *Ibid.*, p. 96.
(37) メルシエは，土地所有の実質的な単位は「家族」にあるとみなす．*ibid.*, pp. 102–103.
(38) *Ibid.*, pp. 114–115.
(39) Peter L. Berger and Thomas Luckmann, *The Social Construction of Reality : A Treatise in the Sociology of Knowledge* (New York : Anchor, 1967).
(40) Alfred Dain, « La réforme de la législation foncière en Algérie », *RAJ*, 7 (1891), 1re partie, p. 143.
(41) Eugène Robe, *Origines, formation et état actuel de la propriété immobilière en Algérie* (Paris : Challamel, 1885), p. 100.
(42) Louis-Auguste Eyssautier, « Terre arch : quel en est, quel doit en être le juge ? », *RAJ*, 11 (1895), 1re partie, pp. 104, 110.
(43) Oussama Arabi, "Orienting the Gaze : Marcel Morand and the Codification of Le Droit Musulman Algerien," *Journal of Islamic Studies*, 11–1 (2000), pp. 71–72.
(44) Claude Bontems, « Les tentatives de codification du droit musulman dans l'Algérie coloniale », in : Maurice Flory et Jean-Robert Henry (dir.), *L'enseignement du droit musulman* (Paris : Éditions du CNRS, 1989), pp. 118–119.
(45) たとえば「アルシュ地」については第492条に以下のような定義があたえられている．「アルシュ地とは，それを所持するものが使用収益権のみを持つ土地であり，その権利の性質と範囲については，行政機関のみが，地域の慣例にしたがって定める資格をもつ」．Marcel Morand, *Avant projet de code, présenté à la Commission de codification du droit musulman algérien* (Alger : A. Jourdan, 1916), p. 330.
(46) Laure Blévis, « Larcher, Émile », *Dictionnaire des orientalistes en langue française*.
(47) Émile Larcher, *Traité élémentaire de législation algérienne* (Alger : A. Jourdan, 1903), tome 2, pp. 256–257, 446. ラルシェルが概説書を執筆したことは，同時代のフランスで新しい「法学入門」の形式が生まれつつあったこととおそらく関係がある．大村敦志『法源・解釈・民法学—フランス民法総論研究』（有斐閣　1996）pp. 6–9.
(48) アルフレッド・ル・シャトゥリエ Alfred Le Chatelier（1855-1929）: サン・シール陸軍士官学校を卒業後，アラブ担当局に配属されてサハラ方面の探検調査に従事した軍人．1902年にコレージュ・ドゥ・フランス教授に推薦され，彼のために作られた「イスラーム社会学・社会観察学」Sociologie et sociographie musulmanes という

Studies in Society and History, 31 (1989), pp. 535–571.
(10) Arrêté du général en chef du 7 déc. 1830 ; arrêté du Gouverneur général du 17 sep. 1835 ; ordonnance du 21 août 1839 ; arrêté ministériel du 23 mars 1843 ; arrêté du Gouverneur général du 3 oct. 1848 ; loi du 16 juin 1851. Charnay, *La vie musulmane en Algérie d'après la jurisprudence*, p. 248.
(11) このときにおこなわれた法的操作は，永久的であるというワクフの性質を不可譲渡性 inaliénabilité というフランス法の語彙に置きかえ，その無効を宣言するというものであった．Loi du 1er oct. 1844, art. 3 ; loi du 16 juin 1851, art. 17 ; décret du 30 oct. 1858, art. 1er.
(12) Loi du 26 juil. 1873, art. 1er.
(13) Loi du 26 juil. 1873, art. 7.
(14) Arrêt de la Cour d'Alger, chambre musulman, le 23 avril 1874 ; Arrêt de la Cour de cassation, le 4 avril 1882 ; Cherbonneau et Sautayra, *Droit musulman : du statut personnel et des successions*, tome 2, p. 408 ; Estoublon et Lefébure, *Code de l'Algérie annoté*, tome 1, p. 409.
(15) 著者の一人ジャック・オギュスト・シェルボノ Jacques Anguste Cherbonneau（1813-1882）はアラブ文学・歴史書の翻訳を数多く手がけたことで知られる．コンスタンティーヌ考古学協会の創設にかかわった後に，ペロンの後任としてアルジェのアラブ・フランス学校校長をつとめ，晩年はパリで東洋語学校教授となった．Alain Messaoudi, « Cherbonneau, Jacques-Auguste », *Dictionnaire des orientalistes en langue française*. 共著者のソテラは出版当時アルジェ控訴院判事の職にあった．
(16) Cherbonneau et Sautayra, *Droit musulman : du statut personnel et des successions*, tome 2, p. 372 et sq. ハリールの『提要』については第5章の「ハリールの『提要』と翻訳者ペロン」参照．
(17) Powers, "Orientalism, Colonialism, and Legal History," p. 544.
(18) Cherbonneau et Sautayra, *Droit musulman : du statut personnel et des successions*, tome 2, pp. 413– 414, 417.
(19) Charnay, *La vie musulmane en Algérie d'après la jurisprudence*, p. 95 ; Pouyanne, *La propriété foncière en Algérie*, p. 589.
(20) Zeys, *Traité élémentaire de droit musulman algérien*, tome 2, pp. 185–186, cité dans Powers, "Orientalism, Colonialism, and Legal History," pp. 545–546.
(21) Ernest Mercier, « Le hobous ou ouakof : ses règles et sa jurisprudence », *RAJ*, 11 (1895), 1re partie, pp. 173–222 ; id., *Le code du Hobous ou Ouakf, selon la législation musulmane* (Constantine : Impr. nationale, 1899).
(22) Mercier, « Le hobous ou ouakof : ses règles et sa jurisprudence », pp. 218–219.
(23) Mercier, « Le hobous ou ouakof : ses règles et sa jurisprudence », pp. 206–207.
(24) Mercier, *Le code du Hobous ou Ouakf*, pp. 43– 45.
(25) *Ibid.*, p. 132.
(26) Ernest Mercier, *La question indigène en Algérie au commencement du XXe siècle* (Paris : Challamel, 1901; rééd. Paris : L'Harmattan, 2006), pp. 5–6.
(27) Ernest Mercier, *La question indigène en Algérie*, p. 61.
(28) Ernest Mercier, *La propriété foncière chez les musulmans d'Algérie* (Paris : Ernest Leroux,

(56) Loi du 16 juin 1851, art. 22 ; Pouyanne, *La propriété foncière en Algérie*, pp. 363–365.
(57) 柳橋『イスラーム財産法』p. 138 et sq.
(58) Loi du 26 juil. 1873, art. 1er.
(59) 相続上の取り戻しとは，共同相続人の一人が相続分を第三者に譲渡した場合に，その相続分を他の相続人が取り戻すことをさす民法第841条で認められた権利であった．なお，アルジェリアにおいて施行された1873年法は，相続人となる親族の認定についてはイスラーム法にしたがうと定めており，イスラーム法の参照が完全に廃棄されたわけではなかった．Loi du 26 juil. 1873, art. 1er.
(60) Loi du 26 juil. 1873, art. 2. 謄記 transcription とは，土地の法的状態に関する証書類を抵当権登記所の謄記簿に転記するために寄託するという土地公示方式をさす．
(61) Auguste Warnier, *Rapport fait au nom de la commission chargée d'examiner : 1. le projet de loi relatif à l'établissement et à la conservation de la propriété en Algérie, ainsi qu'à la transmission contractuelle des immeubles et droits immobiliers ; 2. le projet de loi de procédure sur les mêmes matières*, Assemblée nationale. Annexe au procès verbal de la séance du 4 avril 1873 (1873), pp. 20–21.
(62) Pouyanne, *La propriété foncière en Algérie*, pp. 406–407.
(63) その成果はカレットとの共著で出版された．Ernest Carette et Auguste Warnier, *Description et division de l'Algérie* (Paris : Hachette, 1847).

第8章　土地権と法解釈

(1) Ernest Mercier, « La propriété foncière en Algérie ». *RAJ,* 14 (1898), 1re partie, p. 74.
(2) Henry et Balique, *La doctrine coloniale du droit musulman algérien*, p. 13.
(3) 以下，エルネスト・メルシエの息子モーリスによる伝記に依拠する．Maurice Mercier, « Vie intime d'Ernest Mercier », in : *L'Afrique à travers ses fils : Ernest Mercier, historien de l'Afrique septentrionale, maire de Constantine* (Paris : P. Geuthner, 1944), pp. 121–264.
(4) 1890年代のフランス各地では急進共和派の地方組織があいついで結成され，全国政党としての急進共和・急進社会党の合同（1901年）へとつながった．アルジェリアの地方政治は，こうした本国の動きと同調していた．Francis Démier, *La France du XIXe siècle 1814–1914* (Point : Seuil, 2002), pp. 364–365.
(5) Ernest Mercier, *Histoire de l'établissement des Arabes dans l'Afrique septentrionale selon les documents fournis par les auteurs arabes et notamment par l'Histoire des Berbères d'Ibn Kaldoun* (Challamel : Paris, 1875).
(6) Ernest Mercier, *Histoire de l'Afrique septentrionale depuis les temps les plus reculés jusqu'à la conquête française* (Paris : F. Leroux, 1888–1891).
(7) Patricia M. Lorcin, "Rome and France in Africa : Recovering Colonial Algeria's Latin Past," *French Historical Studies,* 25–2 (2002), pp. 295–329.
(8) Mercier, *Histoire de l'Afrique septentrionale*, p. 248.
(9) 本節の考察は以下の研究に依拠する．Powers, David S. "Orientalism, Colonialism, and Legal History : The Attack on Muslim Family Endowments in Algeria and India." *Comparative*

（36） Mayer-Goudchaux Worms, *Recherches sur la constitution de la propriété territoriale dans les pays musulmans, et subsbidiairement en Algérie* (Paris : A. Franck, 1846), pp. 216, 430–431 et passim.
（37） John Ruedy, *Land Policy in Colonial Algeria : The Origins of the Rural Public Domain* (Berkeley : University of California Press, 1967), p. 98 et sq.
（38） Maurice Pouyanne, *La propriété foncière en Algérie* (Alger : A. Jourdan, 1900), pp. 369–370.
（39） Yacono, *Histoire de l'Algérie*, p. 188 ; Andrée Corvol-Dessert, s.v. « cantonnement, triage », *Dictionnaire de l'Ancien Régime*.
（40） M. Laynaud, *Notice sur la propriété foncière en Algérie* (Giralt : Alger-Mustapha, 1900), pp. 45–50 ; Yacono, *Histoire de l'Algérie*, p. 137.
（41） Genty de Bussy, *De l'établissement des Français dans la Régence d'Alger et des moyens d'en assurer la prospérité*, tome 1, pp. 352–354.
（42） Pellissier de Reynaud, *Annales algériennes, nouvelle édition*, tome 3, p. 359.
（43） Laynaud, *Notice sur la propriété foncière en Algérie*, pp. 39–40.
（44） Loi du 16 juin 1851, art. 1er et 2.
（45） 身分制度に関する立法については第3章参照.
（46） ユルバンの伝記と思想については以下を参照.平野『フランス植民地主義の歴史』第2章, pp. 84–137 ; Ageron, « Un apôtre de l'Algérie franco-musulmane : Thomas Ismael Urbain », in : *Les Algériens musulmans et la France*, pp. 397–414 ; id. « L'Algérie algérienne sous Napoléon III », in : *Genèse de l'Algérie algérienne* (Paris : Bouchène, 2005), pp. 55–69 ; Emerit, « Les premiers saint-simoniens en Algérie. 3. Urbain », in : *Les Saint-simoniens en Algérie*, pp. 67–84. さらに, ユルバンのアルジェリア経験についてはルヴァロワによる浩瀚な伝記がある. Michel Levallois, *Ismaÿl Urbain : une autre conquête de l'Algérie* (Paris : Maisonneuve et Larose, 2001) ; id., *Ismaÿl Urbain : Royaume arabe ou Algérie franco-musulmane ? 1848–1870* (Paris : Riveneuve, 2012).
（47） Emerit, *Les Saint-simoniens en Algérie*, pp. 262–274.
（48） Ismaÿl Urbains (sous pseudonyme de Georges Voisin), *L'Algérie pour les Algériens* (Paris : Michel Lévy frères, 1860). 以下, つぎの再版を用いる. Ismaÿl Urbain, *L'Algérie pour les Algériens* (Paris : Séguier, 2000).
（49） Urbain, *L'Algérie pour les Algériens*, pp. 97–99.
（50） *Ibid.*, p. 97.
（51） *Ibid.*, p. 101.
（52） Didier Guignard, « Conservatoire ou révolutionnaire ? Le sénatus-consulte de 1863 appliqué au régime foncier d'Algérie », *Revue d'histoire du XIXe siècle*, 41 (2010), pp. 82–83. より詳細には以下を参照. Nadine Vivier, *Propriété collective et identité communale. Les biens communaux en France 1750–1914* (Publications de la Sorbonne : Paris, 1998).
（53） Rapport fait au nom de la commission du sénat par M. de Casablanca, le 8 avril 1863, in : Estoublon et Lefébure, *Code de l'Algérie annoté*, tome 1, p. 273.
（54） Ageron, *Les Algériens musulmans et la France*, pp. 78–83.
（55） Loi du 16 juin 1851, art. 16.

唆するが，実証的根拠まではあげていない．ミーリー地をめぐる議論については以下を参照．Kenneth M. Cuno, « Was the Land of Ottoman Syria Miri or Milk ? An Examination of Juridical Differences within the Hanafi School », *Studia Islamica,* 81 (1995), pp. 121–152.
(18) Saidouni, *L'Algérois rural à la fin de l'époque ottomane,* pp. 167–169.
(19) Nouschi, *Enquête sur le niveau de vie des populations rurales constantinoises*, pp. 89–91.
(20) Saidouni, *L'Algérois rural à la fin de l'époque ottomane,* pp. 169–172.
(21) Nouschi, *Enquête sur le niveau de vie des populations rurales constantinoises*, pp. 85–89.
(22) マグリブで有力なマーリク派法学の特徴については以下を参照．David S. Powers, "The Maliki Family Endowment : Legal Norms and Social Practices," *International Journal of Middle East Studies,* 25 (1993), pp. 379–406.
(23) 五十嵐『中世イスラーム国家の財政と寄進』pp. 16–17.
(24) Saidouni, *L'Algérois rural à la fin de l'époque ottomane,* pp. 186–190 ; Miriam Hoexter, *Endowments, Rulers and Community : Waqf al-Haramayn in Ottoman Algiers* (Leiden : Brill, 1998), pp. 60–61.
(25) Jacques Berque, « 'Arsh », in : *Opera minora* (Paris : Bouchène, 2001), tome 1, p. 222 ; Lucette Valensi, *Fellahs tunisiens : l'économie rurale et la vie des campagnes aux XVIIIe et XIXe siècles,* thèse de doctorat (Université de Paris IV, 1975), pp. 123–128.
(26) アルジェにおけるモスクをはじめとする公共施設の接収については以下を参照．Joseph-François Aumerat, « La propriété urbaine à Alger », *Revue africaine,* 41(1897), pp. 321–330, 42(1898), pp. 168–201.
(27) Arrêté du général en chef du 8 septembre 1830, art. 1er.
(28) Miriam Hoexter, *Endowments, Rulers and Community : Waqf al-Haramayn in Ottoman Algiers* (Leiden : Brill, 1998), pp. 7–11, 160–166. オスマン朝諸都市のワクフに関する概説として以下を参照．Randi Deguilhem, "The Waqf in the City," in : Salma K. Jayyusi (ed.), *The City in the Islamic World* (Leiden : Brill, 2008), pp. 923–950.
(29) Loi du 16 juin 1851, art. 4.
(30) Eugène Robe, *Origines, formation et état actuel de la propriété immobilière en Algérie* (Paris : Challamel, 1885), p. 64 ; Maurice Pouyanne, *La propriété foncière en Algérie* (Alger : A. Jourdan, 1900), p. 324.
(31) Ordonnance du 1er oct 1844, art. 1er et 4.
(32) Jean-Louis Harouel, *Histoire de l'expropriation* (Paris : PUF, 2000), chap. 3 et 4.
(33) Ordonnance du 1er oct 1844, art. 24–28 ; Ordonnance du 21 juil. 1846.
(34) Kenneth M. Cuno, *The Pasha's Peasants : Land, Society and Economy in Lower Egypt, 1740–1858* (Cambridge : Cambridge University Press, 1993), p. 206 ; 加藤『私的土地所有権とエジプト社会』p. 97.
(35) Antoine Isaac Silvestre de Sacy, « Sur la nature et les révolutions du droit de propriété territoriale en Égypte, depuis la conquête de ce pays par les Musulmans, jusqu'à l'expédition des François (lu le 10 thermidor an XI) », in : *Bibliothèque des arabisants français. 1re série. Silvestre de Sacy* (Le Caire : Imprimerie de l'institut français d'archéologie orientale, 1923), vol. 2, pp. 41–42.

（6）　Raymond-Théodore Troplong, *Le droit civil expliqué suivant l'ordre des articles du code. De l'échange et du louage* (Paris : Charles Hingray, 1852), tome 1, p. 158.

（7）　トゥロロンは1790年法に定められた有期の永小作人契約に関する規定から類推して，無期限の永小作人契約に関する解釈を導いている．*Ibid.*, tome 1, p. 177.

（8）　*Ibid.*, tome 1, pp. 180–183. ただし，所有権の永久的な分割を否定するトゥロロンの説には反論もあった．註釈学派を代表する法学者の一人ドゥモロンブ Charles Demolombe（1804–1887）の見解を参照．Charles Demolombe, *Cours de code civil. tome 5. De la distinction des biens, de la propriété, de l'usufruit, de l'usage et de l'habitation* (Bruxelles : Meline Cans, 1854), p. 150.

（9）　Jean-Louis Halpérin, *Histoire du droit privé français depuis 1804* (Paris : PUF/Quadrige, 2001), p. 125.

（10）　ただし，四法学派のうちハナフィー派は使用利益を「物」に含めない．柳橋博之『イスラーム財産法』（東京大学出版会　2012）p. 47–50. 英語文献においては，ラカバとマンファアにはそれぞれ substance と usufruct という訳語があてられてきた．しかし，西欧法の usufruct という用語をそのまま用いることには問題があるとするのが同氏の立場である．柳橋博之『イスラーム財産法の成立と変容』（創文社　1998）pp. 16–18 ; Schacht, *An Introduction to Islamic Law*, p. 134.

（11）　柳橋『イスラーム財産法の成立と変容』pp. 33–34 ; Hallaq, *Sharī'a : Theory, Practice, Transformations*, p. 300.

（12）　イスラーム社会において土地国有の原則が存在したか否かという問題をめぐっては長い論争があり，そもそも何をもって「所有」と呼ぶかという定義からして歴史家の見解はさまざまである．佐藤次高『イスラームの国家と王権』（岩波書店 2004）pp. 39-42 ; 加藤博『文明としてのイスラム─多元的社会叙述の試み』（東京大学出版会　1995）pp. 162–170 ; 五十嵐大介『中世イスラーム国家の財政と寄進─後期マムルーク朝の研究』（刀水書房　2011）pp. 215–217.

（13）　柳橋『イスラーム財産法の成立と変容』pp. 34–35 ; Sabrina Joseph, *Islamic Law on Peasant Usufruct in Ottoman Syria : 17th to Early 19th Century* (Leiden : Brill, 2012), p. 39.

（14）　Kenneth M. Cuno, "The Origins of Private Ownership of Land in Egypt : A Reappraisal," *International Journal of Middle East Studies,* 12–3 (1980), p. 246.

（15）　同様に，19世紀の土地立法を検討した加藤博はつぎのように述べる．「『私的土地所有権』の確立なるものは，それまでのエジプト土地法体系では知られていなかったあらたな権利を付与する類の措置ではなく，それまでの農民の土地保有・処分慣行を法的に追認し，近代的体裁をまとって実定法として成文化するという，法形式状の操作に過ぎなかった」．加藤博『私的土地所有権とエジプト社会』（創文社 1993）p. ii.

（16）　この用法は，同じ言葉が国庫から転じて政府を意味するようになったモロッコの例とはやや異なっている．E. Michaux-Bellaire et M. Buret, s.v. « makhzan », *EI2* ; Jean Walsin Esterhazy, *Notice historique sur le Maghzen d'Oran* (Oran : Perrier, 1849).

（17）　Saidouni, *L'Algérois rural à la fin de l'époque ottomane*, pp. 174–177 ; Nouschi, *Enquête sur le niveau de vie des populations rurales constantinoises*, pp. 79–85. サイドゥーニーはアルジェリアのベイリクとオスマン朝の「国有地」（ミーリー地 mîrî）の類似性を示

(45) Charles-Louis Pinson de Ménerville, *Dictionnaire de la législation algérienne* (Alger : Bastide, 1867–1872) ; Henry Hugues et Paul Lapra, *Le code algérien, recueil annoté des lois, décrets, décisions, arrêtés et circulaires formant la législation spéciale de l'Algérie de 1872 à 1878* (Blidah : Mauguin, 1878) ; Henry Hugues, *Législation de l'Algérie et de la Tunisie, lois, décrets, arrêtés et circulaires par ordre alphabétique, avec notices et l'indication de la jurisprudence* (Blidah : Mauguin, 1883–1886).
(46) 過去の法令を修正した第1巻発行以降，年刊の補遺が1959年まで継続出版された．本書では1915年までの発行分を合冊した以下の版を用いる．Robert Estoublon et Adolphe Lefébure, *Code de l'Algérie annoté* (Paris : Challamel, 1896–1915).
(47) クリストフ・ラモリシエール Christophe Léon Juchault de Lamoricière（1806–1865）：ナント生まれの軍人．1830年から1847年のアブドゥルカーディル降伏までアルジェリア駐留軍でキャリアを歩み，1848年に陸軍大臣となった．退役兵を中心とした小農民による入植を押しすすめようとしたビュジョーに対して，ラモリシエールは，十分な資本をもった入植者に対して土地を払い下げる政策をとるべきだと論じた．また，アラブ・ベルベル系部族の領地を制限して入植地を確保しようとする，後の「区画限定」（第7章参照）の先駆となる政策を発案したことでも知られる．Paul Azan, *Les grands soldats d'Algérie* (s.l. : Publications du Comité National Métropolitain du Centenaire de l'Algérie, 1931), pp. 85–86.
(48) Léon Juchault de La Moricière, Rapport au Président du Conseil, chargé du pouvoir exécutif, décembre 1848, reproduit dans Ménerville, *Dictionnaire de la législation algérienne*, tome 1, p. 423.

第7章　土地制度の立法

(1) Sénatus consulte du 22 avril 1863, art. 1er.
(2) *Code civil*, art. 545. 訳文は，稲本洋之助訳［法務省大臣官房司法法制調査部編］『フランス民法典―物権・債権関係』（法曹会　1982）に依拠する．
(3) 条文が「絶対性」を明示するのに対して「排他性」を語らないという指摘に対しては，排他的な帰属という意味は所有権 propriété という言葉自体に含まれているという回答がある．Jean Carbonnier, *Droit civil* (Paris : PUF/Quadrige, 2004), p. 1641 ; 大村敦志『学術としての民法Ⅰ―20世紀フランス民法学から』（東京大学出版会　2009）pp. 153–154. ところで，こうしたヨーロッパ大陸法における所有権概念は一般にローマ法に由来するといわれるが，この点には慎重な見方もある．ローマ法学者木庭顕は，絶対性，観念性といった特徴をもつ近代的所有権は，ローマ法からみれば極度に変質した「モンスター」であり，一種の「イデオロギー」であると述べる．木庭顕『ローマ法案内』（東京大学出版会　2010）p. 141.
(4) 大村敦志『学術としての民法Ⅰ』loc. cit. 以下も参照．北村一郎「作品としてのフランス民法典」北村一郎編『フランス民法典の200年』（有斐閣　2006）pp. 9–12.
(5) レモン・テオドール・トゥロロン Raymond-Théodore Troplong（1795-1869）：註釈学派を代表する法学者．民法学の体系化に貢献したことで知られ，第二帝政期には破棄院院長と元老院議長を兼任した．

註（第Ⅱ部） *103*

(1983), pp. 11–24. 公認マドラサをめぐる 20 世紀中葉の状況については下記を参照. 渡邊祥子「植民地期アルジェリアのアラビア語教育政策—1930 年代〜50 年代の威信問題」『日本中東学会年報』22–1 (2006).

(36) ポール・ベール Paul Bert (1833-1886)：オセール生まれの生理学者，政治家．ジャンセニスムの影響の強い環境に育ち，妻はスコットランド系プロテスタント．科学者として動物生理学の分野で活躍し，政治家としては，1881-1882 年にガンベッタ内閣で公教育・宗教相をつとめた．ジュール・フェリーとともに無償公立学校の設立に尽力したことで知られる．近年は，科学的外装をまとった人種主義言説を広めたという側面も強調される．Claude Liauzu, *La société française face au racisme, de la Révolution à nos jours* (Paris : Éditions Complexe, 1999), pp. 58–59.

(37) Jean-Claude Vatin, « Exotisme et rationalité : à l'origine de l'enseignement du droit en Algérie (1879–1909) », in : *Connaissances du Maghreb : Sciences sociales et colonisation* (Paris : Éditions du CNRS, 1984), p. 165.

(38) Discours de Paul Bert à la Chambre des députés, cité dans Xavier Yacono, « L'Université d'Alger des origines à 1962», *Itinéraires,* 264 (1982), p. 192.

(39) Jean Mélia, *Histoire de l'Université d'Alger* (Alger : La Maison des Livres, 1950), pp. 115–116.

(40) エドゥアール・ソテラ Edouard Sautayra の主要な業績としてはシェルボノとの共著『イスラーム法—身分法規と相続』があり，この著作はフランス東洋学の古典のひとつとなった．ソテラは法令集の編纂にも携わっている．Eugène Cherbonneau et Edouard Sautayra, *Droit musulman : du statut personnel et des successions.* (Paris : Maisonneuve et cie, 1873–1874) ; Édouard Sautayra et Paul Lapra, *Législation de l'Algérie : lois, ordonnances, décrets et arrêtés par ordre alphabétique* (Paris : Maisonneuve, 1878). エルネスト・ゼス Ernest Zeys（1835–1909）は，後に本国で破棄院裁判官にまで昇進した．アルジェ時代の著書としては，法科学校での講義内容に基づく『マーリク派イスラーム法基礎論』*Traité élémentaire de droit musulman algérien (école malékite).* (Alger : A. Jourdan, 1885)，『ムザブ法』*Législation mozabite, son origine, ses sources, son présent, son avenir. Leçon d'ouverture faite à l'École de droit d'Alger* (Alger : A. Jourdan, 1886) などがある．ソテラ，ゼスの著作については第 8 章も参照．

(41) Vatin, « Exotisme et rationalité », p. 172.

(42) 同じ時期に文科学校を卒業したムスリム先住民身分の学生は 143 名，理科学校では 11 名，医学薬学校では 1 名であった．Guy Pervillé, *Les étudiants algériens de l'Université française 1880–1962 : populisme et nationalisme chez les étudiants et intellectuels musulmans algériens de formation française* (Paris : Éditions du CNRS, 1984), p. 28.

(43) Cheveriat, Rapport sur l'année 1886–1887, cité dans Mélia, *Histoire de l'Université d'Alger*, pp. 61–62.

(44) ロベール・エストゥブロン Robert Estoublon (1844-1905) は，イヴォワ・ル・プレ（シェール県）に生まれ，1879 年に高等教授資格を取得した翌年にアルジェに着任している．当初は商法講座の教授となり，1891 年からはイスラーム法講座の教授をつとめた．1895 年にはパリ大学イスラーム法講座教授に転任し，植民地学校でも教鞭を執った．C. Dujarier, « Robert Estoublon », *RAJ,* 21 (1905), 1re partie, pp. 1– 4.

(17) Ageron, *Les Algériens musulmans et la France*, p. 170.
(18) Rinn, « Régime pénal de l'indigénat en Algérie », 1re partie, p. 56.
(19) Émile Larcher, *Traité élémentaire de législation algérienne*, 2e éd. (Alger : A. Jourdan, 1911), tome 2, p. 462.
(20) François Marneur, *L'indigénat en Algérie, considérations sur le régime actuel, critique, projets de réformes* (Paris : L. Tenin, 1914), pp. 30–31.
(21) Décret du 30 septembre 1850. 本来のマドラサは，神学，ハディース学，法学などの諸学を学ぶ高等教育施設である．アルジェリアのマドラサと初期の占領政策のかかわりについては以下を参照．Yvonne Turin, *Affrontements culturels dans l'Algérie coloniale, écoles, médecines, religion, 1830–1880* (Paris : F. Maspero, 1971), pp. 35–75.
(22) メデアのマドラサは，1855年にブリダに移転し，最終的には1859年にアルジェに移された．Turin, *Affrontements culturels dans l'Algérie coloniale*, pp. 247–248.
(23) Louis Rinn, *Note sur l'instruction publique musulmane en Algérie* (Alger : Fontana, 1882), pp. 15–16.
(24) Turin, *Affrontements culturels dans l'Algérie coloniale*, p. 248.
(25) 奨学金の財源となったのは，アラブ税 impôt arabe と総称される先住民のみを対象にした財産税であった．こうした税制は，デイの時代の徴税権をフランス政府が継承するという論理によって正当化された．Ageron, *Les Algériens musulmans et la France*, pp. 250–256.
(26) Rinn, *Note sur l'instruction publique musulmane en Algérie*, pp. 18–19.
(27) この時期のマドラサについて，司法制度改革調査の一環としてアルジェのマドラサを訪れた調査委員の一人は，20代の生徒全員が貧困家庭の出身で，マドラサにおいても物質的に惨めな寄宿生活を送っていると報告している．Rapport de Gastembide, Conseiller à la Cour de cassation, cité dans Rinn, *Note sur l'instruction publique musulmane en Algérie*, p. 24.
(28) Arrêté du Gouverneur général, le 16 février 1876.
(29) *Procès-verbaux des délibérations du Conseil supérieur du Gouvernement*, session du 2 décembre 1884, p. 537.
(30) Ageron, *Les Algériens musulmans et la France*, p. 332.
(31) Rinn, *Note sur l'instruction publique musulmane en Algérie*, p. 250 ; Jules Cambon, *Le gouvernement général de l'Algérie (1891–1897)* (Alger : A. Jourdan, 1918), p. 61.
(32) Ageron, *Histoire de l'Algérie contemporaine*, pp. 222–223.
(33) 19世紀末アルジェリアの教育システムについては以下を参照．Fanny Colonna, *Instituteurs algériens, 1883–1943* (Paris : Presses de la Fondation nationale des Sciences politiques, 1975), pp. 86–87.
(34) 19世紀のイスラーム改革運動を代表する思想家ムハンマド・アブドゥ Muḥammad 'Abduh (1849–1905) のアルジェリア滞在については，以下を参照．Rachid Bencheneb. « Le séjour du šayḫ 'Abduh en Algérie (1903) ». *Studia Islamica*, 53 (1981), pp. 121–135.
(35) Djilali Sari, *L'émergence de l'intelligentsia algérienne* (Alger : Éditions ANEP, 2006), pp. 42–60 ; Rachid Bencheneb, « Le mouvement intellectuel et littéraire algérien à la fin du XIXe siècle et au début du XXe siècle », *Revue française d'histoire d'outre-mer,* 258/259

（3） Collot, *Les institutions de l'Algérie durant la période coloniale*, pp. 168–172.
（4） ユダヤ教徒については1841年にすべての領域で独自の法廷が廃止された．一連の立法の経緯については以下を参照．Charles-Louis Pinson de Ménerville, *Dictionnaire de la législation algérienne* (Alger : Bastide, 1867–1872), tome 1, p. 654. 植民地体制下のカーディー法廷の役割の位置づけとその変遷については，以下を参照．Allan Christelow, *Muslim Law Courts and the French Colonial State in Algeria* (Princeton : Princeton University Press, 1985).
（5） Collot, *Les institutions de l'Algérie durant la période coloniale*, pp. 178–185.
（6） Arrêté du général en chef, le 22 octobre 1830. 同時期に，フランス人もしくはその財産が被害を受けた場合にはフランスの軍事法廷が管轄することが定められている．Arrêté du général en chef, le 15 octobre 1830, art. 1er.
（7） Ordonnance du 26 septembre 1842, art. 44.
（8） Décret du 31 décembre 1859, art. 17.
（9） Isabelle Merle, « De la "légalisation" de la violence en contexte colonial : le régime de l'indigénat en question », *Politix,* 66 (2004), pp. 141–142.
（10） Sylvie Thénault, *Violence ordinaire dans l'Algérie coloniale : Camps, internements, assignations à résidence* (Paris : Odile Jacob, 2012), pp. 158–165.
（11） トマ・ビュジョー・ドゥ・ラ・ピコヌリ Thomas Bugeaud de La Piconnerie（1784–1849）：リモージュ生まれの軍人，アルジェリア総督．父はペリゴールの小貴族で，母はアイルランド系商人サトン・ドゥ・クロナール家の出身．ナポレオン戦争期にさまざまな軍功をあげたが，王政復古期に軍籍を外されて故郷で農業改良に取り組んだ．七月王政のもとでふたたび軍に戻り，1836–1837 年にアブドゥルカーディルとの外交交渉に携わった．この時期のビュジョーはアルジェリア植民地化に消極的な意見を表明していたが，1841 年にアルジェリア総督に任命されると，徹底的な略奪と巧みな戦術指揮によってアブドゥルカーディルとの戦争を有利に導いた．合計 7 年間という長期にわたってアルジェリア総督職にあったビュジョーは，農本主義的な思想にもとづく入植事業をこころみ，後世の統治に大きな影響をあたえた．Paul Azan, « Introduction », in : Thomas Robert Bugeaud, *Par l'épée et par la charrue : écrits et discours de Bugeaud, introduction, choix de textes et notes par Paul Azan* (Paris : PUF, 1948), pp. xii–xxvii ; Charles-André Julien, « Bugeaud », in : *Les techniciens de la colonisation : XIXe–XXe siècles* (Paris : PUF, 1947), pp. 55–75.
（12） Ordonnance du 22 juil. 1934 ; Arrêté ministériel du 1er sep. 1834, art. 15.
（13） Circulaire du Gouverneur Général, n°11, 20 février 1844.
（14） 草案の正式名称は「アルジェリアの原住民および外国籍ムスリムに特別に適用される刑法付則」というものだった．Annexe au code pénal spécialement applicable aux musulmans indigènes ou étrangers de l'Algérie, reproduit dans Louis Rinn, « Régime pénal de l'indigénat en Algérie », *RAJ*, 1 (1885), 1re partie, pp. 364–370. この草案を参考に発布された罪状のリストは，若干の単純化を経て，1888 年 6 月 27 日法の付表として採録された．Annexe à la loi du 27 juin 1888.
（15） Loi du 28 juin 1881.
（16） Thénault, *Violence ordinaire dans l'Algérie coloniale*, p. 160.

Droit musulman malékite, pp. 11–12.
(45) Loc. cit.
(46) Nicolas Perron, *Femmes arabes avant et depuis l'Islamisme* (Paris : Librairie nouvelle, 1858), pp. 312–313.
(47) Perron, *Femmes arabes avant et depuis l'Islamisme*, pp. 318–319.
(48) Cadoz, *Initiation à la science du droit musulman*, pp. 67–73.
(49) E. Meynier, *Etudes sur l'Islamisme et le mariage des Arabes en Algérie* (Paris : Challamel aîné, 1868), pp. 152–153.
(50) Cadoz, *Initiation à la science du droit musulman*, pp. ix–x.
(51) Cadoz, *Initiation à la science du droit musulman*, pp. 46–48. 以下も参照。堀井『イスラーム法通史』p. 147.
(52) Cadoz, *Initiation à la science du droit musulman*, p. 52. タクリードとイジュティハードの関係に関する記述は、カドズが依拠した 11 世紀頃の文献にみられる解釈と一致する。Wael B. Hallaq, "Was the Gate of Ijtihad Closed ?" *International Journal of Middle East Studies,* 16–1 (1984), pp. 12–13.
(53) Cadoz, *Initiation à la science du droit musulman*, pp. 55–56.
(54) フランスのアルジェリア侵略直前の時期に、ウジュダの町におけるリバー ribā（利子徴収）の取締がモロッコのスルターンの介入によって緩和された、というエピソードがとりあげられている。Cadoz, *Initiation à la science du droit musulman*, pp. 56–57.
(55) Joseph Schacht, *An introduction to Islamic law* (Oxford : Clarendon press, 1964), pp. 70–71.
(56) Hallaq, *Sharīʻa : Theory, Practice, Transformations*, pp. 76–77 ; id., "Was the Gate of Ijtihad Closed ?," p. 32 et passim. （邦訳 p. 67 et passim.）; 堀井『イスラーム法通史』pp. 116–117, 132–134.
(57) Cadoz, *Initiation à la science du droit musulman*, p. 35.
(58) 大サンヘドリンへの言及が見られることから、カドズの構想は広い意味でのコンコルダ体制のもとにアルジェリアのムスリムを包摂することを念頭においていたと考えられる。Cadoz, *Initiation à la science du droit musulman*, p. 51. 大サンヘドリンとコンコルダについては下記を参照。Pierre Birnbaum, *L'Aigle et la Synagogue : Napoléon, les Juifs et l'État* (Paris : Fayard, 2007).
(59) Cadoz, *Droit musulman malékite*, pp. 23, 182–184. アルジェリアのカーディー法廷は、管轄範囲を縮小されながらも植民地期をつうじて存続した。第 6 章「属人主義の原則」参照。
(60) Cadoz, *Droit musulman malékite*, p. viii.

第 6 章　法域と法学

(1) Convention entre le général en chef de l'armée française et son Altesse le dey d'Alger, al. 5, in : Robert Estoublon et Adolphe Lefébure, *Code de l'Algérie annoté*, (Paris : Challamel, 1896–1915), tome 1, p. 1.
(2) Henry et Balique, *La doctrine coloniale du droit musulman algérien*, p. 13.

Georges Henri Bousquet (dir.), *Classiques de l'islamologie* (Alger : La maison des livres, 1950), p. 139.

(31) ペロン訳『提要』とカドズの批判書が文献目録に並記された希有な例としては以下がある．Maurice Block, *Dictionnaire de l'administration française*. 3 vols. (Paris : Berger-Levrault, 1877–1885), tome 1, p. 83.

(32) ルイ・ブレニエ Louis Bresnier（1814–1869）：シルヴェストル・ドゥ・サシの弟子．1836年に開かれたアルジェ・アラビア語公開講座の講師に任命され，のちにアルジェ中等学校でも教育に携わった．文語中心主義による教科書を執筆し，アルジェリアにおけるヨーロッパ人向けアラビア語教育の基礎を築いた．A. Messaoudi, « Bresnier, Louis », *Dictionnaire des orientalites*, pp. 148–149.

(33) Cadoz, *Initiation à la science du droit musulman*, p. vi.

(34) カドズは自著のなかで，主としてアル・アンダルスとマグリブのマーリク派法学者の文献に依拠したと説明している．*Ibid.*, pp. x–xi.

(35) Cadoz, *Initiation à la science du droit musulman*, pp. 1–7.

(36) カドズが訳語の選択に慎重であった例をあげる．たとえば法学派 madhhab の訳語として，当時のフランスでは儀式 rite という言葉をあてることが一般的であった．カドズは，マズハブを cérémonies の差異としてとらえるのは間違いであると指摘し，学派 école または学理 doctrine という訳語をあてている．別の箇所では，慣習，慣行を意味するアーダ 'āda とウルフ 'urf が，既存の仏訳では自由意志 volonté arbitraire と誤訳されていることを指摘し，アーダに「慣行」usage，ウルフに「慣習法」coutume という訳語を提案している．Cadoz, *Initiation à la science du droit musulman*, pp. 20, 28.

(37) Cadoz, *Initiation à la science du droit musulman*, p. 12. ここでいう「伝承」tradition はハディースをさす．

(38) ファルド farḍ とワージブ wājib（義務），ハラーム ḥarām（禁止）等の概念を説明する際のカドズの淡々とした文体は，同じく法規定 ḥukm にふれた箇所で「すべては有罪性 culpabilité か非＝有罪性 non-culpabilité の観点から評価される．ここにもまた，アラブ的精神の特徴があらわれている」と述べるペロンの本質主義的な態度と対照的である．Cadoz, *Initiation à la science du droit musulman*, pp. 19–25 ; Perron, « Aperçu préliminaire », p. v.

(39) Cadoz, *Initiation à la science du droit musulman*, pp. 28–29. ダリール dalīl は，一般に，法源そのもの，ないしキヤースによって探索されるべき推論の手がかりと説明される．カドズはこれを帰納 induction と訳し，キヤースと並ぶ法解釈の手法のひとつに数えている．アブドル・ワッハーブ・ハッラーフ『イスラムの法―法源と理論』（中村廣治郎訳　東京大学出版会　1984）p. 23 ; 堀井『イスラーム法通史』p. 97.

(40) Cadoz, *Droit musulman malékite*, p. vi. 原語は louangeurs.「アッラーに称賛あれ」の仏訳 « louange à Dieu » を念頭においた皮肉であろう．

(41) Cadoz, *Initiation à la science du droit musulman*, p. viii.

(42) Cadoz, *Droit musulman malékite*, p. vii. 傍点部は原文イタリック．

(43) Khalîl ibn-Ishâk, *Précis de jurisprudence musulmane*, tome 3, p. 492.

(44) 女性奴隷と性的関係が生じない借り手（女性）や，結婚の可能性のない親等の離れた親族に貸すことは許容されている，というのがカドズの説明である．Cadoz,

　　　　心水　2004）p. 163 ; 小杉泰『現代イスラーム世界論』p. 175.
（18）　Perron, « Aperçu préliminaire », pp. iii–iv.
（19）　ディーン dīn は，しばしば「宗教」を意味してもちいられる言葉．この言葉は，「現世」（ドゥンヤー dunyā）との対比で用いられることがあり，ペロンは，この対比をキリスト教における霊的 spirituel と世俗的 temporel の区別に対応させていたと考えられる．L. Gardet, s.v. « Dīn », *EI2*.
（20）　Perron, « Aperçu préliminaire », p. iv.
（21）　*Ibid.*, p. v.
（22）　*Ibid.*, p. xviii.
（23）　*Ibid.*, p. vii.
（24）　Alain Messaoudi, s.v. « Perron, Nicolas », *Dictionnaire des orientalistes en langue française*.
（25）　アルジェリアにおけるヨーロッパ人アラビア語習得者を集団伝記的に研究したメッサウディの学位論文が，ペロンの訳業とそれに対するカドズの批判について言及している．Alain Messaoudi, *Savants, conseillers, médiateurs : les arabisants et la France coloniale (vers 1830–vers 1930)*, thèse de doctorat (Université Paris I, 2008), tome 1, pp. 250–251.
（26）　ANOM registres d'État civil, Alger, mariage, 1852, n°176 ; id. Mascara, naissance, 1856, n°109 ; id. Mascara, mariage, 1872, n°25 ; id. Mascara, décès, 1875, n°25 ; id. Mustapha, décès, 1888, n°541 ; Douéra, décès, 1898, n°90.
（27）　*Almanach Impérial*, l'année 1857 et sq.; *Agenda et annuaire des cours et tribunaux, du barreau, des notaires, des officiers ministériels et de l'enregistrement. France et colonies*, l'année 1887. 在アルジェリア執行吏の個人関係書類（ANOM GGA/3T32）にはカドズに関する文書は発見されない．なお，上記の民事身分関係関連書類によれば，弟のイポリットはフランソワの助手として働いていたようである．
（28）　執行吏 huissier は法廷の決定を通知，執行する権限をもつ裁判所付属吏．実質的に終身の公職保有者として，フランソワ・カドズの生活は安定したものであったはずである．Collot, *Les institutions de l'Algérie durant la période coloniale*, pp. 176–177.
（29）　『アルジェリアの書記，あるいはフランス語アラビア語書記』*Le secrétaire de l'Algérie ou le secrétaire français-arabe, contenant des modèles de lettres et d'actes sur toutes sortes de sujets, un recueil de proverbes, des explications grammaticales, etc.* (Alger : F. Bernard, 1850) ;『軍人，入植者のためのアラビア語新辞典』*Nouveau dictionnaire français-arabe à l'usage des militaires des colons.* (Alger : Guende, 1850) ;『イスラームの礼節，あるいはアラブの文筆家イマーム・エッスユーティの書物から抜粋した格言，金言集』*Civilité musulmane ou recueil de sentences et de maximes extraites de l'ouvrage du célèbre auteur arabe l'iman essiyuthi* (Alger : F. Bernard, 1851) ;『アラビア語のアルファベット，あるいはアラビア語読み書きの初歩』*Alphabet arabe ou éléments de la lecture et de l'écriture arabes.* 1re partie (Alger : F. Bernard, 1852).
（30）　Fançois Cadoz, *Initiation à la science du droit musulman. Variétés juridiques* (Oran : A. Perrier, 1868) ; id., *Droit musulman malékite* (Paris : Challamel aîné, 1870). カドズのスユーティーの詩の翻訳については，20世紀の著名な東洋学者ブスケが言及している．

註（第 II 部） 97

　　 E12. ペロンが翻訳の底本として用いたのはフランス王立図書館（現，国立図書館）所蔵のグラナダ写本 BNF, Manuscrits du fonds arabe, n°1077 （1472/1473 年）と考えられる．Nicolas Perron, « Aperçu préliminaire », in : Khalîl ibn-Ishâk, *Précis de jurisprudence musulmane,* tome 1, p. xxii.

(6)　William Mac Guckin de Slane, *Rapport adressé à M. le ministre de l'instruction publique ; suivi du Catalogue des manuscrits arabes les plus importants de la bibliothèque d'Alger et de la bibliothèque de Cid-hammouda à Constantine* (Paris : P. Dupont, 1845), p. 2. その他に収蔵された文書の目録については，*ibid,* pp. 8–18.

(7)　Dondin-Payre, *La commission d'exploration scientifique d'Algérie*, p. 62.

(8)　1820 年代のパリでは，自由主義思想に共鳴する若年層を中心に，アラビア語の学習が流行していた．Alain Messaoudi, "The Teaching of Arabic in French Algeria and Contemporary France," *Study of French History,* 20–3 (2006), p. 302.

(9)　アントワーヌ・バルテルミ・クロ（通称クロ・ベイ）Antoine Barthélemy Clot (Clot bey) (1793–1868)：グルノーブル生まれの外科医．1825 年から 1838 年までムハンマド・アリー側近の医師として活動し，公共衛生や医学校を組織するなど，エジプトの近代化に貢献した．

(10)　Le Cheykh Mohammed Ibn-Omar el-Tounsy, *Voyage au Darfour,* trad. par Dr Perron (Paris : Benjamin Duprat, 1845) ; id., *Voyage au Ouadây,* trad. par Dr Perron (Paris : Benjamin Duprat, 1851).

(11)　Emerit, *Les Saint-simoniens en Algérie,* pp. 293–296 ; A. Bertherand, « Nécrologie. le Docteur Perron », *Gazette médicale de l'Algérie,* 3 (1876), pp. 25–29. ; Vicomte de Armagnac, « Nécrologie : le Docteur Nicolas Perron », *Revue africaine,* 20 (1876), pp. 173–175.

(12)　Ernest Renan, « Rapport sur les travaux du Conseil de la société asiatique pendant l'année 1875–1876 », *Journal asiatique,* 7–8 (1876), p. 28.

(13)　Emerit, *Les Saint-simoniens en Algérie,* p. 293.

(14)　ジョゼフ・トゥサン・レノ Joseph-Toussaint Reinaud (1795–1867)：現地に赴いた経験がなく，アラビア語の会話は不得手だったといわれる文献学者．シルヴェストル・ドゥ・サシから東洋語学校の講座を受け継いだ．Lucette Valensi, "Reinaud, Joseph-Toussaint ", *Dictionnaire des orientalistes en langue française* ; Gustave Dugat, *Histoire des orientalistes de l'Europe : du XIIe au XIXe siècle, précédée d'une esquisse historique des études orientales* (Paris : Maisonneuve, 1868–1870; rééd. Tokyo : Synapse, 2003), pp. 186–232.

(15)　エドム・フランソワ・ジョマール Edme-François Jomard (1777–1862)：エジプト遠征に参加し，『エジプト誌』の出版を通じてエジプト学の成立に貢献した東洋学者の一人．シャンポリオンの後援者であったが，ヒエログリフ翻訳の業績の帰属をめぐって対立したことで知られる．Yves Laissus, *Jomard, le dernier Egyptien*, Fayard, 2004 ; Éric Gady, « Jomard, Edme-François », *Dictionnaire des orientalistes en langue française.*

(16)　Perron, « Aperçu préliminaire », in : *Précis de jurisprudence musulmane,* tome 1, pp. i–ii.

(17)　イバーダート 'ibādāt とムアーマラート mu'āmalāt の区別については，「宗教的義務」と「社会関係法」（黒田壽郎），「宗教行為」と「一般行為」（小杉泰）などの訳語がある．黒田壽郎『イスラームの構造―タウヒード・シャリーア・ウンマ』（書肆

de la Sanusiyya, pp. 104–118 ; Emerit, *Les Saint-simoniens en Algérie*, pp. 219–225 ; Henri Duveyrier, *La Confrérie musulmane de Sidi Mohammed Ben ʿAlî Es-Senoûsî et son domaine geographique* (Paris : Société de géographie, 1884), p. 55.

(34) グザヴィエ・コッポラニ Xavier Coppolani（1866–1905）の伝記については以下を参照．Cécile Frébourg, « Coppolani revisité », *Revue française d'histoire d'outre-mer*, 301 (1993), pp. 615–626.

(35) Octave Depont et Xavier Coppolani, *Les confréries religieuses musulmanes* (Alger : A. Jourdan, 1897), p. 561.

(36) *Ibid.*, p. 281.

(37) *Ibid.*, p. ix.

(38) *Ibid.*, pp. xi–xv.

(39) Triaud, *La légende noire de la Sanusiyya*, p. 367.

(40) Ageron, *Les Algériens musulmans et la France*, p. 515.

(41) ザーウィヤ zāwiya は聖者廟を中心として宗教儀礼，教育，貧者救済などさまざまな機能をもつ複合的な施設．フランス政府非公認のザーウィヤについての信頼すべき統計は少ないが，19世紀後半を通じて施設数が2000程度から数百程度に減少したと推定される．Ageron, *Les Algériens musulmans et la France*, p. 332.

(42) David Robinson, « An Emerging Pattern of Cooperation between Colonial Authorities and Muslim Societies in Senegal and Mauritania », in : Jean-Louis Triaud et David Robinson (dir.), *Le temps des marabouts : itinéraires et stratégies islamiques en Afrique occidentale française v.1880–1960* (Paris : Karthala, 1997), p. 178.

(43) Triaud, *La légende noire de la Sanusiyya*, p. 361.

(44) *Ibid.*, p. 129 et sq.

(45) サヌーシー教団に関する調査記録の作成，引用の系譜については以下で詳細な検討がある．*Ibid.*, pp. 354–359.

第5章　東洋学の主流と傍流

(1) 傍点部は原文ではイタリック．François Cadoz, *Droit musulman malékite : Examen critique de la traduction officielle qu'a faite M. Perron du livre de Khalil* (Paris : Challamel aîné, 1870), p. vii.

(2) Emerit, *Les Saint-simoniens en Algérie*, pp. 244–252.

(3) Wael B. Hallaq, *The Origins and Evolution of Islamic Law* (Cambridge : Cambridge University Press, 2005), pp. 3–4.

(4) Khalîl ibn-Ishâk, *Précis de jurisprudence musulmane, ou principes de législation musulmane civile et religieuse, selon le rite malékite, traduit de l'arabe par M. Perron*, 6 vols. (Paris : Imprimerie nationale, 1848–1854).

(5) エジプトで活動した法学者ハリール・イブン・イスハーク Khalīl ibn Isḥāq（?–1365/67/74）の主著『提要』（ムフタサル mukhtaṣar）は，マーリク派の規範的法学書のひとつとして広く用いられた．ヨーロッパ諸語への翻訳は，フランス語改訳やペロン訳からの重訳をふくめて，複数の版が存在する．M. Bencheneb, « Khalīl ibn Isḥāq »,

p. 68.
(19) ルイ・フェデルブ Louis Faidherbe (1818–1889)：リール生まれの軍人．経歴については以下を参照．Robert Delavignette, « Faidherbe », in : Charles-André Julien (dir.), *Les techniciens de la colonisation : XIXe–XXe siècles* (Paris : PUF, 1947), pp. 75–76 ; Jean Schmitz, « Faidherbe, Louis », *Dictionnaire des orientalistes en langue française*, pp. 370–371.
(20) Jacques Frémeaux, *L'Afrique à l'ombre des épées 1830–1930*, (Paris : Service historique de l'armée de terre, 1993–1995), tome 1, pp. 15–16.
(21) フェデルブは，セネガルからリビアまでの広い地域について，「黒人」以外の住民を「アラブとベルベルのアマルガム」と分類する．Louis Faidherbe, « Les Berbères et Arabes des bords du Sénégal », *Bulletin de la société de géographie de Paris,* février (1854), p. 112 ; Joël Glasman, « Le Sénégal imaginé : évolution d'une classification ethnique de 1816 aux années 1920 », *Afrique et Histoire,* 2 (2004), pp. 131–139.
(22) Roger Pasquier, « L'influence de l'expérience algérienne sur la politique de la France au Sénégal (1842–1869) », in : *Perspectives nouvelles sur le passé de l'Afrique noire et de Madagascar. Mélanges offerts à Hubert Deschamps*, (Paris : Publications de la Sorbonne, 1974), p. 282.
(23) Adriana Piga, *Les voies du soufisme au sud du Sahara : parcours historiques et anthropologiques* (Paris : Karthala, 2006), pp. 161–163.
(24) Philippe Lucas et Jean-Claude Vatin, *L'Algérie des anthropologues* (Paris : F. Maspero, 1975), pp. 17–19.
(25) スーフィー教団については第1章の「部族社会とイスラーム」を参照．
(26) ルイ・リン Louis Rinn (1838-1905) の伝記については以下を参照．Narcisse Faucon, *Le livre d'or de l'Algérie, histoire politique, militaire, administrative, événements et faits principaux* (Paris : Challamel, 1889), pp. 468–471.
(27) Louis Rinn, *Marabouts et khouan. Etude sur l'Islam en Algérie* (Alger : A. Jourdan, 1884). 以下も参照．私市『マグリブ中世社会とイスラーム聖者崇拝』pp. 13–14.
(28) フアンという言葉が用いられたもっとも初期の例として以下を参照．Édouard Neveu, *Les Khouan, ordres religieux chez les musulmans de l'Algérie* (Paris : A. Guyot, 1845).
(29) カトリックの用語法にしたがえば ordre は四大会則による盛式誓願修道会を，congrégation は独自会則による単式誓願修道会をさすが，リンの書物のなかではこれらの用語が明確な区別なく用いられている．
(30) Jean-Louis Triaud, *La légende noire de la Sanusiyya* (Paris : Maison des Sciences de l'Homme, 1995), pp. 9–20. 陰謀集団としてのスーフィー教団という論調を強調した例としては，以下の書物も有名である．Napoléon Ney, *Un danger européen : les sociétés secrètes musulmanes* (Paris : Georges Carré, 1890).
(31) Rinn, *Marabouts et khouan*, p. 450. 該当箇所で具体的な議論の対象となっているのはティジャーニーヤ教団である．
(32) *Ibid.*, pp. 518–520.
(33) アンリ・デュヴェリエ Henri Duveyrier (1840–1892) は，サン・シモン主義者であった父シャルルの影響下に育ち，1860年代にはじめてアルジェリアに渡ってワルニエの庇護下で調査をおこない，最初の調査記録を出版した．Triaud, *La légende noire*

Algérie (Paris : EHESS, 1998), pp. 71–96.
(8) Philippe Régnier, *Les Saint-simoniens en Égypte* (Le Caire : Banque de l'union européenne, 1989) ; Magali Morsy (dir.), *Les Saint-simoniens et l'Orient : vers la modernité* (Aix-en-Provence : Edisud, 1990); Robert Ilbert et Philippe Joutard (dir.), *Le miroir égyptien* (Marseille : Éditions du Quai, 1984).
(9) Sébastien Charléty, *Histoire du Saint-simonisme* (Paris : Hartmann, 1931, rééd. Paris : Gonthier, 1965), pp. 206–223.（邦訳 pp. 263-285.）Barthélemy-Prosper Enfantin, *Colonisation de l'Algérie* (Paris : P. Bertrand, 1843), p. 127 et sq.
(10) エルネスト・カレット Ernest Carette（1808-1890）：理工科学校出身の軍人．アルジェリアではじめての本格的な地理学・民族調査をおこない，地理区分としてのテルとサハラ，民族区分としてのアラブとカビリーといった認識枠組みの形成に影響をあたえた．Daniel Nordman, « Carette, Antoine Ernest Hyppolyte », in : François Pouillon (dir.), *Dictionnaire des orientalistes en langue française* (Paris : Karthala, 2008), pp. 179–181.
(11) イスマイル・ユルバン Ismaÿl Urbain（1812–1884）：カイエンヌ生まれのアラビア語通訳者，文筆家．ナポレオン3世の助言者として1860年代のアルジェリア政策にさまざまな影響をあたえた．第7章の「1863年元老院議決とユルバン」参照．
(12) オギュスト・ワルニエ Auguste Warnier（1810–1875）：軍医としてアルジェリアに渡り，晩年にはアルジェ県選出下院議員となった．後述する土地法の提案者．第7章「1873年法と土地制度の「フランス化」」参照．
(13) アドリアン・ベルブリュゲル Adrien Berbrugger（1801–1869）：アルジェリアにおける歴史遺物調査の開拓者であり，アルジェ図書館・博物館の創設者．植民地期アルジェリアを代表する学術誌『アフリカ雑誌』*Revue africaine* の創刊にもかかわる．Alain Messaoudi, « Berbrugger, Adrien », *Dictionnaire des orientalistes en langue française*, pp. 86–88.
(14) エドモン・ペリシエ・ドゥ・レノ Edmond Pellissier de Reynaud（1798–1857）：軍人として占領初期の政治，社会を観察し，現在でも一級の歴史史料として用いられる『アルジェリア年譜』を著した．Edmond Pellissier de Reynaud, *Annales algériennes, nouvelle édition, revue, corrigée et continuée jusqu'à la chute d'Abd el-Kader*, 3 vols. (Paris : Dumaine, 1854); Aurélia Dusserre, « Pellissier de Reynaud, Edmond », *Dictionnaire des orientalistes en langue française*, pp. 744–745.
(15) Emerit, *Les Saint-simoniens en Algérie*, pp. 88–94.
(16) 報告集の全体はつぎのような構成で出版された．「地理・歴史学」16巻（1844 – 1853年），「美術」1巻（1846年），「考古学」3巻（1850–1912年），「計測学」2巻（1844 – 1846年），「動物学」8巻（1849–1867年），「植物学」2巻と地図（1846–1867年），「地質・鉱物学」1巻（1848年），「医学」2巻（1847年）．
(17) Alain Messaoudi, « Orientaux orientalistes : les Pharaon, interprètes du Sud au service du Nord », in : Colette Zytnicki et Chantal Bordes-Benayoun (dir.), *Sud-Nord cultures coloniales en France, XIXe–XXe siècles* (Toulouse : Privat, 2004), pp. 243–255.
(18) Pierre Singaravélou, « Aux origines coloniales de la francophonie : le rôle pionnier des associations et des sociétés savantes », in : Sylvie Guillaume (dir.), *Les associations dans la francophonie* (Pessac : Publications de la Maison des sciences de l'homme d'Aquitaine, 2006),

rike Freitag, "The Critique of Orientalism," in : Michael Bentley (ed.), *Companion to Historiography* (London : Routledge, 1997) ; Edmund Burke III and David Prochaska, "Introduction : Orientalism from Postcolonial Theory to World Theory," in : Edmund Burke III and David Prochaska (ed.), *Genealogies of Orientalism : History, Theory, Politics* (Lincoln : University of Nebraska Press, 2008). イスラーム法制史からの見解として以下を参照．Baber Johansen, "Politics and Scholarship : The Development of Islamic Studies in the Federal Republic of Germany," in : Tareq Y. Ismael (ed.), *Middle East Studies. International Perspectives on the State of the Art* (New York : Praeger, 1990) 植民地学に関する近年の研究として，以下を参照．Emmanuelle Sibeud, *Une science impériale pour l'Afrique ? La construction des savoirs africanistes en France, 1878–1930* (Paris : Editions de l'EHESS, 2002) ; Pierre Singaravélou, *Professer l'empire : Les « sciences coloniales » en France sous la IIIe République* (Publications de la Sorbonne : Paris, 2011).

第4章　学知の集積地としてのアルジェリア

(1) Rapport de la Commission chargée de rédiger des instructions pour l'exploration scientifique de l'Algérie, *Comptes rendus hebdomadaires des séances de l'Académie des sciences*, séance du 23 juillet 1838, pp. 223–224.
(2) 日本語文献として以下を参照．山内昌之『近代イスラームの挑戦』（中央公論社　1996）第2章「ナポレオンとムハンマド・アリー」；小杉泰『現代イスラーム世界論』（名古屋大学出版会　2006）第7章「〈西洋の衝撃〉とイスラーム思想」；工藤庸子『ヨーロッパ文明批判序説―植民地・共和国・オリエンタリズム』（東京大学出版会　2003）第三部「キリスト教と文明の意識」；石井洋二郎『異郷の誘惑―旅するフランス作家たち』（東京大学出版会　2009）第3章「聖地なき巡礼」．
(3) エジプト遠征200周年前後に出版された以下の諸研究を参照．Henry Laurens, *L'expédition d'Égypte 1798–1801* (Paris : Seuil, 1997) ; Yves Laissus, *L'Égypte, une aventure savante : avec Bonaparte, Kléber, Menou (1798–1801)* (Paris : Fayard, 1998) ; Patrice Bret (dir.), *L'expédition d'Égypte, une enterprise des Lumières, 1798–1801. Actes du colloque de Paris (8–10 juin 1998)* (Paris : Académie des sciences, 1999).
(4) 本書と問題意識を共有する近年の論考として以下がある．George R. Trumbull IV, *An Empire of Facts : Colonial Power, Cultural Knowledge and Islam in Algeria, 1870–1914* (Cambridge : Cambridge University Press, 2009).
(5) Lettre de l'Intendant civil Fesson au Ministre de la Guerre, le 15 septembre 1837, reproduit dans Monique Dondin-Payre, *La commission d'exploration scientifique d'Algérie : une héritière méconnue de la commission d'Egypte* (Paris : Boccard, 1994), annexe, pp. 111–112.
(6) Dondin-Payre, *La commission d'exploration scientifique d'Algérie*, pp. 28–30. アルジェリアの考古学調査においては，エジプトとは異なり，ローマ時代の遺跡に重点がおかれた．以下を参照．Patricia Lorcin, "Rome and France in Africa : Recovering Colonial Algeria's Latin Past," *French Historical Studies*, 25–2 (2002), pp. 295–329.
(7) Daniel Nordman, « L'exploration scientifique de l'Algérie : le terrain et le texte », in : Marie-Noëlle Bourguet (dir.), *L'Invention scientifique de la Méditerranée : Égypte, Morée,*

(Paris : L'Harmattan, 1987).
(140)　Ageron, *Les Algériens musulmans et la France*, p. 1053.
(141)　「青年アルジェリア人」関係者のなかで高等教育の学位取得者は 20 人程度であったといわれる．ちなみにイブン・アリー・ファハールの学位論文の題目は「イスラーム法における利息とその実際的影響」というものであった．以下参照．Benali Fékar, *L'usure en droit musulman et ses conséquences pratiques* (Lyon : A. Rey, 1908). El Hadi Chalabi, « Un juriste en quête de modernité : Benali Fekar », in : Aïssa Kadri (dir.), *Parcours d'intellectuels maghrébins : scolarité, formation, socialisation et positionnements* (Paris : Karthala, 1999).
(142)　Benali Fékar, « La représentation des musulmans algériens », *Revue du monde musulman,* 7–1 (1909), pp. 1–22.
(143)　*Ibid.*, p. 22.

第II部　東洋学者の懐疑

問題の所在

(1)　アルジェリア・ムスリム法の形成期についての包括的研究はいまだ存在しない．簡潔な要約として下記が参考になる．Jean-Robert Henry et François Balique, *La doctrine coloniale du droit musulman algérien : bibliographie systématique et introduction critique* (Paris : Editions de CNRS, 1979), pp. 11–51. 判例資料を用いたシャルネの研究は 20 世紀前半を中心としているが，19 世紀の状況を理解するうえでも有用である．Jean-Paul Charnay, *La vie musulmane en Algérie d'après la jurisprudence de la première moitié du XXe siècle* (Paris : PUF/Quadrige, 1991) イスラーム法学の立場からの概観としては以下を参照．Wael B. Hallaq, *Sharī'a : Theory, Practice, Transformations* (Cambridge : Cambridge University Press, 2009), pp. 432– 438.
(2)　Georges Balandier, « La situation coloniale : approche théorique », *Cahiers internationaux de sociologie,* 11 (1951), pp. 50–51.
(3)　すでに引用した以下の三つの作品が代表的である．André Nouschi, *Enquête sur le niveau de vie des populations rurales constantinoises de la conquête jusqu'en 1919 : essai d'histoire économique et sociale* (Paris : PUF, 1961) ; Charles-Robert Ageron, *Les Algériens musulmans et la France (1871–1919)*, 2 vols. (Paris : PUF, 1968) ; Annie Rey-Goldzeiguer, *Le Royaume arabe : la politique algérienne de Napoléon III 1861–1870* (Alger : SNED, 1977).
(4)　Said, *Orientalism*, p. 3.
(5)　Terence O. Ranger, "The Invention of Tradition in Colonial Africa," in : Eric J. Hobsbawm and Terence O. Ranger (ed.), *The Invention of Tradition* (Cambridge : Cambridge University Press, 1983), pp. 211–212.
(6)　サイードの問題提起に対する再検討は，文学と美学の研究において先行した．日本における応答の一例として以下を参照．阿部良雄「アブドル・カーディルの降伏 ―表象論のイデオロギー的次元」『社会史研究』6 (1985), pp. 154–183. オリエンタリズムの概念に関して，歴史学の視点からの全般的な論点整理として以下を参照．Ul-

かった．1870–1880 年代の統計によれば，アルジェリアで届け出られた結婚総数およそ 2700–3300 件 / 年に対して，ヨーロッパ人とムスリムとの結婚は 5–20 件 / 年であった．*SGA*, 1885–1887, p. 134.
(128)　工藤「19 世紀末アルジェリアにおけるヨーロッパ人社会の変容」p. 11.
(129)　*Ibid.*, pp. 18–20.
(130)　Emmanuelle Saada, « Citoyens et sujets de l'Empire français. Les usages du droit en situation coloniale », *Genèses*, 53 (2003), p. 18.
(131)　Chambre des députés, séance du 23 décembre 1898, *Journal officiel de la République française. Débats parlementaires, Chambre des députés*, 1898, p. 2607.
(132)　Marc Baroli, *La vie quotidienne des Français en Algérie (1830–1914)* (Paris : Hachette, 1967), pp. 263–264.
(133)　Félix Dessoliers, *De la fusion des races européennes en Algérie, par les mariages croisés et de ses conséquences politiques* (Alger : Fontana, 1899), p. 43.
(134)　Augustin Castéran, *L'Algérie française de 1884 à nos jours* (Paris : Flammarion, 1900), pp. 181–185. 原文での表現は，それぞれ péril juif, péril étranger, péril arabe となる．同時期の欧米に流行した「黄禍」péril jaune 論との類似性をふまえて，péril を「禍」と訳した．カステランが攻撃対象としたのは，ドレフュス事件に関する論客として頭角をあらわしていたジャン・ジョレスであった．社会主義者ジョレスとアルジェリア問題のかかわりについては Charles-Robert Ageron, « Jaurès et les socialistes français devant la question algérienne (de 1895 à 1914) », *Le Mouvement social,* 42 (1963), pp. 3–29.
(135)　1890 年代は，「ナショナリスト」を標榜することと反ユダヤ主義が相互に絡みあいながら，フランス右派の新しい政治的価値として定着する時期にあたる．ドリュモンやカステランの言論はそうした文脈に置きなおして理解すべきであろう．René Rémond, *Les droites en France* (Paris : Aubier, 1982), p. 152 et sq. ; 中谷猛「フランス第三共和政（ドレフュス事件前後）の反ユダヤ主義—「国民」=「祖国」=「フランス」のジレンマ」『立命館法學』6（2002）．
(136)　一例として，1865 年のナポレオン 3 世のアルジェリア訪問時の新聞記事を参照．*Akhbar*, le 30 avr. 1865.
(137)　工藤「19 世紀末アルジェリアにおけるヨーロッパ人社会の変容」p. 24.
(138)　アルジェリアのムスリムが発行主体となった最初の新聞として知られる *El Hack*（フランス語紙）がボーヌで発刊されたのは 1893 年のことであり，最初のフランス語・アラビア語のバイリンガル紙として *El Misbah*（1904 年発刊），アラビア語紙として *Kawkab Ifrīqīya*（1907 年発刊）等がその後につづいた．Zahir Ihaddaden, *Histoire de la presse indigène en Algérie : des origines jusqu'en 1930*, 2e éd (Alger : Éditions Ihaddaden, 2003), pp. 138, 145, 175 ; Charles-Robert Ageron, « Le mouvement "Jeune-Algérien" de 1900 à 1923 », in : *Genèse de l'Algérie algérienne* (Paris : Bouchène, 2005), pp. 117, 128–129.
(139)　たとえば「青年アルジェリア人」の指導者のなかには，フランス軍士官としてのキャリアを歩んだアブドゥルカーディルの孫エミール・ハーレド（1875-1936）がいた．以下を参照．Charles-Robert Ageron, « L'émir Khaled, petit-fils d'Abd El-Kader, fut-il le premier nationaliste algérien ? », *Revue de l'Occident musulman et de la Méditerranée*, 2 (1966), p. 9– 49 ; Ahmed Koulakssis et Gilbert Meynier, L'Émir Khaled : premier za'im ?

(112) 「都市」の定義は，2000人以上の集住人口をもつ自治体というフランス近代統計の慣習にしたがう．Yacono, *Histoire de l'Algérie,* pp. 226–227.
(113) Yvette Katan, « Les colons de 1848 en Algérie : mythes et réalités », *Revue d'histoire moderne et contemporaine,* 31–avril/juin (1984), pp. 177–202.
(114) Fabienne Fischer, *Alsaciens et Lorrains en Algérie* (Calvisson : Jacques Gandini, 1999), pp. 89–90, 112–113.
(115) Yacono, *Histoire de l'Algérie,* p. 216 ; 工藤「19世紀末アルジェリアにおけるヨーロッパ人社会の変容」p. 10.
(116) 工藤「19世紀末アルジェリアにおけるヨーロッパ人社会の変容」p. 19 ; Emmanuel Todd, *La diversité du monde : Famille et modernité.* Paris : Seuil, 1999.
(117) Vilar, Juan Bautista. *Los Españoles en la Argelia francesa.* Universidad de Murcia, 1989, p. 346 ; Jean-Jacques Jordi, *Les Espagnols en Oranie, histoire d'une migration 1830–1914* (Calvisson : Jacques Gandini, 1996), p. 61.
(118) Daniel J. Grange, *L'Italie et la Méditerranée (1896–1911),* (Rome : École française de Rome, 1994), pp. 541–542 ; Gérard Crespo, *Les Italiens en Algérie 1830–1960. Histoire et sociologie d'une migration* (Calvisson : Jacques-Gandini, 1994), p. 53.
(119) Adrian Shubert, *A Social History of Modern Spain* (London : Unwin Hyman, 1990), pp. 43–45.
(120) Louis de Baudicour, *La colonisation de l'Algérie, ses éléments* (Paris : Lecoffre, 1856), pp. 168–177, 177–180, 180–184. また，定着した人口よりもはるかに多くの人数が，農業労働者として一定の季節的リズムをもって出入国をくりかえしていたと考えられる．Vilar, *Los Españoles en la Argelia francesa,* pp. 355–356, 364–365 ; Grange, *L'Italie et la Méditerranée,* pp. 538–540.
(121) たとえばタバコ工場主にスペイン人が多いといった類の記述は多くの史料にあらわれる．Demontès, *Le peuple algérien,* pp. 451–452.
(122) そのため1862年にはスペイン政府とのあいだに協定が結ばれ，商事についてスペイン人はフランス人と同等の権利と保護を享受することが定められた．loc. cit.
(123) Discours du Gouverneur général Tirman, *Procès-verbaux des délibérations du Conseil supérieur du Gouvernement,* session de novembre-décembre 1884, pp. xx–xxi.
(124) Weil, *Qu'est-ce qu'un Français ?,* pp. 55–57.
(125) Christian Bruschi, « La nationalité dans le droit colonial », *Procès. Cahiers d'analyse politique et juridique,* 18 (1987/1988), pp. 48–49.
(126) 1847年には成人女性1人に対して成人男性は1.48人であった男女比は，1872年には成人女性1人に対して成人男性1.13人となった．なかでもヨーロッパ諸国からの移住者は，フランス出身者とくらべて，男女比の均衡が先行する．René Ricoux, *La démographie figurée de l'Algérie, étude statistique des populations européennes qui habitent l'Algérie* (Paris : Masson, 1880), pp. 18–21.
(127) 同時代の人口学者デモンテスの推計によれば，1830–1877年のあいだに届け出られたヨーロッパ人の結婚件数の内訳は，フランス人同士2万3217件，外国人同士1万4568件に対して，フランス人と外国人の結婚が6881件あった．Demontès, *Le peuple algérien,* p. 214. ちなみにヨーロッパ人とムスリム，ユダヤ教徒の婚姻はきわめて少な

(99) Michel Ansky, *Les Juifs d'Algérie : du décret Crémieux à la Libération* (Paris : Éditions du Centre de Documentation Juive Contemporaine, 1950), pp. 32–35 ; Hirschberg, *A History of the Jews in North Africa from the Ottoman Conquests to the Present Time*, pp. 53–54.
(100) クレミュ政令に対しては，先住ユダヤ教徒に政治的権利をあたえることに対する警戒だけでなく，実施するための技術的困難という観点からも，廃止を要求する意見が政府部内にあった．しかしそうした批判はクレミュ自身によって摘み取られた．Weil, *Qu'est-ce qu'un Français ?*, p. 228, 332 ; Cohen, *Les israélites de l'Algérie et le décret Crémieux*, pp. 204–211.
(101) 19世紀末オラン市におけるデータも参照．工藤「19世紀末アルジェリアにおけるヨーロッパ人社会の変容」pp. 21–22.
(102) 事件は以下のように展開した．アルジェ控訴院付き弁護士会は，当初，エノスの登録を拒否した．その根拠は，先住ユダヤ人はフランス人であっても市民としての資格をもたないというすでに紹介した論理であった．しかし控訴院は，おなじ論理を踏襲したうえで周辺状況とエノスの品行を検討し，弁護士として登録されるためには市民としての資格はかならずしも必要ではなくフランス人であることで十分であるとして，弁護士会の判断を覆す決定を下した．Cour impériale d'Alger, audience solennelle, 24 fév. 1862, *Journal de la jurisprudence de la Cour impériale d'Alger*, 1862, pp. 86–94.
(103) Allouche-Benayoun et Bensimon, *Les Juifs d'Algérie*, pp. 94–95. 時代がくだって両大戦間期になると，先住ユダヤ人とフランス人を外見から見分けるのは困難であるという証言があらわれる．Maurice Eisenbeth, *Les Juifs de l'Afrique du Nord, démographie et onomastique* (Alger : Imprimerie du Lycée, 1936), p. 7.
(104) 第10章「マイノリティの空間」参照．
(105) Geneviève Dermenjian-Hannequart, « Les relations entre le consistoire central, les grands rabbins et les juifs d'Algérie à la fin du XIXe siècle : l'exemple d'Oran (1864–1905) », in : Jean-Louis Miège (dir.), *Les relations intercommunautaires juives en Méditerranée occidentale XIIIe–XXe siècles* (Éditions du CNRS : Paris, 1984), pp. 170–179.
(106) Geneviève Dermenjian, *La crise antijuive à Oran (1895–1905)*, (Université de Nice, 1979).
(107) Georges-Henri Bousquet, « Réflexions sur le mot indigène », *Bulletin de l'Association Guillaume Budé*, 3 (1961), p. 400 ; Éric Savarèse, *L'invention des Pieds-Noirs* (Paris : Séguier, 2002), pp. 63–67.
(108) たとえばサルトルの論文「植民地主義は体制である」を参照．Jean-Paul Sartre, « Le colonialisme est un système », *Les temps modernes,* 123 (1956), réédité dans *Situations. V. Colonialisme et néo-colonialisme* (Paris : Gallimard, 1964), pp. 25–48.
(109) s.v. « colon », *TLFi* ; s.v. « colon », Littré, *Dictionnaire de la langue française.*
(110) インドシナやサハラ以南アフリカでは，コロンという言葉が入植者の総称として用いられる傾向が強かった．Lefeuvre, « Les colons », in : Jean-Pierre Rioux (dir.), *Dictionnaire de la France coloniale* (Paris : Flammarion, 2007), p. 569.
(111) Décret du 24 oct. 1898 ; Jean-Paul Charnay, *La vie musulmane en Algérie d'après la jurisprudence de la première moitié du XXe siècle* (Paris : PUF/Quadrige, 1991), pp. 113–115.

ともできる．

(88) 統計では，同業者組合を意味するコルポラシオン corporations という言葉が用いられている．

(89) 一例として *Exposé de la situation générale de l'Algérie*, 1875, p. 12. 人口学者や行政当局の一部にさらに詳細な統計をもとめる声はあったが，そうした要望が実地において徹底されることはなかった．「ベルベル人」と「アラブ人」を別々に集計した人口統計が作成されたのは，19世紀から20世紀半ばをつうじて，1911年の一回のみであった．

(90) Kateb, *Européens, "indigènes" et juifs en Algérie (1830–1962)*, pp. 113, 197–198, 205–207.

(91) Sénatus consulte du 14 juil. 1865, art. 2.

(92) Décret qui déclare citoyens français les israélites indigènes des départements de l'Algérie, le 24 oct. 1870. この政令が対象とした「原住民ユダヤ教徒」israélites indigènes は，フランスの征服以前にアルジェリアで生まれたユダヤ教徒と，フランスの征服時にアルジェリアに居住していたユダヤ教徒を両親として生まれた者をさす．たとえば，モロッコ出身のユダヤ教徒を両親としてアルジェリアで生まれた者や，政令の制定後にフランスの支配下にはいったムザブのユダヤ教徒は適用の対象外とされた．Estoublon et Lefébure, *Code de l'Algérie annoté*, tome 1, p. 373.

(93) アドルフ・クレミュ Adolphe Crémieux（1796–1880）：ニーム生まれの弁護士，政治家．パリ中央長老会長（1843年），世界イスラエル同盟議長（1863年）のほかに，1848年と1870年の臨時政府において法務大臣をつとめ，1872年から1875年まではアルジェ選出の下院議員，その後上院議員となった．Allouche-Benayoun et Bensimon, *Les Juifs d'Algérie. Mémoires et identités plurielles*, p. 40.

(94) 有田英也『ふたつのナショナリズム——ユダヤ系フランス人の〈近代〉』（みすず書房 2000）p. 166.

(95) 憲法制定議会におけるクレルモン・トネールの発言（1789年12月23日）．*A.P.*, 1re série, tome 10, p. 756. 革命期以降のフランスにおけるユダヤ人の処遇と19世紀の社会変動については，以下を参照．市川裕『ユダヤ教の歴史』（山川出版社 2009）pp. 139–145 ; Esther Benbassa, *Histoire des Juifs de France* (Paris : Seuil, 2000), chap. 7–9 ; Léon Poliakov, *Histoire de l'antisémitisme* (Paris : Calmann-Lévy, 1955–1994), tome 3 et 4.

(96) 第1章「外部とのつながり」参照．

(97) Ordonnance du 9 nov. 1845. 下記も参照．Allouche-Benayoun et Bensimon, *Les Juifs d'Algérie*, pp. 35–39.

(98) たとえば，婚姻をはじめとする家族関係を司るラビ法廷はすでに公式には存在せず，一方でかれらはフランス市民ではないので，フランスの身分吏のもとで結婚することもできないといった事態が生じた．こうした宙吊り状態に対して，アルジェリアのユダヤ人をフランス市民として同化することが唯一の解決策であるという法曹界の意見は早くも1840年代から表明されていた．Miriam Hoexter, « Les juifs français et l'assimilation politique et institutionnelle de la communauté juive en Algérie (1830–1870) », in : Jean-Louis Miège (dir.), *Les relations intercommunautaires juives en Méditerranée occidentale XIIIe–XXe siècles* (Éditions du CNRS : Paris, 1984), pp. 156–157.

(1987), pp. 19–20 ; 斎藤「ベルベル」前掲書, pp. 61–64 et passim.
(75)　たとえば歴史家リヴェは，マグリブのベルベル性はブリテン諸島におけるケルト性にあたるという比喩を用いている．Rivet, *Le Maghreb à l'épreuve de la colonisation*, p. 76.
(76)　Tocqueville, *Œuvres complètes. III–1*, p. 146. 19 世紀以前のフランス人たちは，都市部の住民をさすモールという名称を軸として，アラブ，ベドウィン，カビールといったあいまいな集団名を組み合わせてアルジェリアの現地住民の多様性を表現しようとしていた．こうした細分化の伝統は 1830 年代を境に急速に失われていった．トクヴィルは，そうした変化を反映して早くからアラブとカビールという二項図式を主張した一人であった
(77)　ウジェーヌ・ドマ Eugène Daumas（1803–1871）: ブルゴーニュ地方の軍人家系の子として生まれたドマは，1830 年代にフランス領事としてアブドゥルカーディルの本陣に滞在した経験をもち，第二帝政期には陸軍省のアルジェリア担当部局の長として対ムスリム政策策定の中心人物となった．
(78)　Eugène Daumas, *La Grande Kabylie : études historiques* (Paris : Hachette, 1847), pp. 77.
(79)　アジュロンによれば，「カビール神話」の起源はドマ以前にさかのぼる．そのもっとも初期の例とされるのは，レナル神父の没後に彼の名で出版された『北アフリカ誌』（1826 年）である．Ageron, *Les Algériens musulmans et la France*, tome 1, p. 268 ; abbé Raynal, *Histoire philosophique et politique des établissements et du commerce des Européens dans l'Afrique septentrionale*, 2 vols (Paris : A. Costes, 1826).
(80)　Paul Leroy-Beaulieu, *L'Algérie et la Tunisie* (Paris : Guillaumin, 1887), pp. 238–239.
(81)　*Ibid.*, pp. 240–241.
(82)　Patricia M. Lorcin, *Imperial Identities. Stereotyping, Prejudice and Race in Colonial Algeria* (New York : I.B. Tauris, 1995), pp. 159–166.
(83)　平野『フランス植民地主義の歴史』pp. 178–179 ; Karima Direche-Slimani, *Chrétiens de Kabylie : 1873–1954 : une action missionnaire dans l'Algérie coloniale* (Paris : Bouchène, 2004).
(84)　Ageron, *Les Algériens musulmans et la France*, pp. 285–293.
(85)　真島一郎「植民地統治における差異化と個体化―仏領西アフリカ・象牙海岸植民地から」栗本英世・井野瀬久美恵編『植民地経験―人類学と歴史学からのアプローチ』（人文書院　1999）pp. 97–145.
(86)　Pierre Genty de Bussy, *De l'établissement des Français dans la Régence d'Alger et des moyens d'en assurer la prospérité* (Paris : Firmin-Didot, 1835), tome 1, p. 43 et sq ; François Pouillon, « Simplification ethnique en Afrique du Nord : Maures, Arabes, Berbères (XVIIIe–XXe siècles) », *Cahiers d'Études africaines,* 129 (1993), pp. 37– 49.
(87)　*TEFA*, 1838, p. 300 ; *TEFA*, 1846–1847–1848–1849, pp. 113–114 ; *TEFA*, 1856–1858, pp. 180–192. 1838 年版の分類は，カトリック―プロテスタント―マホメット教徒―ユダヤ教徒というものであった．初期には宗教・宗派によって横並びに集計されていた人口が，早くも 1840 年代にはヨーロッパ人と「原住民」に二分され，そのうえで，後者については宗派と肌の色を混在させた分類がはじまったことは興味深い．前節で指摘した，宗教的帰属からエスニシティへのすりかえに先立つ変化とみるこ

に対しても選挙権をあたえる法案が，急進左派議員によって下院に提案され，否決された．このことを著書でとりあげた同時期の国際法学者ヴェイスは，法案の趣旨に賛同している．André Weiss, *Traité théorique et pratique de droit international privé* (Paris : Larose, 1892), tome 1, pp. 401– 402 ; cité dans Weil, *Qu'est-ce qu'un Français ?*, pp. 230–231.

(59) やや時代をくだって1930年代に，法学者ウェルネルは，属人法規を保持したまま先住民を帰化させようとする主張は同化神話の亜流であると述べている．Auguste-Raynald Werner, *Essai sur la réglementation de la nationalité dans le droit colonial français* (Paris : Recueil Sirey, 1936), p. 14.

(60) 市参事会の議席割り当ては3分の1から4分の1以下へと削減された．Collot, *Les institutions de l'Algérie durant la période coloniale*, p. 96.

(61) Weil, *Qu'est-ce qu'un Français ?*, pp. 236–237. 結果として，1865年から1900年までに「帰化」を認められたアルジェリアのムスリムは1152人にとどまった．Victor Demontès, *Le peuple algérien. essai de démographie algérienne* (Alger : Imp. Algérienne, 1906), pp. 543–545.

(62) Saada, *Les enfants de la colonie*, pp. 121–122.

(63) Yves Durand, « sujets », *Dictionnaire de l'Ancien Régime*.

(64) すでにふれた1862年アルジェ控訴院の判決においても，フランスの「臣民」は，市民法よりも万民法の原則によって支配され，フランス市民の下位におかれるという文言がみられる．*Journal de la jurisprudence de la Cour impériale d'Alger*, 1862, p. 89.

(65) Werner, *Essai sur la réglementation de la nationalité*, p. 40.

(66) Laure Blévis, « Les avatars de la citoyenneté en Algérie coloniale», p. 576.

(67) Jean-Robert Henry, « L'identité imaginée par le droit. De l'Algérie coloniale à la construction européenne », in : Denis-Constant Martin (dir.), *Cartes d'identité. Comment dit-on « nous » en politique?* (Paris : Presses de la FNSP, 1994), p. 45.

(68) Zouhir Boushaba, *Être Algérien hier, aujourd'hui et demain* (Alger : Mimouni, 1992), pp. 45–57.

(69) Abitbol, *Histoire du Maroc*, pp. 449– 456 ; Daniel Rivet, *Lyautey et l'institution du protectorat français au Maroc (1912–1925)* (Paris : L'Harmattan, 1996), tome 2, pp. 270–287.

(70) 「ベルベル人」という名は，かれら自身による自称ではなく，外部からの呼称である．その語源は，一般に，ギリシャ語で異民族をあらわすバルバロス βάρβαρος に由来し，アラビア語 al-Barbar に受け継がれたと説明される．異説としては，特定の部族集団の固有名に由来するという考え方もある．Michael Brett and Elizabeth Fentress, *The Berbers* (Oxford : Blackwell, 1997), p. 283.

(71) Gabriel Camps, « Comment la Berbérie est devenue le Maghreb arabe », *Revue de l'Occident musulman et de la Méditerranée*, 35 (1983), pp. 7–24.

(72) Pierre Bourdieu, *Sociologie de l'Algérie* (Paris : PUF, 1958), pp. 7–8.

(73) 小杉『現代イスラーム世界論』第5章第3節「イスラーム文明とアラビア語」参照．

(74) s.v. « Amazigh », *Encyclopédie berbère*, vol. 4, pp. 562–568 ; Foudil Cheriguen, « Barbaros ou Amazigh : Ethnonymes et histoire politique en Afrique du Nord », *Mots*, 15–1

1900), pp. 99–112.
(47) Lettre de l'empereur au gouverneur général, le 6 fév. 1863, in : Robert Estoublon et Adolphe Lefébure, *Code de l'Algérie annoté*, (Paris : Challamel, 1896–1915), tome 1, p. 270. 発言の背景には，当時シリアにいたアブドゥルカーディルを推戴して近東にフランス庇護下の「アラブ王国」を建設しようという構想も存在した．平野『フランス植民地主義の歴史』pp. 128–131.
(48) Discours de l'empereur du 5 mai 1865, cité dans Charles-Robert Ageron, « Abd el-Kader souverain d'un "royaume arabe" d'Orient », in : *Genèse de l'Algérie algérienne* (Paris : Bouchène, 2005), pp. 52–53. 本書第4章および第7章および以下も参照．Marcel Emerit, *Les Saint-simoniens en Algérie* (Paris : Les Belles Lettres, 1941), pp. 256–281.
(49) Pierre Renouvin, *Histoire des relations internationales* (Paris : Hachette, 1954–1958), tome 5, pp. 335–336.
(50) Michael Brett, "Legislating for inequality in Algeria : the Senatus-Consulte of 14 July 1865," *Bulletin of the School of Oriental and African Studies*, 51–3 (1988), p. 441. いわゆる「ミッレト制」について近年の研究は，それが19世紀に実体化した近代の現象であることを強調する．黒木英充「オスマン帝国におけるギリシア・カトリックのミッレト成立」深沢克己編『ユーラシア諸宗の関係史論——他者の受容，他者の排除』（勉誠出版 2010）pp. 174–175.
(51) 野村啓介『フランス第二帝政の構造』（九州大学出版会 2002）pp. 55–57.
(52) 他の植民地における適用については以下を参照．Saada, *Les enfants de la colonie*, p. 116.
(53) *RAJ*, 20 (1904), 1re partie, p. 31.
(54) この引用箇所は松沼美穂の近著でもとりあげられている．松沼はこの文言を「ムスリムは信仰ではなく，市民に対立する概念だというのである」と説明しているが，これは単純化がすぎるのではないか．主として両大戦間期の法学書に依拠した松沼の議論は，法解釈にも歴史があることを軽視しがちであるように思われる．松沼美穂『植民地の〈フランス人〉』p. 116 ; Weil, *Qu'est-ce qu'un Français ?*, p. 235.
(55) 逆に，フランス生まれのキリスト教徒がイスラームに改宗した場合にも，ムスリムの属人法規は適用されなかった．イスラームへの改宗に関する初期の判例として1879年のアルジェ民事法廷判決がある．Estoublon et Lefébure, *Code de l'Algérie annoté*, tome 1, p. 308.
(56) この判決に対しては，同時代の法学者からの批判も少なくなかった．たとえば法学者ラルシェルは，この判例に関する注釈のなかで，「ムスリム」という語の拡大解釈は「斬新という以上に，率直に言って誤りである」と述べる．*RAJ*, 20(1904), 1re partie, pp. 26–28. ラルシェルについては第8章ならびに以下を参照．Brett, "Legislating for inequality in Algeria," p. 440 ; Barrière, *Le statut personnel des musulmans d'Algérie de 1834 à 1962*, p. 220.
(57) Cathetrine Coquery-Vidrovitch, « Nationalité et citoyenneté en Afrique occidentale française : Originaires et citoyens dans le Sénégal colonial », *Journal of African History*, 42–2 (2001), pp. 287–288.
(58) たとえば1890年には，ヨーロッパ人の人口が多い市街地から優先してムスリム

ユニオン）島の「有色の人々」に政治的権利の平等が付与され，1792 年には同様の権利が解放奴隷にも拡大され，さらに 1794 年には奴隷制が廃止された．一連の措置は第一帝政のもとでいったん覆されたが，七月王政期になると，1833 年にふたたび植民地の有色人種住民に対して民事上の権利と政治的権利があたえられた．1833 年法はインドやセネガルの仏領植民地にも同時に適用され，これらの植民地は，第二共和政のもとで一時的に国会に議席をもつまでになった．Peter Sahlins, *Unnaturally French : Foreign Citizens in the Old Regime and After* (New York : Cornell University Press, 2004), pp. 180–184；小川了『奴隷商人ソニエ――18 世紀フランスの奴隷交易とアフリカ社会』（山川出版社　2002）pp. 65–76；松沼美穂『植民地の〈フランス人〉――第三共和政期の国籍・市民権・参政権』（法政大学出版会　2012）第 3-4 章.

(33)　1910 年のインドシナ控訴院の判決で用いられた表現．Weil, *Qu'est-ce qu'un Français ?*, pp. 237–238.

(34)　Convention entre le général en chef de l'armée française et son Altesse le dey d'Alger, al. 5.

(35)　1834 年の王令は，占領地として併合されたアルジェリアは本国法の適用を受けず，王令によって支配されると規定した．Ordonnance du 22 juil. 1834, art. 4. 同様の方針は 1848 年憲法にも継承された．同憲法第 109 条は，アルジェリアと植民地は「フランス領土」territoire français であると宣言する一方で，憲法の適用から除外されることを定めた．Constitution du 4 nov. 1848, art. 109. 例外的法域としての位置づけは，19 世紀半ば以降しだいに緩和され，1860 年代以降には「一般利益」intérêt général にかかわる法令については本国法が適用するという解釈が定着していった．Louis-Augustin Barrière, *Le statut personnel des musulmans d'Algérie de 1834 à 1962* (Dijon : Éditions universitaires de Dijon, 1993), p. 11.

(36)　植民地の先住民は本国出身者と異なる法の適用を受けるという原則は，占領初期から存在した．Tribunal supérieure d'Alger, audience civile, 20 juin 1836, *Bulletin judiciaire de l'Algérie. Jurisprudence algérienne de 1830 à 1876*, tome 1, année 1836, pp. 15–17.

(37)　Cour impériale d'Alger, audience solennelle, 24 fév. 1862, *Journal de la jurisprudence de la Cour impériale d'Alger*, 1862, p. 93.

(38)　Loc. cit.

(39)　Saada, *Les enfants de la colonie*, pp. 119–120.

(40)　山室「〈国民帝国〉論の射程」p. 123.

(41)　Sénatus consulte du 14 juil. 1865, art. 1er.

(42)　フランスでは 1816 年から 1884 年まで離婚は禁じられていたことに注意．« Exposé des motifs fait par M. Flandin, conseiller d'État », le 22 juin 1865, Estoublon et Lefébure, *Code de l'Algérie annoté*, tome 1, p. 305.

(43)　Mohamed Sahia Cherchari, « Indigènes et citoyens ou l'impossible universalisation du suffrage », *Revue française de droit constitutionnel,* 60– 4 (2004), pp. 754–755.

(44)　Claude Collot, *Les institutions de l'Algérie durant la période coloniale* (Paris : Éditions du CNRS, 1987), pp. 83–85.

(45)　Charles-Robert Ageron, « L'Algérie algérienne sous Napoléon III », in : *Genèse de l'Algérie algérienne* (Paris : Bouchène, 2005), pp. 58–59, 63–65.

(46)　Jacques Cohen, *Les israélites de l'Algérie et le décret Crémieux* (Paris : Arthur Rousseau,

(16) George Cogordan, *Droit des gens. La nationalité au point de vue des rapports internationaux* (Paris : Larose, 1879), p. 2.
(17) *Ibid.*, p. 3.
(18) *Ibid.*, p. 6.
(19) Smith, Anthony D. *The Ethnic Origins of Nations*. Oxford : Blackwell, 1986.
(20) 一例として以下を参照．Rogers Brubaker, *Citizenship and Nationhood in France and Germany* (Cambridge, Mass. : Harvard University Press, 1992).
(21) Noiriel, *État, nation et immigration*, p. 162.
(22) Weil, *Qu'est-ce qu'un Français ?*, pp. 17–35.
(23) Code civil, art. 10.
(24) Weil, *Qu'est-ce qu'un Français ?*, pp. 188–193, 199–200.
(25) Noiriel, *État, nation et immigration*, p. 164 ; Weil, *Qu'est-ce qu'un Français ?*, pp. 53–57.
(26) Weil, *Qu'est-ce qu'un Français ?*, pp. 60–61, 200.
(27) Dominique Schnapper, *La communauté des citoyens : sur l'idée moderne de nation* (Paris : Gallimard, 1994), pp. 75–76.
(28) ナショナリテの概念が確立した一方で，シトワイエヌテの観念についてのあいまいさは 20 世紀まで解消されなかった．Laure Blévis, « Les avatars de la citoyenneté en Algérie coloniale ou les paradoxes d'une catégorisation », *Droit et société*, 48 (2001), p. 560 ; Danièle Lochak, « La citoyenneté : un concept juridique flou », in : Dominique Colas, Claude Emeri et Jacques Zylberberg (dir.), *Citoyenneté et nationalité : perspectives en France et au Québec*, pp. 291–293.
(29) Saada, *Les enfants de la colonie*, p. 112.
(30) s.v. « indigène », *TLFi*.
(31) statut personnel という言葉は国際私法の文脈では「人法」と訳されることが多いが，本書では説明的に「属人法規」と訳した．この言葉の背景にあるのは，人の身分や地位に関する法（statut personnel）と，物に関する法（statut réel）を区別し，前者は法の制定地の出身者がどこにいても適用され，後者は制定地内で内外人を問わず適用されるとする法学説（法規分類説）である．こうした学説は中世イタリアに起源をもつとされ，フランスを含む西欧諸国で 19 世紀まで主流学説であった．cf. 溜池良夫『国際私法講義（第 3 版）』（有斐閣　2005）pp. 43–48 ; Charles Aubry, *Cours de droit civil français : d'après la méthode de Zachariae*, 4e éd (Paris : Marchal et Billard, 1869–1872), tome 1, p. 133–134. なお，statut という言葉には，語義が発生した順に 1. 法規や慣習，2.（団体などの）規約や定款，3. 地位や身分という三つの意味がある．このうち，地位や身分という用法が生じるのは 20 世紀以降のことで，アカデミー・フランセーズ辞書第 8 版（1932-1935 年刊行）にはそうした語義は記載されていない．s.v. « statut », *TLFi* ; s.v. « statut », *Dictionnaire de l'Académie française, 8e édition*.
(32) アルジェリア以前のフランス植民地においても，被支配者の身分規定の歴史があった．そこでの議論は，もっぱら奴隷と解放奴隷の位置づけをめぐって展開し，アルジェリアの制度との直接的な関連性は薄い．かいつまんで整理すると，18 世紀以前には，「黒人法」と呼ばれる王令によって奴隷がモノとヒトの境界にある存在として定義された．フランス革命がはじまると，1791 年にアンティル諸島とブルボン（レ

についての共同歩調や，フランスのアルジェリア進出をイギリスが容認したことはこの文脈のなかで理解される．逆にいえば，フランスにとってはスペイン，イタリア，ポーランド，地中海東部のいずれも単独進出は困難であり，制約なく拡大可能なほぼ唯一の可能性が南方のアルジェリアに見出されたのだった．Paul W. Schroeder, *The Transformation of European Politics, 1763–1848* (Oxford : Clarendon Press, 1994), pp. 709–710.

(7) 政治史の概説として以下参照．Charles-Robert Ageron, *Histoire de l'Algérie contemporaine : de l'insurrection de 1871 au déclenchement de la guerre de libération (1954)* (Paris : PUF, 1979). 地方行政については本書第 9 章を参照．

(8) 山室信一「〈国民帝国〉論の射程」山本有造編『帝国の研究―原理・類型・関係』（名古屋大学出版会　2003）pp. 87–128.

(9) 一例として「帝国的国民国家」imperial nation-state という主題をもつワイルダーの研究を参照．Gary Wilder, *The French Imperial Nation-State*, chap. 2.

(10) Patrick Weil, *Qu'est-ce qu'un Français ? : histoire de la nationalité française de la Révolution à nos jours* (Paris : Grasset, 2002) ; Emmanuelle Saada, *Les enfants de la colonie : les métis de l'Empire français, entre sujétion et citoyenneté* (Paris : La Découverte, 2007). ただし，かれらがはじめてこの問題に気づいたわけではない．たとえば，思想史家ロザンヴァロンは著書『市民の聖別』(1992) のなかで，すでに植民地における市民権の問題を論じている．Pierre Rosanvallon, *Le sacre du citoyen : histoire du suffrage universel en France* (Paris : Gallimard, 1992), pp. 422–441.

(11) 本書では，national に対応する日本語として「国民」（国籍保有者），citoyen については「市民」をあてる．ただし後述するように，ふたつの概念の区別は 19 世紀前半以前にはあいまいであった．そのため，主としてフランス革命期とそれ以前に用いられた citoyen に対応する訳語としては「公民」「国民」「国家構成員」などのさまざまな言葉が提案されてきた．樋口陽一『憲法という作為―「人」と「市民」の連関と緊張』（岩波書店　2009）pp. 82–84.

(12) 国籍と重なる意味をもつ表現を列挙すると，「市民の資格」qualité de citoyen（1791 年憲法），「フランス人の資格」qualité de Français（民法典 1804 年），「フランス市民のすべての権利」tous les droits de citoyens français（帰化に関する 1867 年 6 月 29 日法）などがあった．

(13) Weil, *Qu'est-ce qu'un Français ?*, pp. 398–399.

(14) François Borella, « Nationalité et citoyenneté », in : Dominique Colas, Claude Emeri et Jacques Zylberberg (dir.), *Citoyenneté et nationalité : perspectives en France et au Québec* (Paris : PUF, 1991), pp. 211–212.

(15) Noiriel, *État, nation et immigration*, p. 158. なおノワリエルは，ダロズの『法律辞典』1841 年版に nationalité という単語はあらわれないと記しているが，これは正確ではない．同辞典では，nationalité という見出しはあるものの本文が無く，droits politiques, élections législatives という欄外記事への参照となっている．本文中にも，輸入品や船舶の由来という意味で nationalité という言葉が散見される．s.v. « Nationalité », Armand Dalloz, *Dictionnaire général et raisonné de législation, de doctrine et de jurisprudence*, 5 vols (Paris : Bureau de la Jurisprudence générale, 1835–1841), tome 3 ; s.v. « Marin », *ibid*.

され，おもに後者の意味で用いられた．Victor Schœlcher, *L'Égypte en 1845* (Paris : Pagnerre, 1846), pp. 132–133.
(91) 例外も存在する．ナショナリテという言葉の意味がいまだ流動的であったことを反映し，優れた「文明」の前に滅びゆく民族という意味で「アラブのナショナリテ」という言葉と征服の正当性が矛盾なく語られることもあった．一例として以下を参照．J. Lainné, *Réflexions sur l'Algérie* (Paris : E. Delanchy, 1847), p. 21.
(92) ANOM F80/9, Mémoire de Si Hamdan, imprimé dans Yver, « Si Hamdan ben Othman khodja », pp. 122–138. エメール・ドゥ・ヴァッテル Emer de Vattel (1714–1767)：スイス，ヌシャテル生まれの外交官．主著『万民法』は，グロティウスの国際法としばしば比較される．引用文であげられている章句は，他国における布教にあたっては当該国の主権を尊重すべきこと（第2篇第5章第63節）と，降伏条約の遵守（第3篇第16章第263節）を論じる．Emer de Vattel, *Le droit des gens ou Principes de la loi naturelle appliqués à la conduite et aux affaires des nations et des souverain*, 2 vols (London : s.n., 1758), tome 1, pp. 302–303 ; *ibid.*, tome 2, pp. 224–225. なお，ハッスーナ・ダギースによるアラビア語訳が実在したかどうかは不明である．
(93) フランス農村部における国民意識の形成を考察したウェバーは，1880年代から1910年代にかけて決定的な変化がもたらされたと説く．Eugen Weber, *Peasants into Frenchmen : The Modernization of Rural France, 1870–1914* (Stanford, Calif. : Stanford University Press, 1976), pp. 493–494.

第3章　市民と「臣民」

(1) Ferhat Abbas, *La nuit coloniale* (Paris : R. Juillard, 1962 ; rééd. Alger : ANEP, 2006), p. 86.
(2) 1871年の蜂起はその規模において突出していたが，唯一の衝突だったわけではない．その前後の代表的事件としてはウルド・スィーディー・シャイフの蜂起（1864年），ルリザーヌ（グリーザーン）の蜂起（1864年），ブー・アマーマの蜂起（1881年），入植村マルグリットの襲撃（1901年）などがあげられる．「抑制された摩擦」contained conflict という表現はインド史家スブラフマニヤムから借用した．Sanjay Subrahmanyam, *Explorations in connected history : Mughals and Franks* (New Delhi : Oxford University Press, 2005).
(3) 複合社会 plural society の概念については，英領ビルマと蘭領インドネシアを対象としたファーニヴァルの研究を参照．John S. Furnivall, *Colonial Policy and Practice : A Comparative Study of Burma and Netherlands India* (Cambridge : Cambridge University Press, 1948).
(4) 植民地における人口比という論点については以下を参照．Philip D. Curtin, *World and the West* (Cambridge : Cambridge University Press, 2002), pp. 1–2.
(5) フランスの植民地における属人主義の法制度は，日本の植民地法制にも間接的な影響をあたえた．浅野豊美『帝国日本の植民地法制―法域統合と帝国秩序』（名古屋大学出版会　2008）pp. 70–72.
(6) 19世紀前半の英仏政府のあいだには外交上の協調が存在した．ベルギー独立問題

(77) デジョベールが典拠としているワレウスキの文献は，実際には，「アラブという呼び名のもとにアラブとカバイルを含めることにする」と述べているにすぎない．Le Comte Walewski, *Un mot sur la question d'Afrique* (Paris : J.-N. Barba, 1837), p. 7 ; Desjobert, *La question d'Alger*, p. 323.

(78) Desjobert, *La question d'Alger*, pp. 323–324.

(79) Desjobert, *La question d'Alger*, pp. 324, 335.

(80) Amédée Desjobert, *L'Algérie en 1838* (Paris : Dufart, 1838), pp. 171–172. ハムダーンの『鏡』においても，エジプトとアルジェリアの比較は肯定的に語られている．Hamdan Khodja, *Le Miroir*, p. 263.

(81) Amédée Desjobert, *L'Algérie en 1844* (Paris : Ed. Guillaume, 1844), pp. 153–155.

(82) Amédée Desjobert, *L'Algérie en 1846* (Paris : Ed. Guillaume, 1846), p. 12.

(83) *Ibid.*, p. 14.

(84) Tocqueville, *Œuvres complètes III–1*, p. 329.

(85) 一般に，フランスの反植民地主義の先駆的例として知られているのが，社会主義者ポール・ルイ（本名ポール・レヴィ Paul Lévi）の小冊子『植民地主義』（1905年刊）である．ただしルイは，被植民者への弾圧を非難する一方で，被植民者の「ナショナリテ」が出現することを予期したわけではなかった．Paul Louis, *Le colonialisme* (Paris : G. Bellais, 1905) ; Girardet, *L'idée coloniale en France*, pp. 159–161.

(86) Buheiry, *The Formation and Perception of the Modern Arab World*, p. 42.

(87) Saxe Bannister, *Appel en faveur d'Alger et de l'Afrique du Nord, par un Anglais* (Paris : Dondey-Dupré, 1833), pp. 9–10 ; サックス・バニスタ Saxe Bannister (1790–1877) は，オーストラリアに滞在経験のある法律家で，アボリジニの権利擁護などの問題について博愛主義的な論陣をはったことで知られる．D. Wilson, "Bannister, Saxe (1790–1877)," *ODNB*, http://www.oxforddnb.com/view/article/1318 (accessed 1st September 2012). バニスタとハムダーンの主張は相似しており，出版時期の重なりもみられる．このことから両者の協力関係を示唆する解釈もある．Yver, « Si Hamdan ben Othman khodja », p. 120.

(88) Bannister, *Appel en faveur d'Alger et de l'Afrique du Nord*, p. 11. 類似する例としては，コントの実証哲学をイギリスに翻訳，紹介したことで知られるコングレーヴもあげられる．彼は，パリの出版社からフランス語で刊行した著作『インド』（1858年）のなかで，「独立と正義をもとめるイタリア人やハンガリー人に同情するならば，おなじ目的のために戦う気の毒なインド人たちにも同じ思いを広げてみればよい」と論じた．Richard Congrève, *L'Inde* (Paris : P. Jannet, 1858), p. 98. コングレーヴによる植民地主義批判については以下を参照．Pierre Guiral, « Observations et réflexions sur une prophète de la décolonisation », in : *Études maghrébines. Mélanges Charles-André Julien* (Paris : PUF, 1964).

(89) ヴィクトル・シェルシェル Victor Schœlcher (1804–1893) の思想のなかで，奴隷制廃止の思想と植民地主義は，文明の宣布という命題によって結びつけられて共存する．以下を参照．平野『フランス植民地主義の歴史』pp. 44–58.

(90) アラビア語のファッラーフ fallāḥ は広義には農民一般を意味し，狭義にはとくにエジプトの小規模農耕民をさす．フランス語には fellah という綴りで17世紀に導入

の論考も参照．Jeniffer Pitts, *A Turn to the Empire* (Princeton : Princeton University Press, 2005), chap. 5–7.

(60) 1837年の「書簡」以外に，トクヴィルのアルジェリアに関する主たる著述としては，1841年のアルジェリア調査旅行の直後に執筆された「アルジェリアについての論考」と題する草稿，そして，1847年に下院議員として作成した議会報告書がある．1841年の「論考」は，調査旅行の同行者ギュスターヴ・ドゥ・ボーモンがアルジェリア論を執筆するための資料として準備された．それぞれの執筆の背景は異なっており，一連の原稿をトクヴィルの思想的一貫性を問う材料とすることには慎重さが要求される．以下を参照．Alexis de Tocqueville, *Œuvres complètes. V–2. Voyage en Angleterre, Irlande, Suisse et Algérie* (Paris : Gallimard, 1957), pp. 191–218 ; André Jardin, *Alexis de Tocqueville : 1805–1859* (Paris : Hachette, 1984), pp. 302–327.

(61) Tocqueville, *Œuvres complètes. III–1*, pp. 139–140.

(62) Tocqueville, *Œuvres complètes. III–1*, p. 147.

(63) Tocqueville, *Œuvres complètes*, *III–1*, p. 152. トクヴィルのこうした主張はフランス軍人たちの主張と一致する．たとえば，トクヴィルの知人ラモリシエールは，部族間の争いに疲弊した先住民はやがてフランス側に服属すると判断し，こうした趨勢には「ファナティスムも屈服せざるを得ない」と述べる．Léon Juchault de La Moricière, *Réflexions sur l'état actuel d'Alger* (Paris : Normant, 1836), p. 22.

(64) Tocqueville, *Œuvres complètes*, *III–1*, p. 220.

(65) Etienne, *Abdelkader : Isthme des isthmes*, pp. 140–143.

(66) 大塚和夫は，アブドゥルカーディルの多面性を「イスラームの原点への志向」と「覚醒した脱メシアニズム」の共存と整理している．大塚和夫「イスラームのアフリカ」福井勝義・赤阪賢・大塚和夫『アフリカの民族と社会』（中央公論新社　2010）pp. 450– 452.

(67) Tocqueville, *Œuvres complètes*, *III–1*, p. 72.

(68) Loc. cit.

(69) Tocqueville, *Œuvres complètes III–1*, p. 225.

(70) トクヴィルの革命論についての解釈はフュレに依拠する．François Furet, *Penser la Révolution française* (Paris : Gallimard, 1978), pp. 32–34.

(71) Tocqueville, *Œuvres complètes*, *III–1*, pp. 226–227.

(72) この点をとらえて，アルジェリアのナショナリズムを予見した思想家としてトクヴィルを評価する見解もある．Yves Lacoste, André Nouschi et André Prenant, *L'Algérie, passé et présent : le cadre et les étapes de la constitution de l'Algérie actuelle* (Paris : Éditions sociales, 1960), pp. 272–273 ; Elbaki Hermassi, *État et société au Maghreb* (Paris : Anthropos, 1975), pp. 57–59.

(73) s.v. « Desjobert, Amédeé », *Dictionnaire des parlementaires français depuis le 1er mai 1789 jusqu'au 12 mai 1889* (Paris : Bourloton, 1889–1891).

(74) Amédée Desjobert, *La question d'Alger : politique, colonisation, commerce* (Paris : P. Dufart, 1837), p. 308.

(75) Tocqueville, *Œuvres complètes III–1*, p. 214.

(76) Desjobert, *La question d'Alger*, pp. 310, 318–319.

maghrébine : la Tunisie, p. 115.
(47) Philippe Darriulat, *Les patriotes : la gauche républicaine et la nation 1830–1870* (Paris : Seuil, 2001), pp. 61–74.
(48) Henry Laurens, *Le royaume impossible : la France et la genèse du monde arabe* (Paris : Armand Colin, 1990), p. 23.
(49) 一例として，1834 年 5 月 2 日のラマルティーヌの演説は，喝采や引用といった積極的な反応を呼びおこすことはなかった．*A.P.*, 2e série, t. 89, p. 677 (Lamartine, le 2 mai 1834). それと比較して，「バルバリア」沿岸に広大な勢力圏を築くことを謳ったティエールの演説は，喝采をもって迎えられた．*A.P.*, 2e série, t. 105, pp. 155–161, 227 (Thiers, le 10 juin 1836).
(50) Rey-Goldzeiguer, « La France coloniale de 1830 à 1870 », in : *Histoire de la France coloniale I–La conquête*, p. 632.
(51) 詳細は以下を参照．工藤「1830 年代フランスの植民地論争」pp. 26–31.
(52) *A.P.*, 2e série, t. 89, pp. 509–512 (Desjobert, le 29 avril 1834).
(53) *A.P.*, 2e série, t. 105, p. 144 (Laborde, le 9 juin 1836).
(54) 一例として，*A.P.*, 2e série, t. 105, pp. 215–219 (Laurence, le 10 juin 1836).
(55) たとえば，植民地化を推進するティエールの演説を参照．工藤「1830 年代フランスの植民地論争」pp. 28–29 ; *A.P.*, 2e série, t. 105, p. 158 (Thiers, le 10 juin 1836).
(56) *A.P.*, 2e série, t. 105, p. 153 (Duvergier de Hauranne, le 9 juin 1836).
(57) Alexis de Tocqueville, *Œuvres complètes. III–1. Écrits et discours politiques : écrits sur l'Algérie, les colonies, l'abolition de l'esclavage, l'Inde* (Paris : Gallimard, 1962), p. 227.
(58) 前者の傾向を代表とするトドロフの論考，後者の傾向に属するブハイリーと山内昌之の分析を参照．Tzvetan Todorov, *Nous et les autres* (Paris : Seuil, 1989), pp. 261–280 ; Marwan Rafat Buheiry, « Tocqueville on Islam », in : *The Formation and Perception of the Modern Arab World* (Princeton, N.J.: Darwin Press, 1989), pp. 55–63 ; 山内昌之「イスラームとトクヴィル」，『イスラームとアメリカ』（中央公論社　1998）pp. 267–304. 一方で，トクヴィルを専門とする研究者の間では，近年にいたるまで植民地問題への関心は希薄であった．Olivier Le Cour Grandmaison, *Coloniser. Exterminer : sur la guerre et l'État colonial* (Paris : Fayard, 2005), pp. 98–107. 日本においても近年になって，トクヴィルと植民地問題にふれた論文が発表されている．稲井誠「トクヴィルのアルジェリア論：政治理論と「社会問題」を巡って」『大阪市立大学経済学雑誌』100–4 (2000) ; 藤田勝次郎「植民地主義者としてのトクヴィル」『成城大学経済研究』159 (2003) ; 中谷猛「トクヴィルと帝国意識―アルジェリア論を手掛かりにして」『立命館大学人文科学研究所紀要』85 (2005).
(59) よく知られているのが，英国の自由主義思想と帝国とのかかわりである．E.H.H. Green, "The Political Economy of Empire, 1880–1914," in : Andrew Porter (ed.), *The Oxford History of the British Empire. III. the Nineteenth Century* (Oxford : Oxford University Press, 1999), pp. 350–351. 一例としてミルについては以下の論文が要点を提示している．Eileen P. Sullivan, "Liberalism and Imperialism : J. S. Mill's Defense of the British Empire," *Journal of the History of Ideas,* 44–4 (1983), pp. 599–617 ; Duncan Bell, "John Stuart Mill on Colonies," *Political Theory,* 38–1 (2010), pp. 34–64. ミルとトクヴィルを比較したピッツ

vertus sont si révérées, datée du 19 juin 1835 », reproduit dans Temimi, *Recherches et documents d'histoire maghrébin*, pp. 166–171.
(33)　Louis André Pichon, *Alger sous la domination française, son état présent et son avenir* (Paris : Théophile Barrois et Benjamin Duprat, 1833), p. 127.
(34)　Edmond Pellissier de Reynaud, *Annales algériennes, nouvelle édition revue et constituée jusqu'à la chute d'Abd el-Kader* (Paris : Dumaine, 1854), tome 1, p. 259.
(35)　Georges Yver, « Si Hamdan ben Othman khodja », *Revue africaine,* 57 (1913), pp. 98–99.
(36)　フランス側の見方の一例として以下を参照．Annie Rey-Goldzeiguer, « La France coloniale de 1830 à 1870 », in : *Histoire de la France coloniale I–La conquête*, p. 465.
(37)　Temimi, *Recherches et documents d'histoire maghrébine*, pp. 118–119 ; Aḥmad Tawfīq al-Madanī, *Abṭāl al-Muqāwama al-Jazā'irīya : Ḥamdān 'Uthmān Khūja, Aḥmad Bāy Qusanṭīna, al-Amīr 'Abd al-Qādir, wa-al-Dawla al-'Uthmānīya* (al-Jaza'ir : al-Markaz al-Waṭanī al-Dirāsāt al-Tārīkhīya, 1976), p. 3.
(38)　バンジャマン・コンスタン著『源泉，諸形態，諸発展において考察される宗教について』の第1巻序文にみられる一節．Benjamin Constant, *De la religion considérée dans sa source, ses formes et ses développements*, 5 vols (Paris : Bossange père, 1824–1831), tome 1, préface, p. xl.
(39)　ANOM F80/9 *Procès-verbaux et rapports de la commission d'Afrique instituée par ordonnance du roi du 12 décembre 1833* (Paris : Imprimerie Royale, 1834), pp. 56–59.
(40)　Jacques Peuchet, *Dictionnaire universel de la géographie commerçante*, 5 vols. (Paris : Blanchon, 1798–1799), tome 1, p. 146.
(41)　François Pouillon, « Simplification ethnique en Afrique du Nord : Maures, Arabes, Berbères (XVIIIe–XXe siècles) », *Cahiers d'Études africaines,* 129 (1993), p. 37–49.
(42)　*TLFi* によれば，algérois という形容詞の初出は1898年である．s.v. « algérois », *TLFi*.
(43)　Hamdan Khodja, *Le Miroir*, p. 38. 一連のアナロジーのなかでは，オスマン帝国からのギリシャの独立が言及されるが，この部分をハムダーンが記したと考えるのはむずかしい．クルオールであったハムダーンは，オスマン朝の体制に共感をみせているからである．本文後段に見られる同様のたとえでは，オスマン帝国とギリシャの関係は言及されていない．*ibid.*, p. 262.
(44)　Hamdan Khodja, *Le Miroir*, p. 40.
(45)　Hourani, *Arabic Thought in the Liberal Age*, pp. 41–44.
(46)　Lettre du lieutenant général Clauzel, le 30 mai 1836, SHD 1H/38 ; Yver, « Si Hamdan ben Othman khodja », p. 122. イヴェールによれば，ハムダーンはイスタンブルでフランスの検疫制度についての考察を出版したが，外交交渉についての記録は含まれていない．ハムダーンの息子の一人アリーはパリ滞在に同行し，ハムダーンとともにアフマド・ベイとの交渉のためにコンスタンティーヌを訪れた経験を綴った書物を1838年にフランス語で出版した．Ali Effendi ben Hamdan ben Otsman Khodja, *Souvenirs d'un voyage d'Alger à Constantine,* trad. par F. de Saulcy (Metz : Verronnais, 1838). タミーミーによれば，アリーは『アルジェリアの鏡』という，父の著作とよく似た題名の書物を1876年にイスタンブルで出版した．Temimi, *Recherches et documents d'histoire*

le mieux à la France dans les circonstances présentes, par un ancien agent diplomatique (Paris : A. Boulland, 1831), pp. 12–14.

(21) Noiriel, *État, nation et immigration*, p. 157.

(22) Eric J. Hobsbawm, *Nations and Nationalism since 1780*, pp. 37–38.

(23) Richard Tuck, *The Rights of War and Peace : Political Thought and the International Order from Grotius to Kant* (Oxford : Oxford University Press, 2001), pp. 14–15. 同様の問いは，一般的な国家論とは異なる系譜の思想にも存在した．その一例が，近世スペインにおける「インディアス問題」をめぐるサラマンカ学派の思想である．松森奈津子『野蛮から秩序へ──インディアス問題とサラマンカ学派』（名古屋大学出版会　2009）pp. 206–215, 215–223 ; Anthony Pagden, "Dispossessing the Barbrian : The Language of Spanish Thomism and the Debate over the Property Rights of the American Indians," in : David Armitage (ed.), *Theories of Empire, 1450–1800* (Aldershot : Ashgate, 2001).

(24) Barbara Arneil, "Trade, Plantations, and Property : John Locke and the Economic Defense of Colonialism," *Journal of the History of Ideas,* 55– 4 (1994), pp. 591–609 ; David Armitage, "John Locke, Carolina, and the Two Treatises of Government," *Political Theory,* 32–5 (2004), p. 617.

(25) 三浦永光『ジョン・ロックとアメリカ先住民』（御茶の水書房　2009）pp. 47–78, 202–203.

(26) 成瀬治『近代市民社会の成立──社会思想史的考察』（東京大学出版会　1984）p. 123.

(27) Bhikhu C. Parekh, *Rethinking Multiculturalism : Cultural Diversity and Political Theory* (Cambridge, Mass.: Harvard University Press, 2002), p. 38.

(28) 安藤隆穂はこれを「体制としての自由主義」と位置づけ，自由主義思想を柱とする公共圏の成立を看取する．安藤隆穂『フランス自由主義の成立──公共圏の思想史』（名古屋大学出版会　2007）pp. 293–319.

(29) Sidy Hamdan Ben Othman Khodja, *Aperçu historique et statistique sur la Régence d'Alger, intitulé en arabe le Miroir, par Sidy Hamdan ben Othman Khoja, fils de l'ancien secrétaire d'État (makatagy) de la Régence d'Alger. traduit de l'arabe par H.D. oriental* (Paris : Goetschy, 1833). 以下では，下記の再版（1985 年刊）に依拠する．Hamdan Khodja, *Le Miroir : aperçu historique et statistique sur la Régence d'Alger* (Paris : Sindbad, 1985).「鏡」al-mir'āt は，歴史書や百科事彙など書物の題名として一般的に用いられた言葉である．Ch. Pellat, "Mir'āt," *EI2*.

(30) ハムダーン Ḥamdān ben 'Uthmān Khūja の父，ウスマーンがつとめたとされる役職ムカータアジュ Mukâta'acı（フランス語題名では makatagy と綴られている）は，徴税台帳やオジャクの給与管理をつかさどる高位の官職であった．Venture de Paradis, *Tunis et Alger au XVIIIe siècle*, p. 215. ハムダーンの説明によれば，アルジェのムカータアジュはシェイヒュルイスラーム Şeyhülislâm（国事にかかわる法学裁定をくだす法学者の長）も兼ねていた．Hamdan Khodja, *Le Miroir*, p. 112.

(31) Hamdan Khodja, *Le Miroir*, pp. 115, 205–206. クルオールについては第 1 章の「媒介者としてのクルオール」参照．

(32) « Requête à sa Majesté le Roi, dont l'humanité, l'inépuisable bienfaisance et les hautes

pp. 287–313.
（9）　リファーア・アル・タフターウィー Rifāʿa al-Ṭahṭāwī（1801–1873）：19世紀エジプトを代表する思想家，教育者，翻訳家．アズハル学院出身のウラマーで，フランス滞在中にフランス語を学び，ジョマールやシルヴェストル・ドゥ・サシなどの著名な東洋学者と交際した．エジプトに帰国後は医学校の幹部，翻訳学校校長，官報編集長，翻訳局局長などを歴任した．Albert Hourani, *Arabic Thought in the Liberal Age, 1798–1939* (Cambridge : Cambridge University Press, 1982), pp. 78–79 ; C. Ernest Dawn, "The Origins of Arab Nationalism," in : Rashid Khalidi, et al. (ed.), *The Origins of Arab Nationalism* (New York : Columbia University Press, 1991), pp. 4–5.
（10）　C. Ernest Dawn, "From Ottomanism to Arabism : The Origin of an Ideology," in : Albert Hourani, Philip S. Khoury and Mary C. Wilson (ed.), *The Modern Middle East* (London/New York : I.B. Tauris, 2004), pp. 376, 378.
（11）　例外といえるのがチュニジアの歴史家タミーミーである．Abdeljelil Temimi, *Recherches et documents d'histoire maghrébine : la Tunisie, l'Algérie et la Tripolitaine de 1816 à 1871* (Tunis : Publication de l'Université de Tunis, 1971), p. 243.
（12）　Françoise Mélonio, *Naissance et affirmation d'une culture nationale. La France de 1815 à 1880* (Paris : Seuil, 2001), pp. 37–38.
（13）　確定された最初の用例はスタール夫人によるもの（1807年）である．s.v. « nationalité », *TLFi*. ラ・シャトルの辞書はルソーによるとされる例文をあげ，*TLFi* もこれを採録している．s.v. « nationalité », Maurice Le Châtre, *Nouveau dictionnaire universel*, 2 vols (Paris : Docks, 1865–1870). ナシオンやそれに隣接する語彙の相互連関については以下も参照．s.v. « nation », « national », *TLFi* ; Guy Hermet, *Histoire des nations et du nationalisme en Europe* (Paris : Seuil, 1996), pp. 136–138. なお英語の nationality という言葉の登場は早く，17世紀から確認される．s.v. « nationality », *OED*.
（14）　Gérard Noiriel, *État, nation et immigration : vers une histoire du pouvoir* (Paris : Belin, 2001), pp. 148–149.
（15）　上記と同様，ナポレオンによるとされる例文も典拠は明らかでない．同じ例文はリトレの辞書にも採録されている．s.v. « nation », Émile Littré, *Dictionnaire de la langue française*.
（16）　ノワリエルによれば，フリードリヒ・ヤーン著『ドイツ民族』*Deutsches Volksthum*（原著1810年刊，仏訳1825年刊）において用いられた Volksthum という造語を訳すために，やはり新語であった nationalité が用いられたことが，フランスにおける語彙の普及を加速したとされる．Noiriel, *État, nation et immigration*, pp. 150–151.
（17）　*Ibid.*, p. 152.
（18）　François Guizot, *Histoire générale de la civilisation en Europe, depuis la chute de l'Empire romain jusqu'à la Révolution française* (Paris : Pichon et Didier, 1828), 7e cours, p. 30（邦訳 p. 141.）.
（19）　Jules Michelet, *Introduction à l'histoire universelle*, 2e éd. (Paris : Hachette, 1834), pp. 94–95（邦訳 p. 72. 一部改訳）．「名はレギオン」は，マルコによる福音書第5章第9節からの引用．一人のようにみえて，実は多数からなる軍団(レギオン)である，という趣旨．
（20）　*Du retour des peuples à leurs nationalités naturelles et de la politique qui semble convenir*

74　註（第 I 部）

(2)　侵略のきっかけとなった「扇の一打」事件の当事者ピエール・ドゥヴァルの甥アレクサンドル・コンスタンタン・ドゥヴァルは，1819年以降アルジェ，オラン，ボーヌで順に副領事職をつとめ，1830年にアルジェ遠征に同行した．占領後は1830年8月まで領事館の維持に携わってから任を離れたとされ，これがドゥヴァル家とアルジェリアの最後のかかわりとなったと考えられる．Antoine Gautier et Marie de Testa, « Quelque dynasties de Drogmans », p. 57.

(3)　コンスタンティーヌの最後のベイとなったアフマド・ベイ Aḥmad Bey（在位 1826–1837）の家系は，祖父の代にも同じ職をつとめていたとされる（在位 1755–1771）．アフマドの父ムハンマド・アル・コッリについては，アルジェリア東部のラ・カル（アルカーラ）生まれとする説と，アナトリア出身とする説がある．母はサハラ地域の有力な聖者の家系出身で，この血筋がアフマドの影響力の源泉であったとされる．Dr. Bonnafont, *Refléxions sur l'Algérie, particulièrement sur la province de Constantine* (Paris : Ledoyen, 1846), pp. 43, 55 ; Abdeljelil Temimi, *Le Beylik de Constantine et Hâdj Ahmad Bey 1830–1837* (Tunis : Publications de la Revue d'histoire maghrébine, 1978), p. 60, note 1 et 2.

(4)　アミール・アブドゥルカーディル・ジャザーイリー al-Amīr 'Abd al-Qādir al-Jaza'irī（1807/8–1883）の抗仏運動は1832年から1847年までつづいた．フランスへの降伏後アブドゥルカーディルは，数年間フランスに軟禁された後，1855年にダマスカスに移住して後半生を送った．アブドゥルカーディルは近代アルジェリアを代表する民族英雄とみなされてきた一方で，スーフィズムの思想家としても知られ，その多面的な人物像がさまざまな解釈を生みだしてきた．日本語文献として以下を参照．私市正年「フランスのアルジェリア侵入とアブド＝アルカーディルの叛乱」『マグレブ』99/100, 104（1982–1983）．近年フランス語で出版された伝記研究として以下がある．Bruno Etienne, *Abdelkader : Isthme des isthmes* (Paris : Hachette, 2003).

(5)　商業界の役割についてはギラールの研究に詳しい．Pierre Guiral, *Marseille et l'Algérie 1830–1841* (Gap : Ophrys, 1956). 近年の研究として以下も参照．Ivan Kharaba, « La chambre de commerce de Toulon et l'Algérie : histoire d'un projet impérial avorté (1827–1848) », in : Hubert Bonin, Catherine Hodeir et Jean-François Klein (dir.), *L'esprit économique impérial (1830–1970)* (Paris : Publications de la SFHOM, 2008).

(6)　Raoul Girardet, *L'idée coloniale en France : de 1871 à 1962* (Paris : Hachette, 1995).

(7)　1820–1830年代の議会におけるアルジェリア問題を論じた先行研究としては，前出のジュリアンの研究をはじめとして以下がある．Charles-André Julien, « La question d'Alger devant les Chambres sous la Restauration », *Revue africaine,* 311, 313 (1922), p. 270–305, 425–456 ; Philippe Darriulat, « La gauche républicaine et la conquête de l'Algérie, de la prise d'Alger à la reddition d'Abd el-Kader (1830–1847) », *Revue française d'histoire d'outre-mer,* 307 (1995), pp. 129–147; Henry Laurens, *Le royaume impossible : la France et la genèse du monde arabe* (Paris : Armand Colin, 1990).

(8)　筆者は本章の下敷きとなった既発表論文において，ハムダーンとデジョベールの言論について基本的な論点を提示した．政治思想史家ピッツによる近年の論考も筆者と符合する主張を展開している．工藤晶人「1830年代フランスの植民地論争と〈アラブのナショナリテ〉」『西洋史学』210（2003）, pp. 24–44；Jennifer Pitts, "Liberalism and Empire in a Nineteenth-Century Algerian Mirror," *Modern Intellectual History,* 6–2 (2009),

註（第 I 部）　73

（127）　サンソン・ナポロン Sanson Napollon またはナポレオニ Napoleoni：コルシカ出身の商人．珊瑚会社の創設者ランシュの血縁者．Eugène Plantet (dir.), *Correspondance des deys d'Alger avec la cours de France, 1579–1833*, 2 vols. (Paris : F. Alcan, 1889, rééd., Tunis : Bouslama, 1981), tome 1, p. 26 ; Henri Delmas de Grammont, *Relations entre la France et la régence d'Alger au XVIIe siècle. deuxième partie. La mission de Sanson Napollon (1628–1633)* (Alger : Adolphe Jourdan, 1880), passim ; Michel Vergé-Franceschi, *La Corse enjeu géostratégique en Méditerranée et les marins Cap Corsins*, 2005. *Cahiers de la Méditerranée*, http://cdlm.revues.org/index859.html, para. 24–25 (consulté le 1er septembre 2012).

（128）　ナポロンの特権は 17 世紀を通じて別の個人へと委譲され，1690 年以降に特権会社，王立アフリカ会社 Compagnie royale d'Afrique に委譲された．Peter Fischer, "Historic Aspects of International Concession Agreements," in : Charles Henry Alexandrowicz (ed.), *Grotian Studies Papers. Studies in the History of the Law of Nations* (Hague : Martinus Nijhoff, 1972), pp. 258, 260. 北アフリカで活動したフランス特権会社について以下を参照．Paul Masson, *Histoire des établissements et du commerce français dans l'Afrique barbaresque (1560–1793)* (Paris : Hachette, 1903).

（129）　深沢『商人と更紗』，p. 109.

（130）　Temimi, *Recherches et documents d'histoire maghrébine*, pp. 222–223 ; Panzac, *Les corsaires barbaresques*, pp. 242–243.

（131）　債務問題の詳細については以下を参照．Charles-André Julien, « La question d'Alger devant les Chambres sous la Restauration », *Revue africaine*, 311, 313 (1922), pp. 270–305, 425– 456.

（132）　Julien, *Histoire de l'Algérie contemporaine*, p. 21.

（133）　ピエール・ドゥヴァル Pierre Deval（1758-1829）：イスタンブル・ガラタ地区生まれの通訳官，領事．父アレクサンドルはヴェルサイユ出身の在イスタンブル・フランス大使付き筆頭通訳（1757-1771 年在職）で，母カトリーヌはモルダヴィアに定着したフランス系貿易商の娘であった．ピエールはアレッポとアレクサンドリアなどで通訳をつとめた後，フランス革命期の職務中断を経て，1814 年から 1827 年までアルジェ総領事の職にあった．兄と弟もレヴァントで通訳官をつとめ，甥アレクサンドルはマグリブ各地で領事をつとめた後，1830 年にフランス軍に従軍している．Antoine Gautier et Marie de Testa, « Quelque dynasties de Drogmans », pp. 51–57.

（134）　この言葉は，商人の居留民団だけでなく，現地人の民族集団・社会集団をさすためにも用いられた．一例として以下を参照．Laugier de Tassy, *Histoire du royaume d'Alger*, 1992, p. 50.

（135）　Y. Durand, « nation, nations », *Dictionnaire de l'Ancien Régime*. 括弧内の引用句は憲法制定議会におけるシェイエスの発言．（1789 年 9 月 7 日）*A.P.*, 1re série, tome 8, p. 593.

第 2 章　征服とネーション

（1）　Hamdan Khodja, *Le Miroir : aperçu historique et statistique sur la Régence d'Alger* (Paris : Sindbad, 1985), p. 38.

が絡みあっていた．H.Z. (J.W.) Hirschberg, *A History of the Jews in North Africa from the Ottoman Conquests to the Present Time* (Leiden : Brill, 1981), pp. 29–36. 以下も参照．Yaron Tsur, « Prélude aux relations judéo-françaises à l'époque coloniale : les rapports entre les marchands juifs et les français, en Algérie, du XVIIIe-début XIXe siècles », in : Irad Malkin (dir.), *La France et la Méditerranée*, pp. 401–411.

（116）　一例として以下を参照．Jean Mathiex, « Sur la marine marchande barbaresque au XVIIIe siècle », *Annales. Économies, Sociétés, Civilisations,* 13–1 (1958), pp. 87–93.

（117）　19 世紀初頭にムカッダムとなったダヴィド・バクリはフランスの私掠船を買い上げて貿易に用いていた．Hirschberg, *A History of the Jews in North Africa*, pp. 41–42. ムスリム商人の活動については以下を参照．Mohamed Amine, « Géographie des échanges commerciaux de la régence d'Alger à la fin de l'époque ottomane 1792–1830 », *Revue d'histoire maghrébine,* 70–71 (1993), pp. 287–373.

（118）　以下，在チュニス・フランス外交団を題材としたウィンドラーの研究に依拠する．Christian Windler, *La diplomatie comme expérience de l'autre : consuls français au Maghreb (1700–1840)* (Genève : Droz, 2002).

（119）　Louis-Joseph-Delphin Féraud-Giraud, *La juridiction française dans les échelles du Levant et de Barbarie* (Paris : A. Durand, 1859).

（120）　深沢『商人と更紗』p. 97. 通説的には，フランスは領事の外交官としての役割を重視し，他のヨーロッパ諸国は領事の役割を商業的な活動に限定する傾向があるといわれてきた．こうした類型については再検討が進みつつある．Marc Belissa, « Diplomatie et relations "internationales" au 18e siècle : un renouveau historiographique ? », *Dix-huitième siècle,* 37 (2005), p. 41.

（121）　黒木英充「オスマン期アレッポにおけるヨーロッパ諸国領事通訳」『一橋論叢』110–4（1993），pp. 556–568.

（122）　Windler, *La diplomatie comme expérience de l'autre*, pp. 38–40.

（123）　Robert Mantran, « Le drogman, instrument de la connaissance de l'Orient musulman », in : Christiane Villain-Gandossi, Louis Durteste et Salvino Busuttil (dir.), *Méditerranée, mer ouverte. Acte du Colloque de Marseille (21–23 septembre 1995)* (Malte : International Foundation, 1997), pp. 422.

（124）　主な通訳官家系の伝記は以下にまとめられている．Antoine Gautier et Marie de Testa, « Quelque dynasties de Drogmans », *Revue d'histoire diplomatique,* 105–1–2 (1991), pp. 39–102.

（125）　ジャン・ミシェル・ヴァンチュール・ドゥ・パラディ Jean Michel Venture de Paradis（1739–1799）は通訳官の父とギリシャ人の母のあいだにマルセイユで生まれ，13 歳で東洋語学校に入学した．イスタンブル，チュニスで通訳官，書記官をつとめ，後にパリに居住した時期にはレナルやヴォルネと交際した．アルジェへの短期間の派遣を経てナポレオンのエジプト遠征に従軍し，同地で死去した．Joseph Cuoq, « Venture de Paradis », in : Venture de Paradis, *Tunis et Alger au XVIIIe siècle*, pp. 13–21.

（126）　通訳官は領事と同様に貿易にかかわることを禁じられたが，禁令の実効性は疑わしい．Marie de Testa et Antoine Gautier, « Les drogmans au service de la France au Levant », *Revue d'histoire diplomatique,* 105–1/2 (1991), p. 12.

版会　2012）序章「西アフリカにおけるイスラームの展開」．
(103)　Berque, *L'intérieur du Maghreb*, pp. 425–427.
(104)　Laroui, *Les origines sociales et culturelles du nationalisme marocain*, pp. 180–182 ; Rivet, *Le Maghreb à l'épreuve de la colonisation*, pp. 101–102.
(105)　ユダヤ教徒のコミュニティはアルジェ，ビジャーヤ，オランなどの沿岸都市，トレムセン，モスタガネム（ムスタガーニム）などの中小都市，トゥグルト，ビスクラなどサハラ地域のオアシス都市まで，広く分布していたと考えられている．Joëlle Allouche-Benayoun et Doris Bensimon, *Les Juifs d'Algérie : mémoires et identités plurielles* (Paris : Stavit, 1998), p. 18.
(106)　Esther Benbassa et Rodrique Aron, *Histoire des Juifs sépharades* (Paris : Seuil, 2002), p. 71 ; Michel Abitbol, « Juifs d'Afrique du Nord et expulsés d'Espagne après 1492 », *Revue de l'histoire des religions,* 210–1 (1993), pp. 53–54.
(107)　Benbassa et Aron, *Histoire des Juifs sépharades*, p. 99.
(108)　Jacques Taïeb, *Sociétés juives du Maghreb moderne (1500–1900)* (Paris : Maisonneuve et Larose, 2000), p. 42. ユダヤ教の実践についてセファルディムの戒律が広まった一方で，口語は17世紀頃までにアラビア語化がすすんだと考えられている．Marcel Cohen, *Le parler arabe des Juifs d'Alger* (Paris : Librairie ancienne M. Champion, 1912), pp. 4–6.
(109)　オスマン朝治下のユダヤ教徒の概観として以下を参照．宮武志郎「オスマン帝国とユダヤ教徒」深沢克己編『ユーラシア諸宗教の関係史論――他者の受容，他者の排除』（勉誠出版　2010）pp. 147–169. モロッコに関して以下を参照．私市正年「マグリブ中世社会のユダヤ教徒――境域の中のマイノリティ」『岩波講座　世界歴史10』（岩波書店　1999）pp. 97–126.
(110)　ユダヤ教徒追放後のスペイン王国領において，かれらの立場は寛容令などの明白な法的根拠をもたない黙許にもとづいていた．Jean-Frédéric Schaub, *Les Juifs du roi d'Espagne à Oran 1509–1669* (Paris : Hachette, 1999), p. 6 et passim.
(111)　Allouche-Benayoun et Bensimon, *Les Juifs d'Algérie. Mémoires et identités plurielles*, p. 6.
(112)　深沢克己『商人と更紗――近世フランス＝レヴァント貿易史研究』（東京大学出版会　2007）pp. 19–20, 74–75, 91 ; Jean-Pierre Filippini, « Les négociants juifs de Livourne et la mer au XVIIIe siècle », *Revue française d'histoire d'outre-mer*, 326/327 (2000), p. 85 ; id., « La "Nation juive" de Livourne et le royaume de France au XVIIIe siècle », in : Irad Malkin (dir.), *La France et la Méditerranée*, pp. 259–271.
(113)　Richard Ayoun, « Les négociants juifs d'Afrique du Nord et la mer à l'époque moderne », *Revue française d'histoire d'outre-mer,* 326–327 (2000), pp. 110–111.
(114)　Laugier de Tassy, *Histoire du royaume d'Alger*, 1992, pp. 55–57.
(115)　Shalom Bar-Asher and Joachim O. Ronall, "Bacri," *Encyclopaedia Judaica* ; David Corcos, "Busnach," *Encyclopaedia Judaica*. 社会的上昇はかれらの境遇の安定をもたらしたと一概に言うことはできない．ネフタリは1805年に殺害され，後年にムカッダムの地位についたダヴィド・バクリも亡命を余儀なくされた．その背景には，バクリ・ブスナッチ一門内部の対立，他のユダヤ商人家系との対立，それぞれの派閥と結託する「トルコ系」支配層内の政争，さらには，英仏の対立関係など複数の要因

(91)　以下の議論において部族という言葉は，原則として，正則アラビア語の「カビーラ」qabīla，東部マグリブ方言の「アルシュ」'arsh に相当するものとして用いる．系譜集団には，現実に父系始祖を血縁で共有する場合，同盟関係にある非血縁集団がふくまれる場合，系譜操作によってむすばれた擬制的関係である場合など，さまざまな形態があった．隣接語彙を含む概念整理については以下を参照．高野太輔『アラブ系譜体系の誕生と発展』(山川出版社　2008) 附論1「系譜集団の単位制」．人文社会科学の概念としての「部族」についてはフーリー他編の論文集に掲載された諸論考，なかでも以下を参照．Richard Tapper, "Anthropologists, Historians, and Tribespeople on Tribe and State Formation in the Middle East," in : Philip S. Khoury and Joseph Kostiner (ed.), *Tribes and State Formation in the Middle East* (Berkeley : University of California Press, 1990), pp. 55–57.

(92)　Ernest Gellner, *Saints of Atlas* (Chicago : University of Chicago Press, 1969) ; id., *Muslim Society* (Cambridge : Cambridge University Press, 1981).

(93)　Gellner, *Muslim Society*, pp. 87–88.

(94)　Abdellah Hammoudi, "Segmentarity, Social Stratification, Political Power and Sainthood : Reflections on Gellner's Theses," in : John A. Hall and Ian Jarvie (ed.), *The Social Philosophy of Ernest Gellner* (Amsterdam : Rodopi, 1996), pp. 265–266.

(95)　Rivet, *Le Maghreb à l'épreuve de la colonisation*, pp. 96–98.

(96)　Henry Munson Jr, "Rethinking Gellner's Segmentary Analysis of Morocco's Ait Atta," *Man*, 28–2 (1993), pp. 267–280.

(97)　Jacques Berque, *L'intérieur du Maghreb XVe–XIXe siècle* (Paris : Gallimard, 1978), p. 326.

(98)　Berque, *L'intérieur du Maghreb*, pp. 352–353. 以下も参照．Abdallah Laroui, *Les origines sociales et culturelles du nationalisme marocain (1830–1912)* (Paris : F. Maspero, 1977), pp. 171–178.

(99)　イスラーム聖者に対して，フランス語では一般的にマラブー marabout（アラビア語の murābiṭ からの転化）という言葉が用いられる．私市正年『マグリブ中世社会とイスラーム聖者崇拝』(山川出版社　2009) pp. 25–31.

(100)　教団の成立はかならずしもスーフィズム思想の民衆化という古典的理論では説明できないとして，タリーカ ṭarīqa という言葉を教団組織全般に用いることについて慎重な立場もある．cf. 私市『マグリブ中世社会とイスラーム聖者崇拝』pp. 266–268.

(101)　ベルクは前者にマラブティズム maraboutisme，後者にコンフレリズム confrérisme の語をあてている．Berque, *L'intérieur du Maghreb*, pp. 423– 424. 聖者教団の多様な活動形態の同時性に注目する私市正年の視点も参照．私市『マグリブ中世社会とイスラーム聖者崇拝』pp. 298–301.

(102)　ティジャーニーヤについては以下の論文集で研究動向が把握できる．Jean-Louis Triaud et David Robinson (dir.), *La Tijâniyya : une confrérie musulmane à la conquête de l'Afrique* (Paris : Karthala, 2000). ラフマーニーヤについては以下に詳しい．Julia A. Clancy-Smith, *Rebel and Saint : Muslim Notables, Populist Protest, Colonial Encounters* (Berkeley : University of California Press, 1994). マグリブを経由した西アフリカへのイスラームの伝播とスーフィー教団の役割については以下を参照．苅谷康太『イスラームの宗教的・知的連関網―アラビア語著作から読み解く西アフリカ』(東京大学出

XVIIIe siècle, p. 120. その他にも，ペソネルや占領初期のフランス人の証言によってアルジェから各地方への街道の存在が推定できる．Nacereddine Saidouni, *L'Algérois rural à la fin de l'époque ottomane, 1791–1830* (Bayrouth : Dâr al-Gharb al-Islâmî, 2001), pp. 232–340.

(79) Boyer, « Le problème Kouloughli dans la régence d'Alger », p. 80.
(80) Charles-André Julien, *Histoire de l'Algérie contemporaine : la conquête et les débuts de la colonisation (1827–1871)* (Paris : PUF, 1964), p. 4.
(81) Boyer, « Le problème Kouloughli dans la régence d'Alger », pp. 83–84.
(82) 一例として以下を参照．Laugier de Tassy, *Histoire du royaume d'Alger*, 1992, pp. 51–52 ; Shaler, *Sketches of Algiers, political, historical and civil*, pp. 30–31.
(83) Hamdan Khodja, *Le Miroir : aperçu historique et statistique sur la Régence d'Alger* (Paris : Goetschy, 1833, rééd., Paris : Sindbad, 1985), pp. 135–137.
(84) Shuval, *La ville d'Alger vers la fin du XVIIIe siècle*, pp. 109–110.
(85) コンスタンティーヌでは1792–1795年，1803–1807年，1812–1815年，そして1827年にクルオールがベイに任命された．西部（オラン，マスカラ，トレムセン）では1736–1748年，1780–1799年，1805–1812年に類例がある．Boyer, « Le problème Kouloughli dans la régence d'Alger », p. 88.
(86) José de Aramburu, *Oran et l'Ouest algérien au XVIIIe siècle,* trad. par Mohamed El Korso et Mikel De Epalza (Alger : Bibliothèque nationale, 1978), p. 50 (f°26r–f°27r) ; Boyer, « Le problème Kouloughli dans la régence d'Alger », p. 87.
(87) Xavier Yacono, « Peut-on évaluer la population de l'Algérie vers 1830 ? », *Revue africaine*, 98 (1954), pp. 277–307 ; Kamel Kateb, *Européens, "indigènes" et juifs en Algérie (1830–1962) : représentations et réalités des populations* (Paris : INED, 2001), pp. 13–16.
(88) 同時代の他の地中海都市の人口密度を基準にした推計では，アルジェの人口はさらに小さく見積もられる傾向がある．Frederico Cresti, « Alger à la période turque. Observations et hypothèses sur sa population et sa structure sociale », *Revue de l'Occident musulman et de la Méditerranée*, 44–1 (1987), pp. 127–128. その他の主な都市の人口をヤコノの推計にしたがって整理すると，コンスタンティーヌ（2万5000人程度），トレムセン（7000–8000人），オラン（5000–6000人），ブリダ（4000人），メデア（1000人程度），ミリアナ（1000人程度）となる．Yacono, *Histoire de l'Algérie*, pp. 22–23.
(89) 19世紀の統計によるオスマン帝国内の人口密度は，地域によって74.9人/km^{2}から2.4人/km^{2}の間と推計されている．Donald Quataert, "The Age of Reforms, 1812–1914," in : Halil İnalcık and Donald Quataert (ed.), *An Economic and Social History of the Ottoman Empire, 1300–1914* (Cambridge : Fallois, 1994), pp. 778–779.
(90) 以下，「農村部」という言葉は，農耕地，牧草地，荒蕪地を含む非都市域の総称として用いる．たとえばイブン・ハルドゥーンの『歴史序説』では，ハダルḥaḍar（定住地／都市）に対立する空間はバドゥbadwと呼ばれる．バドゥは砂漠・荒蕪地と訳されることが多いが，「田舎や砂漠」という訳語があてられることもある．イブン＝ハルドゥーン（森本公誠訳）『歴史序説』（岩波書店　2001）第1巻，p. 319, note 1. 都市とその外部という空間の対照と，その社会的意味については，以下を参照．大塚和夫『近代・イスラームの人類学』（東京大学出版会　2000）pp. 71–73.

taert (ed.), *An Economic and Social History of Ottoman Empire, 1300–1914* (Cambridge : Cambridge University Press, 1994), pp. 676–677.

(71) シュヴァルは，これを「トルコ性イデオロギー」の表出と分析する．Shuval, « Remettre l'Algérie à l'heure ottomane », pp. 327–328. おなじくシュヴァルの研究によれば，史料には，オジャクを中心とする支配層は「トルコの」al-turkī というニスバ（本人または祖先の出身地や職業などからとられる名）をもってあらわれる．このことは，すでに述べたように，彼らがエスニックな意味でのトルコ系であったことをかならずしも意味しない．なお，アラブ地域の地名をニスバにもつ例は非常に少ない．Shuval, *La ville d'Alger vers la fin du XVIIIe siècle*, pp. 51–52. ヨーロッパ側の史料は，キリスト教徒奴隷とのあいだに生まれた子供は，改宗によって「トルコ人」と同様にあつかわれたと証言する．Laugier de Tassy, *Histoire du royaume d'Alger*, 1992, p. 58.

(72) Suraiya Faroqhi, *The Ottoman Empire and the World Around It* (London/New York : I. B. Tauris, 2006), pp. 82–84. オスマン帝国の対外征服と従属国家群 vassal countries についての古典的議論として，以下を参照．Halil İnalcık, "Ottoman methods of conquest," *Studia Islamica,* 2 (1954), pp. 103–104.

(73) Lucette Valensi, *Le Maghreb avant la prise d'Alger (1790–1830)* (Paris : Flammarion, 1969), p. 88. 政治体制の求心性と遠心性という論点については，ヴァタンの指摘も参照せよ．Jean-Claude Vatin, *L'Algérie politique : histoire et société*, 2e éd. (Paris : Presses de la Fondation Nationale des Sciences Politiques, 1983), p. 99.

(74) McGowan, "The Age of the Ayans, 1699–1812," p. 675.

(75) 南部の首府は固定されていなかったという見方もある．Laugier de Tassy, *Histoire du royaume d'Alger*, 1992, p. 97.

(76) ベイ bey は，トルコ系諸王朝で用いられた有力者，首長，軍事長官等の称号．チュニジアではベイが君主に相当する最高位の称号であったが，アルジェリアではデイが実質的な君主であり，地方行政区の長がベイを称した．L. Bazin and H. Bowen, "beg," *EI2*.

(77) マハッラ maḥalla は，「（荷を）解く」という語源から転じて，逗留地，駐屯地，さらに遠征軍などを意味する．この用法はハフス朝の時代（13 世紀 –16 世紀）から確認される．Ch. Pellat, "Maḥalla," *EI2*. チュニジアのマハッラについては以下を参照．Dalenda Larguèche, "The Mahalla : The Origins of Beylical Sovereignty in Ottoman Tunisia during the Early Modern Period," in : Julia Ann Clancy-Smith (ed.), *North Africa, Islam, and the Mediterranean World* (London : Frank Cass, 2001), pp. 105–116. 18 世紀前半にマグリブを訪れた博物学者ペソンネルは，コンスタンティーヌのベイによるマハッラに同行し，その祝祭性に注目している．Jean-André Peyssonnel et René Louiche Desfontaines, *Voyage dans les régences de Tunis et d'Alger* (Paris : La Découverte, 1987), pp. 195–197.

(78) 属州の拠点都市のあいだには一定のコミュニケーション網があり，点と線でむすばれた実移動時間にもとづく空間認識が存在した．たとえばヴァンチュール・ドゥ・パラディは，アルジェから主な都市への書簡やキャラバンが要する日数を紹介している．それによれば，アルジェからボーヌ（アンナバ）への速達は 8 日，アルジェからマスカラ（ムアスカル）への速達は 2 日，アルジェからコンスタンティーヌへは速達で 3 日，キャラバンで 10 日を要した．Venture de Paradis, *Tunis et Alger au*

(58) Karen Barkey, *Bandits and Bureaucrats : The Ottoman Route to State Centralization* (New York : Cornell University Press, 1997), pp. 55–56 ; Faroqhi, "Crisis and change, 1590–1699," pp. 416–419.

(59) Ehud Toledano, "The Emergence of Ottoman-Local Elites (1700–1900) : A Framework of Research," in : Ilan Pape and Moshe Ma'oz (ed.), *Middle Eastern Politics and Ideas : A History from Within* (New York : Tauris, 1997), pp. 145–162.

(60) オスマン帝国における「家」という現象と権力構造の関係については以下を参照．鈴木董『オスマン帝国とイスラム世界』（東京大学出版会　1997）pp. 159–181.

(61) フサイン・イブン・アリー Al-Ḥusayn ibn ʿAlī（在位 1710–735）：父はギリシャ系改宗者とされる．アルジェリアとの紛争に勝利して実権をつかみ，チュニジアの最有力者の称号であるベイの称号を得る．1708年には中央からベイレルベイの役職とパシャの称号を与えられ，フサイン朝（1705–1957）を開いた．R. Mantran, "al-Ḥusayn b. ʿAlī," *EI2*.

(62) Robert Mantran, « Le statut de l'Algérie, de la Tunisie et de la Tripolitanie dans l'Empire ottoman », in : *L'Empire ottoman du XVIe au XVIIIe siècle*, pp. 7–9.

(63) André Raymond, « Les provinces arabes (XVIe–XVIIIe siècle) », in : Robert Mantran (dir.), *Histoire de l'Empire ottoman* (Paris : Fayard, 1989), pp. 353–355.

(64) 原義は母方の伯父，叔父を意味するトルコ語のダユ dayı．アルジェリアとチュニジアでオジャクの指揮官の称号として用いられた．「デイ」という表記が定着しているため，本書では「デイ」に統一する．R. Le Tourneau, "Dayı," *EI2*. やや時代をくだった証言であるが，19世紀初頭の在アルジェ・アメリカ総領事シェイラーは，デイの称号は対外的に用いられるもので，現地人のあいだではパシャの称号が一般に用いられると記している．William Shaler, *Sketches of Algiers, political, historical and civil* (Boston : Cunnings, 1826), p. 17.

(65) Shuval, « Remettre l'Algérie à l'heure ottomane », para. 60.

(66) Laugier de Tassy, *Histoire du royaume d'Alger*, 1992, p. 125 ; Jean-Michel Venture de Paradis, *Tunis et Alger au XVIIIe siècle* (Paris : Sindbad, 1983), p. 109.

(67) 18世紀末の在アルジェ通訳官ヴァンチュール・ドゥ・パラディは，募集は主にイズミル（スミルナ）地方やカラマン地方でおこなわれると記している．Venture de Paradis, *Tunis et Alger au XVIIIe siècle*, p. 159. 後代の研究によれば，新兵の出身地はアナトリアを中心として，バルカン（ルメリ）にも分布していた．こうした募集をおこなうためには，帝国の中央・地方当局の承認が必要だった．M. Colombe, « Contribution à l'étude du recrutement de l'odjaq d'Alger dans les dernières années de l'histoire de la Régence », *Revue africaine,* 87 (1943), pp. 171–172, 175–176.

(68) 18世紀初頭に確立したとみられるオジャクの独身奨励慣行については以下を参照．Laugier de Tassy, *Histoire du royaume d'Alger*, 1992, p. 127 ; Pierre Boyer, « Le problème Kouloughli dans la régence d'Alger », *Revue de l'Occident musulman et de la Méditerranée,* numéro spécial (1970), pp. 88–89.

(69) Tal Shuval, *La ville d'Alger vers la fin du XVIIIe siècle* (Paris : CNRS Éditions, 1998), pp. 115–116.

(70) Bruce McGowan, "The Age of the Ayans, 1699–1812," in : Halil İnalcık et Donald Qua-

(51) Laugier de Tassy, *Histoire du royaume d'Alger*, 1992, p. 156.
(52) 改宗以前の名は Piccinino あるいは Piccini. ヴェネツィアの出身とされる. Henri Delmas de Grammont, *Relations entre la France et la régence d'Alger au XVIIe siècle. première partie. Les deux canons de Simon Dansa (1606–1628)* (Alger : Adolphe Jourdan, 1879), p. 5 et sq.
(53) Boyer, « Alger en 1645 d'après les notes du RP Hérault », p. 21. 他の外交文書においては, アルジェ側はパシャ, イェニチェリの長, カーディー, ムフティーなど複数の人物が署名することが一般的である（それぞれのフランス語条約文書や書簡にあらわれる称号を列記すると, パシャについては Bacha または gouverneur d'Alger, オジャクについては chef des Janissaires または chef et général de la Milice, カーディーやムフティーは Mufti, Cadi, secrétaire du Divan 等と表記される）. Rouard de Card, *Traités de la France avec les pays de l'Afrique du Nord*, p 22 ; Henri Delmas de Grammont, *Relations entre la France et la régence d'Alger au XVIIe siècle. troisième partie. La mission de Sanson le Page (1633–1646)* (Alger : Adolphe Jourdan, 1880), p. 26.
(54) Mouloud Gaïd, *L'Algérie sous les Turcs* (Alger : Mimouni, 1991), p. 129.
(55) ヨーロッパ人の証言はこの点で一貫しない. 17世紀初頭に奴隷解放のためアルジェを訪れたベネディクト会修道士ディエゴ・ド・アエドは, ターイフェの大部分がキリスト教徒からの改宗者で占められていると記している. それに対して, 18世紀前半にフランス領事タシは, キリスト教徒の改宗が受け入れられることは稀であると述べている. Fray Diego de Haëdo, « Topographie et histoire générale d'Alger », *Revue africaine*, 14 (1870–1871), pp. 496– 498 ; Laugier de Tassy, *Histoire du royaume d'Alger*, 1992, pp. 61–62. 17–18世紀のマグリブについて著述をのこしたヨーロッパ人を整理すると, 1. キリスト教徒奴隷・虜囚の解放のために訪れた聖職者（ディエゴ・ド・アエド, ダン Dan）, 2. 現地駐在経験のある外交・領事関係者（タシ, ヴァンチュール・ドゥ・パラディ Venture de Paradis）, 3. 博物学者・調査旅行者（ショウ Shaw, ペソネル Peyssonnel, デフォンテーヌ Desfontaine）の三つの類型をあげることができる. もちろん, こうした分類は便宜的なものであって, たとえば博物学者ペソネルは, 複数のレヴァント領事を輩出した家系の出身であった. A. Rampal, « Une famille marseillaise de consuls en Levant : les Peyssonnels », in : Jules Charles-Roux (dir.), *Compte rendu des travaux du Congrès colonial de Marseille* (Paris : Challamel, 1908). なかでもタシの著作は重要な証言として知られる. 歴史家ブライミの考察によれば, タシの著作から浮かびあがる態度は, イスラーム蔑視が露わな聖職者たちとくらべて, 開明的で分析的である. 彼の作品は, カトリック聖職者と対照的なプロテスタントによるマグリブ描写の嚆矢として位置づけられる. Denise Brahimi, *Opinions et regards des Européens sur le Maghreb aux XVIIème et XVIIIème siècles* (Alger : SNED, 1978), p. 121.
(56) アー Ağa : 有力者を意味するオスマン語（初期トルコ語の語義は「兄」）. 各種の官職者の称号として用いられ, イェニチェリの部隊長をさす用法はそのひとつである. アルジェのアーは, 年次の高いイェニチェリを中心に編成される寄合（ディーワーン）の議長をつとめた. H. Bowen, "Agha," *EI2*.
(57) Pierre Boyer, « La révolution dite des "Aghas" dans la régence d'Alger (1659–1671) », *Revue de l'Occident musulman et de la Méditerranée,* 13/14 (1973), pp. 159–170.

17 (1974), p. 25.
(40) Panzac, *Les corsaires barbaresques*, pp. 32–35 ; Merouche, *Recherches sur l'Algérie à l'époque ottomane*, tome 2, pp. 285–298.
(41) Rouard de Card, *Traités de la France avec les pays de l'Afrique du Nord*, pp. 16–17.
(42) Ismet Terki-Hassaine, « Relations entre Alger et Constantine sous le gouvernement du Dey Mohammed ben Othmane Pacha (1766–1791), selon les sources espagnoles », *Ankara Üniversitesi, Osmanlı Tarihi Araştırma ve Uygulama Merkezi,* 5 (1994), pp. 188–190.
(43) Stéphane Beaulac, "The Westphalian Model in Defining International Law : Challenging the Myth," *Australian Journal of Legal History,* 8 (2004), pp. 205–211. いわゆるウェストファリア体制の位置づけを問いなおす近年の業績として，国際法研究の立場から条約自体を考察した明石欽司『ウェストファリア条約―その実像と神話』（慶應義塾大学出版会 2009），マルクス主義の理論にたって中世から近代までの変化を論じた著作として Benno Teschke, *The Myth of 1648 : Class, Geopolitics and the Making of Modern International Relations* (London : Verso, 2003) がある．近世ヨーロッパ国家の複合的性格については以下を参照．近藤和彦「近世ヨーロッパ」『岩波講座 世界歴史 16』（岩波書店 1999）pp. 43–49 ; John Robertson, "Empire and Union : Two Concepts of the Early Modern European Political Order," in : David Armitage (ed.), *Theories of Empire, 1450–1800* (Aldershot : Ashgate, 2001), pp. 11–44.
(44) 裁判の内容はつぎのようなものであった．フランス船 A の積荷がアルジェの私掠船に略奪され，別のフランス船 B がそれを再捕獲して積荷を入手した．A の船主は B に対して積荷の所有権を主張したが，裁判所は A 側の主張を退け B 側の所有権を認めた．裁判所の立場は，戦時略奪品の復帰権 postliminium が認められないというものであった．この決定をグロティウスは，アルジェ船の略奪を正規の戦闘行為ととらえて海賊行為と区別するものと解釈した．Hugo Grotius, *De jure belli ac pacis libri tres,* trad. by Francis W. Kelsey (New York : Oceana, 1964), p. 715.
(45) Jörg Manfred Mössner, "The Barbary Powers in International Law (Doctorinal and Practical Aspects)," in : Charles Henry Alexandrowicz (ed.), *Grotian Studies Papers. Studies in the History of the Law of Nations* (Hague : Martinus Nijhoff, 1972), pp. 220–221.
(46) Michel Mollat du Jourdin, *L'Europe et la mer* (Paris : Seuil, 1993), p. 137（邦訳 p. 157）．
(47) 鈴木董『ナショナリズムとイスラム的共存』（リブロポート 2007 年）第 1-3 章．
(48) オスマン帝国における 17 世紀の「衰退」論とその再検討については以下を参照．Suraiya Faroqhi, "Crisis and change, 1590–1699," in : Halil İnalcık and Donald Quataert (ed.), *An Economic and Social History of Ottoman Empire, 1300–1914* (Cambridge : Cambridge University Press, 1994), vol. 2, pp. 467–470.
(49) オジャク Ocak（原義は竈，炉）という言葉は，アルジェリアでは軍団あるいは個々の部隊をさして用いられた．J. Dény, « Les registres de solde des janissaires », *Revue africaine,* 61 (1920), pp. 36–37.
(50) Shuval, « Remettre l'Algérie à l'heure ottomane », para. 15. 17 世紀の危機論を地中海世界にあてはめることについては慎重な見方もある．以下を参照．Jacques Revel, « Au XVIIe siècle : le déclin de la Méditerranée ? », in : Irad Malkin (dir.), *La France et la Méditerranée : vingt-sept siècles d'interdépendance* (Leiden : Brill, 1990), pp. 359–361.

(27) Panzac, *Les corsaires barbaresques*, pp. 20–22.
(28) Fontenay, « L'empire ottoman et le risque corsaire au XVIIe siècle », passim.
(29) Philip McCluskey, "Commerce before Crusade ? France, the Ottoman Empire and the Barbary Pirates (1661–1669)," *French History*, 23–1 (2009), pp. 1–21.
(30) Natividad Planas, « Les majorquins dans le monde musulman à l'époque moderne », *Mélanges de la Casa de Velázquez*, 27–2 (1991), pp. 115–128.
(31) Braudel, *La Méditerranée et le monde méditerranéen à l'époque de Philippe II*, tome 2, p. 192（訳文は筆者による）.
(32) ドルトレヒト出身の造船技師・私掠者シーメン・ダンジガー Siemen Danziger がアルジェに帆船技術を伝えたとされる．その後ダンジガーはギーズ公シャルルに帰順した．Panzac, *Les corsaires barbaresques*, p. 19 ; Philip Gosse, *The History of Piracy* (New York : Green, 1932, reprint. Mineola : Dover, 2007), pp. 49–53. フランス領事タシによれば，アルジェではビジャーヤ（カビリー地方）からとりよせた木材で船体を新造し，鹵獲船の部品を組み合わせて安価な造船をおこなっていた．Jacques Philippe Laugier de Tassy, *Histoire du royaume d'Alger : avec état présent de son gouvernement, de ses forces de terre et de mer, police, justice, politique et commerce* (Paris : Loysel, 1992), p. 155.
(33) Jean-Pierre Molénat, « Hornachos fin XVe-début XVIe siècles », *En la España Medieval*, 31 (2008), pp. 167–168.
(34) Leïla Maziane, *Salé et ses corsaires, 1666–1727 : un port de course marocain au XVIIe siècle* (Caen : Presses universitaires de Caen, 2007), pp. 169–170 et passim ; Ellen G. Friedman, "North African Piracy on the Coasts of Spain in the Seventeenth Century : A New Perspective on the Expulsion of the Moriscos," *The International History Review*, 1 (1979), pp. 1–16. アル・アンダルスからアルジェを上陸港として地中海南岸に移住した人々の数は 7 万人にのぼったといわれる．Sakina Missoum, *Alger à l'époque ottomane : la médina et la maison traditionnelle* (Aix-en-Provence : Edisud, 2003), p. 34.
(35) 居留特許条約と海上航行の安全規定については以下を参照．堀井優「16 世紀前半のオスマン帝国とヴェネツィア：アフドナーメ分析を通して」『史学雑誌』103-1（1994），pp. 38–39 ; Maurits H. Van Den Boogert, *The Capitulations and the Ottoman Legal System : Qadis, Consuls and Beratlıs in the 18th Century* (Leiden : Brill, 2005).
(36) フランスがチュニスと 1605 年に結んだ条約が，西欧諸国とバルバリア属州との和平の最初の例とされる．Edgard Rouard de Card, *Traités de la France avec les pays de l'Afrique du Nord : Algérie, Tunisie, Tripolitaine, Maroc* (Paris : A. Pedone, 1906), p. 113. バルバリア属州との外交交渉の過程については以下を参照．Géraud Poumarède, « La France et les Barbaresques : police des mers et relations internationales en Méditerranée (XVIe–XVIIe siècles) », *Revue d'histoire maritime*, 4 (2005), pp. 117–146.
(37) Rouard de Card, *Traités de la France avec les pays de l'Afrique du Nord*, pp. 3–9.
(38) Panzac, *Les corsaires barbaresques*, pp. 24–29.
(39) ただし，乗員を人質もしくは奴隷にして転売するという風習が失われたわけではない．歴史家ボワイエは「動力源としての奴隷から，商品としての奴隷へ」の変化と形容している．Pierre Boyer, « Alger en 1645 d'après les notes du RP Hérault (introduction à la publication de ces dernières) », *Revue de l'Occident musulman et de la Méditerranée*,

って大宰相に任ぜられた．F. Babinger and G. Dávid, "Sinān Pasha, Kodja," *EI2*.
(16) ウルチ・アリ Uluç Ali (c1520–1587)：カラブリア出身の改宗ムスリム．幼名は Giovan Dionigi Galeni．虜囚としてガレー船の漕ぎ手から身を起こし，トゥルグードの部下として栄達をとげ 1565 年にアルジェのベイレルベイとなる．レパント海戦の戦功によってクルチ・アリ Kılıç Ali（クルチは「刀」の意）の名を授かり，大提督としてオスマン朝海軍の再建に携わった．S. Soucek, "'Ulūdj 'Alī," *EI2* ; Daniel Panzac, *La marine ottomane : de l'apogée à la chute de l'Empire (1572–1923)* (Paris : CNRS Éditions, 2009), pp. 18–20.
(17) Molly Greene, "The Ottomans in the Mediterranean," in : Aksan and Goffman (ed.), *The Early Modern Ottomans : Remapping the Empire*, pp. 108–109.
(18) オスマン語のターイフェ tâ'ife，アラビア語のターイファ ṭā'ifa は，もともと人の集まり・集団を意味する．アラビア語の単語は，商人組合やスーフィー教団など特定の目的で結びついた職業集団や社団をさして用いられた．マグリブの私掠者集団をさす用例もその一例と考えられる．E. Geoffroy, "Ṭa'ifa," *EI2*.
(19) Fray Diego de Haëdo, *Histoire des rois d'Alger* (Paris : 1881), pp. 62, 82, 85, 98 ; Gaëtan Delphin, « Histoire des pachas d'Alger de 1515 à 1745 », *Journal Asiatique,* 11–19 (1922), pp. 200–201.
(20) Fernand Braudel, *La Méditerranée et le monde méditerranéen à l'époque de Philippe II*, tome 2, p. 472.
(21) 15 世紀フランス語の用例では，すでに，「私掠者，敵商船の捕獲をおこなう者」という語義が確立している．ただし，forban, flibustier など不法な略奪者を意味する類義語との使い分けには曖昧さが存在した．Daniel Panzac, *Les corsaires barbaresques : la fin d'une épopée 1800–1829* (Paris : CNRS Éditions, 1999), p. 77 ; Godfrey Fisher, *Barbary Legend. War, Trade and Piracy in North Africa* (Oxford : Clarendon, 1957), p.140, cité par Braudel, *La Méditerranée et le monde méditerranéen à l'époque de Philippe II*, tome 2, p. 191 ; Isabelle Turcan, « Les corsaires et flibustiers de la lexicographie française », in : Sophie Linon-Chipon et Sylvie Requemora (dir.), *Les tyrans de la mer : Pirates, corsaires et flibustiers* (Paris : Presses de l'Université de Paris-Sorbonne, 2002).
(22) Braudel, *La Méditerranée et le monde méditerranéen à l'époque de Philippe II*, tome 2, p. 190.
(23) Michel Fontenay, « L'empire ottoman et le risque corsaire au XVIIe siècle », *Revue d'histoire moderne et contemporaine,* 32–avril/juin (1985), pp. 187–188.
(24) 私掠船が特許状の取得と遵守を求められた初期の例としては，14 世紀のアラゴン王国，カスティーリャ王国，両シチリア王国等が知られる．Ernest Nys, *La guerre maritime : étude de droit international* (Bruxelles/Leipzig : Muquardt, 1881), p. 24.
(25) Fisher, *Barbary Legend*, pp. 139–140.
(26) ヘンリ・マナリング Mainwaring, Sir Henry (1586/7–1653)：イングランド・シュロップシャ生まれの航海者．1612–1616 年にかけてマグリブを拠点にスペイン船への海賊行為で名を馳せた．後半生にはジェイムズ 1 世から恩赦を受けて海軍軍人として活動した．G. G. Harris, "Mainwaring, Sir Henry (1586/7–1653)," *ODNB*, http://www.oxforddnb.com/view/article/38733 (accessed 1st September 2012).

Goffman, "Introduction : Situating the Early Modern Ottoman World," in : Virginia H. Aksan and Daniel Goffman (ed.), *The Early Modern Ottomans : Remapping the Empire* (Cambridge : Cambridge University Press, 2007), pp. 1–12.

(9)　Ann Thomson, *Barbary and Enlightenment. European Attitudes towards the Maghreb in the 18th Century* (New York, Copenhague, Cologne : E.J.Brill, 1987), pp. 41–63. ただし近世をつうじて，ヨーロッパと非ヨーロッパの接触を経験した人々のあいだには，単純な優劣，もしくは我々と「他者」という二項図式に還元されない認識が存在していた．Linda Colley, *Captives : Britain, Empire, and the World, 1600–1850* (New York : Anchor, 2004), p. 103.

(10)　私掠者という言葉は，後期ラテン語 cursarius（13 世紀）からイタリア語 corsaro（14 世紀）を経て各国語に広まったと考えられている．語源を同じくする言葉は，スペイン語 corsario，リンガ・フランカ corso，アラビア語 qurṣān，トルコ語 korsan など地中海地域の諸語に存在する．フランス語には，プロヴァンス語（corsari 14 世紀）を経て，15 世紀頃に導入された（綴りは cursaire, coursaire, corsaire などと変遷）．Auguste Jal, *Glossaire nautique. répertoire polyglotte de termes de marine anciens et modernes* (Paris : Firmin Didot, 1848), pp. 527, 540, 710, 722–723 ; Ch. Pellat, "Ḳurṣān : I. the Western Mediterranean and the Atlantic," *EI2* ; C.H. Imber, "Ḳurṣān : II. in Turkish Waters," *EI2* ; Henry Kahane, Renée Kahane and Andreas Tietze, *The Lingua Franca in the Levant : Turkish Nautical Terms of Italian and Greek Origin* (Urbana : University of Illinois Press, 1958), pp. 193–196 ; s.v. « corsaire », *TLFi*.

(11)　アルジェとその周辺がオスマン帝国に編入された影響は，政治体の形成という一面に限られていたわけではない．たとえば，農業生産の拡大による環境改変という側面も重要である．Peregrine Horden and Nicholas Purcell, *The Corrupting Sea : A Study of Mediterranean History* (Oxford : Blackwell, 2000), p. 116.

(12)　スペインの西地中海政策には，カトリックの王がムスリムに対しておこなった「十字軍」としての性格だけではなく，フランスへの対抗という側面もあった．Anne Brogini et Maria Ghazali, « Un enjeu espagnol en Méditerranée : les présides de Tripoli et de La Goulette au XVIe siècle », *Cahiers de la Méditerranée,* 70 (2005), http://cdlm.revues.org/index840.html (consulté le 1er septembre 2012) ; Lemnouar Merouche, *Recherches sur l'Algérie à l'époque ottomane. 2, La course, mythes et réalité* (Paris : Bouchène, 2007), p. 30.

(13)　バルバロス・ハイレッディン・パシャ（フズル）Barbaros Hayreddin Paşa (Khıḍır) (?1466–1546)：レスボス島の出身．ハイレッディンは尊号で，バルバロスは「赤髭」を意味するヨーロッパ側での通称．兄ウルチ Uruç とともに活動した．1534 年にオスマン艦隊の司令長官 Kapudan Paşa と東部地中海諸島のベイレルベイ（総督・州軍政官）の地位をあたえられ，オスマン朝の海事に携わった．A. Galotta, "Khayr al-Dīn (Khıḍır) Pasha," *EI2*.

(14)　トゥルグド・レイス Turgud Reis (?–1565)：アナトリア出身．ハイレッディンと同様に，ジェルバを拠点とした私掠活動を経てオスマン朝の海軍に編入され，1555 年にはトリポリのベイレルベイに任ぜられた．S. Soucek, "Ṭorghud Reʾis," *EI2*.

(15)　スィナン・パシャ Sinan Paşa (?–1596)：アルバニア出身．イェメン，チュニジア，グルジア方面への遠征の指揮をとってオスマン朝の領土拡大に貢献し，数度にわた

p. 9. ラシッド・ブージェドラ（ラシード・ブージャドラ）Rachid Boudjedra / Rashīd Būjadra（1941–）は現代アルジェリアを代表する作家・詩人．主要作品として『離縁 La Répudiation』（福田育弘訳　国書刊行会　1999）などがある．フランス語表現の作家として出発し，1980年代以降は主としてアラビア語で作品を発表している．アルジェリア独立戦争期には FLN の党員として，独立後はアルジェリア共産党，前衛社会党の党員として活動し，文学作品以外の著述も多い（なお，アルジェリアの海岸線総延長は各種統計によれば約 1000–1200km とされ，著者の表現には誇張がみられる）．

(2) 　ヨーロッパ側では属州 Régence, 王国 Royaume, Kingdom などの言葉があてられた．

(3) 　10 世紀頃から用いられたアル・ジャザーイルという名の由来については，「島々」以外の語源を推定するものもふくめて諸説がある．この地名がロマンス語に音写されたもっとも早い例は 14 世紀頃のイタリアの海図といわれる（Algezira, Alguer 等）．フランス語の Alger という表記は 16 世紀頃に確立し，17 世紀には形容詞「アルジェリアの」algérien などの派生語が生じた．R. Le Tourneau, "al-Djazā'ir," *EI2* ; René Lespès, « L'origine du nom français "d'Alger" traduisant "El Djezaïr" », *Revue africaine,* 67 (1926), pp. 80–84 ; s.v. « algérien », *TLFi*.

(4) 　18 世紀初頭にアルジェに駐在したフランス領事タシは，「アルジェ王国」royaume d'Alger は西に「フェズ王国」と接し，東に「チュニス王国」に接すると記し，南東の隣国として「ビルデュルジェリド」（ビラード・アッジェリード）と「旧ヌミディア」をあげている．Jacques Philippe Laugier de Tassy, *Histoire du royaume d'Alger, avec l'état présent de son gouvernement, de ses forces de terre et de mer, de ses revenus, police, justice politique et commerce* (Amsterdam : Henri du Sauzet, 1725), pp. 3–4. 南西部については，16 世紀後半頃からトゥアト地方がモロッコとアルジェリアの勢力圏の境界となっていた．Michel Abitbol, *Histoire du Maroc* (Paris : Perrin, 2009), pp. 205–206.

(5) 　以下，「アルジェリア」という地名は，原則としてサハラ・アトラス山脈以北の地域をさすこととし，それより南については，現在のアルジェリア国境の内外を区別せず，サハラ地域と総称する．

(6) 　Charles-André Julien, *Histoire de l'Afrique du Nord, Tunisie-Algérie-Maroc,* 2e éd., 2 vols. (Paris : Payot, 1964), pp. 274–276 ; 林佳世子『オスマン帝国 500 年の平和』（講談社 2008）pp. 310–312.

(7) 　Robert Mantran, « Le statut de l'Algérie, de la Tunisie et de la Tripolitanie dans l'Empire ottoman », in : *L'Empire ottoman du XVIe au XVIIIe siècle : administration, économie, société* (London : Variorium, 1984), pp. 3–14 ; Abdeljelil Temimi, *Recherches et documents d'histoire maghrébine : la Tunisie, l'Algérie et la Tripolitaine de 1816 à 1871* (Tunis : Publication de l'Université de Tunis, 1971), pp. 9–10 ; Tal Shuval, « Remettre l'Algérie à l'heure ottomane. Questions d'historiographie», *Revue des mondes musulmans et de la Méditerranée,* 95–98 (2002), pp. 1–23.

(8) 　オスマン朝史研究者アクサンとゴフマンは，1453 年から 1839 年までのオスマン帝国を「近世／初期近代」early modern とする用語法について，ヨーロッパ中心主義につながる危うさを認めつつも，この時代に固有の動態をとらえるための有効な時期区分として積極的にとらえなおすことを提案する．Virginia H. Aksan and Daniel

(2) Emile Félix Gautier, *L'islamisation de l'Afrique du Nord : les siècles obscures du Maghreb* (Paris : Payot, 1927), p. 27.
(3) Gautier, *L'islamisation de l'Afrique du Nord*, p. 7.
(4) Mostefa Lacheraf, *L'Algérie. Nation et société* (Paris : F. Maspero, 1965), pp. 9, 69–sq.
(5) Yves Lacoste, André Nouschi et André Prenant, *L'Algérie. Passé et présent : le cadre et les étapes de la constitution de l'Algérie actuelle* (Paris : Éditions sociales, 1960), pp. 182–185. それとは対照的に，植民地化以前の「アルジェリア人というネーション」の存在を明確に否定する立場をとる歴史家がヤコノである．Xavier Yacono, *Histoire de l'Algérie, de la fin de la Régence turque à l'insurrection de 1954* (Versailles : Éditions de l'Atlanthrope, 1993), pp. 57–58.
(6) John Wansbrough, "The Decolonization of North African history," *The Journal of African History,* 9– 4 (1968), pp. 646–647 ; John Ruedy, *Modern Algeria : The Origins and Development of a Nation* (Indianapolis : Indianapolis University Press, 1992), p. 42.
(7) 小杉泰『現代イスラーム世界論』(名古屋大学出版会　2006) pp. 310–311, 755.
(8) ホブズボームの洞察をもってしても，「アルジェリアは1830年以降のフランス支配の経験とそれに対する闘争以外に，ネーションとしての共通項を持たない」と記されてしまう．Eric J. Hobsbawm, *Nations and Nationalism since 1780 : Programme, Myth, Reality*, 2e éd. (Cambridge : Cambridge University Press, 1992), p. 138.
(9) Daniel Rivet, *Le Maghreb à l'épreuve de la colonisation* (Paris : Hachette, 2002), pp. 13–14.
(10) 今日のアルジェリアは国民のほとんどがムスリムであり，「アラブ人」のアイデンティティをもつ人々が人口の約8割，「ベルベル人」が約2割を占めるとされる．本書では，アルジェリア在地のムスリムのゆるやかな総称として「アラブ・ベルベル系」という言葉を用いる．ベルベル語と固有の文化・社会制度をもつ地域の人々を区別する際には，出身地域（カビリー，シャウィーヤ等）で呼び分けることにする．本書第3章「アラブとベルベル」参照．
(11) アルジェリアの入植者にはイベリア半島，イタリア半島を中心にフランス以外の地域の出身者が多かった．このため，「フランス人」という呼び方には注意を要する．また，入植者の総称としてコロンという用語を用いることも控える．第3章「ヨーロッパ系入植者の道程」を参照．
(12) Guy Pervillé, « Comment appeler les habitants de l'Algérie avant la définition légale d'une nationalité algérienne ? », *Cahiers de la Méditerranée,* 54 (1997), pp. 55–60.
(13) 現在アルジェリアとなっている地域に住んでいたユダヤ教徒を，歴史上の「ユダヤ教徒アルジェリア人」として呼ぶのもひとつの選択肢であろう．ただし，アルジェリアの先住系ユダヤ教徒の子孫のほとんどが，脱植民地化を機にアルジェリアを離れ，そのうち無視できない数の人々がヨーロッパ系引き揚げ者に合流するアイデンティティ（「ピエノワール・ユダヤ人」）を主張していることが，事情を複雑にする．

第1章　近世アルジェリアと地中海

(1) Rachid Boudjedra, *Vies quotidiennes contemporaines en Algérie* (Paris : Hachette, 1971),

ア』には,「ゲルマーニアの境域」という小見出しが設けられている.タキトゥス（泉井久之助訳）『ゲルマーニア』（岩波書店　1979）.
(16) Nicolas Bancel, Pascal Blanchard et Françoise Vergès, *La République coloniale* (Paris : Hachette, 2006) ; Olivier Le Cour Grandmaison, *Coloniser. Exterminer : sur la guerre et l'État colonial* (Paris : Fayard, 2005) ; id., *La république impériale : politique et racisme d'État* (Paris : Fayard, 2009). 思想的な動向については以下を参照.平野千果子「フランスにおけるポストコロニアリズムと共和主義―植民地史研究の地平から」『思想』1037（2010年）.
(17) Robert J.C. Young, *Postcolonialism : An Historical Introduction* (Oxford : Blackwell, 2001), p. 5.
(18) Achille Mbembe, « Notes sur le pouvoir du faux », *Le Débat,* 118-1 (2002), p. 52.
(19) Frederic Cooper, *Colonialism in Question* (Berkeley : University of California Press, 2005), pp. 142-143, 148-149.
(20) *Ibid.*, p. 234. 以下も参照.Emmanuelle Sibeud, « Post-colonial et Colonial Studies : enjeux et débats », *Revue d'histoire moderne et contemporaine,* 51- 4 bis (2004), p. 92.
(21) Edward W. Said, *Orientalism* (London : Routledge, 1978) ; Cooper, Colonialism in Question, pp. 14-16.
(22) Emmanuel Todd, *L'invention de l'Europe* (Paris : Seuil, 1996), pp. 19-20.
(23) サイードの論集『文化と帝国主義』におさめられた最初の論文が「帝国，地理，文化」と題されていることを参照せよ.Edward W. Said, *Culture and Imperialism* (London : Vintage, 1994), chap. 1.
(24) 一例として，Hélène Blais et Pierre Singaravélou (dir.), *Territoires impériaux : Une histoire spatiale du fait colonial* (Paris : Publications de la Sorbonne, 2011).
(25) Charles-Robert Ageron, *Les Algériens musulmans et la France (1871-1919)*, 2 vols. (Paris : PUF, 1968).
(26) 現地語史料を軸にした近年の業績として，20世紀初頭アルジェの大モスクの要職にあったカビリー人の著作にもとづく研究がある.Kamel Chachoua, *L'islam kabyle : religion, État et société en Algérie* (Paris : Maisonneuve et Larose, 2002).
(27) Akihito Kudo, Raëd Bader et Didier Guignard, « Des lieux pour la recherche en Algérie », *Bulletin de l'Institut d'histoire du temps présent,* 83 (2004), pp. 158-168 ; 工藤晶人「アルジェリア所蔵の植民地期史料とそれをめぐる論争」『現代史研究』52（2006），pp. 79-84.

第I部　19世紀のアルジェリア人とは何か

問題の所在

(1) フランス史に関する古典的論考として以下を参照.Pierre Nora, « Comment écrire l'histoire de la France ? », in : Pierre Nora (dir.), *Les lieux de mémoire* (Paris : Gallimard/ Quatro, 1997), pp. 2219-2236. 日本語による概観として以下を参照.樺山紘一「歴史としてのフランス」柴田三千雄・樺山紘一・福井憲彦編『フランス史1　先史―15世紀』（山川出版社　1995）pp. 3- 46.

(Paris : Seuil, 1988), p. 13 ; Pierre Nora (dir.), *Les lieux de mémoire*, 3 vols. (Paris : Gallimard/Quatro, 1997) ; Bertrand Taithe, "Introduction : An Algerian History of France?," *French History,* 20–3 (2006), p. 235.
（8）　Charles-Robert Ageron, « préface », in : Jean Meyer, Jean Tarrade et Annie Rey-Goldzeiguer, *Histoire de la France coloniale I – La conquête : des origines à 1870* (Paris : Armand Colin, 1991), p. 7. 以下も参照．Jean-Frédéric Schaub, « La catégorie "études coloniales" est-elle indispensable? », *Annales. Histoire, Sciences sociales*, 63–3 (2008), pp. 626 et sq.
（9）　Ali Merad, *Le réformisme musulman en Algérie de 1925 à 1940 : Essai d'histoire religieuse et sociale* (Paris : Mouton, 1967) ; Mostefa Lacheraf, *L'Algérie. Nation et société* (Paris : F. Maspero, 1965) ; Mahfoud Kaddache, *Histoire du nationalisme algérien*, 2 vols. (Alger : ENAL, 1980–1981) ; Aboul-Kassem Saadallah, *La montée du nationalisme en Algérie* (Alger : ENAL, 1983). 初期の著作がパリで出版されていることから明らかなように，植民地期に関する歴史研究は，史料だけでなく発表言語においても，フランス語を軸として進められてきた．Omar Carlier, "Scholars and Politicians : An Examination of the Algerian View of Algerian Nationalism," in : Michel Le Gall and Kenneth Perkins (ed.), *The Maghrib in Question : Essays in History and Historiography* (Austin : University of Texas Press, 1997), pp. 146–147.
（10）　Mahfoud Kaddache, *L'Algérie des Algériens : Histoire de l'Algérie 1830–1954* (Alger : Éditions Rocher Noir, 1998), p. 5.
（11）　Edmund Burke III, "Theorizing the Histories of Colonialism and Nationalism in the Arab Maghrib," in : Ali Abdullatif Ahmida (ed.), *Beyond Colonialism and Nationalism in the Maghrib : History, Culture, and Politics* (New York : Palgrave Macmillan, 2000), pp. 27–30.
（12）　James McDougall, "Introduction," in : James McDougall (ed.), *Nation, Society and Culture in North Africa* (London : Frank Cass, 2003), p. 5 ; James McDougall, *History and the Culture of Nationalism in Algeria* (Cambridge : Cambridge University Press, 2006), pp. 2–6.
（13）　日本におけるマグリブ研究の先駆者宮治一雄は，地中海，アラブ，アフリカという三つの世界の結節点としてマグリブをとらえる立場を明確にしている．宮治一雄『アフリカ現代史5　北アフリカ』（山川出版社　1978）pp. 12–13. 近年のマグリブ研究は，マグリブのイスラーム性を主眼に置いた研究（イスラーム地域研究）が中心となっている．代表例として，私市正年による一連の研究を参照．私市正年『北アフリカ・イスラーム主義運動の歴史』（白水社　2004）；同『マグリブ中世社会とイスラーム聖者崇拝』（山川出版社　2009）．
（14）　Abdelkébir Khatibi, « Pensée-autre », in : *Œuvres de Abdelkébir Khatibi. III. Essais* (Paris : Éditions de la Différence, 2008), p. 10.（邦訳，p. 60）アブドゥルカビール・ハティービー 'Abd al-Kabīr Khaṭībī（1938–2009）は，モロッコ生まれのフランス語表現の批評家，作家，社会学者．20世紀後半のマグリブを代表する知識人として広範な言論活動をおこなった．
（15）　「境域」という言葉の用法は，海域史家・家島彦一の用例を参考に，筆者の視点で整理したものである．家島彦一『海域から見た歴史——インド洋と地中海を結ぶ交流史』（名古屋大学出版会　2006）pp. 76–77. ただし，境域という言葉はかならずしも新語というわけではない．一例として泉井久之助訳によるタキトゥス『ゲルマーニ

註

序　章

（1）Predrag Matvejevitch, *Bréviaire méditerranéen* : traduit du croate par Évaine Le Calvé-Ivicevic (Paris : Fayard, 1992), p. 20.（訳文は筆者による．）

（2）Fernand Braudel, *La Méditerranée et le monde méditerranéen à l'époque de Philippe II*, 9e éd., 2 vols. (Paris : Armand Colin, 1990), p. 10.（邦訳，p. 15.）

（3）Claude Liauzu, « La Méditerranée selon Fernand Braudel », *Confluences Méditerranée*, 31 (1999), pp. 179–182.

（4）「フランスの延長」prolongement de la Franceという表現がもちいられた一例として，以下を参照．Maurice Wahl, *L'Algérie*, 2e éd. (Paris : Félix Alcan, 1889), p. 253.

（5）フランス植民地帝国における「文明化の使命」mission civilisatriceをめぐる思想史として，英語圏においてもっとも参照されてきたのが，西アフリカをフィールドとするコンクリンの業績である．Alice L. Conklin, *A Mission to Civilize : The Republican Idea of Empire in France and West Africa, 1895–1930* (Stanford, Calif. : Stanford University Press, 1997). コンクリンと関心を共有する研究としては，植民地における「人道主義」とネグリチュード思想の交錯を論じたワイルダーの著書が，近年の研究の深化をあらわす．Gary Wilder, *The French Imperial Nation-State : Negritude and Colonial Humanism Between The Two World Wars* (Chicago : University of Chicago Press, 2005). 日本においては，平野千果子，杉本淑彦の研究が，文化史・思想史の側面からみたフランス植民地史研究に先鞭をつけた．杉本淑彦『文明の帝国―ジュール・ヴェルヌとフランス帝国主義文化』（山川出版社　1995），平野千果子『フランス植民地主義の歴史―奴隷制廃止から植民地帝国の崩壊まで』（人文書院　2002）．人文学と植民地主義のかかわりについては以下を参照．竹沢尚一郎『表象の植民地帝国―近代フランスと人文諸科学』（世界思想社　2001）．

（6）フランス海外関係史の古典的な時代区分として，「第一次植民地帝国」と「第二次植民地帝国」という区別がある．前者は，近世の「王達の植民地」と，後者は，いわゆる帝国主義の時代に相当する「共和国の植民地」と呼ばれることもある．ただし，近年は両者の不連続性よりも継続性を重視する立場が有力となっている．

（7）「記憶の不在の場」non-lieu de mémoireという表現でフランスのナショナル・ヒストリーの盲点を指摘したのは，移民史研究の主導者ノワリエルであった（『フランスの坩堝』1988）．この表現は，いうまでもなく，「記憶の場」lieux de mémoireの集合体としてフランス史をとらえるという歴史家ノラの視点を転用したものである（叢書『記憶の場』1984-1986）．ちなみに叢書『記憶の場』のなかで，植民地問題を正面からテーマとした論文は，アジュロンによる国際植民地博覧会をとりあげた一点に限られる．Gérard Noiriel, *Le creuset français : histoire de l'immigration XIXe-XXe siècle*

Young, Robert J.C. *Postcolonialism : An Historical Introduction*. Oxford : Blackwell, 2001.
Zack, Lizabeth. "French and Algerian Identity Formation in 1890s Algiers." *French Colonial History,* 2 (2002) : 115–143.
Zafrani, Haïm. *Juifs d'Andalousie et du Maghreb*. Paris : Maisonneuve et Larose, 1999.
Zahra, Zakia et Naïma Bouhamchouche. « L'arrivée des Ottomans en Algérie ». in : Selim Deringil and Sinan Kuneralp (ed.) *The Ottomans and Africa*, Istanbul : Isis, 1990, 17–25.
Zytnicki, Colette et Chantal Bordes-Benayoun. *Sud-Nord, cultures coloniales en France, XIXe–XXe siècles*. Toulouse : Privat, 2004.

――「〈アルジェリア・ムスリムのウンマ〉の概念形成―帰化問題と政教分離法適用問題に対するアルジェリア・ウラマー協会の見解を題材に」『日本中東学会年報』27-1（2011年）65–88頁.
渡辺司「アルジェリア戦争と脱植民地化―〈エヴィアン交渉〉を中心にして」永原陽子編『「植民地責任」論―脱植民地化の比較史』青木書店　2009年.
Weber, Eugen. *Peasants into Frenchmen : The Modernization of Rural France, 1870–1914*. Stanford, Calif. : Stanford University Press, 1976.
Weil, Patrick. *Qu'est-ce qu'un Français? : histoire de la nationalité française de la Révolution à nos jours*. Paris : Grasset, 2002.
Wilder, Gary. *The French Imperial Nation-State : Negritude and Colonial Humanism between the Two World Wars*. Chicago : University of Chicago Press, 2005.
Windler, Christian. *La diplomatie comme expérience de l'autre : consuls français au Maghreb (1700–1840)*. Genève : Droz, 2002.
Winichakul, Thongchai. *Siam mapped : a History of the Geo-body of a Nation*. Honolulu : University of Hawaii Press, 1997.［トンチャイ・ウィニッチャクン（石井米雄訳）『地図がつくったタイ―国民国家誕生の歴史』明石書店　2003年］
Wright, Gwendolyn. *The Politics of Design in French Colonial Urbanism*. Chicago : University of Chicago Press, 1991.
Yacono, Xavier. *Les bureaux arabes et les transformations des genres de vie indigènes dans l'ouest du Tell algérois (Dahra, Chélif, Ouarsenis, Serson)*. Paris : Larose, 1953.
――. « Peut-on évaluer la population de l'Algérie vers 1830 ? ». *Revue africaine,* 98 (1954) : 277–307.
――. *La colonisation des plaines du Chélif : de Lavigerie au confluent de la Mina*. 2 vols. Alger : Imprimerie Imbert, 1955–1956.
――. « L'Université d'Alger des origines à 1962 ». *Itinéraires,* 264 (1982) : 180–213.
――. *Histoire de l'Algérie, de la fin de la Régence turque à l'insurrection de 1954*. Versailles : Éditions de l'Atlanthrope, 1993.
――. *Histoire de la colonisation française*. 7e éd. Paris : PUF, 1994.［グザヴィエ・ヤコノ（平野千果子訳）『フランス植民地帝国の歴史』白水社　1998年］
家島彦一『海域から見た歴史―インド洋と地中海を結ぶ交流史』名古屋大学出版会　2006年.
山口俊夫『概説フランス法』全2巻　東京大学出版会　1978–2004年.
山本有造編『帝国の研究―原理・類型・関係』名古屋大学出版会　2003年.
山室信一「〈国民帝国〉論の射程」山本有造編『帝国の研究―原理・類型・関係』名古屋大学出版会　2003年.
山内昌之『近代イスラームの挑戦』中央公論社　1996年.
――『イスラームとアメリカ』中央公論社　1998年.
――『帝国と国民』岩波書店　2004年.
柳橋博之『イスラーム財産法の成立と変容』創文社　1998年.
――『イスラーム財産法』東京大学出版会　2012年.
Yon, Jean-Claude. *Le Second Empire : politique, société, culture*. Paris : Armand Colin, 2004.

1880. Paris: F. Maspero, 1971.
鵜戸聡「現代アルジェリア文学における〈アフリカ〉の思想—カテブ・ヤシンの詩的戦略」『日本中東学会年報』23-2（2008年）33-60頁．
Valensi, Lucette. *Le Maghreb avant la prise d'Alger (1790–1830)*. Paris: Flammarion, 1969.
——. *Fellahs tunisiens : l'économie rurale et la vie des campagnes aux XVIIIe et XIXe siècles*. thèse de doctorat, Université de Paris IV, 1975.
Van Den Boogert, Maurits H. *The Capitulations and the Ottoman Legal System : Qadis, Consuls and Beratlıs in the 18th Century*. Leiden: Brill, 2005.
Vatin, Jean-Claude. *L'Algérie politique : histoire et société*. 2e éd. Paris: Presses de la Fondation Nationale des Sciences Politiques, 1983.
——. « Exotisme et rationalité : à l'origine de l'enseignement du droit en Algérie (1879–1909) ». in : *Connaissances du Maghreb : Sciences sociales et colonisation*, Paris: Éditions du CNRS, 1984, 161–183.
Vatin, Jean-Claude et al. *Connaissances du Maghreb : Sciences sociales et colonisation*. Paris: Éditions du CNRS, 1984.
Verdès-Leroux, Jeannine. *Les Français d'Algérie de 1830 à aujourd'hui : une page d'histoire déchirée*. Paris: Fayard, 2001.
Vergé-Franceschi, Michel. « La Corse enjeu géostratégique en Méditerranée et les marins Cap Corsins ». *Cahiers de la Méditerranée,* 70 (2005), http://cdlm.revues.org/index859.html (consulté le 1er sep 2012).
Vilar, Juan Bautista. *Los Españoles en la Argelia francesa*. [Murcia]: Universidad de Murcia,1989.
Villain-Gandossi, Christiane, Louis Durteste et Salvino Busuttil (dir.) *Méditerranée, mer ouverte. Acte du Colloque de Marseille (21–23 septembre 1995)*. 2 vols. Malte: International Foundation, 1997.
Vivier, Nadine. *Propriété collective et identité communale. Les biens communaux en France 1750–1914*. Publications de la Sorbonne: Paris, 1998.
Wallerstein, Immanuel. *The Modern World System III : The Second Era of Great Expansion of the Capitalist World-Economy, 1730–1840s*. San Diego, New York: Academic Press, 1989.［イマニュエル・ウォーラーステイン（川北稔訳）『近代世界システム 1730–1840s—大西洋革命の時代』名古屋大学出版会　1997年］
——. *The Modern World System IV : Centrist Liberalism Triumphant, 1789–1914*. Berkeley: University of California Press, 2011.
Wansbrough, John. "The Decolonization of North African history ." *The Journal of African History,* 9– 4 (1968): 643–650.
渡邊祥子「植民地期アルジェリアのアラビア語教育政策—1930年代～50年代の威信問題」『日本中東学会年報』22-1（2006年）87–111頁．
——『アルジェリア・ウラマー協会基本資料集』上智大学アジア文化研究所イスラーム地域研究拠点　2009年．
——「1930年代から40年代のアルジェリア・ムスリム・スカウトに見るナショナリズム運動組織の変化—ウラマー協会とPPA-MTLDの抗争との関連から」『イスラム世界』74（2010年）67–99頁．

1994.

栃堀木綿子「アミール・アブドゥルカーディル・ジャザーイリー関連年表」『イスラーム世界研究』2-2（2009年）248-288頁.

――「アミール・アブドゥルカーディル・ジャザーイリーの著作と思想」『イスラーム世界研究』3-1（2009年）348-360頁.

Todd, Emmanuel. *Le destin des immigrés : assimilation et ségrégation dans les démocraties occidentales*. Paris : Seuil, 1994.［エマニュエル・トッド（石崎晴己・東松秀雄訳）『移民の運命――同化か隔離か』藤原書店　1999年］

――. *L'invention de l'Europe*. Paris : Seuil, 1996.［エマニュエル・トッド（石崎晴己訳）『新ヨーロッパ大全』藤原書店　1992-1993年］

――. *La diversité du monde : Famille et modernité*. Paris : Seuil, 1999.［エマニュエル・トッド（荻野文隆訳）『世界の多様性――家族構造と近代性』藤原書店　2008年］

Todd, Olivier. *Albert Camus, une vie*. Paris : Gallimard/Folio, 1999.［オリヴィエ・トッド（有田英也・稲田晴年訳）『アルベール・カミュ――ある一生』全2巻　毎日新聞社　2001年］

Todorov, Tzvetan. *Nous et les autres*. Paris : Seuil, 1989.［ツヴェタン・トドロフ（小野潮・江口修訳）『われわれと他者――フランス思想における他者像』法政大学出版局　2001年］

Toledano, Ehud. "The Emergence of Ottoman-Local Elites (1700–1900) : A Framework of Research." in : Ilan Pape et Moshe Ma'oz (ed.) *Middle Eastern Politics and Ideas : A History from Within*, New York : Tauris, 1997, 145–162.

冨山一郎「対抗と遡行――フランツ・ファノンの叙述をめぐって」『思想』866（1996年）91-113頁.

Triaud, Jean-Louis. *La légende noire de la Sanusiyya*. 2 vols. Paris : Maison des Sciences de l'Homme, 1995.

Triaud, Jean-Louis et David Robinson (dir.) *Le temps des marabouts : itinéraires et stratégies islamiques en Afrique occidentale française v.1880–1960*. Paris : Karthala, 1997.

――. *La Tijâniyya : une confrérie musulmane à la conquête de l'Afrique*. Paris : Karthala, 2000.

Trimingham, John Spencer. *The Sufi Orders in Islam*. Oxford : Oxford University Press, 1998.

Trumbull, George R. *An Empire of Facts : Colonial Power, Cultural Knowledge and Islam in Algeria, 1870–1914*. Cambridge : Cambridge University Press, 2009.

Tsur, Yaron. « Prélude aux relations judéo-françaises à l'époque coloniale : les rapports entre les marchands juifs et les français, en Algérie, du XVIIIe-début XIXe siècles ». in : Irad Malkin (dir.) *La France et la Méditerranée : vingt-sept siècles d'interdépendance*, Leiden : Brill, 1990, 401–411.

――. "Jewish 'sectioned societies' in France and Algeria on the eve of the colonial encounter." *Journal of Mediterranean Studies,* 4–2 (1994) : 263–277.

Tuck, Richard. *The Rights of War and Peace : Political Thought and the International Order from Grotius to Kant*. Oxford : Oxford University Press, 2001.

Turcan, Isabelle. « Les corsaires et flibustiers de la lexicographie française ». in : Sophie Linon-Chipon et Sylvie Requemora (dir.) *Les tyrans de la mer : Pirates, corsaires et flibustiers*, Paris : Presses de l'Université de Paris-Sorbonne, 2002, 14– 42.

Turin, Yvonne. *Affrontements culturels dans l'Algérie coloniale, écoles, médecines, religion, 1830–*

nement ». *Revue d'histoire du XIXe siècle,* 41 (2010): 113–127.

高堀英樹「オスマン朝におけるジェザーイル州の成立」『イスラム世界』63（2004年）1–20頁．

竹沢尚一郎『表象の植民地帝国―近代フランスと人文諸科学』世界思想社　2001年．

滝沢正『フランス法』三省堂　1997年．

溜池良夫『国際私法講義（第3版）』有斐閣　2005年．

谷川稔『十字架と三色旗―もうひとつの近代フランス』山川出版社　1997年．

谷川稔・北原敦・鈴木健夫・村岡健次『近代ヨーロッパの情熱と苦悩』中央公論社　2009年．

谷川稔・渡辺和行編『近代フランスの歴史』ミネルヴァ書房　2006年．

Tapper, Richard. "Anthropolgists, Historians, and Tribespeople on Tribe and State Formation in the Middle East." in: Philip S. Khoury and Joseph Kostiner, ed. *Tribes and State Formation in the Middle East,* Berkeley: University of California Press, 1990.

立石博高編『スペイン・ポルトガル史』（新版世界各国史）山川出版社　2000年．

Temime, Émile (dir.) *Migrance: histoire des migrations à Marseille.* 4 vols. Aix-en-Provence: Edisud, 1989–1991.

Temimi, Abdeljelil. *Recherches et documents d'histoire maghrébine: la Tunisie, l'Algérie et la Tripolitaine de 1816 à 1871.* Tunis: Publication de l'Université de Tunis, 1971.

――. *Le Beylik de Constantine et Hâdj Ahmad Bey 1830–1837.* Tunis: Publications de la Revue d'histoire maghrébine, 1978.

――. « Héritage politique et identité de l'Emir Abdelkader après sa libération à la lumière de documents inédits (1851–1864) ». *Revue d'histoire maghrébine,* 135 (2009): 61–110.

Terki-Hassaine, Ismet. « Relations entre Alger et Constantine sous le gouvernement du Dey Mohammed ben Othmane Pacha (1766–1791), selon les sources espagnoles ». *Ankara Üniversitesi, Osmanlı Tarihi Araştırma ve Uygulama Merkezi,* 5 (1994): 181–192.

Teschke, Benno. *The Myth of 1648: Class, Geopolitics and the Making of Modern International Relations.* London: Verso, 2003. ［ベンノ・テシィケ（君塚直隆訳）『近代国家体系の形成―ウェストファリアの神話』桜井書店　2008年］

Testa, Marie de et Antoine Gautier. « Les drogmans au service de la France au Levant ». *Revue d'histoire diplomatique,* 105–1/2 (1991): 7–38.

Thénault, Sylvie. *Une drôle de justice.* Paris: La Découverte, 2004.

――. *Histoire de la guerre d'indépendance algérienne.* Paris: Flammarion, 2005.

――. *Violence ordinaire dans l'Algérie coloniale: Camps, internements, assignations à résidence.* Paris: Odile Jacob, 2012.

Thobie, Jacques et Gilbert Meynier. *Histoire de la France coloniale II – L'apogée.* Paris: Armand Colin, 1991.

Thomas, Martin (ed.) *French Colonial Mind: Mental Maps of Empire and Colonial Encounters.* 2 vols. University of Nebraska Press: Lincoln, 2012.

Thomson, Ann. *Barbary and Enlightenment. European Attitudes towards the Maghreb in the 18th Century.* Leiden: Brill, 1987.

Thomson, Janice E. *Mercenaries, Pirates, and Sovereigns.* Princeton: Princeton University Press,

スミス（巣山靖司・高城和義他訳）『ネイションとエスニシティ―歴史社会学的考察』名古屋大学出版会　1999 年］
Soja, Edward. *Postmodern Geographies : The Reassertion of Space in Critical Social Theory*. London/New York : Verso, 1989.［エドワード・W・ソジャ（加藤政洋他訳）『ポストモダン地理学―批判的社会理論における空間の位相』青土社　2003 年］
Stoler, Ann L. *Carnal Knowledge and Imperial Power : Race and the Intimate in Colonial Rule*. Berkeley : University of California Press, 2002.［アン・ローラ・ストーラー（永渕康之・水谷智・吉田信訳）『肉体の知識と帝国の権力―人種と植民地支配における親密なるもの』以文社　2010 年］
Stora, Benjamin. *Messali Hadj (1898–1974) : Pionnier du nationalisme algérien*. Paris : L'Harmattan, 1986.
――. *Histoire de l'Algérie coloniale (1830–1954)*. Paris : La Découverte, 1991.
――. *Histoire de la guerre d'Algérie (1954–1962)*. Paris : La Découverte, 1993.
――. *Histoire de l'Algérie depuis l'indépendance 1962–1988*. Paris : La Découverte, 2001.［（上記 3 点の合冊）バンジャマン・ストラ（小山田紀子・渡辺司訳）『アルジェリアの歴史―フランス植民地支配・独立戦争・脱植民地化』明石書店　2009 年］
――. *Messali Hadj (1898–1974)*. Paris : Hachette, 2004.
――. *La gangrène et l'oubli : la mémoire de la guerre d'Algérie*. Paris : La Découverte, 2005.
Stora, Benjamin et Zakya Daoud. *Ferhat Abbas : une utopie algérienne*. Paris : Denoël, 1995.
Subrahmanyam, Sanjay. *Explorations in Connected History : Mughals and Franks*. New Delhi : Oxford University Press, 2005.［サンジャイ・スブラフマニヤム（三田昌彦・太田信宏訳）『接続された歴史―インドとヨーロッパ』名古屋大学出版会　2009 年］
杉本淑彦『文明の帝国―ジュール・ヴェルヌとフランス帝国主義文化』山川出版社　1995 年.
――「〈人権の祖国〉の植民地戦争」『岩波講座 世界歴史 25』岩波書店　1997 年.
――「フランスにおける帝国意識の形成」北川勝彦・平田雅博編『帝国意識の解剖学』世界思想社　1999 年.
――「白色人種論とアラブ人」藤川隆男編『白人とは何か？』刀水書房　2005 年.
Sullivan, Eileen P. "Liberalism and Imperialism : J. S. Mill's Defense of the British Empire." *Journal of the History of Ideas,* 44–4 (1983) : 599–617.
Surkis, Judith. « Propriété, polygamie et statut personnel en Algérie coloniale, 1830–1873 ». *Revue d'histoire du XIXe siècle,* 41 (2010) : 27–48.
鈴木董『オスマン帝国とイスラム世界』東京大学出版会　1997 年.
――『ナショナリズムとイスラム的共存』リブロポート　2007 年.
タキトゥス（泉井久之助訳注）『ゲルマーニア』岩波書店　1979 年.
Taïeb, Jacques. *Sociétés juives du Maghreb moderne (1500–1900)*. Paris : Maisonneuve et Larose, 2000.
Taithe, Bertrand. *Citizenship and Wars : France in Turmoil 1870–1871*. London/New York : Routledge, 2001.
――. "Introduction : An Algerian History of France ?" *French History,* 20–3 (2006) : 235–239.
――. « La famine de 1866–1868 : anatomie d'une catastrophe et construction médiatique d'un évé-

Schaub, Jean-Frédéric. *Les Juifs du roi d'Espagne à Oran 1509–1669*. Paris : Hachette, 1999.
——. « La catégorie "études coloniales" est-elle indispensable ? ». *Annales. Histoire, Sciences sociales*, 63–3 (2008) : 625–646.
Schnapper, Dominique. *La communauté des citoyens : sur l'idée moderne de nation*. Paris : Gallimard, 1994.
Schnerb, Robert. *Le XIXe siècle*. Paris : PUF/Quadrige, 1993.
Schroeder, Paul W. *The Transformation of European Politics, 1763–1848*. Oxford : Clarendon Press, 1994.
Segal, Ronald. *Islam's Black Slaves : The Other Black Diaspora*. New York : Farrar, Straus and Giroux, 2002. ［ロナルド・シーガル（設樂國廣監訳）『イスラームの黒人奴隷―もう一つのブラック・ディアスポラ』明石書店　2007 年］
関哲行・中塚次郎・立石博高編『スペイン史』（世界歴史大系）全2巻　山川出版社　2008 年.
Sessions, Jennifer. « Le paradoxe des émigrants indésirables pendant la monarchie de Juillet, ou les origines de l'émigration assistée vers l'Algérie ». *Revue d'histoire du XIXe siècle,* 41 (2010) : 63–80.
柴田三千雄・樺山紘一・福井憲彦編『フランス史』（世界歴史大系）全 3 巻　山川出版社　1995–1996 年.
嶋田襄平『イスラムの国家と社会』岩波書店　1977 年.
篠田英朗『国際社会の秩序』東京大学出版会　2007 年.
Shubert, Adrian. *A Social History of Modern Spain*. London : Unwin Hyman, 1990.
Shuval, Tal. *La ville d'Alger vers la fin du XVIIIe siècle*. Paris : CNRS Éditions, 1998.
——. "The Ottoman Algerian Elite and its Ideology." *International Journal of Middle East Studies*, 32–3 (2000) : 323–344.
——. « Remettre l'Algérie à l'heure ottomane. Questions d'historiographie ». *Revue des mondes musulmans et de la Méditerranée,* 95–98 (2002) : 1–23.
Sibeud, Emmanuelle. *Une science impériale pour l'Afrique ? La construction des savoirs africanistes en France, 1878–1930*. Paris : Editions de l'EHESS, 2002.
——. « Post-colonial et Colonial Studies : enjeux et débats ». *Revue d'histoire moderne et contemporaine,* 51– 4 bis (2004) : 87–95.
Siblot, Paul. « Algérien dans l'imbroglio des dénominations ». *Mots,* 57 (1998) : 7–27.
Singaravélou, Pierre. « Aux origines coloniales de la francophonie : le rôle pionnier des associations et des sociétés savantes ». in : Sylvie Guillaume (dir.) *Les associations dans la francophonie*, Pessac : Publications de la Maison des sciences de l'homme d'Aquitaine, 2006 : 63–92.
——. *Professer l'empire : Les "sciences coloniales" en France sous la IIIe République*. Publications de la Sorbonne : Paris, 2011.
Skinner, Quentin. "Meaning and Understanding in the History of Ideas." *History and Theory,* 8–1 (1969) : 3–53.
Skocpol, Theda. "Cultural Idioms and Political Ideologies in the Revolutionary Reconstruction of State Power : A Rejoinder to Sewell." *The Journal of Modern History,* 57–1 (1985) : 86–96.
Smith, Anthony D. *The Ethnic Origins of Nations*. Oxford : Blackwell, 1986.［アントニー・D・

University of California Press, 1967.

―. *Modern Algeria : the Origins and Development of a Nation*. Indianapolis : Indianapolis University Press, 1992.

Saada, Emmanuelle. « Citoyens et sujets de l'Empire français. Les usages du droit en situation coloniale ». *Genèses,* 53 (2003) : 4–24.

―. *Les enfants de la colonie : les métis de l'Empire français, entre sujétion et citoyenneté*. Paris : La Découverte, 2007.

Saadallah, Aboul-Kassem. *La montée du nationalisme en Algérie*. Alger : ENAL, 1983.

Sabah, Lucien. *La franc-maçonnerie à Oran de 1832 à 1914*. Paris : Aux amateurs de Livres, 1989.

Sack, Robert D. *Human Territoriality : Its Theory and History*. Cambridge : Cambridge University Press, 1986.［ロバート・D・サック（山崎孝史・林修平・田中靖紀訳）「人間の領域性―その理論と歴史　第2章，第4章，第5章」『空間・社会・地理思想』11（2007年）］

Sahia Cherchari, Mohamed. « Indigènes et citoyens ou l'impossible universalisation du suffrage ». *Revue française de droit constitutionnel,* 60– 4 (2004) : 741–770.

Sahlins, Peter. *Unnaturally French : Foreign Citizens in the Old Regime and After*. New York : Cornell University Press, 2004.

Said, Edward W. *Orientalism*. London : Routledge, 1978. reprint, London : Penguin, 2003.［エドワード・W・サイード（今沢紀子訳）『オリエンタリズム』全2巻　平凡社　1993年］

―. *Culture and Imperialism*. London : Vintage, 1994.［エドワード・W・サイード（大橋洋一訳）『文化と帝国主義』全2巻　みすず書房　1998–2001年］

Saidouni, Nacereddine. *L'Algérois rural à la fin de l'époque ottomane, 1791–1830*. Bayrouth : Dâr al-Gharb al-Islâmî, 2001.

Sainte-Marie, Anne. « La province d'Alger vers 1870 : l'établissement du douar-commune et la fixation de la nature de la propriété en territoire militaire dans le cadre du Sénatus Consulte du 22 Avril 1863 ». *Revue de l'Occident musulman et de la Méditerranée,* 9 (1971) : 37–61.

坂井信三『イスラームと商業の歴史人類学―西アフリカの交易と知識のネットワーク』世界思想社　2003年．

酒井哲哉他編『〈帝国〉日本の学知』全8巻　東京大学出版会　2006年．

Sari, Djilali. *Les villes précoloniales de l'Algérie occidentale (Nédroma – Mazouna – Kalaâ)*. Alger : SNED, 1970.

―. « L'équilibre économique traditionnel des populations de l'Ouarsenis central ». *Revue de l'Occident musulman et de la Méditerranée,* 9 (1971) : 63–89.

―. « Le démantèlement de la propriété foncière ». *Revue historique,* 505 (1973) : 47–76.

―. *La dépossession des fellahs (1830–1962)*. 2e éd. Alger : SNED, 1975.

―. *L'émergence de l'intelligentsia algérienne*. Alger : Éditions ANEP, 2006.

Sartre, Jean-Paul. *Situations. V. Colonialisme et néo-colonialisme*. Paris : Gallimard, 1964.［（白井健三郎他訳）『植民地の問題　シチュアシオン5』人文書院　1965年］

佐藤次高『イスラームの国家と王権』岩波書店　2004年．

―編『西アジア史1アラブ』（新版世界各国史）山川出版社　2002年．

Savarèse, Éric. *L'invention des Pieds-Noirs*. Paris : Séguier, 2002.

Schacht, Joseph. *An Introduction to Islamic Law*. Oxford : Clarendon Press, 1964.

101–3 (1996): 670–711.
Pruvost, Lucie. *Femmes d'Algérie : société, famille et citoyenneté*. Alger : Casbah, 2002.
Raffestin, Claude. « Remarques sur les notions d'espace, de territoire et de territorialité ». *Espaces et sociétés*, 41 (1982): 167–171.
——. « Territorialité : concept ou paradigme de la géographie sociale? ». *Geographica Helvetica*, 2 (1986): 91–96.
Rahal, Malika. *Ali Boumendjel (1919–1957) : une affaire française, une histoire algérienne*. Paris : Les Belles Lettres, 2010.
Ranger, Terence O. "The Invention of Tradition in Colonial Africa." in : Eric J. Hobsbawm and Terence O. Ranger (ed.) *The Invention of Tradition*, Cambridge : Cambridge University Press, 1983, 211–262.
Raymond, André. « Les provinces arabes (XVIe–XVIIIe siècle) ». in : Robert Mantran, (dir.) *Histoire de l'Empire ottoman*, Paris : Fayard, 1989, 341– 420.
——. "The Spatial Organization of the City." in : Salma K. Jayyusi, (ed.) *The City in the Islamic World*, Leiden : Brill, 2008, 47–70.
Rebérioux, Madeleine. *La République radicale? 1898–1914. Nouvelle histoire de la France contemporaine*. Paris : Seuil, 1975.
Régnier, Philippe. *Les Saint-simoniens en Égypte*. Le Caire : Banque de l'union européenne, 1989.
歴史学研究会編『港町の世界史』全3巻　青木書店　2005–2006年.
歴史学研究会編『歴史学の現在 10 帝国への新たな視座』青木書店　2005年.
Remaoun, Hassan (dir.) *L'Algérie : histoire, société et culture*. Alger : Casbah, 2000.
Rémond, René. *La vie politique en France depuis 1789*. 2 vols. Paris : Armand Colin, 1965.
——. *Les droites en France*. Paris : Aubier, 1982.
Renouvin, Pierre (dir.) *Histoire des relations internationales*. 8 vols. Paris : Hachette, 1954–1958.
Revel, Jacques. « Au XVIIe siècle : le déclin de la Méditerranée? ». in : Irad Malkin (dir.) *La France et la Méditerranée : vingt-sept siècles d'interdépendance*, Leiden : Brill, 1990, 348–362.
Revel, Jacques (dir.) *Histoire de la France. L'espace français*. Paris : Seuil, 2000.
Rey-Goldzeiguer, Annie. *Le Royaume arabe : la politique algérienne de Napoléon III 1861–1870*. Alger : SNED, 1977.
Rivet, Daniel. *Lyautey et l'institution du protectorat français au Maroc (1912–1925)*. Paris : L'Harmattan, 1996.
——. *Le Maghreb à l'épreuve de la colonisation*. Paris : Hachette, 2002.
Robertson, John. "Empire and Union : Two Concepts of the Early Modern European Political Order." in : David Armitage (ed.) *Theories of Empire, 1450–1800*, Aldershot : Ashgate, 2001, 11– 44.
Robinson, David. « An emerging pattern of cooperation between colonial authorities and muslim societies in senegal and mauritania ». in : Jean-Louis Triaud et David Robinson (dir.) *Le temps des marabouts : itinéraires et stratégies islamiques en Afrique occidentale française v.1880–1960*, Paris : Karthala, 1997: 155–180.
Rosanvallon, Pierre. *Le sacre du citoyen : histoire du suffrage universel en France*. Paris : Gallimard, 1992.
Ruedy, John. *Land Policy in Colonial Algeria : the Origins of the Rural Public Domain*. Berkeley :

York : Tauris, 1997.
Parekh, Bhikhu C. *Rethinking Multiculturalism : Cultural Diversity and Political Theory*. Cambridge, Mass. : Harvard University Press, 2002.
Perspectives nouvelles sur le passé de l'Afrique noire et de Madagascar : Mélanges offerts à Hubert Deschamps. Paris : Publications de la Sorbonne, 1974.
Pervillé, Guy. *Les étudiants algériens de l'Université française 1880–1962 : populisme et nationalisme chez les étudiants et intellectuels musulmans algériens de formation française*. Paris : Éditions du CNRS, 1984.
―――. « Comment appeler les habitants de l'Algérie avant la définition légale d'une nationalité algérienne? ». *Cahiers de la Méditerranée*, 54 (1997) : 55–60.
―――. *La guerre d'Algérie*. Paris : PUF, 2007.［ギー・ペルヴィエ（渡邊祥子訳）『アルジェリア戦争』白水社　2012 年］
―――. *La France en Algérie 1830–1954*. Paris : Vendemiaire, 2012.
Piga, Adriana. *Les voies du soufisme au sud du Sahara : parcours historiques et anthropologiques*. Paris : Karthala, 2006.
Pitts, Jennifer. *A Turn to Empire : The Rise of Imperial Liberalism in Britain and France*. Princeton : Princeton University Press, 2005.
―――. "Liberalism and Empire in a Nineteenth-Century Algerian Mirror." *Modern Intellectual History*, 6–2 (2009) : 287–313.
Planas, Natividad. « Les majorquins dans le monde musulman à l'époque moderne ». *Mélanges de la Casa de Velázquez*, 27–2 (1991) : 115–128.
Plessis, Alain. *De la fête impériale au mur des fédérés, 1851–1871. Nouvelle histoire de la France contemporaine*. Paris : Seuil, 1976.
Poliakov, Léon. *Histoire de l'antisémitisme*. Paris : Calmann-Lévy, 1955–1994.［レオン・ポリアコフ（合田正人・菅野賢治監訳）『反ユダヤ主義の歴史』全 5 巻　筑摩書房　2005–2007 年］
Pomian, Krzysztof. *L'Europe et ses nations*. Paris : Gallimard, 1990.［クシシトフ・ポミアン（松村剛訳）『増補・ヨーロッパとは何か―分裂と統合の 1500 年』平凡社　2002 年］
Porter, Andrew (ed.) *The Oxford History of the British Empire. III. the Nineteenth Century*. Oxford : Oxford University Press, 1999.
Pouillon, François. « Simplification ethnique en Afrique du Nord : Maures, Arabes, Berbères (XVIIIe–XXe siècles) ». *Cahiers d'Études africaines,* 129 (1993) : 37–49.
Poumarède, Géraud. « La France et les Barbaresques : police des mers et relations internationales en Méditerranée (XVIe–XVIIe siècles) ». *Revue d'histoire maritime,* 4 (2005) : 117–146.
Powers, David S. "Orientalism, Colonialism, and Legal History : The Attack on Muslim Family Endowments in Algeria and India." *Comparative Studies in Society and History*, 31 (1989) : 535–571.
―――. "The Maliki Family Endowment : Legal Norms and Social Practices." *International Journal of Middle East Studies*, 25 (1993) : 379–406.
Prochaska, David. *Making Algeria French : Colonialism in Bône 1870–1920*. Cambridge : Cambridge University Press, 1990.
―――. "History of literature. Literature as history : Cagayous of Algiers." *American Historical Review*,

小田中直樹『フランス近代社会 1814〜1852—秩序と政治』木鐸社　1995 年.
小川了『奴隷商人ソニエ—18 世紀フランスの奴隷交易とアフリカ社会』山川出版社　2002 年.
大村敦志『法源・解釈・民法学—フランス民法総論研究』有斐閣　1996 年.
——『学術としての民法 I—20 世紀フランス民法学から』東京大学出版会　2009 年.
大沼保昭編『戦争と平和の法—フーゴー・グロティウスにおける戦争，平和，正義（補正版）』東信堂　1995 年.
大塚和夫『近代・イスラームの人類学』東京大学出版会　2000 年.
Oulebsir, Nabila. *Les usages du patrimoine : monuments, musées et politique coloniale en Algérie (1830–1930)*. Paris : Éditions de la Maison des sciences de l'Homme, 2004.
小山田紀子「フランス植民地化前アルジェリアの土地制度」『津田塾大学国際関係学研究』8（1981 年）69–90 頁.
——「植民地アルジェリアにおける行政町村（コミューン）の形成」『歴史学研究』633（1992 年）26–42 頁.
——「19 世紀初頭の地中海と「アルジェリア危機」—トルコ政権崩壊の過程に関する一考察」『歴史学研究』692（1996 年）1-16, 57 頁.
——「植民地アルジェリアにおける国有地の形成（1830–1851 年）—フランスの軍事的占領下の土地政策」『吉備国際大学社会学部研究紀要』8（1998 年）57–74 頁.
——「アルジェリア・ミチジャ平野における原住民隔離政策（カントヌマン）と土地所有の再編成（1852-1864 年）」『吉備国際大学社会学部研究紀要』9（1999 年）211–224 頁.
——「アルジェリアにおける 1863 年元老院令（土地法）の適用と農村社会の再編」『加計国際学術交流センター国際社会学研究所研究紀要』9（2001 年）41–83 頁.
Ozouf, Jacques et Mona. « "Le Tour de France par des deux enfants" Le petit livre rouge de la République ». in : Pierre Nora (dir.) *Les lieux de mémoire*, Paris : Gallimard/Quatro, 1997, tome 1, 277–301.［ジャック／モナ・オズーフ（平野千果子訳）「『二人の子どものフランス巡歴』—共和国の小さな赤い本」ピエール・ノラ編『記憶の場 2 結合』岩波書店　2003 年］
Pagand, Bernard. « De la ville arabe à la ville européenne : architecture et formation urbaine à Constantine au XIXe siècle ». *Revue du monde musulman et de la Méditerranée*, 73/74 (1996) : 281–294.
Pagden, Anthony. "Dispossessing the Barbrian : The Language of Spanish Thomism and the Debate over the Property Rights of the American Indians." in : David Armitage (ed.) *Theories of Empire, 1450–1800*, Aldershot : Ashgate, 2001, 159–178.
Panerai, Philippe, Jean-Charles Depaule et Marcelle Demorgon. *Analyse urbaine*. Marseille : Éditions Parenthèses, 1999.
Panzac, Daniel. *Les corsaires barbaresques : la fin d'une épopée 1800–1829*. Paris : CNRS Éditions, 1999.
——. *La marine ottomane : de l'apogée à la chute de l'Empire (1572–1923)*. Paris : CNRS Éditions, 2009.
Pape, Ilan and Moshe Ma'oz (ed.) *Middle Eastern Politics and Ideas : A History from Within*. New

Mourad, Ali-Khodja. « Tocqueville orientaliste ? Jalons pour une réinterprétation de ses écrits politiques et de son engagement en faveur de la colonisation française en Algérie ». *French Colonial History,* 7 (2006): 77–96.

Mouralis, Bernard. *République et colonies. entre histoire et mémoire.* Paris: Présence Africaine, 1999.

Moureau, François (dir.) *Captifs en Méditerranée (XVIe–XVIIIe siècles).* Paris: Presses de l'Université de Paris-Sorbonne, 2008.

Munson Jr, Henry. "Rethinking Gellner's Segmentary Analysis of Morocco's Ait Atta." *Man,* 28–2 (1993): 267–280.

村上淳一『〈法〉の歴史』東京大学出版会　1997年.

Nadjari, David. *Juifs en terre coloniale : Le culte israélite à Oran au début du XXe siècle.* Calvisson: Jacques Gandini, 2000.

永原陽子編『植民地責任論―脱植民地化の比較史』青木書店　2009年.

永田雄三編『西アジア史2 イラン・トルコ』(新版世界各国史) 山川出版社　2002年.

永田雄三・羽田正『成熟のイスラーム世界』中央公論新社　2008年.

中木康夫『フランス政治史』未来社　1975–1976年.

中村廣治郎『イスラームと近代』岩波書店　1997年.

中野隆生編『都市空間と民衆―日本とフランス』山川出版社　2006年.

中谷猛「トクヴィルと帝国意識―アルジェリア論を手掛かりにして」『立命館大学人文科学研究所紀要』85 (2005年) 43–80頁.

――「フランス第三共和政 (ドレフュス事件前後) の反ユダヤ主義―「国民」=「祖国」=「フランス」のジレンマ」『立命館法學』6 (2002年) 587–618頁.

成瀬治『近代市民社会の成立―社会思想史的考察』東京大学出版会　1984年.

二宮宏之『二宮宏之著作集1』岩波書店　2011年.

西川長夫『国境の越え方―比較文化論序説』筑摩書房　1992年.

Noiriel, Gérard. *Le creuset français : histoire de l'immigration XIXe–XXe siècle.* Paris: Seuil, 1988.

――. *Les origines républicaines de Vichy.* Paris: Hachette, 1999.

――. *État, nation et immigration : vers une histoire du pouvoir.* Paris: Belin, 2001.

野村啓介『フランス第二帝制の構造』九州大学出版会　2002年.

Nora, Pierre. *Les Français d'Algérie.* Paris: Juillard, 1961.

――. (dir.) *Les lieux de mémoire.* 3 vols. Paris: Gallimard/Quatro, 1997.［ピエール・ノラ編（谷川稔監訳）『記憶の場』全3巻　岩波書店　2002–2003年］

Nordman, Daniel. « L'exploration scientifique de l'Algérie : le terrain et le texte ». in: Marie-Noëlle Bourguet (dir.) *L'invention scientifique de la Méditerranée : Égypte, Morée, Algérie,* Paris: EHESS, 1998, 71–96.

Nordman, Daniel et Jacques Revel. « La formation de l'espace français ». in: Jacques Revel (dir.) *Histoire de la France. L'espace français,* Paris: Seuil, 2000, 39–193.

Nouschi, André. *Enquête sur le niveau de vie des populations rurales constantinoises de la conquête jusqu'en 1919 : essai d'histoire économique et sociale.* Paris: PUF, 1961.

――. *La naissance du nationalisme algérien.* Paris: Éditions de Minuit, 1962.

――. *L'Algérie amère 1914–1994.* Paris: Éditions de la Maison des sciences de l'homme, 1995.

jusqu'à la veille de la deuxième guerre mondiale (1830–1937) ». *Mediterranean World,* 20 (2010): 69–86.

Mélonio, Françoise. *Naissance et affirmation d'une culture nationale. La France de 1815 à 1880.* Paris: Seuil, 2001.

Merle, Isabelle. « De la "légalisation" de la violence en contexte colonial: le régime de l'indigénat en question ». *Politix,* 66 (2004): 137–162.

Merouche, Lemnouar. *Recherches sur l'Algérie à l'époque ottomane.* 2 vols. Paris: Bouchène, 2002.

Messaoudi, Alain. « Orientaux orientalistes: les Pharaon, interprètes du Sud au service du Nord ». in: Colette Zytnicki et Chantal Bordes-Benayoun (dir.) *Sud-Nord cultures coloniales en France, XIXe–XXe siècles,* Toulouse: Privat, 2004, 243–255.

——. "The Teaching of Arabic in French Algeria and Contemporary France." *Study of French History,* 20–3 (2006): 297–317.

——. *Savants, conseillers, médiateurs: les arabisants et la France coloniale (vers 1830–vers 1930).* thèse de doctorat, Université Paris I, 2008.

——. « Renseigner, enseigner. Les interprètes militaires et la constitution d'un premier corpus savant "algérien" (1830–1870) ». *Revue d'histoire du XIXe siècle,* 41 (2010): 97–112.

Meyer, Jean, Jean Tarrade et Annie Rey-Goldzeiguer. *Histoire de la France coloniale I – La conquête: des origines à 1870.* Paris: Armand Colin, 1991.

Meynier, Gilbert. *L'Algérie révélée. La guerre de 1914–1918 et le premier quart du XXe siècle.* Genève: Droz, 1981.

Michel, Nicolas. *Une économie de subsistances: le Maroc précolonial.* 2 vols. Le Caire: IFAO, 1997.

Miège, Jean-Louis (dir.) *Les relations intercommunautaires juives en Méditerranée occidentale, XIII–XXe siècles.* Paris: Editions du CNRS, 1984.

——. *Expansion européenne et décolonisation de 1870 à nos jours.* 4e éd. Paris: PUF, 1993.

Missoum, Sakina. *Alger à l'époque ottomane: la médina et la maison traditionnelle.* Aix-en-Provence: Edisud, 2003.

三浦永光『ジョン・ロックとアメリカ先住民』御茶の水書房　2009 年.

宮治一雄『アフリカ現代史 5 北アフリカ』山川出版社　1978 年.

宮治一雄・宮治美江子編『マグリブへの招待―北アフリカの社会と文化』大学図書出版会　2008 年.

Molénat, Jean-Pierre. « Hornachos fin XVe-début XVIe siècles ». *En la España Medieval,* 31 (2008): 161–176.

Mollat du Jourdin, Michel. *L'Europe et la mer.* Paris: Seuil, 1993.［ミシェル・モラ・デュ・ジュルダン（深沢克己訳）『ヨーロッパと海』平凡社　1996 年］

桃井治郎「〈バルバリア海賊〉の終焉―善悪二元論的世界観と国際関係の西洋化」『日本中東学会年報』22-2（2007 年）53–76 頁.

Morsy, Magali (dir.) *Les Saint-simoniens et l'Orient: vers la modernité.* Aix-en-Provence: Edisud, 1990.

Mössner, Jörg Manfred. "The Barbary Powers in International Law (Doctorinal and Practical Aspects)." in: Charles Henry Alexandrowicz (ed.) *Grotian Studies Papers. Studies in the History of the Law of Nations,* Hague: Martinus Nijhoff, 1972, 197–221.

London: Variorum Reprints, 1984.
——. « La description des côtes de l'Algérie dans le Kitab-i Bahriye de Pirî Reis ». *Revue de l'Occident musulman et de la Méditerranée*, 15/16 (1973): 159–168.
——. « Le drogman, instrument de la connaissance de l'Orient musulman ». in: Christiane Villain-Gandossi, Louis Durteste et Salvino Busuttil (dir.) *Méditerranée, mer ouverte. Acte du Colloque de Marseille (21–23 septembre 1995)*, Malte: International Foundation, 1997, 421–427.
——. (dir.) *Histoire de l'Empire ottoman*. Paris: Fayard, 1989.
Marseille, Jacques. *Empire colonial et capitalisme français : histoire d'un divorce*. Paris: Albin Michel, 1984.
Martini, Lucienne. *Racines de papier : Essais sur l'expression littéraire de l'identité pieds-noirs*. Paris: Publisud, 1997.
Mathiex, Jean. « Sur la marine marchande barbaresque au XVIIIe siècle ». *Annales. Économies, Sociétés, Civilisations*, 13–1 (1958): 87–93.
Matvejevitch, Predrag. *Bréviaire méditerranéen*. traduit du croate par Évaine Le Calvé-Ivicevic. Paris: Fayard, 1992.［プレドラグ・マトヴェイエーヴィチ（杉掛良彦・土屋良二訳）『地中海―ある海の詩的考察』平凡社　1997 年］
松井健・堀内正樹編『世界の先住民族 4 中東』明石書店　2006 年．
松森奈津子『野蛮から秩序へ―インディアス問題とサラマンカ学派』名古屋大学出版会　2009 年．
松本彰・立石博高編『国民国家と帝国―ヨーロッパ諸国民の創造』山川出版社　2005 年．
松沼美穂『帝国とプロパガンダ―ヴィシー政権期フランスと植民地』山川出版社　2007 年．
——『植民地の〈フランス人〉―第三共和政期の国籍・市民権・参政権』法政大学出版会　2012 年．
松浦雄介「ピエ・ノワールとは誰か？―フランスの植民地引揚者のアイデンティティ形成」蘭信三編『中国残留日本人という経験』勉誠出版　2009 年．
Mayeur, Jean Marie. *Les débuts de la Troisième République. Nouvelle histoire de la France contemporaine*. Paris: Seuil, 1973.
Maziane, Leïla. *Salé et ses corsaires, 1666–1727 : un port de course marocain au XVIIe siècle*. Caen: Presses universitaires de Caen, 2007.
Mbembe, Achille. *On the Postcolony*. Berkeley: University of California Press, 2001.
——. « Notes sur le pouvoir du faux ». *Le Débat,* 118–1 (2002): 49–58.
McCluskey, Philip. "Commerce before Crusade ? France, the Ottoman Empire and the Barbary Pirates (1661–1669)." *French History*, 23–1 (2009): 1–21.
McDougall, James. (ed.) *Nation, Society and Culture in North Africa*. London: Frank Cass, 2003.
——. *History and the Culture of Nationalism in Algeria*. Cambridge: Cambridge University Press, 2006.
McGowan, Bruce. "The Age of the Ayans, 1699–1812." in: Halil İnalcık and Donald Quataert (ed.) *An Economic and Social History of Ottoman Empire, 1300–1914*, Cambridge: Cambridge University Press, 1994, 637–758.
Mejri, Abdelkrim. « Être "maghrébin musulman" immigré en Tunisie depuis la conquête de l'Algérie

Lefeuvre, Daniel. *Chère Algérie : comptes et mécomptes de la tutelle coloniale, 1930–1962*. Saint-Denis : Société française d'histoire d'outre-mer, 1997.

Leimdorfer, François. *Discours académique et colonisation : Thèmes de recherche sur l'Algérie pendant la période coloniale*. Paris : Publisud, 1992.

Lepetit, Bernard. *Carnet de croquis : sur la connaissance historique*. Paris : Albin Michel, 1999.

Levallois, Michel. *Ismaÿl Urbain : une autre conquête de l'Algérie*. Paris : Maisonneuve et Larose, 2001.

——. *Ismaÿl Urbain : Royaume arabe ou Algérie franco-musulmane ? 1848-1870*. Paris : Riveneuve, 2012.

Liauzu, Claude. *Histoire des migrations en Méditerranée occidentale*. Paris : Éditions Complexe, 1996.

——. « La Méditerranée selon Fernand Braudel ». *Confluences Méditerranée*, 31 (1999) : 179–187.

——. *Colonisations, migrations, racismes : histoires d'un passeur de civilisations*. Paris : Syllepse, 2009.

Linon-Chipon, Sophie et Sylvie Requemora (dir.) *Les tyrans de la mer : pirates, corsaires et flibustiers*. Paris : Presses de l'Université de Paris-Sorbonne, 2002.

Lorcin, Patricia M. *Imperial Identities. Stereotyping, Prejudice and Race in Colonial Algeria*. New York : I.B. Tauris, 1995.

——. "Rome and France in Africa : Recovering Colonial Algeria's Latin Past." *French Historical Studies*, 25–2 (2002) : 295–329.

Lucas, Philippe et Jean-Claude Vatin. *L'Algérie des anthropologues*. Paris : F. Maspero, 1975.

Luhmann, Niklas. *Legitimation durch Verfahren*. Frankfurt am Main : Suhrkamp, 1983.［ニクラス・ルーマン（今井弘道訳）『手続を通しての正統化』風行社　2003年］

al-Madanī, Aḥmad Tawfīq. *Abṭāl al-Muqāwama al-Jazā'irīya : Ḥamdān 'Uthmān Khūja, Aḥmad Bāy Qusanṭīna, al-Amīr 'Abd al-Qādir, wa-al-'Uthmānīya*. al-Jaza'ir : al-Markaz al-Waṭanī al-Dirāsāt al-Tārīkhīya, 1976.

Mahé, Alain. *Histoire de la Grande Kabylie, XIXe–XXe siècles. Anthropologie historique du lien social dans les communautés villageoises*. Saint-Denis : Bouchène, 2001.

真島一郎「植民地統治における差異化と個体化―仏領西アフリカ・象牙海岸植民地から」栗田英世・井野瀬久美恵編『植民地経験』人文書院　1999年．

Malkin, Irad. (dir.) *La France et la Méditerranée : vingt-sept siècles d'interdépendance*. Leiden : Brill, 1990.

Malverti, Xavier. « Les officiers du Génie et le dessin de villes en Algérie (1830–1870) ». *Revue du monde musulman et de la Méditerranée*, 73/74 (1996) : 229–244.

Mamdani, Mahmood. *Citizen and Subject : Contemporary Africa and the Legacy of Late Colonialism*. Princeton, N.J. : Princeton University Press, 1996.

Manceron, Gilles. *Marianne et les colonies : une introduction à l'histoire coloniale de la France*. Paris : La Découverte, 2003.

Manchuelle, François. « Origines républicaines de la politique d'expansion coloniale de Jules Ferry (1838–1865) ». *Revue française d'histoire d'outre-mer*, 279 (1988) : 185–206.

Mantran, Robert. *L'Empire ottoman du XVIe au XVIIIe siècle : administration, économie, société*.

フリクトの人文学』3（2011 年）61–94 頁.
Kudo, Akihito. "Recognized Legal Disorder: French Colonial Rule in Algeria c. 1840–1910." in: Kimitaka Matsuzato (ed.) *Comparative Imperiology*, Sapporo: Slavic Research Center, 2010, 21–35.
Kudo, Akihito, Raëd Bader et Didier Guignard. « Des lieux pour la recherche en Algérie ». *Bulletin de l'Institut d'histoire du temps présent*, 83 (2004): 158–168.
工藤庸子『ヨーロッパ文明批判序説―植民地・共和国・オリエンタリズム』東京大学出版会　2003 年.
栗本英世・井野瀬久美恵編『植民地経験―人類学と歴史学からのアプローチ』人文書院　1999 年.
黒田壽郎『イスラームの構造―タウヒード・シャリーア・ウンマ』書肆心水　2004 年.
黒木英充「オスマン期アレッポにおけるヨーロッパ諸国領事通訳」『一橋論叢』110-4（1993 年）556–568 頁.
―――「オスマン帝国におけるギリシア・カトリックのミッレト成立」深沢克己編『ユーラシア諸宗教の関係史論―他者の受容，他者の排除』勉誠出版　2010 年.
La Véronne, Chantal de. *Oran et Tlemcen dans la première moitié du XVIe siècle*. Paris: Geuthner, 1983.
Lacheraf, Mostefa. *L'Algérie. Nation et société*. Paris: F. Maspero, 1965.
Lacoste, Yves, André Nouschi et André Prenant. *L'Algérie, passé et présent : le cadre et les étapes de la constitution de l'Algérie actuelle*. Paris: Éditions sociales, 1960.
Laissus, Yves. *L'Égypte, une aventure savante : avec Bonaparte, Kléber, Menou (1798–1801)*. Paris: Fayard, 1998.
Larguèche, Dalenda. *Territoire sans frontières : la contrebande et ses réseaux dans la Régence de Tunis au XIXe siècle*. Tunis: Centre de Publication Universitaire, 2001.
―――. "The Mahalla: The Origins of Beylical Sovereignty in Ottoman Tunisia during the Early Modern Period." in: Julia Ann Clancy-Smith (ed.) *North Africa, Islam, and the Mediterranean world: from the Almoravids to the Algerian War*, London: Frank Cass, 2001, 105–116.
Laroui, Abdallah. *L'idéologie arabe contemporaine*. Paris: François Maspero, 1967.
―――. *Les origines sociales et culturelles du nationalisme marocain (1830–1912)*. Paris: F. Maspero, 1977.
Launay, Michel. *Paysans algériens 1960–2006*. 3e éd. Paris: Karthala, 2007.
Laurens, Henry. *Le royaume impossible : la France et la genèse du monde arabe*. Paris: Armand Colin, 1990.
―――. *L'expédition d'Égypte 1798–1801*. Paris: Seuil, 1997.
Le Cour Grandmaison, Olivier. *Coloniser. Exterminer : sur la guerre et l'État colonial*. Paris: Fayard, 2005.
―――. *La république impériale : politique et racisme d'État*. Paris: Fayard, 2009.
Le Gall, Michel and Kenneth Perkins (ed.) *The Maghrib in Question: Essays in History and Historiography*. Austin: University of Texas Press, 1997.
Lefebvre, Henri. *La production de l'espace*. Paris: Éditions Anthropos, 1974.［アンリ・ルフェーヴル（斎藤日出治訳）『空間の生産』青木書店　2000 年］

Nationalism. New York: Columbia University Press, 1991.

Kharaba, Ivan. « La chambre de commerce de Toulon et l'Algérie: histoire d'un projet impérial avorté (1827–1848) ». in: Hubert Bonin, Catherine Hodeir et Jean-François Klein (dir.) *L'esprit économique impérial (1830–1970)*, Paris: Publications de la SFHOM, 2008.

Khatibi, Abdelkébir. *Œuvres de Abdelkébir Khatibi. III. Essais*, Paris: Éditions de la Différence, 2008. ［アブデルケビール・ハティビ（澤田直・福田育弘訳）『マグレブ 複数文化のトポス—ハティビ評論集』青土社　2004 年］

Khoury, Philip S. and Joseph Kostiner. *Tribes and State Formation in the Middle East*. Berkeley: University of California Press, 1990.

木畑洋一『支配の代償―英帝国の崩壊と〈帝国意識〉』東京大学出版会　1987 年.

木下賢一『第二帝政とパリ民衆の世界―「進歩」と「伝統」のはざまで』山川出版社　2000 年.

私市正年「フランスのアルジェリア侵入とアブド＝アルカーディルの叛乱」『マグレブ』99/100（1982 年）74–87 頁，104（1983 年）100–119 頁.

―――「マグリブ中世社会のユダヤ教徒―境域の中のマイノリティ」『岩波講座 世界歴史 10』岩波書店　1999 年.

―――『北アフリカ・イスラーム主義運動の歴史』白水社　2004 年.

―――『マグリブ中世社会とイスラーム聖者崇拝』山川出版社　2009 年.

北村一郎編『フランス民法典の 200 年』有斐閣　2006 年.

喜安朗「第三共和政の形成とフランス植民地主義」『史艸』8（1967 年）1–30 頁.

木庭顕『ローマ法案内―現代の法律家のために』羽鳥書店　2010 年.

小松久男「危機と応戦のイスラーム世界」『岩波講座 世界歴史 21』岩波書店　1998 年.

近藤和彦「近世ヨーロッパ」『岩波講座 世界歴史 16』岩波書店　1999 年.

近藤和彦編『西洋世界の歴史』山川出版社　1999 年.

―――編『歴史的ヨーロッパの政治社会』山川出版社　2008 年.

高野太輔『アラブ系譜体系の誕生と発展』山川出版社　2008 年.

小杉泰『現代イスラーム世界論』名古屋大学出版会　2006 年.

Koulakssis, Ahmed et Gilbert Meynier. *L'Émir Khaled: premier za'im?* Paris: L'Harmattan, 1987.

Krieken, Gérard van. *Corsaires et marchands: les relations entre Alger et les Pays-Bas 1604–1830*. Saint-Denis: Bouchène, 2002.

工藤晶人「19 世紀末アルジェリアにおけるヨーロッパ人社会の変容―オラン地方選挙人名簿・土地委譲申請者史料の分析」『史学雑誌』110-10（2001 年）1–30 頁.

―――「1830 年代フランスの植民地論争と〈アラブのナショナリテ〉」『西洋史学』210（2003 年）24–44 頁.

―――「アルジェリア所蔵の植民地期史料とそれをめぐる論争」『現代史研究』52（2006 年）79–84 頁.

―――「19 世紀アルジェリアにおける植民都市の形態と分節化」『地中海学研究』31（2008 年）39–54 頁.

―――「オラン―地中海の〈ラテン的〉植民地都市」吉田伸之・伊藤毅編『伝統都市 1 イデア』東京大学出版会　2010 年.

―――「フランス東洋学の伏流―19 世紀アルジェリアにおける植民地法と土地権」『コン

contemporaine. Paris: Seuil, 1973.

Jayyusi, Salma K. (ed.) *The City in the Islamic World*. 2 vols. Leiden: Brill, 2008.

Johansen, Baber. *The Islamic Law on Land Tax and Rent: the Peasants' Loss of Property Rights as Interpreted in the Hanafite Legal Literature of the Mamluk and Ottoman Periods*. London: Croom Helm, 1988.

——. "Politics and Scholarship: The Development of Islamic Studies in the Federal Republic of Germany." in: Tareq Y. Ismael (ed.) *Middle East Studies. International Perspectives on the State of the Art*, New York: Praeger, 1990, 71–130.

Jordi, Jean-Jacques. *De l'exode à l'exilé. Rapatriement et Pieds-Noirs en France. L'exemple marseillais 1954–1992*. Paris: L'Harmattan, 1993.

——. *Les Espagnols en Oranie, histoire d'une migration 1830–1914*. Calvisson: Jacques Gandini, 1996.

Joseph, Sabrina. *Islamic Law on Peasant Usufruct in Ottoman Syria: 17th to Early 19th Century*. Leiden: Brill, 2012.

Julien, Charles-André. « La question d'Alger devant les Chambres sous la Restauration ». *Revue africaine*, 311 (1922): 270–305, 313 (1922): 425–456.

——. *Histoire de l'Afrique du Nord, Tunisie-Algérie-Maroc*. 2e éd. 2 vols. Paris: Payot, 1964.

——. *Histoire de l'Algérie contemporaine : la conquête et les débuts de la colonisation (1827–1871)*. Paris: PUF, 1964.

——. *L'Afrique du Nord en marche*. Paris: R. Juillard, 1952, 4e éd. Paris: Omnibus, 2002.

—— (dir.) *Les techniciens de la colonisation : XIXe–XXe siècles. Colonies et empires : collection internationale de documentation coloniale*. Paris: PUF, 1947.

樺山紘一『異境の発見』東京大学出版会　1995 年.

Kaddache, Mahfoud. *Histoire du nationalisme algérien*. 2 vols. Alger: ENAL, 1980–1981, rééd., Paris: Paris Méditerranée, 2003.

——. *L'Algérie des Algériens : histoire de l'Algérie 1830–1954*. Alger: Éditions Rocher Noir, 1998.

Kadri, Aïssa (dir.) *Parcours d'intellectuels maghrébins : scolarité, formation, socialisation et positionnements*. Paris: Karthala, 1999.

Kahane, Henry, Renée Kahane and Andreas Tietze. *The Lingua Franca in the Levant : Turkish nautical terms of Italian and Greek origin*. Urbana: University of Illinois Press, 1958.

苅谷康太『イスラームの宗教的・知的連関網―アラビア語著作から読み解く西アフリカ』東京大学出版会　2012 年.

Katan, Yvette. « Les colons de 1848 en Algérie : mythes et réalités ». *Revue d'histoire moderne et contemporaine,* 31–avril/juin (1984): 177–202.

Kateb, Kamel. *Européens, "indigènes" et juifs en Algérie (1830–1962) : représentations et réalités des populations*. Paris: INED, 2001.

加藤博『私的土地所有権とエジプト社会』創文社　1993 年.

――『文明としてのイスラム―多元的社会叙述の試み』東京大学出版会　1995 年.

川田順造『マグレブ紀行』中央公論社　1971 年.

川田順造編『アフリカ史』（新版世界各国史）山川出版社　2009 年.

Khalidi, Rashid, Lisa Anderson, Muhammad Muslih and Reeva S. Simon, ed. *The Origins of Arab*

――. *A History of the Arab Peoples*. London: Faber and Faber, 2002.［アルバート・ホーラーニー（湯川武監訳）『アラブの人々の歴史』第三書館　2003 年］

Hourani, Albert, Philip S. Khoury and Mary C. Wilson (ed.) *The Modern Middle East*. 2nd ed. London/New York: I.B. Tauris, 2004.

堀井聡江『イスラーム法通史』山川出版社　2004 年.

堀井優「16 世紀前半のオスマン帝国とヴェネツィア：アフドナーメ分析を通して」『史学雑誌』103-1（1994 年）34–62 頁.

――「オスマン朝のエジプト占領とヴェネツィア人領事・居留民―1517 年セリム 1 世の勅令の内容を中心として」『東洋学報』78-4（1997 年）33–60 頁.

――「16 世紀オスマン帝国の条約体制の規範構造―ドゥブロヴニク，ヴェネツィア，フランスの場合」『東洋文化』91（2011 年）7–24 頁.

Hureau, Joëlle. *La mémoire des pieds-noirs de 1830 à nos jours*. Paris: Perrin, 2001.

市川裕『ユダヤ教の歴史』山川出版社　2009 年.

市川裕・臼杵陽・大塚和夫・手島勲矢編『ユダヤ人と国民国家―「政教分離」を再考する』岩波書店　2008 年.

五十嵐大介『中世イスラーム国家の財政と寄進―後期マムルーク朝の研究』刀水書房　2011 年.

Ihaddaden, Zahir. *Histoire de la presse indigène en Algérie: des origines jusqu'en 1930*. 2e éd. Alger: Éditions Ihaddaden, 2003.

飯塚浩二「ヨーロッパ・対・非ヨーロッパ」『飯塚浩二著作集 3』平凡社　1975 年.

――「東洋史と西洋史の間」『飯塚浩二著作集 2』平凡社　1975 年.

Ilbert, Robert. *Alexandrie 1830–1930*. 2 vols. Le Caire: IFAO, 1996.

Ilbert, Robert et Philippe Joutard (dir.) *Le miroir égyptien*. Marseille: Éditions du Quai, 1984.

Iliffe, John. *Africans: The History of a Continent*. Cambridge: Cambridge University Press, 1995.

Illiano, Marie-Odile. *La genèse d'une institution coloniale: les communes mixtes en Algérie de 1868 à 1881*. thèse pour le diplôme d'archiviste paléographe, École nationale des chartes, 1995.

稲井誠「トクヴィルのアルジェリア論―政治理論と「社会問題」を巡って」『大阪市立大学経済学雑誌』100-4（2000 年）114–130 頁.

İnalcık, Halil. "Ottoman Methods of Conquest." *Studia Islamica*, 2 (1954): 103–129.

İnalcık, Halil and Donald Quataert (ed.) *An Economic and Social History of the Ottoman Empire, 1300–1914*. Cambridge: Cambridge University Press, 1994.

井野瀬久美惠・北川勝彦編『アフリカと帝国―コロニアリズム研究の新思考にむけて』晃洋書房　2011 年.

石井洋二郎『異郷の誘惑―旅するフランス作家たち』東京大学出版会　2009 年.

板垣雄三・後藤明『イスラームの都市性』日本学術振興会　1995 年.

岩武昭男「イスラーム社会とワクフ制度」『岩波講座 世界歴史 10』岩波書店　1999 年.

Jalla, Bertrand. « Les colons d'Algérie à la lumière du coup d'État de 1851 ». *Afrique & Histoire*, 1–1 (2003): 123–137.

Jardin, André. *Alexis de Tocqueville: 1805–1859*. Paris: Hachette, 1984.［アンドレ・ジャルダン（大津真作訳）『トクヴィル伝』晶文社　1984 年］

Jardin, André et André-Jean Tudesq. *La France des notables*. 2 vols. *Novelle histoire de la France*

国際秩序と国民文化の形成』柏書房　1999年.
――「第二次世界大戦とフランス植民地―「克服すべき過去」とは何か」『思想』895（1999年）96–118頁.
――「〈文明化〉とフランス植民地主義―奴隷制廃止をめぐる議論から」『思想』915（2000年）65–87頁.
――『フランス植民地主義の歴史―奴隷制廃止から植民地帝国の崩壊まで』人文書院　2002年.
――「戦間期フランスと植民地―帝国支配の諸相から」『歴史学研究』776（2003年）31–42頁.
――「戦間期フランスと植民地―帝国を移動する人びと」歴史学研究会編『歴史学の現在10 帝国への新たな視座』青木書店　2005年.
――「世界の探検と植民地問題―19世紀の地理学会」福井憲彦編『アソシアシオンで読み解くフランス史』山川出版社　2006年.
――「歴史を書くのはだれか―2005年フランスにおける植民地支配の過去をめぐる論争」『歴史評論』677（2006年）19–30頁.
――「交錯するフランス領アフリカとヨーロッパ―ユーラフリカ概念を中心に」『思想』1021（2009年）178–199頁.
――「フランスにおけるポストコロニアリズムと共和主義―植民地史研究の地平から」『思想』1037（2010年）124–147頁.

Hirschberg, H.Z. (J.W.). *A History of the Jews in North Africa from the Ottoman Conquests to the Present Time*. Leiden: Brill, 1981.

Hobsbawm, Eric J. *Nations and Nationalism since 1780: Programme, Myth, Reality*. 2nd ed. Cambridge: Cambridge University Press, 1992.［エリック・J・ホブズボーム（浜林正夫・嶋田耕也・庄司信訳）『ナショナリズムの歴史と現在』大月書店　2001年］

Hobsbawm, Eric J. and Terence O. Ranger (ed.) *The Invention of Tradition*. Cambridge: Cambridge University Press, 1983.［エリック・ホブズボウム，テレンス・レンジャー編（前川啓治・梶原景昭訳）『創られた伝統』紀伊國屋書店　1992年］

Hocine, Nouara. *Les intellectuels algériens: mythe, mouvance et anamorphose*. Alger: Dahlab-ENAG, 2005.

Hoexter, Miriam. « Les juifs français et l'assimilation politique et institutionnelle de la communauté juive en Algérie (1830–1870) ». in: Jean-Louis Miège (dir.) *Les relations intercommunautaires juives en Méditerranée occidentale XIIIe–XXe siècles*, Paris: Éditions du CNRS, 1984, 154–169.

――. *Endowments, Rulers and Community: Waqf al-Haramayn in Ottoman Algiers*. Leiden: Brill, 1998.

Home, Robert K. *Of Planting and Planning: The Making of British Colonial Cities*. London: E & FN Spon, 1997.［ロバート・ホーム（布野修司・安藤正雄監訳）『植えつけられた都市―英国植民都市の形成』京都大学学術出版会　2001年］

Horden, Peregrine and Nicholas Purcell. *The Corrupting Sea: A Study of Mediterranean History*. Oxford: Blackwell, 2000.

Hourani, Albert. *Arabic Thought in the Liberal Age, 1798–1939*. Cambridge: Cambridge University Press, 1982.

Haddad, Mouloud. « Les maîtres de l'Heure. Soufisme et eschatologie en Algérie coloniale (1845–1901) ». *Revue d'histoire du XIXe siècle,* 41 (2010): 49–61.

Haddour, Azzedine. *Colonial Myths, History and Narrative.* Manchester: Manchester University Press, 2000.

Hallaq, Wael B. "Was the Gate of Ijtihad Closed?" *International Journal of Middle East Studies,* 16–1 (1984): 3–41.［ワーイル・ハッラーク（奥田敦訳）『イジュティハードの門は閉じたのか―イスラーム法の歴史と理論』慶應義塾大学出版会　2003 年］

――. *The Origins and Evolution of Islamic Law.* Cambridge: Cambridge University Press, 2005.

――. *Sharī'a: Theory, Practice, Transformations.* Cambridge: Cambridge University Press, 2009.

Halpérin, Jean-Louis. *Histoire du droit privé français depuis 1804.* Paris: PUF/Quadrige, 2001.

浜忠雄『カリブからの問い―ハイチ革命と近代世界』岩波書店　2003 年.

濱下武志・辛島昇編『地域史とは何か』山川出版社　1997 年.

Hamidullah, Muhammad. *Introduction to Islam.* Paris: Centure culturel islamique, 1969.［ムハンマド・ハミードッ＝ラー（黒田美代子訳）『イスラーム概説』書肆心水　2004 年］

Hammoudi, Abdellah. "Segmentarity, Social Stratification, Political Power and Sainthood: Reflections on Gellner's Theses." in: John A. Hall and Ian Jarvie (ed.) *The Social Philosophy of Ernest Gellner,* Amsterdam: Rodopi, 1996, 265–289.

羽田正『イスラーム世界の創造』東京大学出版会　2005 年.

――『新しい世界史へ』岩波書店　2011 年.

羽田正・三浦徹編『イスラム都市研究 歴史と展望』東京大学出版会　1991 年.

Haneda, Masashi and Toru Miura (ed.) *Islamic Urban Studies: Historical Review and Perspectives.* London/New York: Kegan Paul International, 1994.

原輝史「フランス資本主義と植民地鉄道―アルジェリアの場合」『土地制度史学』18-4（1976 年）1–24 頁.

Harouel, Jean-Louis. *Histoire de l'expropriation.* Paris: PUF, 2000.

Harvey, David. *Paris, Capital of Modernity.* New York: Routledge, 2003.［デヴィッド・ハーヴェイ（大城直樹・遠城明雄訳）『パリ―モダニティの首都』青土社　2006 年］

林佳世子『オスマン帝国 500 年の平和』講談社　2008 年.

Henry, Jean-Robert et al. *Le Maghreb dans L'imaginaire français: la colonie, le désert, l'exil.* Aix-en-Provence: Edisud, 1985.

――. « Le norme et l'imaginaire: la construction de l'altérité en droit colonial algérien ». *Procès. Cahiers d'analyse politique et juridique,* 18 (1987/1988): 13–27.

――. « L'identité imaginée par le droit. De l'Algérie coloniale à la construction européenne ». in: Denis-Constant Martin (dir.) *Cartes d'identité. Comment dit-on « nous » en politique?,* Paris: Presses de la FNSP, 1994.

Hermassi, Elbaki. *État et société au Maghreb.* Paris: Anthropos, 1975.

Hermet, Guy. *Histoire des nations et du nationalisme en Europe.* Paris: Seuil, 1996.

樋口陽一『憲法という作為―「人」と「市民」の連関と緊張』岩波書店　2009 年.

平野千果子「戦間期のフランスにみる〈文明化の使命〉と植民者―『植民地における生活の発見のために』を手がかりに」『西洋史学』189（1998 年）56–70 頁.

――「第三共和政期フランスの公教育と植民地」西川長夫・渡辺公三編『世紀転換期の

（宮治美江子・堀内正樹・田中哲也訳）『イスラム社会』紀伊國屋書店　1991年］
Gerber, Haim. *State, Society, and Law in Islam : Ottoman Law in Comparative Perspective*. Albany : State University of New York Press, 1994.［ハイム・ガーバー（黒田壽郎訳）『イスラームの国家・社会・法―法の歴史人類学』藤原書店　1996年］
Gharbi, Mohamed Lazhar. *Crédit et discrédit de la Banque d'Algérie (Seconde moitié du XIXe siècle)*. Paris : L'Harmattan, 2005.
Girardet, Raoul. *L'idée coloniale en France : de 1871 à 1962*. Paris : Hachette, 1995.
Girollet, Anne. *Victor Schœlcher, abolitionniste et républicain : approche juridique et politique de l'œuvre d'un fondateur de la République*. Paris : Karthala, 2000.
Glasman, Joël. « Le Sénégal imaginé : évolution d'une classification ethnique de 1816 aux années 1920 ». *Afrique & Histoire*, 2 (2004) : 111–139.
Godechot, Jacques. *Les institutions de la France sous la Révolution et l'Empire*. Paris : PUF, 1951.
権上康男『フランス帝国主義とアジア―インドシナ銀行史研究』東京大学出版会　1985年．
Graebner, Seth. *History's Place : Nostalgia and the City in French Algerian Literature*. Lanham : Lexington, 2007.
Grandguillaume, Gilbert. « Une médina de l'Ouest algérien : Nédroma ». *Revue de l'Occident musulman et de la Méditerranée*, 10 (1971) : 55–80.
Grange, Daniel J. *L'Italie et la Méditerranée (1896–1911)*. 2 vols. Rome : École française de Rome, 1994.
Greene, Molly. "The Ottomans in the Mediterranean." in : Virginia H. Aksan and Daniel Goffman (ed.) *The Early Modern Ottomans : Remapping the Empire*, Cambridge : Cambridge University Press, 2007, 104–116.
Guignard, Didier. « Des maîtres de paroles en Algérie coloniale : le récit d'une mise en scène ». *Afrique & Histoire*, 3 (2005) : 129–154.
――. *L'abus de pouvoir dans l'Algerie coloniale*. Nanterre : Presses Universitaires de Paris Ouest, 2010.
――. « Conservatoire ou révolutionnaire ? : Le sénatus-consulte de 1863 appliqué au régime foncier d'Algérie ». *Revue d'histoire du XIXe siècle*, 41 (2010) : 81–95.
Guillaume, Pierre. *Le monde colonial. XIXe–XXe siècle*. 2e éd. Paris : Armand Colin, 1994.
Guiral, Pierre. *Prévost-Paradol 1829–1870 : pensée et action d'un libéral sous le Second Empire*. Paris : PUF, 1955.
――. *Marseille et l'Algérie 1830–1841*. Gap : Ophrys, 1956.
――. « Marseille et l'Algérie 1864–1870 ». *Revue africaine*, 100 (1956) : 433–456.
――. « Observations et réflexions sur une prophète de la décolonisation ». in : *Études maghrébines. Mélanges Charles-André Julien*, Paris : PUF, 1964.
――. *Les militaires à la conquête de l'Algérie (1830–1857)*. Paris : Critérion, 1992.
Guiral, Pierre et Emile Temime (dir.) *L'idée de race dans la pensée politique française contemporaine*. Paris : Éditions du CNRS, 1977.
Haddad, Mostefa. *L'émergence de l'Algérie moderne : le Constantinois (l'est algérien) entre les deux guerres : essai d'histoire sociale et économique : 1919–1939*. 2 vols. s.l. : M. Haddad, 2001.

militaire Massot ». *Revue d'histoire moderne et contemporaine,* 14–avril/juin (1967) : 123–157.
Freitag, Ulrike. "The Critique of Orientalism." in : Michael Bentley (ed.) *Companion to Historiography*, London : Routledge, 1997, 620–638.
Frémeaux, Jacques. *La France et l'Islam depuis 1789.* Paris : PUF, 1991.
――. *Les bureaux arabes dans l'Algérie de la conquête.* Paris : Denoël, 1993.
――. *L'Afrique à l'ombre des épées 1830–1930.* 2 vols. Paris : Service historique de l'armée de terre, 1993–1995.
――. *Les empires coloniaux dans le processus de mondialisation.* Paris : Maisonneuve et Larose, 2002.
――. *La France et l'Algérie en guerre : 1830–1870, 1954–1962.* Paris : Economica, 2002.
Friedman, Ellen G. "North African Piracy on the Coasts of Spain in the Seventeenth Century : A New Perspective on the Expulsion of the Moriscos." *The International History Review,* 1 (1979) : 1–16.
――. "Christian Captives at "Hard Labor" in Algiers, 16th–18th Centuries." *International Journal of African Historical Studies,* 13– 4 (1980) : 616–632.
深沢克己『海港と文明―近世フランスの港町』山川出版社　2002 年.
――『商人と更紗―近世フランス＝レヴァント貿易史研究』東京大学出版会　2007 年.
深沢克己編『ユーラシア諸宗教の関係史論―他者の受容，他者の排除』勉誠出版　2010 年.
深沢克己・桜井万里子編『友愛と秘密のヨーロッパ社会文化史』東京大学出版会　2010 年.
福井勝義・赤阪賢・大塚和夫『アフリカの民族と社会』中央公論新社　2010 年.
福井憲彦編『フランス史』（新版世界各国史）山川出版社　2001 年.
藤井篤「アルジェリア戦争とフランスのカトリック―キリスト教労働者青年同盟の場合」『西洋史学』225（2007 年）1–22 頁.
藤井真理『フランス・インド会社と黒人奴隷貿易』九州大学出版会　2001 年.
藤川隆男編『白人とは何か？―ホワイトネス・スタディーズ入門』刀水書房　2005 年.
藤田勝次郎「植民地主義者としてのトクヴィル」『成城大学経済研究』159（2003 年）458–439 頁.
藤原貞朗『オリエンタリストの憂鬱―植民地主義時代のフランス東洋学者とアンコール遺跡の考古学』めこん　2008 年.
布野修司『近代世界システムと植民都市』京都大学学術出版会　2005 年.
Furet, François. *Penser la Révolution française.* Paris : Gallimard, 1978.
Gaïd, Mouloud. *L'Algérie sous les Turcs.* Alger : Mimouni, 1991.
Ganiage, Jean. *Histoire contemporaine du Maghreb de 1830 à nos jours.* Paris : Fayard, 1994.
Gastaut, Yvan. « Relations interculturelles dans les villes du Maghreb colonial : peut-on parler de solidarités? ». *Cahiers de la Méditerranée,* 63 (2001), http://cdlm.revues.org/index13.html (consulté le 1er sep 2012).
Gautier, Antoine et Marie de Testa. « Quelque dynasties de Drogmans ». *Revue d'histoire diplomatique,* 105–1/2 (1991) : 39–102.
Gellner, Ernest. *Saints of Atlas.* Chicago : University of Chicago Press, 1969.
――. *Muslim Society.* Cambridge : Cambridge University Press, 1981.［アーネスト・ゲルナー

térieures de l'Oranie (Subdivisions de Mascara et Sidi Bel Abbès 1850–1920). thèse de doctorat, Université de Paris VII, 1979.

Dondin-Payre, Monique. *La commission d'exploration scientifique d'Algérie : une héritière méconnue de la commission d'Egypte.* Paris : Boccard, 1994.

Duby, Georges et Armand Vallon (dir.) *Histoire de la France rurale.* 4 vols. Paris : Seuil, 1975.

Duclos, Jeanne et al. *Dictionnaire de la langue populaire d'Algérie et d'Afrique du Nord.* Nîmes : Gandini, 1992.

Dupâquier, Jacques (dir.) *Histoire de la population française.* 4 vols. PUF/Quadrige, 1995.

Durand, Yves. *L'Ordre du monde : idéal politique et valeurs sociales en France du XVIe au XVIIIe siècle.* Paris : SEDES, 2001.

Emerit, Marcel. *Les Saint-simoniens en Algérie.* Paris : Les Belles Lettres, 1941.

——. « Le conflit franco-marocain de 1844, d'après les notes de Warnier ». *Revue africaine,* 94 (1950) : 399–425.

——. *L'Algérie à l'époque d'Abd-el-Kader.* Paris : Larose, 1951. rééd., Paris : Bouchène, 2003.

——. « Diplomates et explorateurs saint-simoniens ». *Revue d'histoire moderne et contemporaine,* 22–juil/sept (1975) : 397–415.

Escande, Laurent. « Du sanitaire au politique : le gouvernement général de l'Algérie face au pèlerinage à La Mecque (1870–1940) ». *Ultramarines,* 7(1993) : 3–10.

Establet, Colette. *Être caïd dans l'Algérie coloniale.* Paris : Éditions du CNRS, 1991.

Etienne, Bruno. *Abdelkader : Isthme des isthmes.* Paris : Hachette, 2003.

Études maghrébines. Mélanges Charles-André Julien. Paris : PUF, 1964.

Faroqhi, Suraiya. *The Ottoman Empire and the World Around It.* London/New York : I. B. Tauris, 2006.

Febvre, Lucien. *Europe : genèse d'une civilisation.* Paris : Perrin, 1999.［リュシアン・フェーヴル（長谷川輝夫訳）『"ヨーロッパ"とは何か？』刀水書房　2008 年］

Filippini, Jean-Pierre. « La "Nation juive" de Livourne et le royaume de France au XVIIIe siècle ». in : Irad Malkin (dir.) *La France et la Méditerranée : vingt-sept siècles d'interdépendance,* Leiden : Brill, 1990, 259–271.

——. « Les négociants juifs de Livourne et la mer au XVIIIe siècle ». *Revue française d'histoire d'outre-mer,* 326/327 (2000) : 83–108.

Fischer, Fabienne. *Alsaciens et Lorrains en Algérie.* Calvisson : Jacques Gandini, 1999.

Fischer, Peter. "Historic Aspects of International Concession Agreements." in : Charles Henry Alexandrowicz (ed.) *Grotian Studies Papers. Studies in the History of the Law of Nations*, Hague : Martinus Nijhoff, 1972, 222–261.

Flory, Maurice et Jean-Robert Henry (dir.) *L'enseignement du droit musulman.* Paris : Éditions du CNRS, 1989.

Fontenay, Michel. « L'empire ottoman et le risque corsaire au XVIIe siècle ». *Revue d'histoire moderne et contemporaine,* 32–avril/juin (1985) : 185–208.

Foucault, Michel. *L'archéologie du savoir.* Gallimard : Paris, 1969.［ミシェル・フーコー（慎改康之訳）『知の考古学』河出書房新社　2012 年］

Fournier, Paul. « L'état d'Abd el Kader et sa puissance en 1841 d'après le rapport du sous intendant

1984.［フィリップ・D・カーティン（田村愛理・山影進・中堂幸政訳）『異文化間交易の世界史』NTT 出版　2002 年］
―. *World and the West*. Cambridge : Cambridge University Press, 2002.
Dakhlia, Jocelyne (dir.) *Urbanité arabe. Hommage à Bernard Lepetit*. Paris : Sindbad, 1998.
―. *Trames de langues : usages et métissages linguistiques dans l'histoire du Maghreb*. Paris : Maisonneuve et Larose, 2004.
Darriulat, Philippe. « La gauche républicaine et la conquête de l'Algérie, de la prise d'Alger à la reddition d'Abd el-Kader (1830–1847) ». *Revue française d'histoire d'outre-mer*, 307 (1995) : 129–147.
―. *Les patriotes : la gauche républicaine et la nation 1830–1870*. Paris : Seuil, 2001.
Davis, Robert C. "Counting European Slaves on the Barbary Coast." *Past & Present*, 172–1 (2001) : 87–124.
Dawn, C. Ernest. "The Origins of Arab Nationalism." in : Rashid Khalidi, Lisa Anderson, Muhammad Muslih and Reeva S. Simon (ed.) *The Origins of Arab Nationalism*, New York : Columbia University Press, 1991.
―. "From Ottomanism to Arabism : the Origin of an Ideology." *The Review of Politics*, 23 (1961) : 378–400, reprinted in : Albert Hourani, Philip S. Khoury and Mary C. Wilson (ed.) *The Modern Middle East*, London/New York : I.B. Tauris, 2004, 375–394.
Dechanche, Nessima, Adnan El Chaféi et Safi Khatib. *L'Émir Abd El-Kader*. 2e éd. Paris : Institut du Monde Arabe, 2003.
Deguilhem, Randi. "The Waqf in the City." in : Salma K. Jayyusi (ed.) *The City in the Islamic World*, Leiden : Brill, 2008, 923–950.
Delavignette, Robert. « Faidherbe ». in : Charles-André Julien (dir.) *Les techniciens de la colonisation : XIXe–XXe siècles*, Paris : PUF, 1947, 75–92.
Démier, Francis. *La France du XIXe siècle 1814–1914*. Point : Seuil, 2002.
Deprest, Florence. *Géographes en Algérie (1880–1950)*. Paris : Belin, 2009.
Deringil, Selim and Sinan Kuneralp (ed.) *The Ottomans and Africa. Studies on Ottoman Diplomatic History*. Istanbul : Isis, 1990.
Dermenjian, Geneviève. *La crise anti-juive oranaise (1895–1905). L'antisémitisme dans l'Algérie coloniale*. Paris : L'Harmattan, 1986.
―. « 1898, l'embrasement antijuif ». in : Jean-Jacques Jordi et Jean-Louis Planche (dir.) *Alger 1860–1939 : Le modèle ambigu du triomphe colonial*, 1999, 55–61.
Deschamps, Hubert. "Et maintenant, Lord Lugard?." *Africa : Journal of International African Institute*, 33–4 (1963) : 293–306.
Dimier, Véronique. *Le gouvernement des colonies : regards croisés franco-britanniques*. Bruxelles : Université de Bruxelles, 2004.
Direche-Slimani, Karima. *Chrétiens de Kabylie : 1873–1954 : une action missionnaire dans l'Algérie coloniale*. Paris : Bouchène, 2004.
Djeghloul, Abdelkader. *Éléments d'histoire culturelle algérienne*. Alger : ENAL, 1984.
―. *Huit études sur l'Algérie*. Alger : ENAL, 1986.
Djerbal, Daho. *Processus de colonisation et évolution de la propriété foncière dans les plaines in-*

Paris-Sorbonne, 2008, 23–35.
Clancy-Smith, Julia A. *Rebel and Saint, Muslim Notables, Populist Protest, Colonial Encounters.* Berkeley: University of California Press, 1994.
——. *Mediterraneans: North Africa and Europe in an Age of Migration, c. 1800–1900.* Berkeley: University of California Press, 2010.
——. (ed.) *North Africa, Islam, and the Mediterranean world: from the Almoravids to the Algerian War.* London: Frank Cass, 2001.
Colas, Dominique, Claude Emeri et Jacques Zylberberg (dir.) *Citoyenneté et nationalité: perspectives en France et au Québec.* Paris: PUF, 1991.
Colley, Linda. *Captives: Britain, Empire, and the World, 1600–1850.* New York: Anchor, 2004.
Collot, Claude. *Les institutions de l'Algérie durant la période coloniale.* Paris: Éditions du CNRS, 1987.
Colonna, Fanny. *Instituteurs algériens, 1883–1943.* Paris: Presses de la Fondation nationale des Sciences politiques, 1975.
Conklin, Alice L. *A Mission to Civilize: The Republican Idea of Empire in France and West Africa, 1895–1930.* Stanford, Calif.: Stanford University Press, 1997.
Cooper, Frederic. *Colonialism in Question.* Berkeley: University of California Press, 2005.
Cooper, Frederic and Ann L. Stoler (ed.) *Tensions of Empire: Colonial Cultures in a Bourgeois World.* Berkeley: University of California Press, 1997.
Coquery-Vidrovitch, Catherine (dir.) *L'Afrique occidentale au temps des français, colonisateurs et colonisés, (c. 1860–1960).* Paris: La Découverte, 1992.
——. *Histoire des villes d'Afrique noire des origines à la colonisation.* Paris: Albin Michel, 1993.
——. « Nationalité et citoyenneté en Afrique occidentale français: Originaires et citoyens dans le Sénégal colonial ». *Journal of African History,* 42–2 (2001): 285–305.
Coquery-Vidrovitch, Catherine et Charles-Robert Ageron. *Histoire de la France coloniale III – Le déclin.* Paris: Armand Colin, 1991.
Côte, Marc. *L'Algérie: espace et société.* Paris: Armand Colin, 1996.
Coulson, Noël, J. *A History of Islamic Law.* Edinburgh: Edinburgh University Press, 1964.
Crespo, Gérard. *Les Italiens en Algérie 1830–1960. Histoire et sociologie d'une migration.* Calvisson: Jacques-Gandini, 1994.
Cresti, Frederico. « Alger à la période turque. Observations et hypothèses sur sa population et sa structure sociale ». *Revue de l'Occident musulman et de la Méditerranée,* 44–1 (1987): 125–133.
Crowder, Michael. "Indirect Rule: French and British Style." *Africa: Journal of International African Institute,* 34–3 (1964): 197–205.
Cuno, Kenneth M. "The Origins of Private Ownership of Land in Egypt: A Reappraisal." *International Journal of Middle East Studies,* 12–3 (1980): 245–275.
——. *The Pasha's Peasants: Land, Society and Economy in Lower Egypt, 1740–1858.* Cambridge: Cambridge University Press, 1993.
——. "Was the Land of Ottoman Syria Miri or Milk? An Examination of Juridical Differences within the Hanafi School." *Studia Islamica,* 81 (1995): 121–152.
Curtin, Philip D. *Cross-cultural Trade in World History.* Cambridge: Cambridge University Press,

Carroll, David. *Albert Camus the Algerian : Colonialism, Terrorism, Justice.* New York : Columbia University Press, 2007.
Casajus, Dominique, *Henri Duveyrier. Un saint-simonien au désert.* Paris : Ibis, 2007.
Caussé, Jeanne et Bruno de Cessole (dir.) *Algérie 1830–1962.* Paris : Maisonneuve et Larose, 1999.
Çelik, Zeinep. *Urban Forms and Colonial Confrontations : Algiers under French Rule.* Barkeley : University of California Press, 1997.
Chachoua, Kamel. *L'islam kabyle : religion, État et société en Algérie.* Paris : Maisonneuve et Larose, 2002.
Chakrabarty, Dipesh. *Provincializing Europe : Postcolonial Thought and Historical Difference.* Princeton : Princeton University Press, 2007.
Chalabi, El Hadi. « Un juriste en quête de modernité : Benali Fekar ». in : Aïssa Kadri (dir.) *Parcours d'intellectuels maghrébins : scolarité, formation, socialisation et positionnements*, Paris : Karthala, 1999.
Chantre, Luc. « Se rendre à La Mecque sous la Troisième République : contrôle et organisation des déplacements des pèlerins du Maghreb et du Levant entre 1880 et 1939 ». *Cahiers de la Méditerranée,* 78 (2009) : 202–227.
Charnay, Jean-Paul. *La vie musulmane en Algérie d'après la jurisprudence de la première moitié du XXe siècle.* Paris : PUF/Quadrige, 1991.
Chatterjee, Partha. *The Nation and its Fragments : Colonial and Postcolonial Histories.* Princeton : Princeton University Press, 1993.
Chaulet-Achour, Christiane. *Albert Camus, Alger.* Paris : Séguier, 1999. ［クリスティーヌ・ショーレ＝アシュール（大久保敏彦・松本陽正訳）『アルベール・カミュ，アルジェ』国文社　2007年］
Chenntouf, Tayeb. « Question coloniale et questions ouvrières chez les travailleurs français de l'ouest algérien : la ligue des travailleurs français du département d'Oran ». *Revue d'histoire moderne et contemporaine,* XXII–juil/sept (1975) : 433– 445.
――. « L'évolution du travail en Algérie au XIXe siècle : la formation du salariat ». *Revue de l'Occident musulman et de la Méditerranée,* 31 (1981) : 85–103.
Chenntouf, Tayeb et Abdelkader Djeghloul. *Éléments de sociologie de l'histoire algérienne XIX - XX : Recueil d'articles.* 2 vols. Oran : Université d'Oran, s.d.
Chiffoleau, Sylvia et Anna Madœuf (dir.) *Les pèlerinages au Maghreb et au Moyen-Orient.* Damas : Presses de l'IFPO, 2005.
Chiffoleau, Sylvia. « Le pèlerinage à La Mecque à l'époque coloniale : matrice d'une opinion publique musulmane? ». in : Sylvia Chiffoleau et Anna Madœuf (dir.) *Les pèlerinages au Maghreb et au Moyen-Orient,* Damas : Presses de l'IFPO, 2005, 131–163.
Christelow, Allan. "Saintly Descent and Worldly Affairs in Mid-Nineteenth Century Mascara, Algeria." *International Journal of Middle East Studies,* 12–2 (1980) : 139–155.
――. *Muslim Law Courts and the French Colonial State in Algeria.* Princeton : Princeton University Press, 1985.
Ciappara, Frans. « La chrétienté et l'Islam au XVIIIe siècle : une frontière encore floue ». in : François Moureau (dir.) *Captifs en Méditerranée (XVIe–XVIIIe siècles),* Paris : Presses de l'Université de

Brett, Michael and Elizabeth Fentress. *The Berbers*. Oxford: Blackwell, 1997.
Brewer, John and Susan Staves (ed.) *Early Modern Conceptions of Property*. London: Routledge, 1996.
Brogini, Anne et Maria Ghazali. « Un enjeu espagnol en Méditerranée: les présides de Tripoli et de La Goulette au XVIe siècle ». *Cahiers de la Méditerranée,* 70 (2005), http://cdlm.revues.org/index840.html (consulté le 1er sep 2012).
Brower, Benjamin. *A Desert Named Peace : The Violence of France's Empire in the Algerian Sahara, 1844–1902.* New York: Columbia University Press, 2009.
Brubaker, Rogers. *Citizenship and Nationhood in France and Germany*. Cambridge, Mass.: Harvard University Press, 1992. ［ロジャース・ブルーベイカー（佐藤成基・佐々木てる監訳）『フランスとドイツの国籍とネーション——国籍形成の比較歴史社会学』明石書店　2005 年］
Bruschi, Christian. « La nationalité dans le droit colonial ». *Procès. Cahiers d'analyse politique et juridique,* 18 (1987/1988): 29–83.
Buheiry, Marwan R. *The Formation and Perception of the Modern Arab World*. Princeton, N.J.: Darwin Press, 1989.
Burbank, Jane et Frederick Cooper. « Empire, droits et citoyenneté, de 212 à 1946 ». *Annales. Histoire, Sciences sociales,* 63–3 (2008): 495–531.
Burguière, André et Jacques Revel (dir.) *Histoire de la France*. 5 vols. Paris: Seuil, 2000.
Burke III, Edmund. "Theorizing the Histories of Colonialism and Nationalism in the Arab Maghrib." in: Ali Abdullatif Ahmida (ed.) *Beyond Colonialism and Nationalism in the Maghrib : History, Culture, and Politics*, New York: Palgrave Macmillan, 2000, 17–34.
Burke III, Edmund and Ira M. Lapidus (ed.) *Islam, Politics, and Social Movements*. Berkeley: University of California Press, 1988.
Burke III, Edmund and David Prochaska, (ed.) *Genealogies of Orientalism : History, Theory, Politics*. Lincoln: University of Nebraska Press, 2008.
Burth-Levetto, Stéphanie. « Le service des bâtiments civils en Algérie (1843–1872) ». *Revue du monde musulman et de la Méditerranée,* 73/74 (1996): 137–152.
Camps, Gabriel. *Berbères : aux marges de l'histoire*. Toulouse: Hespérides, 1980.
———. « Comment la Berbérie est devenue le Maghreb arabe ». *Revue de l'Occident musulman et de la Méditerranée,* 35 (1983): 7–24.
Carbonell, Marcelin. *Avec les pèlerins de La Mecque : Le voyage du docteur Carbonell en 1908*. publié sour la direction de Laurent Escande. Aix-en-Provence: Publications de l'Université de Provence, 2012.
Carbonnier, Jean. *Droit civil*. 2 vols. Paris: PUF/Quadrige, 2004.
Carlier, Omar. *Entre nation et jihad : histoire sociale des radicalisations algériens*. Paris: Presses de Sciences Po, 1995.
———. « Entre le savant et le politique, la constitution problématique d'un champ historiographique autonome : le cas de l'histoire nationale du nationalisme algérien ». *Revue d'histoire maghrébine,* 81/82 (1996): 105–132.
Carlier, Omar, Fanny Colonna et Abdelkader Djeghloul. *Lettrés, intellectuels et militants en Algérie 1880–1950*. Alger: Office des publications universitaire, 1988.

Droz, 1972. rééd., Paris : Seuil, 2000.
Bourdieu, Pierre et Abdelmalek Sayad. *Le déracinement : la crise de l'agriculture traditionnelle en Algérie.* Paris : Éditions de Minuit, 1964.
Bourguet, Marie-Noëlle et al. *L'invention scientifique de la Méditerranée : Egypte, Morée, Algérie.* Paris : EHESS, 1998.
Boushaba, Zouhir. *Être Algérien hier, aujourd'hui et demain.* Alger : Mimouni, 1992.
Boutaleb, Abdelkader. *L'emir Abd-el-Kader et la formation de la nation algérienne.* Alger : Dahlab, 1990.
Bouveresse, Jacques. *Un parlement colonial ? : les Délégations financières algériennes, 1898–1945.* 2 vols., Mont-Saint-Aignan : Publications des Universités de Rouen et du Havre, 2008–2011.
Boyer, Pierre. *Évolution de l'Algérie médiane (ancien département d'Alger) de 1830 à 1856.* Paris : Adrien Maisonneuve, 1960.
——. « Contribution à l'étude de la politique religieuse des Turcs dans la Régence d'Alger (XVIe–XIXe siècles) ». *Revue de l'Occident musulman et de la Méditerranée,* 1 (1966) : 11–49.
——. « Le problème Kouloughli dans la régence d'Alger ». *Revue de l'Occident musulman et de la Méditerranée,* numéro spécial (1970) : 79–94.
——. « La révolution dite des "Aghas" dans la régence d'Alger (1659–1671) ». *Revue de l'Occident musulman et de la Méditerranée,* 13/14 (1973) : 159–170.
——. « Alger en 1645 d'après les notes du RP Hérault (introduction à la publication de ces dernières) ». *Revue de l'Occident musulman et de la Méditerranée,* 17 (1974) : 19–41.
——. « Historique des Béni Amer d'Oranie, des origines au Senatus Consulte ». *Revue de l'Occident musulman et de la Méditerranée,* 24 (1977) : 39–85.
——. « Les renégats et la marine de la Régence d'Alger ». *Revue de l'Occident musulman et de la Méditerranée,* 39 (1985) : 93–106.
Boyer, Pierre et al. *La Révolution de 1848 en Algérie : mélanges d'histoire.* Paris : Larose, 1949.
Brahimi, Denise. *Opinions et regards des Européens sur le Maghreb aux XVIIème et XVIIIème siècles.* Alger : SNED, 1978.
Branche, Raphaëlle. *La guerre d'Algérie : une histoire apaisée?* Paris : Seuil, 2005.
Braudel, Fernand. *L'identité de la France.* 3 vols. Paris : Arthaud, 1986.
——. *La Méditerranée et le monde méditerranéen à l'époque de Philippe II.* 9e éd. 2 vols. Paris : Armand Colin, 1990. ［フェルナン・ブローデル（浜名優美訳）『地中海（普及版）』全5巻　藤原書店　2004年］
——. *Autour de la Méditerranée.* Paris : Fallois, 1996. ［フェルナン・ブローデル（坂本佳子・高塚浩由樹・山上浩嗣訳）『ブローデル歴史集成1　地中海をめぐって』藤原書店　2004年］
Breckenridge, Carol A. and Peter van der Veer. *Orientalism and the Postcolonial Predicament : Perspectives on South Asia.* Philadelphia : University of Pennsylvania Press, 1993.
Bret, Patrice (dir.) *L'expédition d'Égypte, une enterprise des Lumières, 1798–1801. Actes du colloque de Paris (8–10 juin 1998).* Paris : Académie des sciences, 1999.
Brett, Michael. "Legislating for inequality in Algeria : the Senatus-Consulte of 14 July 1865." *Bulletin of the School of Oriental and African Studies,* 51–3 (1988) : 440–461.

―――. *L'intérieur du Maghreb XVe–XIXe siècle*. Paris : Gallimard, 1978.

―――. *Opera minora*. 3 vols. Paris : Bouchène, 2001.

Berque, Jacques et Paul Pascon. *Structures sociales du Haut-Atlas. suivi de retour aux Seksawa*. Paris : PUF, 1978.

Berstein, Serge, Michel Winock et Philippe Contamine (dir.) *Histoire de la France politique*. 4 vols. Paris : Seuil, 2000–2004.

Berthonnet, Arnaud. « La formation d'une culture économique et technique en Algérie (1830–1962) : L'exemple des grandes infrastructures de génie civil ». *French Colonial History,* 9 (2008) : 37–63.

Bertier de Sauvigny, Guillaume de. *La Restauration*. 2e éd. Paris : Flammarion, 1993.

Betts, Raymond F. *Assimilation and Association in French Colonial Theory, 1890–1914*. New York : Columbia University Press, 1961. reprint, Lincoln : University of Nebraska Press, 2005.

Binoche-Guedra, Jacques. « Le rôle des élus de l'Algérie et des colonies au parlement sous la troisième république (1871–1940) ». *Revue française d'histoire d'outre-mer,* 280 (1988) : 309–346.

Blais, Hélène et Pierre Singaravélou (dir.) *Territoires impériaux : Une histoire spatiale du fait colonial*. Paris : Publications de la Sorbonne, 2011.

Blanchard, Pascal et Sandrine Lemaire. *Culture coloniale. La France conquise par son Empire, 1871–1931*. Paris : Autrement, 2008.

Bleich, Erik. "The Legacies of History? Colonization and Immigrant Integration in Britain and France." *Theory and Society,* 34 (2005) : 171–195.

Blévis, Laure. « Droit colonial algérien de la citoyenneté : conciliation illusoire entre des principes républicains et une logique d'occupation coloniale (1865–1946) ». in : *La guerre d'Algérie au miroir des décolonisations françaises*, Paris : Société française d'histoire d'outre-mer, 2000, 87–104.

―――. « Les avatars de la citoyenneté en Algérie coloniale ou les paradoxes d'une catégorisation ». *Droit et société,* 48 (2001) : 557–581.

―――. « La citoyenneté française au miroir de la colonisation : Étude des demandes de naturalisation des "sujet français" en Algérie coloniale ». *Genèses,* 53 (2003) : 25–47.

―――. « Une université française en terre coloniale : Naissance et reconversion de la Faculté de droit d'Alger (1879–1962) ». *Politix,* 76 (2006) : 53–73.

―――. « En marge du décret Crémieux : Les Juifs naturalisés français en Algérie (1865–1919) ». *Archives juives,* 45 (2012) : 47–67.

Bloch, Marc. *Apologie pour l'histoire ou métier d'historien*. Paris : Armand Colin, 1993.［マルク・ブロック（松村剛訳）『歴史のための弁明―歴史家の仕事』岩波書店　2004 年］

Bonin, Hubert, Catherine Hodeir et Jean-François Klein (dir.) *L'esprit économique impérial (1830–1970)*. Paris : Publications de la SFHOM, 2008.

Bontems, Claude. « Les tentatives de codification du droit musulman dans l'Algérie coloniale ». in : Maurice Flory et Jean-Robert Henry (dir.) *L'enseignement du droit musulman*, Paris : Éditions du CNRS, 1989, 113–131.

Boudjedra, Rachid. *Vies quotidiennes contemporaines en Algérie*. Paris : Hachette, 1971.

Bourdieu, Pierre. *Sociologie de l'Algérie*. Paris : PUF, 1958.

―――. *Esquisse d'une théorie de la pratique. précédé de trois études d'ethnologie kabyle*. Genève :

d'histoire d'outre-mer, 326/327 (2000): 109–135.
Baconnier, Béatrice. *Algérie en affiches 1900/1960.* Paris: Bibliothèque des Introuvables, 2009.
Bader, Raëd. *Une Algérie noire? : traite et esclaves noirs en Algérie coloniale : 1830–1906.* thèse de doctorat, Université d'Aix-Marseille I, 2005.
Balandier, Georges. « La situation coloniale: approche théorique ». *Cahiers internationaux de sociologie,* 11 (1951): 44–79.
――. *Anthropologie politique.* Paris: PUF/Quadrige, 1999.
Bancel, Nicolas, Pascal Blanchard et Françoise Vergès. *La République coloniale.* Paris: Hachette, 2006.［ニコラ・バンセル，パスカル・ブランシャール，フランソワーズ・ヴェルジェス（平野千果子・菊池恵介訳）『植民地共和国フランス』岩波書店　2011 年］
Barkey, Karen. *Bandits and Bureaucrats : The Ottoman Route to State Centralization.* New York: Cornell University Press, 1997.
Baroli, Marc. *La vie quotidienne des Français en Algérie (1830–1914).* Paris: Hachette, 1967. (rééd. sous le titre de *Algérie, terre d'espérance : colons et immigrants, 1830–1914.* Paris: L'Harmattan, 1992.)
Barrière, Louis-Augustin. *Le statut personnel des musulmans d'Algérie de 1834 à 1962.* Dijon: Éditions universitaires de Dijon, 1993.
Baruch, Marc Olivier et Vincent Duclert (dir.) *Justice, politique et République de l'affaire Dreyfus à la guerre d'Algérie.* Paris: Éditions Complexe, 2002.
Baussant, Michèle. *Pieds-noirs mémoires d'exils.* Paris: Stock, 2002.
Beaulac, Stéphane. "The Westphalian Model in Defining International Law : Challenging the Myth." *Australian Journal of Legal History,* 8 (2004): 181–213.
Belissa, Marc. « Diplomatie et relations "internationales" au 18e siècle : un renouveau historiographique? ». *Dix-huitième siècle,* 37 (2005): 31–47.
Bell, Duncan. "John Stuart Mill on Colonies." *Political Theory,* 38-1 (2010): 34–64.
Benbassa, Esther. *Histoire des Juifs de France.* Paris: Seuil, 2000.
Benbassa, Esther et Rodrique Aron. *Histoire des Juifs sépharades.* Paris: Seuil, 2002.
Bencheneb, Rachid. « Le séjour du šayḫ ʿAbduh en Algérie (1903) ». *Studia Islamica,* 53 (1981): 121–135.
――. « Le mouvement intellectuel et littéraire algérien à la fin du XIXe siècle et au début du XXe siècle ». *Revue française d'histoire d'outre-mer,* 258/259 (1983): 11–24.
Benkada, Saddek. « La création de Médina Jdida, Oran (1845) : un exemple de la politique coloniale de regroupement urbain ». *Insaniyat,* 5 (1998): 103–111.
Bensimon-Donath, Doris et Lazare Landau. *Socio-démographie des Juifs de France et d'Algérie. 1867–1907.* Paris: Publications orientalistes de France, 1976.
Benton, Lauren. *Law and Colonial Cultures : Legal Regimes in World History, 1400–1900.* Cambridge: Cambridge University Press, 2002.
Berger, Peter L. and Thomas Luckmann. *The Social Construction of Reality : A Treatise in the Sociology of Knowledge.* New York: Anchor, 1967.［ピーター・L・バーガー，トーマス・ルックマン（山口節郎訳）『現実の社会的構成―知識社会学論考』新曜社　2001 年］
Berque, Jacques. *Le Maghreb entre deux guerres.* Paris: Seuil, 1962.

Almi, Said. *Urbanisme et colonisation : présence française en Algérie.* Bruxelles : Mardaga, 2002.
Amine, Mohamed. « Géographie des échanges commerciaux de la régence d'Alger à la fin de l'époque ottomane 1792–1830 ». *Revue d'histoire maghrébine,* 70–71 (1993) : 287–373.
――. « La situation d'Alger vers 1830 ». *Revue d'histoire maghrébine,* 75–76 (1994) : 7–45.
――. « Les commerçants à Alger à la veille de 1830 ». *Revue d'histoire maghrébine,* 77–78 (1995) : 15–83.
Amrouche, Fadhma-Aïth-Mansour. *Histoire de ma vie.* Paris : F. Maspero, 1968, rééd., Paris : La Découverte, 2005.［ファドマ・アムルシュ（中島和子訳）『カビリアの女たち』水声社 2005年］
Amselle, Jean-Loup et Elikia M'Bokolo (dir.) *Au cœur de L'ethnie : ethnies, tribalisme et état en Afrique.* Paris : La Découverte, 1999.
Anderson, Benedict. *Imagined communities.* London/New York : Verso, 1991.［ベネディクト・アンダーソン（白石隆・白石さや訳）『定本 想像の共同体』書籍工房早山 2007年］
安藤隆穂『フランス自由主義の成立―公共圏の思想史』名古屋大学出版会 2007年．
Appadurai, Arjun. *Modernity at Large : Cultural Dimensions of Globalization.* Minneapolis : University of Minnesota Press, 1996.［アルジュン・アパデュライ（門田健一訳）『さまよえる近代―グローバル化の文化研究』平凡社 2004年］
Arabi, Oussama. "Orienting the Gaze : Marcel Morand and the Codification of Le Droit Musulman Algerien." *Journal of Islamic Studies,* 11–1 (2000) : 43–72.
新井政美『トルコ近現代史―イスラム国家から国民国家へ』みすず書房 2001年．
荒木善太「砂漠と東方―19世紀フランス文学の中のアルジェリア」『思想』860（1996年）44–61頁．
Arendt, Hannah. *The Origins of Totalitarianism.* New York : Harcourt Brace Jovanovich, 1976.［ハナ・アーレント（大久保和郎・大島通義・大島かおり訳）『全体主義の起源』全3巻 みすず書房 1981年］
有田英也『ふたつのナショナリズム―ユダヤ系フランス人の〈近代〉』みすず書房 2000年．
Armitage, David (ed.) *Theories of Empire, 1450–1800.* Aldershot : Ashgate, 2001.
――. "John Locke, Carolina, and the Two Treatises of Government." *Political Theory,* 32–5 (2004) : 602–627.
Arneil, Barbara. "Trade, Plantations, and Property : John Locke and the Economic Defense of Colonialism." *Journal of the History of Ideas,* 55–4 (1994) : 591–609.
Asad, Talal. *Formations of the Secular : Christianity, Islam, Modernity.* Stanford, Calif. : Stanford University Press, 2003.［タラル・アサド（中村圭志訳）『世俗の形成―キリスト教，イスラム，近代』みすず書房 2006年］
浅野豊美『帝国日本の植民地法制―法域統合と帝国秩序』名古屋大学出版会 2008年．
Association française pour l'histoire de la justice (dir.) *La justice en Algérie, 1830–1962.* Paris : La Documentation française, 2005.
Ayoun, Richard. « Le décret Crémieux et l'insurrection de 1871 en Algérie ». *Revue d'histoire moderne et contemporaine,* 35–jan/mars (1988) : 61–87.
――. « Les négociants juifs d'Afrique du Nord et la mer à l'époque moderne ». *Revue française*

(2004): 81–106.

―――. « La laïcité en situation coloniale. Usages politiques croisés du principe de séparation des Eglises et de l'État en Algérie ». in : Association française pour l'histoire de la justice (dir.) *La justice en Algérie, 1830–1962*, Paris : La Documentation française, 2005.

―――. « "L'Islam authentique appartient à Dieu, l'Islam algérien à César". La mobilisation de l'association des oulémas d'Algérie pour la séparation du culte musulman et de l'État (1931–1956) ». *Genèses*, 69 (2007) : 49–69.

Ageron, Charles-Robert. « La France a-t-elle eu une politique kabyle? ». *Revue historique*, 223 (1960) : 313–352.

―――. « Jaurès et les socialistes français devant la question algérienne (de 1895 à 1914) ». *Le Mouvement social*, 42 (1963) : 3–29.

―――. « L'émir Khaled, petit-fils d'Abd El-Kader, fut-il le premier nationaliste algérien? ». *Revue de l'Occident musulman et de la Méditerranée*, 2 (1966) : 9–49.

―――. « L'émigration des musulmans algériens et l'exode de Tlemcen (1830–1911) ». *Annales. Économies, Sociétés, Civilisations*, 22–5 (1967) : 1047–1068.

―――. *Les Algériens musulmans et la France (1871–1919)*. 2 vols. Paris : PUF, 1968.

―――. *Politiques coloniales au Maghreb*. Paris : PUF, 1972.

―――. *France coloniale ou parti colonial ?* Paris : PUF, 1978.

―――. *Histoire de l'Algérie contemporaine : de l'insurrection de 1871 au déclenchement de la guerre de libération (1954)*. Paris : PUF, 1979.

―――. *Histoire de l'Algérie contemporaine*. 10e éd. Paris : PUF, 1994.［シャルル・ロベール・アージュロン（私市正年・中島節子訳）『アルジェリア近現代史』白水社　2002 年］

―――. *De « l'Algérie française » à l'Algérie algérienne*. Paris : Bouchène, 2005.

―――. *Genèse de l'Algérie algérienne*. Paris : Bouchène, 2005.

Agulhon, Maurice. *Le cercle dans la France bourgeoise : 1810–1848. Étude d'une mutation de sociabilité*. Paris : Armand Colin, 1977.

―――. *1848, ou, L'apprentissage de la République, 1848–1852*. nouvelle éd. *Nouvelle histoire de la France contemporaine*. Paris : Seuil, 1992.

Ahmida, Ali Abdullatif (ed.) *Beyond Colonialism and Nationalism in the Maghrib : History, Culture, and Politics*. New York : Palgrave Macmillan, 2000.

赤堀雅幸・東長靖・堀川徹編『イスラームの神秘主義と聖者信仰』東京大学出版会　2005 年．

明石欽司『ウェストファリア条約―その実像と神話』慶應義塾大学出版会　2009 年．

Aksan, Virginia H. and Daniel Goffman (ed.) *The Early Modern Ottomans : Remapping the Empire*. Cambridge : Cambridge University Press, 2007.

Alasson, André. « L'opinion française et les problèmes coloniaux à la fin du Second Empire ». *Revue française d'histoire d'outre-mer*, 176/177 (1962) : 366–437.

Aldrich, Robert. *Greater France : A History of French Overseas Expansion*. New York : Palgrave Macmillan, 1996.

Allouche-Benayoun, Joëlle et Doris Bensimon. *Les Juifs d'Algérie : mémoires et identités plurielles*. Paris : Stavit, 1998.

―. *Tunis et Alger au XVIIIe siècle*. Paris : Sindbad, 1983.
Veuillot, Louis François. *Les Français en Algérie, souvenirs d'un voyage fait en 1841*. Tours : A. Mame, 1857.
Villot, Roland. *La vie politique à Oran de la Monarchie de Juillet aux débuts de la Troisième République, 1831–1881*. Oran : Heintz frères, 1947.
Vingt-cinq ans de colonisation nord-africaine. Paris : Société d'éditions géographiques, maritimes et coloniales, 1925.
Wahl, Maurice. *L'Algérie*. 2e éd. Paris : Félix Alcan, 1889.
Walewski, Le Comte. *Un mot sur la question d'Afrique*. Paris : J.-N. Barba, 1837.
Walsin Esterhazy, Jean. *De la domination turque dans l'ancienne Régence d'Alger*. Paris : Librairie. C. Gosselin, 1840.
―. *Notice historique sur le Maghzen d'Oran*. Oran : Perrier, 1849.
Warnier, Auguste. *L'Algérie devant l'Empereur, pour faire suite à l'Algérie devant le Sénat et à l'Algérie devant l'opinion publique*. Paris : Challamel, 1865.
―. *Rapport fait au nom de la commision chargée d'examiner : 1. le projet de loi relatif à l'établissement et à la conservation de la propriété en Algérie, ainsi qu'à la transmission contractuelle des immeubles et droits immobiliers ; 2. le projet de loi de procédure sur les mêmes matières. Assemblée nationale. Annexe au procès verbal de la séance du 4 avril 1873*. 1873.
Weiss, André. *Traité théorique et pratique de droit internationale privé*. 5 vols. Paris : Larose, 1892–1905.
Werner, Auguste-Raynald. *Essai sur la réglementation de la nationalité dans le droit colonial français*. Paris : Recueil Sirey, 1936.
Worms, Mayer-Goudchaux. *Recherches sur la constitution de la propriété territoriale dans les pays musulmans, et subsidiairement en Algérie*. Paris : A. Franck, 1846.
Yver, Georges. « Si Hamdan ben Othman khodja ». *Revue africaine,* 57 (1913) : 96–122.
Zeys, Ernest. *Traité élémentaire de droit musulman algérien (école malékite)*. 2 vols. Alger : A. Jourdan, 1885–1886.
―. *Législation mozabite, son origine, ses sources, son présent, son avenir*. Alger : A. Jourdan, 1886.

1962年以降の文献

阿部良雄「アブドル・カーディルの降伏―表象論のイデオロギー的次元」『社会史研究』6（1985年）154–183頁.
Abi-Mershed, Osama W. *Apostles of Modernity : Saint-Simonians and the Civilizing Mission in Algeria*. Stanford, Calif. : Stanford University Press, 2010.
Abitbol, Michel. *Les Juifs d'Afrique du Nord sous Vichy*. Paris : Maisonneuve et Larose, 1983.
―. « Juifs d'Afrique du Nord et expulsés d'Espagne après 1492 ». *Revue de l'histoire des religions,* 210-1 (1993) : 49–90.
―. *Histoire du Maroc*. Paris : Perrin, 2009.
Achi, Raberh. « La séparation des Églises et de l'État à l'épreuve de la situation coloniale. Les usages de la dérogation dans l'administration du culte musulman en Algérie (1905–1959) ». *Politix,* 17–66

リア戦争——私は証言する』岩波書店　1961 年］
Silvestre de Sacy, Antoine Isaac. « Sur la nature et les révolutions du droit de propriété territoriale en Égypte, depuis la conquête de ce pays par les Musulmans, jusqu'à l'expédition des François (lu le 10 thermidor an XI) ». in : *Bibliothèque des arabisants français. 1re série. Silvestre de Sacy*, vol. 2, Le Caire : Imprimerie de l'institut français d'archéologie orientale, 1923.
Sautayra, Édouard et Paul Lapra. *Législation de l'Algérie : lois, ordonnances, décrets et arrêtés par ordre alphabétique*. Paris : Maisonneuve, 1878.
Schœlcher, Victor. *L'Égypte en 1845*. Paris : Pagnerre, 1846.
Shaler, William. *Sketches of Algiers, political, historical and civil*. Boston : Cunnings, 1826.
——. *Esquisse de l'État d'Alger, considéré sous les rapports politique, historique et civil*. traduit par M.X. Bianchi. Paris : Imprimerie de Gaultier-Laguionie, 1830. rééd., Paris : Bouchène 2001.
Shaw, Thomas. *Travels, or observations relating to several parts of Barbary and the Levant*. London : Millar, 1757.
Solus, Henry. *Traité de la condition des indigènes en droit privé : colonies et pays de protectorat (non compris l'Afrique du Nord et pays sous mandat)*. Paris : L. Tenin, 1927.
Tailliart, Charles. *L'Algérie dans la littérature française*. Paris : 1925.
——. « L'Université d'Alger ». in : Jean Alazard (dir.) *Histoire et historiens de l'Algérie*, Paris : F. Alcan, 1931.
Thurin, Guy. *Le rôle agricole des Espagnols en Algérie*. Lyon : Bosc frères, 1937.
Tinthoin, Robert. *Colonisation et évolution des genres de vie dans la région Ouest d'Oran de 1830 à 1885 : étude de géographie et d'histoire coloniale*. Oran : Fouque, 1947.
Tisserand. *D'Oran à Beni-Saf, Aïn-Témouchent, Tlemcen et Bel-Abbès*. Douai : O. Duthilloeul, s.d.
Tocqueville, Alexis de. *Œuvres complètes. V–2. Voyage en Angleterre, Irlande, Suisse et Algérie*. Paris : Gallimard, 1957.
——. *Œuvres complètes. III–1. Écrits et discours politiques : écrits sur l'Algérie, les colonies, l'abolition de l'esclavage, l'Inde*. Paris : Gallimard, 1962.
——. *De la colonie en Algérie*. présentation de T. Todorov. Paris/Bruxelles : Éditions Complexe, 1988.
el-Tounsy, Cheykh Mohammed Ibn-Omar. *Voyage au Darfour*. traduit par Nicolas Perron. Paris : Benjamin Duprat, 1845.
——. *Voyage au Ouadây*. traduit par Nicolas Perron. Paris : Benjamin Duprat, 1851.
Troplong, Raymond-Théodore. *Le droit civil expliqué suivant l'ordre des articles du code. De l'échange et du louage, commentaire des titres VII et VIII du livre III du Code civil*. 2 vols. Paris : Charles Hingray, 1852.
Urbain, Ismaÿl (pseud. Georges Voisin). *L'Algérie pour les Algériens*. Paris : Michel Lévy frères, 1860. rééd., Paris : Séguier, 2000.
——. *L'Algérie française : indigènes et immigrants*. Paris : Challamel aîné, 1862, rééd., Paris : Séguier, 2002.
Vattel, Emer de. *Le droit des gens ou principes de la loi naturelle appliqués à la conduite et aux affaires des nations et des souverain*. 2 vols. London : s.n., 1758.
Venture de Paradis, Jean-Michel. *Alger au XVIIIe siècle*. Alger : A. Jourdan, 1898.

Imprimerie nationale, 1848, p. i–xxviii.

―. *Femmes arabes avant et depuis l'Islamisme.* Paris : Librairie nouvelle, 1858.

Personnel et matériel des communes mixtes : règlements. Alger : Heintz, 1907.

Pétition des colons d'Alger à la chambre des députés, suivie de celle des négociants de Marseille et des délibérations du conseil municipal et de la chambre de commerce de même ville. Marseille : Typographie de Feissat aîné et Demonchy, 1834.

Peyerimhoff, Henri de. *Enquête sur les résultats de la colonisation officielle de 1871 à 1895.* 2 vols. Alger : Imp. Torrent, 1906.

Peyssonnel, Jean-André et René-Louiche Desfontaines. *Voyages dans les régences de Tunis et d'Alger.* 2 vols. Paris : Librairie de Gide, 1838.

―. *Voyage dans les régences de Tunis et d'Alger.* Paris : La Découverte, 1987.

Pichon, Louis André. *Alger sous la domination française, son état présent et son avenir.* Paris : Théophile Barrois et Benjamin Duprat, 1833.

Piesse, Louis. *Itinéraire de l'Algérie.* Paris : Hachette, 1862.

―. *Itinéraire de l'Algérie.* 2e éd. Paris : Hachette, 1874.

―. *Algérie et Tunisie. collection des guides Joanne.* Paris : Hachette, 1898.

Poivre, Aimé. *Indigènes algériens, leur état civil et condition juridique.* Alger : Dubos, 1862.

Prévost-Paradol, Lucien-Anatole. *La France nouvelle.* Paris : Michel Lévy frères, 1868.

Rager, Jean-Jacques. *Les musulmans algériens en France et dans les pays islamiques.* Alger : Imbert, 1950.

Rampal, A. « Une famille marseillaise de consuls en Levant : les Peyssonnels ». in : Jules Charles-Roux (dir.) *Compte rendu des travaux du Congrès colonial de Marseille*, Paris : Challamel, 1908, 157–162.

Raynal, abbé. *Histoire philosophique et politique des établissements et du commerce des Européens dans l'Afrique septentrionale.* 2 vols. Paris : A. Costes, 1826.

Relation du voyage du gouverneur général dans la province d'Oran. Alger : Typo. V. Aillaud, 1876.

Renan, Ernest. « Rapport sur les travaux du Conseil de la société asiatique pendant l'année 1875–1876 ». *Journal Asiatique,* 7–8 (1876)

Renard, Jules. *Les étapes d'un petit Algérien dans la province d'Oran.* 6e éd. Paris : Hachette, 1901.

Renaud, V. Tassin. *Histoire d'un village algérien 1890–1900.* Alger-Mustapha : Giralt, 1900.

Rinn, Louis. *Note sur l'instruction publique musulmane en Algérie.* Alger : Fontana, 1882.

―. *Marabouts et khouan. Etude sur l'Islam en Algérie.* Alger : A. Jourdan, 1884.

―. « Régime pénal de l'indigénat en Algérie ». *Revue algérienne et tunisienne de législation et de jurisprudence,* 1 (1885) : 1re partie, 53–67, 73–90, 257–277, 357–400.

Robe, Eugène. *Les lois de la propriété immobilière en Algérie.* Alger : J. Brecq, 1864.

―. *Origines, formation et état actuel de la propriété immobilière en Algérie.* Paris : Challamel, 1885.

Rousset, Camille. « La conquête de l'Algérie ». *Revue des deux mondes,* 1er oct 1888, réed. dans Jeanne Caussé et Bruno de Cessole (dir.) *Algérie 1830–1962* (Paris : Maisonneuve et Larose, 1999) : 113–136.

Roy, Jules. *La guerre d'Algérie.* Paris : PUF, 1960. ［ジュール・ロワ（鈴木道彦訳）『アルジェ

du *Catalogue des manuscrits arabes les plus importants de la bibliothèque d'Alger et de la bibliothèque de Cid-hammouda à Constantine*. Paris : P. Dupont, 1845.

Marneur, François. *L'indigénat en Algérie, considérations sur le régime actuel, critique, projets de réformes*. Paris : L. Tenin, 1914.

Martens, Georg Friedrich. *Cours diplomatique, ou Tableau des relations extérieures des puissances de L'Europe*. vol. 3, Merlin : A. Mylius, 1801.

Martin, Claude. *Les Israélites Algériens de 1830 à 1902*. Paris : Herakles, 1936.

Masson, Paul. *Histoire des établissements et du commerce français dans l'Afrique barbaresque (1560–1793)*. Paris : Hachette, 1903.

Mélanges de géographie et d'orientalisme offerts à E.-F. Gautier. Tours : Arrault, 1937.

Mélia, Jean. *Histoire de l'Université d'Alger*. Alger : La Maison des Livres, 1950.

Mercier, Ernest. *Histoire de l'établissement des Arabes dans l'Afrique septentrionale selon les documents fournis par les auteurs arabes et notamment par l'Histoire des Berbères d'Ibn Kaldoun*. Paris : Challamel, 1875.

——. *Histoire de l'Afrique septentrionale depuis temps les plus reculés jusqu'à la conquête française*. 3 vols. Paris : F. Leroux, 1888–1891.

——. « Le hobous ou ouakof : ses règles et sa jurisprudence ». *Revue algérienne et tunisienne de législation et de jurisprudence,* 11 (1895) : 1re partie, 173–222.

——. « La propriété foncière en Algérie ». *Revue algérienne et tunisienne de législation et de jurisprudence*, 14 (1898) : 1re partie, 57–83, 89–115.

——. *Le code du Hobous ou Ouakf, selon la législation musulmane*. Constantine : Impr. nationale, 1899.

——. *La question indigène en Algérie au commencement du XXe siècle*. Paris : Challamel, 1901. rééd., Paris : L'Harmattan, 2006.

Merlin, Philippe-Antoine. *Recueil alphabétique des questions de droit qui se présentent le plus fréquemment dans les tribunaux*. 3e éd. 7 vols. Paris : Garnery, 1819–1827.

Michelet, Jules. *Introduction à l'histoire universelle*. 2e éd. Paris : Hachette, 1834.［ジュール・ミシュレ（大野一道訳）『世界史入門』藤原書店　1993 年］

Mill, John Stuart. *England and Ireland*. London : Longmans, Green, Reader, and Dyer, 1868.

Mouliéras, Auguste. *Légendes et contes merveilleux de la grande Kabylie*. 2 vols. Paris : E. Leroux, 1893–1897.

Musette. *Cagayous, ses meilleures histoires*. 4e éd. Paris : Gallimard, 1931.

Neveu, Édouard. *Les Khouan, ordres religieux chez les musulmans de l'Algérie*. Paris : A. Guyot, 1845.

Ney, Napoléon. *Un danger européen : les sociétés secrètes musulmanes*. Paris : Georges Carré, 1890.

Nys, Ernest. *La guerre maritime : étude de droit international*. Bruxelles : Muquardt, 1881.

Pellissier de Reynaud, Edmond. *Annales algériennes, nouvelle édition, revue, corrigée et continuée jusqu'à la chute d'Abd el-Kader*. 3 vols. Paris : Dumaine, 1854.

Perret, E. *Les français en Afrique : récits algériens*. 7e éd. Paris : B. Bloud, 1902.

Perron, Nicolas. « Aperçu préliminaire ». in : *Précis de jurisprudence musulmane, ou principes de législation musulmane civile et religieuse, selon le rite malékite par Khalîl ibn-Ishâk*, vol. 1, Paris :

en arabe le Miroir, par Sidy Hamdan ben Othman Khoja, fils de l'ancien secrétaire d'État (makatagy) de la Régence d'Alger. traduit de l'arabe par H.D. oriental. Paris : Goetschy, 1833, réèd. Paris : Sindbad, 1985.

Hamet, Ismaël. *Les Musulmans français du Nord de l'Afrique.* Paris : Armand Colin, 1906.

――. *Les Juifs du Nord de l'Afrique.* Paris : 1928.

Hanotaux, Gabriel. « L'avenir de l'Afrique ». *Questions diplomatiques et coloniales,* 6–13 (1902) : 480–492.

Hanotaux, Gabriel et Alfred Martineau. *Histoire des colonies françaises et de la France dans le monde.* 6 vols. Paris : Plon, 1929–1933.

Hess, Jean. *Vérité sur l'Algérie.* Paris : Librairie universelle, 1905.

Histoire et historiens de l'Algérie (1830–1930). Paris : F. Alcan, 1931.

Jacqueton, Gilbert, Augustin Bernard et Stéphane Gsell. *Algérie et Tunisie. collections des guides Joanne.* Paris : Hachette, 1916.

Khalîl ibn-Ishâk. *Précis de jurisprudence musulmane, ou principes de législation musulmane civile et religieuse, selon le rite malékite.* traduit de l'arabe par Nicolas Perron. 6 vols. Paris : Imprimerie nationale, 1848–1854.

L'Islam et l'Occident. Marseille : Cahiers du Sud, 1947.

La Moricière, Léon Juchault de. *Réflexions sur l'état actuel d'Alger.* Paris : Normant, 1836.

La Moricière, Léon Juchaut de et Marie Alphonse Bedeau. *Projets de colonisation pour les provinces d'Oran et de Constantine.* Paris : Imprimerie Royale, 1847.

Lainné, J. *Réflexions sur l'Algérie.* Paris : E. Delanchy, 1847.

Larcher, Émile. *Traité élémentaire de législation algérienne.* 2 vols. Alger : A. Jourdan, 1903, 2e éd. 2 vols. Alger : A. Jourdan, 1911.

Larcher, Émile et Georges Rectenwald. *Traité élémentaire de législation algérienne.* 3e éd. 3 vols. Alger : Rousseau, 1923.

Larnaude, Marcel. « Tentes et habitations fixes en Oranie ». in : *Mélanges de géographie et d'orientalisme offerts à E.-F. Gautier,* Tours : Arrault, 1937, 297–306.

Laugier de Tassy, Jacques Philippe. *Histoire du royaume d'Alger, avec l'état présent de son gouvernement, de ses forces de terre et de mer, de ses revenus, police, justice politique et commerce.* Amsterdam : Henri du Sauzet, 1725, réèd. Paris : Loysel, 1992.

Laynaud, M. *Notice sur la propriété foncière en Algérie.* Alger-Mustapha : Giralt, 1900.

Le Chatelier, Alfred de. « Politique musulmane ». *Revue du monde musulman,* 12–9 (1910) : 1–165.

Lefloch, Louis. *Mahomet, al Koran, Algérie : études historiques, philosophiques et critiques.* Alger : Principaux libraires, 1860.

Le livre d'or de l'Oranie. Alger : Ed. de l'Afrique du Nord illustrée, 1925.

Lespès, René. « L'origine du nom français "d'Alger" traduisant "El Djezaïr" ». *Revue africaine,* 67 (1926) : 80–84.

――. *Alger : étude de géographie et d'histoire urbaine.* Paris : F. Alcan, 1930.

――. *Oran : étude de géographie et d'histoire urbaine.* Paris : F. Alcan, 1938.

Louis, Paul. *Le colonialisme.* Paris : Société nouvelle de librairie et d'édition, 1905.

Mac Guckin de Slane, William. *Rapport adressé à M. le ministre de l'instruction publique ; suivi*

Faucon, Narcisse. *Le livre d'or de l'Algérie, histoire politique, militaire, administrative, événements et faits principaux*. Paris : Challamel, 1889.

Fékar, Benali. *L'usure en droit musulman et ses conséquences pratiques*. Lyon : A. Rey, 1908.

――. « La représentation des musulmans algériens ». *Revue du monde musulman*, 7–1 (1909) : 1–22.

Féraud-Giraud, Louis-Joseph-Delphin. *La juridiction française dans les échelles du Levant et de Barbarie*. Paris : A. Durand, 1859.

Fey, Henri-Léon. *Histoire d'Oran, avant, pendant et après la domination espagnole*. Oran : A. Perrier, 1858. rééd., Oran : Dar el Gharb, 2002.

Fisher, Godfrey. *Barbary Legend. War, Trade and Piracy in North Africa*. Oxford : Clarendon Press, 1957.

Fontaine de Resbecq, Adolphe de. *Alger et les côtes d'Afrique*. Paris : Gaume frères, 1837.

Furnivall, John S. *Colonial Policy and Practice : A Comparative Study of Burma and Netherlands India*. Cambridge : Cambridge University Press, 1948.

Gautier, Emile Félix. *L'islamisation de l'Afrique du Nord : les siècles obscurs du Maghreb*. Paris : Payot, 1927.

――. *L'évolution de l'Algérie 1830–1930. Cahiers du Centenaire de l'Algérie*. 1930.

――. *Un siècle de colonisation. Études au microscope*. Paris : F. Alcan, 1930.

Genty de Bussy, Pierre. *De l'établissement des Français dans la Régence d'Alger et des moyens d'en assurer la prospérité*. 2 vols. Paris : Firmin-Didot, 1835.

Girault, Arthur. *Principes de colonisation et de législation coloniale*. 3 vols. Paris : Sirey, 1907–1908.

Gosse, Philip. *The History of Piracy*. Ney York : Green, 1932. reprint, Mineola : Dover, 2007. ［フィリップ・ゴス（朝比奈一郎訳）『海賊の世界史』中央公論新社　2010 年］

Gouvion, Marthe et Edmond Gouvion. *Kitab Aâyane el-Marhariba*. Alger : Imprimerie orientale Fontana frères, 1920.

Grammont, Henri Delmas de. *Relations entre la France et la régence d'Alger au XVIIe siècle. première partie. Les deux canons de Simon Dansa (1606–1628)*. Alger : Adolphe Jourdan, 1879.

――. *Relations entre la France et la régence d'Alger au XVIIe siècle. deuxième partie. La mission de Sanson Napollon (1628–1633)*. Alger : Adolphe Jourdan, 1880.

――. *Relations entre la France et la régence d'Alger au XVIIe siècle. troisième partie. La mission de Sanson le Page (1633–1646)*. Alger : Adolphe Jourdan, 1880.

――. *Histoire d'Alger sous la domination turque (1515–1830)*. Paris : E. Leroux, 1887. rééd. Saint-Denis : Bouchène, 2002.

Grosvenor, Lord R. *Extracts from the Journal of Lord R. Grosvenor. Being an account of his visit to the Barbary Regencies in the spring of 1830*. s.l. : Chester, 1831. reprint., London : DARF, 1986.

Grotius, Hugo. *De jure belli ac pacis libri tres*. translated by Francis W. Kelsey. New York : Oceana, 1964. ［グローチウス（一又正雄訳）『戦争と平和の法』酒井書店　1996 年］

Guernier, Eugène (dir.) *Algérie et Sahara*. 2 vols. Paris : Encyclopédie de l'Empire Français, 1946.

Guizot, François. *Histoire générale de la civilisation en Europe, depuis la chute de l'Empire romain jusqu'à la Révolution française*. Paris : Pichon et Didier, 1828. ［フランソワ・ギゾー（安士正夫訳）『ヨーロッパ文明史』みすず書房　2006 年］

Hamdan Ben Othman Khodja, Sidy. *Aperçu historique et statistique sur la Régence d'Alger, intitulé l'usufruit, de l'usage et de l'habitation.* Bruxelles : Meline Cans, 1854.

Demontès, Victor. *Le peuple algérien. essai de démographie algérienne.* Alger : Imp. Algérienne, 1906.

———. *L'Algérie économique.* 5 vols. Alger : Imp. Algérienne, 1922–1930.

Dény, J. « Les registres de solde des janissaires ». *Revue africaine,* 61 (1920) : 19– 46.

Depont, Octave et Xavier Coppolani. *Les confréries religieuses musulmanes.* Alger : A. Jourdan, 1897.

Desjobert, Amédée. *Discours de M. Desjobert, député de la Seine-Inférieur, dans la discussions du budget du Ministère de la Guerre (séance du 10 janvier 1836). Chambre des débutés, Session de 1836.* Paris : Impr. Vre Agasse, 1836.

———. *La question d'Alger : politique, colonisation, commerce.* Paris : P. Dufart, 1837.

———. *L'Algérie en 1838.* Paris : Dufart, 1838.

———. *L'Algérie en 1844.* Paris : Guillaume, 1844.

———. *L'Algérie en 1846.* Paris : Guillaume, 1846.

Desmichels, Louis Alexis. *Oran sous le commandement du général Desmichels.* Paris : Anselin, 1835.

Dessoliers, Félix. *De la fusion des races européennes en Algérie, par les mariages croisés et de ses conséquences politiques.* Alger : Fontana, 1899.

Diego de Haëdo, Fray. « Topographie et histoire générale d'Alger ». *Revue africaine,* 14 (1870) : 364–383, 414– 433, 490–519, 15 (1871) : 90–111, 202–237, 307–319, 375–395, 458– 473.

———. *Histoire des rois d'Alger.* Paris : 1881.

Duboc, Ferdinand. « Notes sur Oran (côte de Barbarie) ». *Nouvelles annales des voyages et des sciences géographiques,* 57 (1833) : 5–25.

Ducrocq, Théophile. *Cours de droit administratif.* 2e éd. Paris : A. Durand, 1863.

Dujarier, C. « Robert Estoublon ». *Revue algérienne et tunisienne de législation et de jurisprudence,* 21 (1905) : 1re partie, 1– 4.

Dupuy, Aimé. *L'Algérie dans les lettres d'expression française.* Paris : Éditions Universitaires, 1956.

Duveyrier, Henri. *La confrérie musulmane de Sidi Mohammed Ben 'Alî Es-Senoûsî et son domaine géographique.* Paris : Société de géographie, 1884.

Eisenbeth, Maurice. *Les Juifs de l'Afrique du Nord, démographie et onomastique.* Alger : Imprimerie du Lycée, 1936.

Enfantin, Barthélemy-Prosper. *Colonisation de l'Algérie.* Paris : P. Bertrand, 1843.

Ernest-Picard, Paul. *La monnaie et le crédit en Algérie depuis 1830.* Paris : Plon, 1937.

Eyssautier, Louis-Auguste « Terre arch : quel en est, quel doit en être le juge ? ». *Revue algérienne et tunisienne de législation et de jurisprudence,* 11 (1895) : 77–114.

Faidherbe, Louis. « Les Berbères et Arabes des bords du Sénégal ». *Bulletin de la société de géographie de Paris,* février (1854) : 89–112.

Fanon, Frantz. *Peau noire, masques blancs.* Paris : Seuil, 1952. ［フランツ・ファノン（海老坂武・加藤晴久訳）『黒い皮膚・白い仮面』みすず書房　1989 年］

———. *Les damnés de la terre.* Paris : François Maspero, 1961. rééd., Paris : La Découverte, 2002. ［フランツ・ファノン（鈴木道彦・浦野衣子訳）『地に呪われたる者』みすず書房　1996 年］

―――. *Initiation à la science du droit musulman. variétés juridiques.* Oran : A. Perrier, 1868.

―――. *Droit musulman malékite : Examen critique de la traduction officielle qu'a faite M. Perron du livre de Khalil.* Paris : Challamel aîné, 1870.

Caillat, J. « Le voyage d'Alphonse Daudet en Algérie (1861–1862) ». *Revue africaine,* 64 (1923) : 11–115, 65 (1924) : 65–174.

Cambon, Jules. *Le gouvernement général de l'Algérie (1891–1897).* Alger : A. Jourdan, 1918.

Camus, Albert. *La peste.* Paris : Gallimard, 1947. rééd., Paris : Gallimard/Folio, 1997.［アルベール・カミュ（宮崎嶺雄訳）『ペスト　カミュ全集4』新潮社　1972年］

Castéran, Augustin. *L'Algérie française de 1884 à nos jours.* Paris : Flammarion, 1900.

Cazenave, Jean. *La colonisation en Algérie.* Alger : Gibalt, 1900.

―――. « Contribution à l'histoire du vieil Oran : Oran, cité berbère ». *Bulletin trimestriel de la Société de géographie et d'archéologie d'Oran,* 46–mars (1926) : 53–74, 97–157.

―――. « Les gouverneurs d'Oran pendant l'occupation espagnole de cette ville (1505–1792) ». *Revue africaine,* 71 (1930) : 257–299.

―――. « Les sources de l'histoire d'Oran ». *Bulletin trimestriel de la Société de géographie et d'archéologie d'Oran,* 54–195 (1933) : 303–379.

Champ, Maxime. *La commune mixte d'Algérie.* thèse pour le doctorat en droit, Université d'Alger. Alger : Minerva, 1928.

Charles-Roux, Jules (dir.) *Compte rendu des travaux du Congrès colonial de Marseille.* Paris : Challamel, 1908.

Charléty, Sébastien. *Histoire du Saint-simonisme.* Paris : Hartmann, 1931. rééd., Paris : Gonthier, 1965.

Cherbonneau, Eugène et Edouard Sautayra. *Droit musulman : du statut personnel et des successions.* 2 vols. Paris : Maisonneuve et cie, 1873–1874.

Cogordan, George. *Droit des gens. La nationalité au point de vue des rapports internationaux.* Paris : Larose, 1879.

Cohen, Jacques. *Les israélites de l'Algérie et le décret Crémieux.* Paris : Arthur Rousseau, 1900.

Cohen, Marcel. *Le parler arabe des Juifs d'Alger.* Paris : Librairie ancienne M. Champion, 1912.

Colombe, M. « Contribution à l'étude du recrutement de l'odjaq d'Alger dans les dernières années de l'histoire de la Régence ». *Revue africaine,* 87 (1943) : 166–181.

Congrève, Richard. *L'Inde.* Paris : P. Jannet, 1858.

Constant, Benjamin. *De la religion considérée dans sa source, ses formes et ses développements.* 5 vols. Paris : Bossange père, 1824–1831.

Dain, Alfred. « La réforme de la législation foncière en Algérie ». *Revue algérienne et tunisienne de législation et de jurisprudence,* 7 (1891) : 141–165.

Daudet, Alphonse. *Aventures prodigieuses de Tartarin de Tarascon.* 2e éd. Paris : E. Dentu, 1873. ［ドーデー（小川泰一訳）『陽気なタルタラン』岩波書店　1938年］

Daumas, Eugène. *La Grande Kabylie : études historiques.* Paris : Hachette, 1847.

Delphin, Gaëtan. « Histoire des pachas d'Alger de 1515 à 1745 ». *Journal Asiatique,* 11–19 (1922) : 161–233.

Demolombe, Charles. *Cours de code civil. tome 5. De la distinction des biens, de la propriété, de*

Abd'al-Djalil al-Tenssy. Paris : Ernest Leroux, 1887.
Barrachin, L.-G. *Note traduite de l'arabe adressée par les principaux habitants d'Alger.* Paris : Paulin, 1833.
Bastide, L. *Bel-Abbès et son arrondissement.* Oran : Perrier, 1880.
Baudicour, Louis de. *La colonisation de l'Algérie, ses éléments.* Paris : Lecoffre, 1856.
———. *Histoire de la colonisation de l'Algérie.* Paris : Challamel, 1860.
Berbrügger, Adrien. « Reprise d'Oran par les Espagnols en 1732 ». *Revue africaine,* 8 (1864) : 12–28.
———. « Conquête d'Oran ». *Revue africaine,* 10 (1866) : 43–50.
———. « Oran sous les Espagnols. Expéditions et Rasias. Traduction de rapports officiels espagnols sur la prise de Mers-el-kebir en 1550 ». *Revue africaine,* 13 (1869) : 100–115.
Bernard, Augustin. *Géographie universelle. tome XI. Afrique septentrionale et occidentale.* 2 vols. Paris : Armand Colin, 1937.
Bernard, Augustin et Edmond Doutté. « L'habitation rurale des indigènes de l'Algérie ». *Annales de géographie,* 26 (1917) : 219–228.
Berque, Augustin. « L'habitation de l'Indigène algérien ». *Revue africaine,* 78 (1936) : 43–100.
Bertherand, A. « Nécrologie. le Docteur Perron ». *Gazette médicale de l'Algérie,* 3 (1876) : 25–29.
Billiard, L., F. Vergnieaud et E. Balensi. *Les ports et la navigation de l'Algérie.* Paris : Larose, 1930.
Blet, Henri. *Histoire de la colonisation française, les étapes d'une renaissance coloniale 1789–1870.* Grenoble : Arthaud, 1946.
Bonnafont, Dr. *Refléxions sur l'Algérie, particulièrement sur la province de Constantine.* Paris : Ledoyen, 1846.
Bousquet, Georges Henri. *L'Islam maghrébin.* 3e éd. Alger : Maison des livres, 1954.
———. « Enseignement supérieur de l'Algérie : le droit ». *Documents algériens,* 30–20 juillet 1948 (1961).
———. « Réflexions sur le mot indigène ». *Bulletin de l'Association Guillaume Budé,* 3 (1961) : 396–402.
———. (dir.) *Classiques de l'islamologie.* Alger : La maison des livres, 1950.
Brunschwig, Henri. *La colonisation française : de pacte coloniale à l'union française.* Paris : Calmann-Lévy, 1949.
———. *Mythes et réalités de l'impérialisme colonial français, 1871–1914.* Paris : Armand Colin, 1960.
Bugeaud, Thomas Robert. *Par l'épée et par la charrue : écrits et discours de Bugeaud, introduction, choix de textes et notes par Paul Azan.* Paris : PUF, 1948.
Cadoz, François. *Le secrétaire de l'Algérie ou le secrétaire français-arabe, contenant des modèles de lettres et d'actes sur toutes sortes de sujets, un recueil de proverbes, des explications grammaticales, etc.* Alger : F. Bernard, 1850.
———. *Civilité musulmane ou recueil de sentences et de maximes extraites de l'ouvrage du célèbre auteur arabe l'iman Essiyuthi, avec une traduction littérale en regard du texte arabe suivie d'une autre traduction du mot-à-mot et de notes explicatives par François Cadoz.* Alger : F. Bernard, 1851.
———. *Alphabet arabe ou éléments de la lecture et de l'écriture arabes. 1ere partie.* Alger : F. Bernard, 1852.

1962年以前の文献

1962年より前に書かれた著作，出版物，およびその再版．同一著者の出版期間が1962年前後にまたがる場合には原則として次項に集約した．

Abbas, Ferhat. *La nuit coloniale*. Paris: R. Juillard, 1962. rééd., Alger: ANEP, 2006.
Abd el-Kader. *Lettre aux Français*. Paris: Phébus, 2002.
Adoue, Léon. *La ville de Sidi-bel-Abbès. histoire-légende-anecdotes*. Sidi-bel-Abbès: Roidot, 1927.
L'Afrique à travers ses fils : Ernest Mercier, historien de l'Afrique septentrionale, maire de Constantine. Paris: P. Geuthner, 1944.
Alazard, Jean et al. *Histoire et historiens de l'Algérie*. Paris: F. Alcan, 1931.
——. *Initiation à l'Algérie*. Paris: Adrien Maisonneuve, 1957.
Algérie et Tunisie. collection des guides Joanne. Paris: Hachette, 1901.
Algérie, personnel du service des communes mixtes, règlements. Alger: Impr. Gojosso, 1896.
Ali Effendi ben Hamdan ben Otsman Khodja. *Souvenirs d'un voyage d'Alger à Constantine*. traduit par F. de Saulcy. Metz: Verronnais, 1838.
Amrouche, Jean-El Mouhoub. *Un algérien s'adresse aux Français : ou l'histoire d'Algérie par les textes (1943–1961)*. Paris: L'Harmattan, 1994.
Angelini, J. *Le livre d'or des colons algériens*. Alger: J. Angelini, 1903.
Ansky, Michel. *Les Juifs d'Algérie : du décret Crémieux à la Libération*. Paris: Éditions du Centre de Documentation Juive Contemporaine, 1950.
Aramburu, José de. *Oran et l'Ouest algérien au XVIIIe siècle*. traduit de l'espagnol par Mohamed El Korso et Mikel De Epalza. Alger: Bibliothèque nationale, 1978.
Armagnac, Vicomte de. « Nécrologie : le Docteur Nicolas Perron ». *Revue africaine*, 20 (1876): 173–175.
Association française pour l'avancement des sciences, congrès d'Oran 1888. *Oran et l'Algérie en 1887 : notices historiques, scientifiques et économiques*. 2 vols. Oran: Paul Perrier, 1888.
Aubry, Charles. *Cours de droit civil français : d'après la méthode de Zachariae*. 4e éd. 5 vols. Paris: Marchal et Billard, 1869–1872.
Azan, Paul. *L'armée indigène nord-africaine*. Paris: Charles-Lavauzelle, 1925.
——. *L'Émir Abd el Kader 1808–1883 : du fanatisme musulman au patriotisme français*. Paris: Hachette, 1925.
——. *L'expédition d'Alger*. Paris: Plon, 1930.
——. *Les grands soldats d'Algérie*. s.l.: Publications du Comité National Métropolitain du Centenaire de l'Algérie, 1931.
Bannister, Saxe. *Appel en faveur d'Alger et de l'Afrique du Nord, par un Anglais*. Paris: Dondey-Dupré, 1833.
Baraudon, Alfred. *Algérie et Tunisie : récits de voyage et études*. Paris: Plon, 1893.
Bargès, Jean Joseph Léandre. *Tlemcen, ancienne capitale du royaume de ce nom, sa topographie, son histoire, description de ses principaux monuments, anecdotes, légendes et récits divers, souvenirs d'un voyage*. Paris: Challamel, 1859.
——. *Complément de l'histoire des Beni-Zeiyan rois de Tlemcen, ouvrage du Cheikh mohammed*

Gazette d'Aïn-Témouchent
Journal de la jurisprudence de la Cour impériale d'Alger (Journal de la jurisprudence de la Cour d'appel d'Alger et de législation algérienne)
Journal officiel de la République française
Procès-verbaux des délibérations du Conseil supérieur du Gouvernement
Revue algérienne et tunisienne de législation et de jurisprudence
Statistique générale de l'Algérie
Tableau de la situation des établissements français dans l'Algérie

法規集・公的刊行物

Estoublon, Robert. *Bulletin judiciaire de l'Algérie : jurisprudence algérienne de 1830 à 1876*. 4 vols. Alger : A. Jourdan, 1890–1891.

Estoublon, Robert et Adolphe Lefébure. *Code de l'Algérie annoté*. 3 vols. Paris : Challamel, 1896–1915.

Exploration scientifique de l'Algérie pendant les années 1840, 1841 et 1842. 39 vols. Paris : Imprimerie Nationale, 1844–1854.

Gouvernement Général de l'Algérie. *L'exode de Tlemcen en 1911*. Beaugency : R. Barrillier, 1914.

Hugues, Henry. *Législation de l'Algérie et de la Tunisie, lois, décrets, arrêtés et circulaires par ordre alphabétique, avec notices et l'indication de la jurisprudence*. 3 vols. Blidah : Mauguin, 1883–1886.

Hugues, Henry et Paul Lapra. *Le code algérien, recueil annoté des lois, décrets, décisions, arrêtés et circulaires formant la législation spéciale de l'Algérie de 1872 à 1878*. Blidah : Mauguin, 1878.

Lucas, André. *Code civil*. 24e éd. Paris : Litec, 2005.

Ménerville, Charles-Louis Pinson de. *Dictionnaire de la législation algérienne, code annoté et manuel raisonné des lois, ordonnances, décrets, décisions et arrêtés publiés au "Bulletin officiel des actes du gouvernement"*. 3 vols. Alger : Bastide, 1867–1872.

Ministère de l'agriculture, du commerce et des travaux publics. *Enquête agricole. Algérie. Alger-Oran-Constantine*. Paris : Imprimerie impériale, 1870.

Plantet, Eugène (dir.) *Correspondance des deys d'Alger avec la cours de France, 1579–1833 : recueillie dans les dépôts d'archives étrangères, de la marine, des colonies et de la Chambre de commerce de Marseille et publiée avec une introduction, des éclaircissements et des notes*. 2 vols. Paris : F. Alcan, 1889. rééd., Tunis : Bouslama, 1981.

Procès-verbaux et rapports de la commission d'Afrique instituée par ordonnance du roi du 12 décembre 1833. Paris : Imprimerie Royale, 1834.

Recueil des Actes du gouvernement de l'Algérie (1830–1854). Alger : Imprimerie du gouvernement, 1856.

Rouard de Card, Edgard. *Traités de la France avec les pays de l'Afrique du Nord : Algérie, Tunisie, Tripolitaine, Maroc*. Paris : A. Pedone, 1906.

Tableau général des communes de plein exercice, mixtes et indigènes des trois départements de l'Algérie [puis : Tableau général des communes de l'Algérie]. 1875, 1884, 1897.

Jal, Auguste. *Glossaire nautique. Répertoire polyglotte de termes de marine anciens et modernes.* Paris: Firmin Didot, 1848.

Le Châtre, Maurice. *Nouveau dictionnaire universel.* 2 vols. Paris: Docks, 1865–1870.

Le Trésor de la langue française informatisé. Paris: CNRS Éditions, 2004.

Littré, Émile. *Dictionnaire de la langue française*, 2e éd. 1872–1877.

大塚和夫・小杉泰・小松久男・東長靖・羽田正・山内昌之編『岩波イスラーム辞典』岩波書店　2002年.

Oxford Dictionary of National Biography (online edition). http://www.oxforddnb.com/

Oxford English Dictionary, second edition, Oxford: Oxford University Press, 2009.

Peuchet, Jacques. *Dictionnaire universel de la géographie commerçante.* 5 vols. Paris: Blanchon, 1798–1799.

Playfair, Robert Lambert. *A Bibliography of Algeria, from the Expedition of Charles V. in 1541 to 1887.* London: s.n., 1888.

――. *Supplementary to the Bibliography of Algeria from the earliest times to 1895.* London: J. Murray, 1898.

Pouillon, François (dir.) *Dictionnaire des orientalistes en langue française.* Paris: Karthala, 2008.

Rioux, Jean-Pierre (dir.) *Dictionnaire de la France coloniale.* Paris: Flammarion, 2007.

Stora, Benjamin. *Dictionnaire biographique des militants nationalistes algériens.* Paris: L'Harmattan, 1985.

Tailliart, Charles. *L'Algérie dans la littérature française : essai de bibliographie méthodique et raisonnée jusqu'à l'année 1924.* Paris: É. Champion, 1925.

山口俊夫編『フランス法辞典』東京大学出版会　2002年.

定期刊行物

Agenda et annuaire des cours et tribunaux, du barreau, des notaires, des officiers ministériels et de l'enregistrement. France et colonies

Akhbar

Almanach impérial

Almanach national

Archives parlementaires de 1787 à 1860. première série (1787–1799). recueil complet des débats législatifs et politiques des chambres françaises

Archives parlementaires de 1787 à 1860. deuxième série (1800–1860). recueil complet des débats législatifs et politiques des chambres françaises

Bulletin de la société de géogprahie et d'archéologie de la province d'Oran

Bulletin judiciaire de l'Algérie : doctrine, jurisprudence, législation

Comptes rendus hebdomadaires des séances de l'Académie des sciences

Conseil général de la province d'Oran [après 1872 : du département d'Oran]. Rapports et procès-verbaux des séances

Documents algériens. Service d'information du cabinet du gouverneur général de l'Algérie

Echo d'Oran

Exposé de la situation générale de l'Algérie

アルジェリア
3. Direction générale des Archives nationales, Alger (DGAN)
   Fonds intérieur et beaux-arts
   Cartothèque

4. Direction des archives de wilaya d'Oran, Oran (WO)
   série L – Administration et comptabilité communale
   Série continue (SC)

文　　献

辞書・事典・書誌

Académie des sciences d'outre-mer. *Hommes et destins. Dictionnaire biographique d'Outre-mer.* 9 vols. Paris: Publications de l'Académie des sciences d'Outre-mer, 1975–1989.

Bély, Lucien (dir.) *Dictionnaire de l'Ancien Régime. Royaume de France XVIe–XVIIIe siècle.* Paris: PUF, 2002.

Bibliographie militaire des ouvrages français ou traduits en français et des articles des principales revues françaises relatifs à l'Algérie, à la Tunisie et au Maroc. 2 vols. Paris: Imprimerie Nationale, 1930–1935.

Block, Maurice. *Dictionnaire de l'administration française.* 3 vols. Paris: Berger-Levrault, 1877–1885.

Boiste, Pierre C. *Dictionnaire universel de la langue françoise, avec le latin, et manuel d'orthographe et de néologie.* 6e éd. Paris: Verdière, 1823.

Briat, Anne-Marie et al. *Des chemins et des hommes: la France en Algérie (1830–1962).* Hélette: Harriet, 1990.

Camps, Gabriel (dir.) *Encyclopédie berbère.* Aix-en-Provence: Edisud, 1984–2010.

Cat, Edouard. *Biographie algérienne: colons, fonctionnaires, savants, commerçants, industriels.* Mustapha: Imprimerie de l'Algérie Nouvelle, s.d.

Cornevin, Robert. *Hommes et destins: gouverneurs, administrateurs, magistrats.* 8 vols. Paris: Académie des sciences d'outre-mer, 1988.

Dalloz, Armand. *Dictionnaire général et raisonné de législation, de doctrine et de jurisprudence.* 5 vols. Paris: Bureau de la Jurisprudence générale, 1835–1841.

Dictionnaire de l'Académie française, 6e édition. 1835; *8e édition.* 1932–1935.

Dictionnaire des communes de l'Algérie. Alger: Fontana, 1903.

Dictionnaire des parlementaires français depuis le 1er mai 1789 jusqu'au 12 mai 1889. 5 vols. Paris: Bourloton, 1889–1891.

Encyclopaedia Judaica. 2nd ed. 22 vols. Detroit: Macmillan, 2007.

The Encyclopaedia of Islam, new edition. 12 vols. Leiden: Brill, 2004.

Fiori, Hermann. *Bibliographie des ouvrages imprimés à Alger de 1830 à 1850.* Paris: Max Besson, 1938.

Henry, Jean-Robert et François Balique. *La doctrine coloniale du droit musulman algérien: bibliographie systématique et introduction critique.* Paris: Editions de CNRS, 1979.

史料と文献

史　　料

フランス

1. Archives nationales d'Outre-mer, Aix-en-Provence (ANOM)

   Fonds ministériel, sous-série F80 – Services du ministère de la Guerre puis du ministère de l'Intérieur ayant eu en charge l'Algérie

   Fonds territorial, Algérie
    Gouvernement général de l'Algérie (GGA)
     série H – Affaires indigènes
     série J et sous-série JJ – Bureaux arabes de l'Oranie
     série L – Colonisation
     série M – Propriété indigène
     série T – Justice
     série Y – Planification

    Préfecture d'Oran (Oran)
     série E – Élections
     série G – Population
     série M – Colonisation
     série N – Propriété indigène

    Fonds Commune-mixte d'Aïn-Témouchent (Ainte)
     série I – Police
     série K – Personnel administratif
     série N – Propriétés communales

   Registres d'État-civil, Algérie
   Carthothèque

2. Service historique de la Défense, Vincennes (SHD)
    Armée de Terre.
     série 1H – Algérie

ベイ　32, 34, 37, 151, 219, 225, 234
ベイリク　32, 151, 155, 156, 235
ベイレルベイ　21, 22, 28
ベジャイヤ　268
『ペスト』　213
ベルギー　56
ボーヌ　141, 189, 214, 217, 221, 222, 224
ポーランド　45, 51, 52, 56, 64, 66, 292

ま　行

マーリク派　118, 121, 128, 169
マスカラ　123, 224, 227
マハッラ　32
マフディー　62, 271
マムルーク朝　152, 154
マラケシュ　216
マルセイユ　23, 46, 54
マルタ　69, 91, 272
南アフリカ　66
ミルク地　151, 152, 155–157, 162, 175, 245, 248–251, 256–259
ムアーマラート　120, 126
ムスリム原住民　79–82, 94, 95, 292
ムスリム問題担当局　111
ムラービト朝　276
ムルシア　92
ムワッヒド朝　276
メッカ　270
メデア　32, 141
メリーリャ　21, 225
モーリタニア　113

モール　56
モスタガネム　227
モリスコ　24
モロッコ　19, 32, 35, 37, 142, 166, 188, 207, 242, 254, 258, 271, 289

や　行

ユダヤ（人・教徒）　12, 17, 37, 38, 69, 70, 77–80, 87, 88, 90, 95, 97, 196, 227, 232, 233, 236–238, 272, 292, 296, 298
用益権　149, 150, 152, 155, 156, 266

ら　行

ラ・カル　40
ラ・ロシェル　166
ラフマーニー教団　36
ラングドック　92
リヴォルノ　37, 38
リビア　21
領域性　181, 182
レパントの海戦　22
ロシア　65
『ロビンソン・クルーソー』　21
ロレーヌ　91, 92, 278

わ　行

ワクフ　152–156, 167, 168–170, 172, 174, 177
ワクフ・アル・ハラマイン　153, 154
ワタン　16, 47
ワルニエ法　→一八七三年法

168, 172
一八四六年王令(土地所有権設定に関する一八四六年七月二一日王令)　154, 157, 160
一八五一年法(土地所有権設定に関する一八五一年六月一六日法)　154, 155, 157–159, 161, 168, 175
一八六三年元老院議決(土地所有権設定に関する一八六三年四月二二日元老院議決)　147, 157–160, 162–164, 172, 173, 197, 245, 248, 250, 257–261, 294
一八六五年元老院議決(人の身分と帰化に関する一八六五年七月一四日元老院議決)　73, 76–78, 80, 87, 93, 292
一八七三年法(土地所有権の制定と保存に関する一八七三年七月二六日法)　147, 160–164, 168, 169, 173, 174, 248–253, 260, 261, 294
一八八九年法(国籍に関する一八八九年六月二六日法)　72, 74, 93, 94, 95, 293
属人法規　75–77, 79, 80, 88, 161, 292, *83*

た 行

ターイフェ　21, 28, 32, 41
タヒチ　72
タフナ和約　61
ダマスカス　269
ダルカーウィー教団　36, 254
『タルタラン・ド・タラスコン』　185, 192
タンジェ　254
註釈学派　149
チュニジア　25, 30, 32, 37, 269, 289
チュニス　19–22, 41, 216
デイ　30, 37, 38, 42, 45, 54, 135, 136, 151
ディーン　120, 124
帝国意識　3
ティジャーニー教団　36
定住植民地　4, 103, 182
伝統の創造　104
ドイツ　52, 57, 73, 91
ドゥアール　158, 197, 198, 206, 248, 249, 260, 262, 263, 265
同化主義　2, 182, 185–188, 211, 287, 294, 296
謄記　161, 262
東洋語学校　118
ドクトリネール　48, 59
トリポリ　19–22, 41, 225
トルコ　65, 155, 284

トレムセン　21, 32, 34, 141, 217, 219–221, 224, 225, 227, 268, 275, 283, 284
ドログマン　39
『ドン・キホーテ』　20

な 行

ナショナリテ　47–52, 57, 59, 60, 65–68, 71–73, 81, 84
ナポレオン体制　11
ヌーヴェル・カレドニー　138
ネドロマ　227

は 行

バグダード　36
パシャ　21, 28, 29
ハナフィー派　118, 121, 169
ハブス　→ワクフ
ハフス朝　21
ハラージュ　150
パリ　1, 53, 54, 77, 171, 278
バルバリア　20, 39
バレアレス諸島　23, 92
バレンシア　92
ハンガリー　57
ピエ・ノワール　90
ピエモンテ　92
非公式の帝国　2
ヒジュラ　270
碑文学会　108
ビルマ　188
ピレネー　92
フィリップヴィル　217, 221, 222, 224
フェズ　254
フェニキア人　167
複合社会　78
『二人の子供のフランス巡歴』　274
「フランス化」(土地制度の)　161, 169, 250, 252, 295
フランス地理学協会　282
フランス民法典(ナポレオン法典)　73, 74, 77, 130, 148, 149, 285, 292
ブリダ　217
ブリテン諸島　24
ブルターニュ　267, 278, 280
プロイセン　74
プロヴァンス　92, 267, 280
文明化(の使命)　2, 3, 58, 286, 299

地名・事項索引　5

カブール　64
カラーブリア　92
カルリスタ戦争　92
ガレー船　25
完全実施自治体　192, 194–196, 199, 242, 245, 296
『カンディード』　21
カンパーニア　92
帰化　77, 80, 93
北アフリカの星　269
ギュイアンヌ　157
境域　5, 7
協同　186, 187
共和主義（共和政の理念）　7, 8, 71, 74, 95, 188, 269
虚有権　156
居留特許条約　24, 25
ギリシャ　51, 56, 107
区画限定（カントヌマン）　155, 156, 158, 160, 255–257
クク　28
クルオール　30–34, 53, 56
クレオール　268, 297
グレタ　21
クレミュ政令　87, 88, 95, 292
ゲルマン人　84
「原住民」　12, 75, 76, 77, 79, 81, 138, 293
原住民助役　200, 204, 206, 208, 209, 285
原住民贔屓（アンディジェノフィル）　117, 160, 197, 250, 292
控訴院　137
高等法院　27
公認マドラサ　140–144
コーカサス　65
国王特権　154
黒人法　83
黒人村　224, 231– 237, 296
コルシカ　22, 113
コレージュ・ドゥ・フランス　177
コロニスト　58, 63, 64
コロン　78, 90, 96, 144, 216, 253, 286
混合自治体　139, 182, 186, 192, 194–200, 204, 205, 209, 211, 242, 245, 263, 296
コンスタンティーヌ　32, 34, 46, 78, 118, 141, 166, 189, 201, 204, 217, 219–222, 224, 268
コンスタンティーヌ考古学協会　110

さ　行

ザーウィヤ　114, 141, 153
ザイヤーン朝　21, 221, 225
サヌーシー教団　113
サルデーニャ　22, 92
サレ　21
サン・シール陸軍士官学校　112, 155
サン・シモン主義者　70, 109, 118, 119, 157, 160, 292
サン・ドゥニ・ドゥ・シグ　275
サンヘドリン　132
ジェノヴァ　40
ジェマー　206
シエラレオネ　188
シェルシェル考古学協会　110
ジェルバ　21
シチリア　92
シディ・ベル・アッベス　223, 224
ジャコバイト　40
シャリーア　120, 121, 124
自由主義者　48, 49, 53, 60
重農主義者　158
主権国家体制　27
所有権（イスラーム法における）　149
所有権（フランス法における）　148, 294
シリア　29, 283
私掠　20, 22–24, 26, 27, 41, 42
臣民　75, 81, 87, 94, 95, 99
森林法　159
スイス　57
スウェーデン　25
スーダン　235, 236, 271
スーフィー教団　36, 112, 114, 291
スエズ運河　109
スペイン　21, 24–26, 38, 52, 69, 91, 92, 216, 225, 231, 232, 253, 272, 276–279, 292
青年アルジェリア　97, 269, 286
聖ヨハネ騎士団　21, 23
セウタ　225
世界イスラエル同盟　87
セネガル　80, 98, 110, 111
セファルディム　38
セブドゥ　166
先買権　161
一八四四年王令（土地所有権設定に関する一八四四年一〇月一日王令）　154, 157, 160,

地名・事項索引

あ 行

アー　29, 30
アーヘン会議　41
アーミル族　253–255, 263
アイルランド　64, 197
アイン・テムシェント　182, 200, 206, 208, 209, 242, 253, 260, 262, 263, 279
アナトリア　22, 29, 30
『アフリカ雑誌』　146
アメリカ　52
アメリカ合衆国　25
アラウィー朝　19
アラブ王国　70, 78
アラブ担当局　111, 117, 138, 194, 195, 200, 205
アリカンテ　92
アルザス　91, 92, 278
アルジェ控訴院　76, 89, 175
アルジェ地理学協会　110
アルジェ美術協会　110
アルジェ法科学校　143, 177
アルジェリア・ウラマー協会　99, 269, 286
『アルジェリア・チュニジア法学判例雑誌（アルジェリア法学判例雑誌）』　145, 146, 171
アルジェリア・ムスリム法　103, 104, 117, 140, 165, 176, 249, 253, 293, 294
『アルジェリア・ムスリム法典草案』　176
アルジェリア学術調査（委員会）　107–109, 118, 160
アルジェリア総督府　85, 93, 112, 139, 166, 170, 189, 204, 205, 208, 217, 246, 258, 259, 263, 283
アルジェリア独立戦争　5, 136, 145, 163, 211, 265, 286, 287, 299
アルジェ歴史協会　110, 146
アルシュ　152
アルシュ地　155, 156, 162, 171, 173–175, 177, 248–252, 295
アルプ　92
アルメリア　92
アレクサンドリア　22, 119
アンダルス　276

アンチコロニスト　58, 63
アンディジェナ　138, 139, 200, 284, 285
アンディジェヌ　12
イェニチェリ　→オジャク
イギリス（英）　23–25, 41, 52, 64, 66
イジュティハード　126, 130–132
イスタンブル　25, 26, 29, 40, 53, 269
イスラームの家　27
イタリア　24, 28, 57, 69, 91, 92, 272, 292
イバーダート　120, 126
イベリア半島　24
インド　80, 155, 188
インドシナ　138
ヴァルド派　279
ヴィシー政権　87
ウェストファリア条約　27
ヴェネツィア　25, 277
ウラマー　36, 114
エジプト　47, 65, 66, 107, 109–111, 119, 150, 155, 271, 284
『エジプト誌』　107, 108, 119
エミーリア　92
オーストリア　25
オジャク　28, 29, 32, 41
オスマン朝（帝国）　19–22, 24–26, 29, 31, 41, 152, 225
オランダ（蘭）　23–25, 41
オラン地理学協会　110, 274
オリエンタリズム　9, 11, 104, 121
オレス　82

か 行

カーディー法廷　124, 133, 137, 168
カーディリー教団　36, 61
カイエンヌ　157
海事国務卿　189
カイロ　119, 269
『カガユー』　272, 280
カスティーリャ　277, 278
カディス　201
カビール神話　84
カビリー地方　28, 34, 36, 68, 82, 83, 110, 137, 199

人名索引　*3*

ブローデル, フェルナン*　1, 22, 23, 181
ベール, ポール　143
ペリシエ, エマブル　78
ペリシエ・ドゥ・レノ, エドモン　109, 156
ベルク, ジャック*　35, 36, 241
ベルトラン, ルイ　275
ベルブリュゲル, アドリアン　109
ペロン, ニコラ　109, 118–124, 127–130, 133, 293, 294
ホブズボーム, エリック*　52

ま　行

マクドゥガル, ジェイムズ*　269, 270
マクマオン, パトリス・ドゥ　197
マトヴェイェヴィチ, プレドラグ*　x
マナリング, ヘンリ　23
マルセ, ジョルジュ　167
マントラン, ロベール*　20
ミシュレ, ジュール　50, 51, 57
ミル, ジョン・スチュアート　197
ムクラーニー　36
ムスタファ・デイ　38
ムハンマド・アブドゥ　142
ムハンマド・アリー　47, 66
ムハンマド・イブン・アフドゥッラフマーン・グシュトゥリー・ジュルジュリー　36
ムラード, アリー*　5
メサーリー・ハージュ　269
メスナー, ヨルグ*　27
メネルヴィル, シャルル・ルイ・パンソン・ドゥ　144, 145
メルシエ, エルネスト　146, 165–167, 169–176, 295
モラ, ミシェル*　27
モラン, マルセル　176, 177
モンティエル伯　278

や　行

柳橋博之*　149
山室信一*　71
ユルバン, イスマイル　109, 157, 158, 250, 259

ら　行

ラ・ジェルヴェセ　66
ラヴィジュリ大司教　85
ラクロワ, フレデリック　157
ラパセ, フェルディナン　157
ラボルド, アレクサンドル・ドゥ　59
ラモリシエール, クリストフ　145, 234
ラルシェル, エミール　140, 176, 177, 193
リファーア・アル・タフターウィー　47
リュトー, シャルル　279
リン, ルイ　112, 114, 115, 140, 146
ル・シャトリエ, アルフレッド・ドゥ　177
ルイ六世　198
ルイ一三世　40
ルガード, フレデリック　187
ルナール, ジュール　274
ルナン, エルネスト　73, 119
ルロワ・ボリュー, ポール　84
レナル神父　75
レノ, ジョゼフ・トゥサン　119
ローブ, ウジェーヌ　175
ロック, ジョン　52
ロワ, ジュール*　286

わ　行

ワール, モーリス　267, 280, 281
ワルニエ, オーギュスト　109, 160, 162, 163
ンベンベ, アシル*　7

2 索　引

サイード，エドワード*　9, 11, 104, 213
サイードゥーニー，ナスィールッディーン*　151, 152
サバティエ，カミーユ　85
サラーフ・レイス　22
シェルシェル，ヴィクトル　66, 67
シェルボノ，ジャック・オギュスト　168, 169
シスネロス枢機卿　278
シャハト，ジョゼフ*　131
シャルル七世　62
ジャンティ・ドゥ・ビュシ，ピエール　156
シュヴァル，タール*　34
ジュリアン，シャルル・アンドレ*　42
ジョマール，エドム・フランソワ　119
ジラルデ，ラウル*　47
シルヴェストル・ド・サシ，アントワーヌ・イザーク　119, 154
スィナン・パシャ　21
スタール夫人　49
スミス，アダム　62
セー，ジャン・バティスト　62
ゼス，エルネスト　144, 146, 169
セルバンテス　20
ソテラ，エドゥアール　144, 146, 168, 169

た　行

タミーミー，アブドゥルジャリール*　20, 54, 55
ダレスト，ロドルフ　175
タレラン，シャルル・モーリス　42
ダン，アルフレッド　175
ティエリ，オギュスタン　50, 51
ディミエ，ヴェロニク*　187
デシャン，ユベール　187
デジョベール，アメデ　58, 60, 62–66, 292
デソリエ，フェリクス　96
デフォー，ダニエル　175
デュヴェリエ，アンリ　113–115
デュヴェルジェ・ドゥ・オランヌ，プロスペル　59
デュルケム，エミール　35
ドゥヴァル家　40
ドゥヴァル，ピエール　42, 43
トゥルグド・レイス　21
トゥロロン，レモン・テオドール　149
ドーデ，アルフォンス　185, 192

トクヴィル，アレクシ・ドゥ　53, 60, 61, 63, 65, 84, 241, 291, 292
ドマ，ウジェーヌ　84
ドリュモン，エドゥアール　95, 97
トレダノ，エフード*　29
ナポレオン・ボナパルト　49, 107
ナポレオン三世　78, 88, 157–160, 173, 292
ナポロン，サンソン　40
ヌシ，アンドレ*　151, 152
ノワリエル，ジェラール*　49, 71

は　行

ハーヴェイ，デイヴィッド*　238
ハイレッディン（フズル）　21, 22, 32, 217, 225
バクリ，ジャコブ　42
バクリ家　38
ハサン・アー　22
ハサン・パシャ　22
ハッスーナ・ダギース　54, 67
ハッラーク，ワーイル*　131
ハティービー，アブドゥルカビール*　6
バニスタ，サクス　66
ハムダーン・フージャ　33, 45, 53–55, 57, 58, 64, 67, 68, 99, 291
バランディエ，ジョルジュ*　103, 241
ハリール・イブン・イスハーク　109, 118, 119, 122, 123, 127, 130, 133, 168
バンザック，ダニエル*　39
ビュジョー，トマ　138, 157, 195, 234, 235
ビュフォン，ジョルジュ・ルイ　75
ファノン，フランツ　8, 214, 216
ファラオン家　110
ファラハート・アッバース　69, 99, 269
フィッシャー，ゴドフリー*　23
ブーアマーマ　36
ブージェドラ，ラシード*　19
フェーヴル，リュシアン　299
フェデルブ，ルイ　110, 111
フェリー，ジュール　185
深沢克己*　41
フサイン・イブン・アリー　30, 42
フサイン・デイ　54
ブスナッチ家　38
ブルナン，アンドレ*　16
プレヴォ・パラドル，リュシアン　289, 290
ブレニエ，ルイ　124

索 引

人名索引では，現代の著者名に*を付す．地名・事項索引においては，頻出する地名（フランス，アルジェリア，アルジェ，オラン）を省略する．

人名索引

あ 行

アジュロン，シャルル・ロベール*　4, 10, 272
アノトー，ガブリエル　282, 283
アブドゥルカーディル・イブン・ガブリート　142
アブドゥルカーディル・ジャザーイリー　36, 46, 54, 61, 63–65, 83, 160, 253, 254, 275, 283
アブドゥルハミード・イブン・バーディース　269
アブドゥルハリーム・イブン・スマーイヤ　46, 142
アフマド・アッティジャーニー　36
アフマド・タウフィーク・アル・マダニー　269
アフマド・ベイ　46, 54
アムルーシュ，ジャン　287
アリ・ビチン　28, 29
アルアシュラフ，ムスタファー*　5, 16
アルペラン，ジャン・ルイ*　149
アレント，ハンナ*　186, 189, 297
アンダーソン，ベネディクト*　267
アンファンタン，プロスペル　109, 160
アンリ，ジャン・ロベール*　135
イザーク，アレクサンドル　211
イスバハーニー　129
イブン・アリー・ファハール　98
イブン・ハルドゥーン　35, 54, 82, 166
ヴァッテル，エメル・ドゥ　67, 68
ヴァランシ，リュセット*　31
ヴァンチュール・ドゥ・パラディ，ジャン・ミシェル　40
ヴェイユ，パトリック*　71, 73, 74
ヴォルテール　21
ウォルムス，メイエール・グドショ　155
ウルチ・アリ　21
エクスマス卿　41
エストゥブロン，ロベール　144, 145, 177
エソティエ，ルイ・オギュスト　175
エノス，エリー・レオン　89

か 行

カーイド・サッファ　22
カーイド・ハサン・コルソ　22
カステラン，オギュスタン　96
カッダーシュ，マフフード*　5, 6
カドズ，フランソワ　117, 122–124, 126–133, 293, 294
カミュ，アルベール　213
カラカラ帝　284
カレット，エルネスト　109, 160
ギゾ，フランソワ　49, 50
クーパー，フレデリック*　7
グセル，ステファヌ　167
クノ，ケネス*　150
クレミュ，アドルフ　87, 88, 292
クロウダー，マイケル　187
クロゼル，ベルトラン　68
クロ，アントワーヌ・バルテルミ　119
グロティウス，フーゴー　27
クロムウェル　61
ゲルナー，エルネスト*　35
ゴーティエ，エミール・フェリクス　15, 16
コゴルダン，ジョルジュ　72, 73
小杉泰*　16
コッポラニ，グザヴィエ　113–115
コロ，クロード*　200
コンスタン，バンジャマン　55

さ 行

サアダ，エマニュエル*　71
サアダッラー，アブールカースィム*　5

著者略歴
1974 年　東京都生まれ
1996 年　東京大学文学部卒業
2000 年　プロヴァンス大学 DEA 課程修了
2004 年　東京大学大学院人文社会系研究科博士課程単位取得退学
　　　　 日本学術振興会特別研究員，大阪大学大学院特任研究員等を経て
現　在　学習院女子大学専任講師，博士（文学）

地中海帝国の片影
フランス領アルジェリアの 19 世紀

2013 年 3 月 22 日　初　版

［検印廃止］

著　者　　工藤晶人
　　　　　くどうあきひと

発行所　　一般財団法人　東京大学出版会
　　　　　代表者　渡辺　浩
　　　　　113-8654　東京都文京区本郷 7-3-1 東大構内
　　　　　http://www.utp.or.jp/
　　　　　電話 03-3811-8814　Fax 03-3812-6958
　　　　　振替 00160-6-59964

印刷所　　株式会社精興社
製本所　　誠製本株式会社

Ⓒ 2013 Akihito Kudo
ISBN 978-4-13-026144-9　Printed in Japan

〈JCOPY〉〈(社)出版者著作権管理機構　委託出版物〉
本書の無断複写は著作権法上での例外を除き禁じられています．複写される場合は，そのつど事前に，(社)出版者著作権管理機構（電話 03-3513-6969, FAX 03-3513-6979, e-mail: info@jcopy.or.jp）の許諾を得てください．

著者	書名	判型	価格
深沢克己 著	商人と更紗	A5	六八〇〇円
深沢克己・高山博 編	信仰と他者	A5	五六〇〇円
深沢克己・桜井万里子 編	友愛と秘密のヨーロッパ社会文化史	A5	七〇〇〇円
羽田正 著	イスラーム世界の創造	四六	三〇〇〇円
石井洋二郎・工藤庸子 編	フランスとその〈外部〉	A5	四五〇〇円
吉田伸之・伊藤毅 編	伝統都市［全4巻］	A5	各四八〇〇円
高橋慎一朗・千葉敏之 編	中世の都市	四六	三二〇〇円
史学会 編	歴史学の最前線	A5	四八〇〇円

ここに表示された価格は本体価格です．御購入の際には消費税が加算されますので御了承下さい．